詳説
スペイン語文法

Gramática de la lengua española:
usos y ejemplos

福嶌教隆
フアン・ロメロ・ディアス

白水社

装丁：阿部賢司（silent graph）

はじめに

『詳説スペイン語文法』の前書き（その 1）
Primer prólogo a *Gramática de la lengua española: usos y ejemplos*

スペイン語（イスパニヤ語）は、スペイン、ラテンアメリカなどで用いられ、世界に 5 億を優に超す話者を持つ言語で、その重要性は今後更に高まると予想されます。我が国でもスペイン語への関心が高まり、単なる入門レベルにとどまらず、もっと高い運用能力を身につけようとする人が増えてきました。

しかしそういう中上級の学習者のニーズに応える本格的なスペイン語参考書は、そんなに多くありません。この本は、そういう方々のために編まれました。

この本は、次のような特長を持っています。

1. スペイン語の発音、文字、文法について、どこまでも詳しく、分かり易く説明しています。これ一冊ですべての疑問に応える、スペイン語のルールブックです。
2. スペイン語を実際に使う必要のある人、スペイン語を詳しく知りたいと望む人の立場に立って作られています。また、日本語を母語とする人、英語の知識のある人が悩む問題点を、特に丁寧に解説しています。
3. 現代の発音の傾向、最新の文字規則、正しいとされる表現と実際に多用される表現の対比など、生きたスペイン語の情報をお届けします。また、スペインとラテンアメリカのことばの違いも詳しく取り上げています。

この本は福嶌教隆とフアン・ロメロ・ディアスが執筆しました。福嶌が書いた草稿にロメロが目を通して意見を述べ、細部に至るまで 2 人で議論を尽くして完成させました。各章の説明文は、諸学説、諸研究を土台として最善と思われる形にまとめました。例文の類は、福嶌が収集した実例と、電子コーパスから採った用例を用い、スペイン人言語学者であるロメロの綿密なチェックを経ています。

株式会社 白水社の鈴木裕子さんは、この本の実現まで粘り強く、丁寧にサポートしてくださり、見やすい紙面とスムーズな検索の仕組みを構築してくださいました。

この本がスペイン語文法のリファレンスとして、少しでも多くの方に役立つことを願っています。

2021 年夏

福嶌教隆（Noritaka Fukushima）

Segundo prólogo a *Gramática de la lengua española: usos y ejemplos*
『詳説スペイン語文法』の前書き（その2）

Ha sido un gran honor para mí participar en la elaboración de esta gramática de la lengua española junto con el Prof. Fukushima, a quien admiro y respeto por su humildad y profesionalidad. Gracias por confiar en mí.

　Este libro presenta la particularidad de recoger los principales usos de la gramática española con explicaciones sencillas y fáciles de entender, así como una amplia variedad de ejemplos prácticos. Cada ejemplo viene acompañado de su correspondiente traducción al japonés, lo que permite a estudiantes y profesores de español como lengua extranjera conocer de manera pormenorizada los usos reales de las estructuras gramaticales de la lengua española. Asimismo, el libro dispone de un índice temático que permite al lector realizar una búsqueda rápida y sencilla a partir de una duda concreta.

　（大意：このスペイン語文法書を福嶋氏とともに世に送ることは、私にとって大きな喜びです。この本は、スペイン語文法の要点を網羅し、多数の実用的な例文を用いて、簡潔で分かり易い説明を提供します。スペイン語を外国語として学ぶ人も教える人も、例文に付された和訳と解説によって、スペイン語の文法構造の実際の運用を詳しく知ることができるでしょう。また、この本には文法用語や重要語彙から検索できるインデックスを設けました。1つ1つの疑問への答えを素早く容易に見いだせるはずです。）

フアン・ロメロ・ディアス（Juan Romero Díaz）

対象とするスペイン語

1. この本は、スペインで用いられている現代スペイン語を主たる対象とし、ラテンアメリカのスペイン語についても取り上げています。
2. この本は、スペイン王立学士院（Real Academia Española）の最新の規範に則り、かつ、実際の言語使用状況も扱っています。

凡　　例

○	「正しい表現」
△	「完全に正しいとは言えない表現」
×	「誤った表現」
{a / b}	「aとbを同じ位置に用いることができる（意味が異なる場合も含む）」 例：Lola vive {feliz / una vida feliz}. = Lola vive feliz. と Lola vive una vida feliz. のどちらも可能であることを示す。
→第1章 1.2.3.	「第1章 1.2.3. を参照」
→ 1.2.3.	「その章の 1.2.3. を参照」

目　次

5

第**5**章　名詞 ———————————————————— *86*

第**6**章　形容詞 ———————————————————— *102*

第16章　間投詞、擬音語、談話標識 ————————— *223*

第17章　動詞の形 ————————————————— *228*

15

第 1 章　発音、文字

1. 総論

1.1. 発音表記

　この本では、発音（pronunciación）を /l/、[l]、[ló.βo] のような形で表記する。順に「音素 /l/」、「単音 [l]」、「lobo（狼）という語の発音 [ló.βo]」を表す。[ló.βo] に見られるアクセント記号は語強勢、ピリオドは音節の境界を表す。

1.1.1.　単音

　基本的な言語音を「単音」（sonido）という。単音は [l]　[b]　[β] のように、角かっこで囲んで表す。[l]　[b]　[β] は発音方法も、聞こえ方も異なるので、それぞれ独立した単音である。

1.1.2.　音素

　ある言語において意味の違いを生む最小の単位を「音素」（fonema）という。音素は /l/ /r/ /b/ のようにスラッシュで囲んで表す。たとえば lobo（狼）と robo（盗み）が異なる意味を表す語として識別されるのは、音素 /l/ と /r/ の違いによる。

　1 つの音素が複数個の単音と対応することがある。たとえばスペイン語では単音 [b] も [β] も音素 /b/ とみなされる。boca　[bó.ka]（口）の語頭の /b/ は上下の唇を一度閉じてから離して出す閉鎖音 [b] だが、lobo [ló.βo] の -bo の /b/ は唇を完全には閉じず、隙間から音を出す摩擦音 [β] である。[b] と [β] は単音としては異なるが、意味の違いを生まず、スペイン語話者は同一の単位と認識するので、ともに音素 /b/ の下位区分となる。両者の関係を /b/ の「異音」（alófono）という。

　厳密には、それぞれの音素に多くの異音を認めることができるが、この本では過度に専門的な分類を避け、最も基本的な異音のみを記すことにする。

1.1.3.　音節

　前後に音の区切りがあると感じられる音声的単位を「音節」（sílaba）という。この本の発音記号では、音節の切れ目をピリオドで示す。universo [u.ni.βér.so] 宇宙

1.1.4.　強勢

　単語の一部や文の一部に力を入れて発音することを「強勢」という。単語の内部に関する強勢をアクセント、または語強勢、文の中での強勢を文強勢という。この本の発音記号では、アクセントを持つ母音（二重母音、三重母音の場合は強母音または相対的に強く発音される母音）にアクセント記号を付けて示す。alegremente [a.lé.ɣre.mén.te] 楽しげに｜puente [pwén.te] 橋｜Suiza [swí.θa] スイス

1.2. 母音と子音

1.2.1.　母音（vocal）は、肺から出た呼気が途中でなんの妨げも受けずに発せられる音である。スペイン語の母音は、音素としては /a/ /e/ /o/ /i/ /u/ の 5 つある。これらの単母音を組み合わせた二重母音（diptongo）、三重母音（triptongo）もある。また、母音の性

質が弱まり、子音に近くなった音 /j/ /w/ を半母音（semivocal）という。

1.2.2.　子音（consonante）は、肺から出た呼気が途中でなんらかの妨げを受けて発せられる音である。スペイン語の子音音素は次の19である。閉鎖音 /p/ /b/ /t/ /d/ /k/ /g/、摩擦音 /f/ /θ/ /s/ /j/ /x/、破擦音 /tʃ/、側面音 /l/ /ʎ/、鼻音 /m/ /n/ /ɲ/、弾き音 /ɾ/、震え音 /r/。スペインの一部地域およびラテンアメリカのスペイン語では、このうち /θ/ と /ʎ/ が存在しないので、音素は17になる。この理由から下記の表では /θ/ と /ʎ/ をかっこに入れて示している。また、子音のうち、あるものは結合して二重子音を作る。

無声／有声	両唇音	唇歯音	歯間音	歯音	歯茎音	後部歯茎音	硬口蓋音	軟口蓋音
閉鎖音	p　b			t　d				k　g
摩擦音		f	(θ)		s		j	x
破擦音						tʃ		
側面音					l		(ʎ)	
鼻音	m				n		ɲ	
弾き音					ɾ			
震え音					r			

1.2.3.　のどの奥には左右一対の声帯がある。声帯のすきま（声門）が開いた状態で発する単音、音素を「無声音」という。声門が閉じた状態で発する単音、音素を「有声音」という。母音はすべて有声音である。子音には無声音と有声音がある。無声音と有声音の対立は、日本語ではカ行とガ行の清音・濁音の違いなどに相当する。上記の表では、各欄の左の音素が無声音、右の音素が有声音である。

2. 母音

2.1. 単母音

2.1.1.　スペイン語の単母音は /a/, /e/, /o/, /i/, /u/ の5つである。/a/, /e/, /o/ は口の開きが大きく響きが強いので強母音という。/i/, /u/ は口の開きが小さく響きが弱いので弱母音という。

2.1.2.　母音を発音する際の舌の先端の位置は次のようになる。5つの母音で逆三角形を形づくっている。

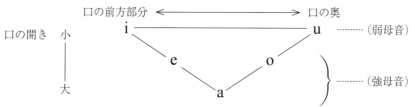

2.1.3.　/a/：日本語の「ア」と同じく [a] の音で発音される。hamaca [a.má.ka] ハンモック │ altar [al.táɾ] 祭壇

2.1.4.　/e/：日本語の「エ」よりもやや口を横に開いた [e] の音で発音される。tener [te.néɾ] 持つ │ papel [pa.pél] 紙

2.1.5.　/o/：日本語の「オ」よりも唇を丸めて前に突き出した [o] の音で発音される。oso [ó.so] 熊｜ torre [tó.re] 塔

2.1.6.　/i/：日本語の「イ」よりもやや口を横に開いた [i] の音で発音される。ministro [mi.nís.tro] 大臣｜ Filipinas [fi.li.pí.nas] フィリピン

2.1.7.　/u/：日本語の「ウ」よりも唇を丸めて前に突き出した [u] の音で発音される。punto [pún.to] 点｜ menú [me.nú] メニュー

2.1.8.　日本語では「おじさん」と「おじいさん」のように、母音の長短で単語の意味の違いが生まれるが、スペイン語の母音には長短の区別はない。語強勢の位置にある母音は比較的長く発音されるが、短く発音しても誤りではない。niño [ní.ɲo]［ニニョ；ニーニョ］男の子｜ Madrid [ma.ðrí(ð)]［マドリ（ド）；マドリー（ド）］マドリード

2.1.9.　弱母音は二重母音、三重母音（→ 2.2.、2.3.）の中では半母音、または周辺母音になる。半母音とは、単独で音節を作る力がなく、他の母音に依存する母音をいう。/i/ /u/ の半母音は、それぞれ [j] [w] である。周辺母音とは、本来の母音よりも持続が短く、半母音に近く発音される音をいう。/i/ /u/ の周辺母音は、それぞれ [i̯]、[u̯] である。pie [pjé] 足｜ Uruguay [u.ru.ɣwái̯] ウルグアイ

2.2. 二重母音と母音の分立

2.2.1.　異なる 2 つの母音が連続して、単一の母音相当とみなされることがある。これを二重母音という。二重母音は単一の音節を作り、間に休止を置くことができない。二重母音になるのは「強母音＋弱母音」、「弱母音＋強母音」、「弱母音＋弱母音」のいずれかの場合である。強勢の比重は強母音に置かれる。「弱母音＋弱母音」では後の母音に強勢の比重が置かれることが多い。

2.2.2.　「強母音 /a/ /e/ /o/ ＋弱母音 /i/ /u/」：[ai̯] [ei̯] [oi̯] [au̯] [eu̯] [ou̯]（/i/、/u/ は周辺母音化して、それぞれ [i̯]、[u̯] となる）。aire [ái̯.re] 空気｜ ley [léi̯] 法律｜ boina [bói̯.na] ベレー帽｜ aula [áu̯.la] 教室｜ Europa [eu̯.ró.pa] ヨーロッパ｜ bou [bóu̯] 曳き網漁

2.2.3.　「弱母音 /i/ /u/ ＋強母音 /a/ /e/ /o/」：[ja] [je] [jo] [wa] [we] [wo]（/i/、/u/ は半母音化して、それぞれ [j]、[w] となる）。piano [pjá.no] ピアノ｜ diez [djéθ] 10｜ socio [só.θjo] 会員｜ cuatro [kwá.tro] 4｜ nueve [nwé.βe] 9｜ mutuo [mú.two] 互いの

2.2.4.　「弱母音 /i/ /u/ ＋弱母音 /i/ /u/」：[ju] [wi]（前の /i/ /u/ が半母音化して、それぞれ [j] [w] となる）、または [iu̯] [ui̯]（後ろの /u/ /i/ が周辺母音化して、それぞれ [u̯] [i̯] となる）。viudo [bjú.ðo]（または [bíu̯.ðo]）寡夫｜ ruido [rwí.ðo]（または [rui̯.ðo]）騒音

2.2.5.　母音が連続しても二重母音にならないことがある。これを「母音の分立」（hiato）という。

(i)「強母音 /a/ /e/ /o/ ＋強母音 /a/ /e/ /o/」：aeropuerto [a.e.ro.pwér.to] 空港｜ ahogar [a.o.ɣár] 溺れる｜ realidad [re.a.li.ðá(ð)] 現実｜ paseo [pa.sé.o] 散歩｜ koala [ko.á.la] コアラ｜ poema [po.é.ma] 詩

(ii) 弱母音 /i/ /u/ に語強勢がかかる場合。強母音相当とみなされ、文字表記ではアクセント記号をつけて í, ú と表される。→ 6.3.3.：país [pa.ís] 国｜ reír [re.ír] 笑う｜ oído [o.í.ðo] 聴覚｜ día [dí.a] 日｜ río [rí.o] 川｜ púa [pú.a] 突起｜ búho [bú.o] ミミズク｜ baúl [ba.úl] トランク

(iii) 同音の連続：azahar [a.θa.ár] 柑橘類の花 ｜ creer [kɾe.éɾ] 思う ｜ cooperar [ko.o.pe.ráɾ] 協力する ｜ chiita [tʃi.í.ta] イスラム教シーア派 ｜ duunvirato [du.um.bi.rá.to]（古代ローマの）二頭政治

2.3. 三重母音

2.3.1. 3つの母音が連続して、単一の母音相当とみなされることがある。これを三重母音という。三重母音は「弱母音＋強母音＋弱母音」の形をとる。2つの弱母音は同一でも構わない。どちらも半母音化する。

2.3.2. 「/i/ + {/a/ /e/ /o/} + /i/」：[jai̯], [jei̯], [joi̯] となる。fiais [fjái̯s] 信じる（直説法現在形2人称複数形）｜ vieira [bjéi̯.ɾa] ホタテ貝

2.3.3. 「/u/ + {/a/ /e/ /o/} + /i/」：[wai̯], [wei̯], [woi̯] となる。Paraguay [pa.ɾa.ɣwái̯] パラグアイ ｜ buey [bwéi̯] 去勢した雄牛

2.3.4. 「/i/ + {/a/ /e/ /o/} + /u/」：[jau̯], [jeu̯], [jou̯] となる。miau [mjáu̯] ニャー（猫の鳴き声）

2.3.5. 「/u/ + {/a/ /e/ /o/} + /u/」：[wau̯], [weu̯], [wou̯] となる。guau [gwáu̯] ワン（犬の鳴き声）

3. 子音

3.1. 単子音1（閉鎖音）

3.1.1. 呼気が口の中のどこかでいったんせき止められ、その閉鎖または開放の際に生じる子音を「閉鎖音」という。スペイン語の閉鎖音は、/p/ /b/ /t/ /d/ /k/ /g/ である。/p/ と /b/、/t/ と /d/、/k/ と /g/ はそれぞれ無声音と有声音のペアを成している。

3.1.2. /p/：無声両唇閉鎖音 [p]。日本語のパ行音と同じく、まず唇を閉じてから、それを開いて発音する。pipa [pí.pa] パイプ ｜ pulpo [púl.po] タコ（[s] [t] の前では無音化することが多い）｜ septiembre [se(p).tjém.bɾe] 9月 ｜ psicoanálisis [si.ko.a.ná.li.sis] 精神分析

3.1.3. /b/：2つの異音から成る（[b] [β]）。

(i) 有声両唇閉鎖音 [b]。日本語のバ行音と同じように発音する。cambio [kám.bjo] 変化 ｜ vaca [bá.ka] 牝牛

(ii) 母音間などでは、唇を完全に閉じず、狭い隙間から呼気を流して出す [β]（有声両唇摩擦音）になる。tabaco [ta.βá.ko] 煙草 ｜ la vaca [la βá.ka] その牝牛

3.1.4. /t/：無声歯閉鎖音 [t]。日本語の「タ、テ、ト」の子音と同じく、舌先を上の前歯の裏面にあてて呼気を止めてから、舌先を離して発音する。tinta [tín.ta] インク ｜ tren [tɾén] 列車

3.1.5. /d/：2つの異音から成る（[d] [ð]）。

(i) 有声歯閉鎖音 [d]。日本語の「ダ、デ、ド」の子音と同じように発音する。dama [dá.ma] 貴婦人 ｜ después [des.pwés] 後で

(ii) 母音間などでは、舌先を前歯の裏面に完全にはあてず、狭い隙間から呼気を流して出す [ð]（有声歯茎摩擦音）になる。英語の *that* [ðæt] の th に近いが、舌先の位置はもっと奥で、摩擦はあまり強くない。una dama [úna ðáma] 1人の貴婦人 ｜ mercado [meɾ.ká.ðo] 市場。語末では [ð] または無音になる。ciudad [θju.ðáð] または [θju.ðá] 都市

3.1.6. /k/：無声軟口蓋閉鎖音 [k]。日本語のカ行と同じく、舌の背をのどの奥の天井にあ

てて呼気を止めてから、舌の背を離して発音する。cuco [kú.ko] カッコウ｜ cualquiera [kwal.kjé.ra] どれでも

3.1.7.　/g/：2 つの異音から成る（[g] [ɣ]）。

(i) 有声軟口蓋閉鎖音 [g]。日本語のガ行と同じように発音する。ただし鼻濁音にならないように注意すること。gato [gá.to] 猫｜ grito [grí.to] 叫び

(ii) 母音間などでは、舌の背をのどの奥の天井に完全にあてず、狭い隙間から呼気を流して出す [ɣ]（有声軟口蓋摩擦音）になる。griego [grjé.ɣo] ギリシア語｜ la gota [la ɣó.ta] そのしずく

3.2. 単子音 2（摩擦音、破擦音）

3.2.1.　口の中のどこかが狭められ、呼気がそこを通過する際の摩擦によって生じる子音を「摩擦音」という。スペイン語の摩擦音は、/f/ /θ/ /s/ /j/ /x/ の 5 つである。

3.2.2.　/f/：無声唇歯摩擦音 [f]。上の前歯を下唇に軽くあてて摩擦して発音する。日本語のファ行音 [ɸ] とは異なる音なので、ファ行音で代替しないよう注意すること。feliz [fe.líθ] 幸せな｜ refresco [re.frés.ko] 清涼飲料水

3.2.3.　/θ/：地域によってはこの音素がなく、/s/ で代替されることがある。

(i) 無声歯間摩擦音 [θ]。舌先を上下の前歯で軽くはさんで出る摩擦を用いて発音する。英語の *three* [θɹɪ́ː] の th に近い発音。cenicero [θe.ni.θé.ro] 灰皿｜ caza [ká.θa] 狩り｜ paz [páθ] 平和

(ii) この音素は、スペインのアンダルシア地方、カナリア地方など、およびラテンアメリカでは /s/ と代替される。これを「S 音化」（seseo）という。これらの地域では /θ/ と /s/ の区別がないので、たとえば次の 2 語は同音異義語になる。caza [ká.sa] 狩り｜ casa [ká.sa] 家 → 4.5.1.

3.2.4.　/s/：2 つの異音から成る（[s] [z]）。

(i) 無声歯茎摩擦音 [s]。舌先を下の前歯に軽くあて、舌の表面を呼気で摩擦して発音する。日本語の「サ」「ス」「セ」「ソ」の子音と同じ音である。seis [séis] 6｜ sosiego [so.sjé.ɣo] 平穏

(ii) [l] [m] [ð] の前では、その影響を受けて有声歯茎摩擦音 [z] になる傾向にある。[z] は [s] に対応する有声音で、日本語の「ザ」「ズ」「ゼ」「ゾ」の子音と同じ音である。isla [íz.la] 島｜ mismo [míz.mo] 同じ｜ desde [déz.ðe] 〜から

(iii) スペイン北部などでは無声舌尖歯茎摩擦音 [ʂ] という発音が用いられる。舌先を上の前歯の裏面の歯茎に近づけ、舌の中央に作った縦の窪みに呼気を流して発音する。英語の *ship* [ʃíp]（船）の sh に似た印象を与えるが、異なる音である。

(iv) スペインのアンダルシア地方、カナリア地方、およびラテンアメリカ各地では、/s/ は音節末で声門摩擦音 /h/（日本語のハ行音に近い音）、または無音になることが多い。estos bosques [é(h).to(h) bó(h).ke(h)] これらの森 → 4.5.3.

(v) スペインのアンダルシア地方南西部では /s/ が /θ/ で代替される「C 音化」（ceceo）が見られる。S 音化と逆の現象である。señor [θe.ɲór]（男性への敬称）｜ social [θo.θjál] 社会の → 4.5.2.

3.2.5.　/j/：2 つの異音から成る（[j] [ʤ]）。

(i) 有声硬口蓋摩擦音 [ʝ]。舌先を下の前歯の裏側に軽くあて、舌の背の部分を口内前部の天井に近づけ、生じる狭い隙間から呼気を流す。日本語のヤ行音に近いが、もっと摩擦が強い。hoyo [ó.ʝo] 穴 | ayer [a.ʝér] 昨日

(ii) 単語の頭、および [n] [l] の後では有声硬口蓋破擦音 [ʤ] になる。舌の背の部分を口内前部の天井にあてた後、少し離して隙間を作って呼気を流す。日本語のジャ行音に近いが、舌先の位置は少し口の奥になる。yudo [ʤú.ðo] 柔道 | inyección [in.ʤek.θjón] 注射

3.2.6. /x/：無声軟口蓋摩擦音 [x]。舌の奥を口内の天井に近づけて狭い隙間を作り発音する。寒いときにかじかんだ手を温めようとして息を吐く「ハーッ」という音である。ojo [ó.xo] 目 | gente [xén.te] 人々。単語の末尾では発音されない傾向がある。reloj [re.lóx] または [re.ló] 時計

3.2.7. /ʧ/：無声後部歯茎破擦音 [ʧ]。舌の背の部分を口内前部の天井にあてた後、少し離して隙間を作って呼気を流す。日本語のチャ行音とほぼ同じだが、やや摩擦が弱くシャ行音のように聞こえることもある。muchacho [mu.ʧá.ʧo] 若者 | salchicha [sal.ʧí.ʧa] ソーセージ

3.3. 単子音 3（鼻音）

3.3.1. 口の中のどこかがせき止められると同時に、呼気を鼻から出して作る子音を「鼻音」と言う。スペイン語の鼻音は /m/ /n/ /ɲ/ の 3 つである。

3.3.2. /m/：2 つの異音から成る（[m] [n]）。

(i) 有声両唇鼻音 [m]。口を閉じて鼻から呼気を流して発音する。日本語のマ行音と同じ音である。mimar [mi.már] 可愛がる | momento [mo.mén.to] 瞬間

(ii) 単語の末尾では [n] になる。álbum [ál.βun] アルバム | referéndum [re.fe.rén.dun] 国民投票

3.3.3. /n/：3 つの異音から成る（[n] [m] [ŋ]）。日本語の「ン」（有声硬口蓋鼻音 [N]）とは異なり、単独で音節を形成しない。

(i) 有声歯茎鼻音 [n]。舌先を上の前歯の歯茎につけた状態で鼻から呼気を出す。日本語のナ行音と同じ音である。negro [né.ɣro] 黒い | pan [pán] パン

(ii) [m] [p] [b] の前では、これらの音の影響を受けて有声両唇鼻音 [m] になる。inmenso [im.mén.so] 広大な | *input* [ím.pu(t)] インプット | invierno [im.bjér.no] 冬

(iii) [k] [g] [x] [w] の前では、これらの音の影響を受けて有声軟口蓋鼻音 [ŋ] になる。舌の奥をのどの奥の天井にあてて、鼻から呼気を出す音である。ancla [áŋ.kla] 錨 | manga [máŋ.ga] 袖 | monje [móŋ.xe] 修道士 | un hueso [úŋ wé.so] 1 つの骨

3.3.4. /ɲ/：有声硬口蓋鼻音 [ɲ]。舌の背の部分を口内前部の天井にあてて、鼻から呼気を出す。日本語のニャ行音に似ているが、舌先がどこにもつかない点が異なる。niña [ní.ɲa] 女の子 | ñame [ɲá.me] ヤマイモ

3.4. 単子音 4（側面音、弾き音、震え音）

3.4.1. 舌先などを上の前歯の歯茎や口内の奥の天井にあて、呼気をその側面から流して出す音を「側面音」（または側面接近音）という。スペイン語の側面音の音素は /l/ /ʎ/ の 2 つである。

3.4.2.　/l/：有声歯茎側面音 [l]。舌先を上の前歯の歯茎にあて、呼気をその側面から流して出す。日本語の「ラクダ」「ラッパ」の「ラ」はこれとは異なる単音で発音されることが多い。また、英語の *apple* [ǽpɫ]（リンゴ）、*cool* [kúːɫ]（涼しい）などに見られる「dark *l*」とも異なる。lila [lí.la] ライラック｜ clavel [kla.βél] カーネーション

　　スペイン南部、ラテンアメリカの一部では [l] に代えて有声歯茎弾き音 [ɾ] が用いられることがある。「R 音化」（rotacismo）という現象の一種である。palma [páɾ.ma] 掌（標準的には [pál.ma]）。→ 4.5.5.

3.4.3.　/ʎ/：伝統的な音素だが、多くの地域で別の音素で代替されている。

(i) 有声硬口蓋側面音 [ʎ]。舌先を上の前歯の歯茎にあて、舌の背の部分を盛り上げて口内の奥の天井にあて、呼気を側面から流して出す。lluvia [ʎú.βja] 雨｜ pollo [pó.ʎo] ひな鳥｜ paella [pa.é.ʎa] パエーリャ。この最後の例のように、日本語ではリャ行音でカナ表記されることがあるが、かなり異なる音である。

(ii) /ʎ/ はスペイン北部、東部などを除く広い地域で有声硬口蓋摩擦音 /ʝ/ で代替され、/ʎ/ と /ʝ/ の区別がなくなっている。この現象を「Y 音化」（yeísmo）という。たとえば olla（鍋）は本来 [ó.ʎa] と発音されていたが、Y 音化の見られる地域では [ó.ʝa] となり、hoya [ó.ʝa]（大きな穴）と同音異義語になっている。→ 4.5.4.

3.4.4.　舌先で上の前歯の歯茎を 1 回弾いて出す音を「弾き音」という。スペイン語の弾き音は /ɾ/ のみである。/ɾ/ は 2 つの異音（[ɾ] [r]）から成る。

(i) /ɾ/：有声歯茎弾き音 [ɾ]。舌先を上の前歯の歯茎を軽く 1 回弾いて出す。日本語の「からだ」「ころころ」のラ行音は [ɾ] に近い単音で発音されることが多い。しかし日本語は [l] [ɾ] を別々の音素として区別しないので、日本語話者にとっては習得の難しい発音である。英語の *r* [ɹ] は舌先を上の前歯の歯茎に近づけて出す音で、スペイン語の [ɾ] とは全く異なる。[ɾ] は単語の頭や [n] [l] [s] の後を除く位置に現われる。loro [ló.ɾo] オウム｜ programa [pɾo.ɣɾá.ma] 番組

(ii) 音節・単語の末尾の /ɾ/ は、[ɾ] で発音しても、有声歯茎震え音 [r] で発音しても構わない。cartera [kaɾ.té.ra] または [kar.té.ra] 財布｜ abrir [a.βɾíɾ] または [a.βɾír] 開ける

(iii) [n] [l] [s] の後では [r] になる。honra [ón.ra] 名誉｜ alrededor [al.re.ðe.ðór] 周囲｜ Israel [iz.ra.él] イスラエル

3.4.5.　舌先を上の前歯の歯茎に近づけて震わせて出す音を「震え音」という。スペイン語の震え音は /r/ のみである。

(i) /r/：有声歯茎震え音 [r]。舌先を上の前歯の歯茎に近づけ、強い呼気の力で舌先を震わせる、いわゆる巻き舌の発音である。/ɾ/ と異なり、単語の頭にも現れる。ropa [ró.pa] 衣類｜ río [rí.o] 川

(ii) 2 つの母音の間には /ɾ/ も /r/ も現れるので、区別に注意を要する。pero [pé.ɾo] しかし｜ perro [pé.ro] 犬

(iii) ラテンアメリカには、/r/ が有声後部歯茎摩擦音 [ʒ] の発音になったり、有声口蓋垂震え音 [ʀ] になったりする地域がある。[ʒ] は日本語の「ザ」「ズ」「ゼ」「ゾ」の子音、[ʀ] はフランス語やドイツ語に見られる口蓋垂（のどひこ）を震わせて出す音である。burro [bú.ro]（標準的な発音）；[bú.ʒo]; [bú.ʀo] ロバ

3.5. 子音連続

3.5.1. 音節の頭に異なる 2 つの子音が連続する場合、これを単一の子音相当とみなすことがある。これを二重子音という。二重子音は基本的には「/p/ /b/ /t/ /d/ /k/ /g/ /f/」＋「/ɾ/ /l/」の組み合わせから /tl/ /dl/ を除いたものを指す。

/pɾ/：pregunta [pɾe.ɣún.ta] 質問 ｜ compra [kóm.pɾa] 買い物

/pl/：pluma [plú.ma] 羽根 ｜ suplemento [su.ple.mén.to] 補充

/bɾ/：brazo [bɾá.θo] 腕 ｜ sobre [só.βɾe] 封筒

/bl/：blanco [bláŋ.ko] 白い ｜ pueblo [pwé.βlo] 村

/tɾ/：trébol [tɾé.βol] クローバー ｜ teatro [te.á.tɾo] 劇場

/dɾ/：madre [má.ðɾe] 母 ｜ cuadro [kwá.ðɾo] 絵

/kɾ/：cruz [kɾúθ] 十字架 ｜ recreo [re.kɾé.o] 娯楽

/kl/：club [klúβ] クラブ ｜ declive [de.klí.βe] 傾斜

/gɾ/：grifo [gɾí.fo] 蛇口 ｜ tigre [tí.ɣɾe] トラ

/gl/：globo [gló.βo] 球 ｜ iglesia [i.ɣlé.sja] 教会

/fɾ/：fruta [fɾú.ta] 果物 ｜ África [á.fri.ka] アフリカ

/fl/：flor [flóɾ] 花 ｜ inflexión [in.flek.sjón] 屈折

3.5.2. メキシコでは、先住民語からの借用語に /tl/ が音節の頭にも末尾にも用いられる。tlapalería [tla.pa.le.ɾí.a] 金物屋 ｜ Popocatépetl [po.po.ka.té.petl] ポポカテペトル山

3.5.3. 「子音＋ɾ」の間に、直後の母音の発音に近い母音が挿入されることがある。gracias [g(a.)ɾá.θjas] ありがとう

3.5.4. 音節の末尾に異なる子音が連続することがある。学術的な教養語に見られる。「/b/ /d/ /k/ /n/ /l/ /ɾ/」＋「/s/」の組み合わせ及び /st/ になる。前者では第 1 の子音、後者では第 2 の子音(/t/)が無音化することが多い。tra(n)smitir [tra(n)s.mi.tíɾ] 伝達する ｜ istmo [ís(t). mo] 地峡。また、借用語では、それ以外の子音連続も見られる。surf [súɾf] サーフィン

3.5.5. 同一の子音の連続は /bb/ /nn/ のみ可能である。2 つの子音の間に音節の切れ目がある。subvención [suβ.ben.θjón]（[su.βen.θjón] とも発音する）助成 ｜ innato [in. ná.to] 生来の

4. 音節、強勢、イントネーション

4.1. 音節

4.1.1. 1 つ以上の単音がまとまりを構成し、切れ目なく発音されるものを音節という。音節は母音を核とする。核の前後に子音を伴う場合と、伴わない場合とがある。つまり音節は「母音」「子音＋母音」「母音＋子音」「子音＋母音＋子音」の 4 種類から成る。ここで言う「母音」とは単母音だけでなく、二重母音、三重母音も指す。また「子音」には単子音だけでなく、二重子音と音節の末尾の子音連続も含む。

4.1.2. 「母音」から成る音節：aeropuerto [a.e.ro.pwéɾ.to]（空港）の [a] [e]、huevo [wé.βo]（卵）の [we]、paseo [pa.sé.o]（散歩）の [o]。

4.1.3. 「子音＋母音」から成る音節：señorita [se.ɲo.ɾí.ta]（お嬢さん）、progreso [pɾo.ɣré. so]（進歩）、vieira [bjéi̯.ɾa]（ホタテ貝）のすべての音節。

4.1.4. 「母音＋子音」から成る音節：hermano [eɾ.má.no]（兄弟）の [eɾ]、león [le.ón]（ラ
イオン）の [on]、abstracto [aβs.trák.to]（抽象的な）の [aβs]。

4.1.5. 「子音＋母音＋子音」から成る音節：conquistar [koŋ.kis.tár]（征服する）のすべて
の音節、influencia [in.flwén.θja]（影響）の [flwen]、bíceps [bí.θeps]（二頭筋）の [θeps]。

4.1.6. 母音で終わる音節を「開音節」、子音で終わる音節を「閉音節」と言う。violín [bjo.
lín]（バイオリン）の [bjo] は開音節、[lin] は閉音節。スペイン語は開音節が閉音節より
も頻度が高い。

4.1.7. 音節の末尾に現れることのできる単子音は次の通りである。2つ以上の子音につ
いては → 3.5.4.

(i) 語中では /n/ /ɾ/ /l/ /θ/ /s/。語末では これらの他に /d/ /x/ も可。sartén [sar.tén] フライパ
ン｜árbol [ár.βol] 木｜izquierda [iθ.kjér.ða] 左｜cosmos [kós.mos] 宇宙｜verdad [ber.
ðá(ð)] 真実｜reloj [re.ló(x)] 時計

(ii) 学術的な教養語では /p/ /b/ /t/ /d/ /k/ /g/ /f/ /m/ も使われる。concepto [kon.θép.to] 概念｜
subjetivo [suβ.xe.tí.βo] 主観的な｜etnia [ét.nja] 民族｜admisión [að.mi.sjón] 許可｜zinc
[θíŋk] 亜鉛｜ignición [iɣ.ni.θjón] 燃焼｜naftalina [naf.ta.lí.na] ナフタリン｜currículum
[ku.rí.cu.lun] 履歴書

(iii) 借用語、擬音語では /p/ /b/ /t/ /k/ /g/ /f/ /tʃ/ /m/ なども見られる。ただしスペイン語話
者にとって発音が容易になるよう、語形が変化することもある。kétchup [két.tʃup] ケ
チャップ｜club [klúβ] クラブ（clube [klú.βe] という形もある）｜carnet [kar.nét] 免
許証（ただし [kar.né] という発音のほうが一般的）｜bistec [bis.ték] ビーフステーキ｜
tictac [tík.tak]（時計の音）チクタク｜golf [gólf] ゴルフ｜paf [páf]（衝撃音、落下音）
ドン、ボトン｜lunch [lúntʃ] 軽い昼食（スペイン語への適応形 lonche [lón.tʃe] も用いら
れる）｜film [fílm] フィルム（filme [fíl.me] という形もある）｜álbum [ál.βum] アル
バム（[ál.βun] という発音が一般的）→ 9.2.

4.1.8. 音節が語の境界を超えることがある。これを「再音節化」という。特に日常の速
い会話で起きる。en el aire [e.ne.lái̯.re] 空中に｜las alas [la.sá.las] 翼（複数形）｜fresas
con nata [fré.sas ko.ná.ta] クリームがけイチゴ

4.2. アクセント（語強勢）

4.2.1. 語を構成する音節のうち、1つが強く発音される。これをアクセント（語強勢）
という。アクセントは、①最終音節、②最終音節の前の音節、③さらにそれより前の音
節のいずれかにある。②にアクセントを持つ語が最も多く、①、③の順でそれに次ぐ。

4.2.2. 最終音節にアクセントのある語（palabra aguda）：sofá [so.fá] ソファー｜jersey
[xer.séj] セーター｜color [ko.lór] 色｜actual [ak.twál] 現在の

4.2.3. 最終音節の前の音節にアクセントのある語（palabra llana, palabra grave）：mercado
[mer.ká.ðo] 市場｜sombra [sóm.bra] 影｜julio [xú.ljo] 7月｜biología [bjo.lo.xí.a] 生物
学｜azúcar [a.θú.kar] 砂糖｜paraguas [pa.rá.ɣwas] 傘

4.2.4. 最終音節の2つ前の音節にアクセントのある語（palabra esdrújula）：sésamo [sé.
sa.mo] ゴマ｜cáscara [kás.ka.ra] 殻｜miércoles [mjér.ko.les] 水曜日｜kilómetro [ki.
ló.me.tro] キロメートル

4.2.5. 最終音節の 3 つ前の音節にアクセントがある語（palabra sobreesdrújula）：「動詞 ＋無強勢代名詞」は文字表記の上では語間をあげず 1 語のように表すので、このタイプに属する場合が生じる。pásamelo [pá.sa.me.lo] 私にそれを渡せ｜preguntándonoslo [pɾe.ɣun.tán.do.nos.lo] 私たちにそれを尋ねながら｜devolvértelos [de.βol.βéɾ.te.los] 君にそれらを返すこと → 6.3.1. 単一の語には、このタイプは存在しない。複数形を作るときにこのタイプになる場合は、アクセントの位置を変えて回避する。regímenes [re.xí.me. nes] 体制（régimen [ré.xi.men] の複数形。× régimenes [ré.xi.me.nes] は誤り）。

4.2.6. 原則として 1 つの語にはアクセントは 1 つしかない。ただし「形容詞 + -mente」で構成される「mente 副詞」は、形容詞のアクセントと、-mente の [men] のアクセントの 2 つを持つ。claramente [klá.ra.mén.te] 明らかに｜totalmente [to.tál.mén.te] 完全に → 6.3.2.、第 15 章 2.

4.2.7. 複合語の中には、文字表記では 2 語以上の扱いになっていても、アクセントは 1 か所しかないものがある。 → 4.3.4.

(i) 数詞：treinta y seis [tɾei̯n.tai̯.séi̯s] 36｜cien mil [θjen.míl] 10 万

(ii) 複合洗礼名：María Teresa [ma.ɾi.a.te.ré.sa] マリア・テレサ

(iii) 2 語以上から成る固有名詞：Buenos Aires [bwe.no.sái̯.res] ブエノスアイレス

4.2.8. アクセント位置の異なる 2 つの形を持つ語がある。

(i) 2 つとも正しいとされる語：período [pe.ɾí.o.ðo] / periodo [pe.ɾjó.ðo] 期間｜reúma [re. ú.ma] / reuma [réu̯.ma] リウマチ

(ii) 地域によって用いる形が異なる語：次の例では第 1 の形は主にスペインで、第 2 の形は主にラテンアメリカで用いられる。vídeo [bí.ðe.o] / video [bi.ðé.o] ビデオ｜chófer [tʃó.feɾ] / chofer [tʃo.féɾ] 運転手

4.2.9. 本来のアクセント位置よりも前の音節にアクセントをかけて発音される場合がある。報道、演説など、気取った発話において、文中の休止の直前の語に生じる。「下降調（↘）」「上昇調（↗）」については → 4.4. ただし同じ文脈で本来のアクセント位置にアクセントをかけて発音しても問題ない。La Real Academia Española [és.pa.ɲo. la] ↗ presentó un manual de uso dirigido [dí.ri.xi.ðo] ↗ a los escritores [es.kɾí.to.res] ↗ y usuarios digitales. ↘ スペイン王立学士院は電子機器で文章を書いたり、電子機器を利用したりする人々に向けての言葉の手引書を刊行した。

4.3. 文強勢

4.3.1. 文の中の語はどれも同じ強さ（強勢）で発音されるわけではない。文中で強く発音される語を「強勢語」、強く発音されない語を「無強勢語」という。以下の例文の下線の語は強勢語、下線のない語は無強勢語である。

A quien madruga, Dios le ayuda. 早起きは三文の得。｜En casa de herrero, cuchillo de palo. 紺屋の白袴。｜Donde fueres, haz lo que vieres. 郷に入っては郷に従え。

4.3.2. スペイン語の強勢語は次のとおりである。名詞、形容詞、不定冠詞、動詞、ほとんどの副詞、人称代名詞（主格、前置詞格、再帰前置詞格）、指示詞、所有形容詞後置形、所有代名詞、不定語・否定語、数詞、疑問詞、間投詞。

4.3.3. 無強勢語は次のとおりである。定冠詞、一部の副詞（tan それほど、excepto 〜を

除いて など）、人称代名詞（直接目的格、間接目的格、再帰直接目的格、再帰間接目的格）、所有形容詞前置形、関係詞、前置詞、接続詞、敬称（don 〜殿、señora 〜夫人 など）。

4.3.4. 次のような例外がある。関係詞だが強勢語：（定冠詞＋）cual（〜であるところの）。前置詞だが強勢語：según（〜によれば）。数詞だが無強勢語：複合した形の数詞の前部：ochenta y uno（81）の ochenta。→ 4.2.7.

4.3.5. 語としては同音でも、文中では強勢語・無強勢語として弁別される場合がある。té [té]（茶）は名詞なので強勢語。te [té]（君を、君に）は直接・間接目的格人称代名詞なので無強勢語。この例のように、同音の強勢語・無強勢語は文字表記の上ではアクセント記号の有無で区別されることが多い。しかし文字表記で区別されないこともある。como [kó.mo]（私は食べる）は動詞なので強勢語。como [kó.mo]（〜として、〜のように）は接続詞なので無強勢語。→ 6.3.4.

4.3.6. 疑問詞は本来、強勢語だが、近年、スペインの若い世代では無強勢語のように発音する傾向がある。¿Cómo te llamas? 君の名は？（標準的には ¿Cómo te llamas?）

4.4. イントネーション

4.4.1. イントネーション（文の抑揚、entonación）には、下降調（↘）と上昇調（↗）がある。下降調は平叙文、命令文、感嘆文の文末に用いられる。上昇調は文の途中の休止や、疑問文（特に全体疑問文）の文末に用いられる。

4.4.2. 下降調のイントネーション

(i) 平叙文の文末：Pepe espera a Lola. ↘ ペペはロラを待っている。

(ii) 部分疑問文の文末：¿A quién espera Pepe? ↘ ペペは誰を待っているの？（ただし語調を和らげるなどの理由により上昇調で発音されることもある。ラテンアメリカではスペインより上昇調が多い。¿A quién espera Pepe? ↗）

(iii) 命令文の文末：下降調。Espera a Lola. ↘ ロラを待ちなさい。

(iv) 感嘆文の文末：¡Qué paciencia tiene Pepe! ↘ ペペは辛抱強いなあ！

(v) 呼びかけ語（文中でも下降調）：Pepe, ↘ espera un poco más a Lola. ↘ ペペ、もう少しロラを待ってあげなさい。

4.4.3. 上昇調のイントネーション

(i) 全体疑問文の文末：¿Pepe espera a Lola? ↗ ペペはロラを待っているの？

(ii) 選択疑問文の途中の休止（文末は下降調）：¿Pepe espera a Lola, ↗ a Paco, ↗ o a Rita? ↘ ペペが待っているのはロラ？ パコ？ それともリタ？

(iii) 付加疑問文の文末（付加疑問表現の前は下降調）：Pepe espera a Lola, ↘ ¿verdad? ↗ ペペはロラを待っているのだね？

(iv) 挿入句、複文などの文中の休止：Pepe, ↗ que espera a Lola, ↗ tiene mucha paciencia. ↘ ロラを待つペペは辛抱強い。| No vendrá Lola ↗ aunque la espera Pepe. ↘ ペペがロラを待っても彼女は来ないだろう。

(v) 等位構造の等位接続詞の前（その他は下降調）：Pepe, ↘ Paco, ↘ Lola ↗ y Rita ↘ ペペ、パコ、ロラとリタ

4.5. 発音の地域差に関する現象

4.5.1. 「S 音化」（seseo）：無声歯間摩擦音 [θ] が無声歯茎摩擦音 [s] にとって代わられ、/θ/ と /s/ の区別がなくなる現象をいう。スペインのアンダルシア地方、カナリア地方など、およびラテンアメリカで見られる。sazonar [sa.so.nár] 味付けする → 3.2.3.(ii)

4.5.2. 「C 音化」（ceceo）：[s] が [θ] にとって代わられる現象をいう。アンダルシア南西部で見られる。S 音化と逆の現象である。Señorito [θe.ɲo.ɾí.to], si [θí] ese [é.θe] burro fuera mío... 若だんな、もしそのロバがおいらのものだったらなあ。(Juan Ramón Jiménez 作 *Platero y yo*『プラテロと私』より。原作では Zeñorito, zi eze burro juera mío... という表記法で C 音化を示している。なお、fuera を juera と表記しているのは /f/ が日本語のファ行音 /ɸ/ のように発音されることを示す) → 3.2.4.(v)

4.5.3. 「S の気音化」（aspiración de la ese）：音節末の無声歯茎摩擦音 [s] が弱まり、声門摩擦音 [h] になったり、さらには無音化したりする現象をいう。スペインのアンダルシア地方、カナリア地方、およびラテンアメリカで見られる。moscas [mó(h).ka(h)] ハエ（複数形）→ 3.2.4.(iv)

4.5.4. 「Y 音化」（yeísmo）：有声硬口蓋側面音 [ʎ] が有声硬口蓋摩擦音 [j] にとって代わられ、/ʎ/ と /j/ の区別がなくなる現象をいう。スペイン北部、東部などを除く全スペイン語圏で見られる。mayorcillo [ma.joɾ.θí.jo]（mayor「より大きな」に縮小辞が付いた形）→ 3.4.3.

4.5.5. 「R 音化」（rotacismo）：無声歯茎摩擦音 [s]、有声歯茎側面音 [l] などが有声歯茎弾き音 [ɾ] にとって代わられる現象をいう。スペイン南部、ラテンアメリカの一部に見られる。mismo [míɾ.mo] 同じ ｜ el niño [eɾ ní.ɲo] その男の子 → 3.4.2.

4.5.6. 「L 音化」（lambdacismo）：有声歯茎弾き音 [ɾ] が有声歯茎側面音 [l] にとって代わられる現象をいう。スペインの一部、ラテンアメリカの一部に見られる。comer [ko.mél] 食べる

4.5.7. 「レイラミエント」（rehilamiento）：有声摩擦音 [z] [j] を発音する際に震えが伴うことをいう。cosmos [kóz.mos]（宇宙）の [z] は震えを伴って発音される。特に、有声硬口蓋側面音 [ʎ]・有声硬口蓋摩擦音 [j] が有声後部歯茎摩擦音 [ʒ] や無声後部歯茎摩擦音 [ʃ] にとって代わられる現象を指す。アルゼンチン、ウルグアイなどで見られる。la lluvia de mayo [la ʒú.βja de má.ʒo / la ʃú.βja de má.ʃo] 5 月の雨

5. 文字（アルファベット）

5.1. アルファベット

5.1.1. スペイン語のアルファベット（alfabeto）は英語の 26 文字に ñ を加えた 27 文字である。

大文字	小文字		名称
A	a	a	[á]
B	b	be	[bé]
C	c	ce	[θé]

D	d	de	[dé]
E	e	e	[é]
F	f	efe	[é.fe]
G	g	ge	[xé]
H	h	hache	[á.tʃe]
I	i	i	[í]
J	j	jota	[xó.ta]
K	k	ka	[ká]
L	l	ele	[é.le]
M	m	eme	[é.me]
N	n	ene	[é.ne]
Ñ	ñ	eñe	[é.ɲe]
O	o	o	[ó]
P	p	pe	[pé]
Q	q	cu	[kú]
R	r	erre	[é.re]
S	s	ese	[é.se]
T	t	te	[té]
U	u	u	[ú]
V	v	uve	[ú.βe]
W	w	uve doble	[ú.βe ðó.βle]
X	x	equis	[é.kis]
Y	y	ye	[ʝé]
Z	z	zeta	[θé.ta]

5.1.2. かつては ch、ll を単一の文字（letra）とみなしたが、現在ではそれを廃止し、それぞれ「c + h」「l + l」と扱っている。

5.1.3. かつては y は i griega と呼ばれていたが、現在では ye が正式名称とされている。

5.2. 文字と音素の対応

5.2.1. スペイン語では基本的に 1 つの文字が 1 つの音素に対応する。また、文字と文字の組み合わせごとに 1 つの発音に対応する。

文字	音素：条件	例
a	/a/	casa [ká.sa] 家
b	/b/	barba [bár.βa] あごひげ
c	① /k/：ca, co, cu、二重子音、音節末	coñac [ko.ɲák] コニャック
	② /θ/：ce, ci	Cecilia [θe.θí.lja] セシリア（人名）

	③ /tʃ/：ch	chichón [tʃi.tʃón] こぶ
d	/d/	dedo [dé.ðo] 指
e	/e/	nieve [njé.βe] 雪
f	/f/	fanfarria [fan.fá.rja] ファンファーレ
g	① /g/：ga, go, gu、gue, gui, güe, güi、二重子音、音節末	galgo [gál.ɣo] グレーハウンド犬
	② /x/：ge, gi	general [xe.ne.rál] 一般的な
h	無音	prohibir [pro̯i.βír] 禁止する
i	/i/	divinidad [di.βi.ni.ðá(ð)] 神性
j	/x/	jabón [xa.βón] 石鹸
k	/k/	kaki [ká.ki] 柿
l	① /l/：	libélula [li.βé.lu.la] トンボ
	② /ʎ/：ll	silla [sí.ʎa] 椅子
m	/m/	mamut [ma.mút] マンモス
n	/n/	nación [na.θjón] 国家
ñ	/ɲ/	montaña [mon.tá.ɲa] 山
o	/o/	todo [tó.ðo] すべての
p	/p/	papel [pa.pél] 紙
q	/k/：que, qui	equipo [e.kí.po] チーム
r	① /ɾ/：語中、語末	arena [a.ré.na] 砂
	② /r/：rr、語頭、l, n, s の後	virrey [vi.réi̯] 副王 ｜ rey [réi̯] 王 ｜ enredo [en.ré.ðo] もつれ
s	/s/	sésamo [sé.sa.mo] ゴマ
t	/t/	tomate [to.má.te] トマト
u	/u/	cultura [kul.tú.ɾa] 文化
v	/b/	volver [bol.βéɾ] 戻る
w	① /u/：新しい借用語	página web [pá.xi.na wéβ] ホームページ
	② /b/：古い借用語	wáter [bá.teɾ] 便器
x	① /ks/	taxi [ták.si] タクシー
	② /ks/, /s/：音節末	extraño [e(k)s.trá.ɲo] 奇妙な
	③ /s/：語頭	xilófono [si.ló.fo.no] 木琴
	④ /x/, /s/：メキシコの地名など	México [mé.xi.ko] メキシコ ｜ Xochimilco [so.tʃi.míl.ko] ソチミルコ
y	① /j/：語頭、語中	yema [j̯é.ma] 卵黄
	② /j/：語末	buey [bwéi̯] 去勢牛
z	/θ/	zumo [θú.mo] ジュース

5.2.2.　S 音化（→ 4.5.1.）が見られる地域では、ce, ci および z は /θ/ ではなく /s/ に対応する。

5.2.3.　文字 h は発音されない。

5.2.4.　k, w は借用語に用いられる。w は比較的古い時期に採り入れた借用語は /b/ で、比較的新しい借用語は /u/ で発音される傾向がある。

5.2.5.　Y 音化（→ 4.5.4.）が見られる地域では、ll は /ʎ/ ではなく /j/ に対応する。

5.2.6.　v は b と同じく /b/ に対応する。スペイン語には /v/ という音素が存在しない。

5.2.7.　x は /ks/ に対応するが、音節の末尾などでは /k/ が略されて /s/ になることが多い。語の頭では常に /s/ となる。メキシコとその周辺の地名や先住民語からの借用語には /x/ や /s/ で発音されるものがある。

5.2.8.　借用語を原語の表記法や英語式表記法で表すときは、この原則に従わないことがある。原語に近く発音する場合と、スペイン語の発音体系に適合させて発音する場合とが見られる。「生の借用語（extranjerismo crudo）」とみなされる語はイタリック体（斜字体）で表記する。→ 9.2.

g /j/：Generalitat [je̞.ne.ra.li.tát] カタルーニャ自治州政府

ge /ge/, gi /gi/：*geisha* [gé̞i̯.ʃa / xé̞i̯.sa] 芸者（gueisa [gé̞i̯.sa] という語形もある）

h /h/：*hobby* [hó.βi] 趣味

j /j/：*ninja* [nín.ja / níŋ.xa] 忍者

sh /ʃ/：*sushi* [sú.ʃi / sú.si] 寿司

ts, tz /ts/：*tsunami* [tsu.ná.mi] 津波（sunami [su.ná.mi] という語形もある）｜ Ertzaintza [er.tsái̯n.tsa] バスク自治州警察

x /ʃ/：Xunta [ʃún.ta] ガリシア自治州政府

5.3. 注意すべきつづり字

5.3.1.　スペイン語の文字表記は、原則として発音記号に対応するが、以下のつづり字は注意を要する。

/b/：ba, be, bi, bo, bu; va, ve, vi, vo, vu

/θ/：za, ce, ci, zo, zu

/k/：ca, que, qui, co, cu; ka, ke, ki, ko, ku

/g/：ga, gue, gui, go, gu

/gw/：gua, güe, güi, guo

無音：ha, he, hi, ho, hu

/x/：ja, {je／ge}, {ji／gi}, jo, ju

/ʎ/：lla, lle, lli, llo, llu

5.3.2.　/b/ は b, v の両方に対応する。語ごとに、どちらで表記するかが決められている。

5.3.3.　/θe/ /θi/ は原則として ce, ci と表記する。ze, zi という表記は一部の学術的な教養語や借用語などでのみ用いられる。zinc [θíŋk] 亜鉛｜ zen [θén] 禅

5.3.4.　/k/ は借用語に限り k を用いて表す。それ以外は ca, que, qui, co, cu を用いる。

5.3.5.　/gwe/ /gwi/ を表すときに文字 u の上に「¨」（分音符）を付ける。vergüenza [ber.ɣwén.θa] 恥｜ pingüino [piŋ.gwí.no] ペンギン

5.3.6.　/xe/ /xi/ は ge, je および gi, ji の両方に対応する。語ごとに、どちらで表記するか

が決められている。

6. アクセント表記規則

6.1. 総論

　文字表記によって、アクセント（語強勢）の位置が示される。アクセント位置が原則に従うときはアクセント記号を付けず、原則から外れるときはアクセント記号を付ける。また、その他の理由でアクセント記号を用いる場合もある。

6.2. アクセント記号を付けない語

6.2.1. 開音節（母音で終わる音節）で終わる語および s, n で終わる語で、後ろから 2 つ目の音節にアクセントがあるものには、アクセント記号を付けない。単一の音節から成る語は、その音節にアクセントがあることが自明なので、アクセント記号を付けない。chocolate [tʃo.ko.lá.te] チョコレート｜ paseo [pa.sé.o] 散歩｜ jaula [xáu̯.la] 檻｜ matrimonio [ma.tri.mó.njo] 結婚｜ guardaespaldas [gwaɾ.ða.es.pál.das] ボディガード｜ abdomen [aβ.ðó.men] 腹部｜ yo [i̯ó] 私｜ pie [pjé] 脚｜ gris [gɾís] 灰色の｜ cien [θjén] 100

6.2.2. 閉音節（子音で終わる音節）で終わる語（s, n を除く。「母音 + y」を含む）で、最終音節にアクセントがあるものには、アクセント記号を付けない。単一の音節から成る語は、その音節にアクセントがあることが自明なので、アクセント記号を付けない。universidad [u.ni.βeɾ.si.ðá(ð)] 大学｜ arroz [a.róθ] 米｜ internacional [in.teɾ.na.θjo.nál] 国際的な｜ destornillador [des.toɾ.ni.ʎa.ðóɾ] ねじ回し｜ reloj [re.ló(x)] 時計｜ convoy [kom.bói̯] 護送隊｜ mar [máɾ] 海｜ piel [pjél] 皮膚

6.3. アクセント記号を付ける語

6.3.1. 上記の原則（6.2.）から外れる語については、アクセントを持つ母音にアクセント記号を付ける。

(i)「6.2.1.」の原則から外れる語：número [nú.me.ro] 数｜ otorrinolaringólogo [o.to.ri.no.la.riŋ.gó.lo.ɣo] 耳鼻咽喉科医｜ autobús [au̯.to.bús] バス｜ común [ko.mún] 共通の

(ii)「6.2.2.」の原則から外れる語：fútbol [fút.βol] サッカー｜ carácter [ka.rák.teɾ] 特徴

(iii) 二重母音がアクセントを持つ場合は、強母音を含む二重母音なら強母音にアクセント記号を付ける。弱母音のみで構成される二重母音なら後ろの弱母音にアクセント記号を付ける。canción [kan.θjón] 歌｜ acuícola [a.kwí.ko.la] 水生の

(iv)「動詞＋無強勢代名詞」は文字表記の上では語間をあけず 1 語のように表し、上記の規則が適用される。dime [dí.me] 私に言いなさい｜ dímelo [dí.me.lo] 私にそれを言いなさい｜ preguntarlo [pɾe.ɣun.táɾ.lo] それを尋ねること｜ preguntándotelo [pɾe.ɣun.tán.do.te.lo] 君にそれを尋ねながら → 4.2.5.、第 9 章 2.1.2.

6.3.2. 「形容詞（女性形）＋ -mente」で作られる副詞はアクセントを 2 つ持つが、形容詞の部分にのみ上記の原則を適用する。alegremente [a.lé.ɣre.mén.te] 陽気に｜ felizmente [fe.líθ.mén.te] 幸せに｜ rápidamente [rá.pi.ða.mén.te] 速く｜ cortésmente [koɾ.tés.mén.

te〕丁寧に → 4.2.6.

6.3.3. 弱母音の強母音化を示すためにアクセント記号を付ける。librería [li.βre.rí.a] 書店 ｜ tío [tí.o] おじ ｜ grúa [grú.a] クレーン ｜ dúo [dú.o] 二重奏、二重唱 → 2.2.5.(ii)

6.3.4. 同音異義語の区別のためにアクセント記号を用いることがある。文強勢を持たない語にはアクセント記号を付けず、文強勢を持つ語にアクセント記号を付けるのが原則である。→ 4.3.5.

(i) この規則により、次の対が区別される。

aun 〜でさえ / aún まだ；さらに

cuando 接続詞「〜するとき」/ cuándo 疑問詞「いつ」、その他、疑問詞以外・疑問詞の対（cual/cuál, donde/dónde, que/qué, quien /quién）

de 前置詞「〜の」/ dé dar（与える）接続法現在形 3 人称単数形

el 定冠詞男性単数形 / él 彼（主格；前置詞格）

mas しかし（古語）/ más もっと

mi 私の / mí 私（前置詞格）

se 再帰代名詞直接目的格・間接目的格 3 人称；人称代名詞間接目的格 3 人称（人称代名詞直接目的格 3 人称と共に用いられる場合）/ sé saber（知る）直説法現在形 1 人称単数形；ser（〜である）命令法 2 人称単数形

si もし〜なら；（音符の）シの音 / sí はい；再帰代名詞前置詞格 3 人称

te 君（人称代名詞直接・間接目的格）；君自身（再帰代名詞直接・間接目的格）/ té 茶

tu 君の / tú 君（主格）

(ii) aun はアクセント記号の規則に従えば [áu̯n] と発音されることになるが、実際には aún と同じく [a.ún] と発音される。

(iii) かつては solo（唯一の）と sólo（ただ〜だけ）、este, ese, aquel（この・その・あの）と éste, ése, aquél（これ・それ・あれ）などもアクセント記号の有無で区別されたが、現在では区別なく、すべてアクセント記号を付けないことになっている。

(iv) かつては guion（台本）、hui（huir〈逃げる〉直説法単純過去形 1 人称単数形）、fiais（fiar〈信頼する〉直説法現在形 2 人称複数形）のような単一の音節から成る語にもアクセント記号を付け、guión, huí, fiáis のように表記していたが、現在ではアクセント記号を付けないことになっている。また、かつては 3 o 4（3 または 4）のように接続詞 o が数字をつなぐ場合は誤読を防ぐため ó と表記していたが、現在ではアクセント記号を付けないことになっている。

6.3.5. アクセント記号を付けるべき文字が大文字であるときも、アクセント記号を略してはならない。Águila ワシ ｜ COLÓN コロンブス。「¨」（分音符）も同様に略してはならない。ANTIGÜEDAD 古代。ただし略語の場合はアクセント記号は不要である。ENAF 国立サッカー審判養成学校 Escuela Nacional de Árbitros de Fútbol（ENÁF は誤り）→ 8.1.5.

6.3.6. アクセント表記規則に従うことで、単数形と複数形とでアクセント記号の有無に違いが生じる場合が出てくる。nación [na.θjón] 国民（単数形）｜ naciones [na.θjó.nes] 国民（複数形）｜ joven [xó.βen] 若者（単数形）｜ jóvenes [xó.βe.nes] 若者（複数形）

7. 文字記号

7.1. ピリオド（.）

7.1.1. ピリオド（punto）は文の終結を示す。Me voy a casa. Hasta mañana. そろそろ帰ります。また明日。

7.1.2. 略語の末尾に付ける。Dra. López (= doctora López) ロペス博士｜pág. 10 (= página 10) 第 10 ページ｜..., etc. (= etcétera) …など｜p. ej. (= por ejemplo) たとえば

7.1.3. 文ではない語や語句にはピリオドを付けない。*Gramática de la lengua española* スペイン語文法（書名、文章の標題など）｜*Y no quedó ninguno* そして誰もいなくなった（文の形をしているが作品名として単独表記する場合はピリオドを付けない）

7.1.4. 引用に関連するピリオドの規則については → 7.6.4.

7.2. コンマ（,）

7.2.1. コンマ（coma）は、文中の音声的または意味的なまとまりを区別するために用いる。文本体と付属部との区別、主節と従属節の区別、および並列、同格、挿入、省略の表示など、さまざまな用法がある。

7.2.2. 聞き手への働きかけの表現（呼びかけ、注意喚起、肯定・否定など）を文の本体と区別するために、その前、後、または前後に付ける。Pepe, escucha bien lo que voy a decirte. / Escucha bien lo que voy a decirte, Pepe. ペペ、私が今から言うことをよく聞きなさい。｜Pues, mira, tienes mucha suerte. ほら、分かるだろう、君はとても運がいいんだ。｜Tráigame un vaso de agua, por favor. 水を 1 杯持ってきてください。｜Sí, tienes razón. はい、君の言うとおりです。｜No, no, usted me entiende mal, señor López. いえいえ、ロペスさん、それは誤解です。

7.2.3. 事柄を列挙するときに用いる。El novio, los parientes, los invitados, etc. esperan la llegada de la novia. 花婿、親族、招待客などが花嫁の到着を待っている。｜Los sentimientos a veces nacen de repente, en un instante. 時にはある感情が突然、不意に湧きおこることがある。

列挙の最後の事柄の前に等位接続詞（y, o, ni）が用いられる場合、その前にはコンマを付けない。No me gustan las manzanas, las peras ni las naranjas. 私はリンゴもナシもオレンジも好きではない。

7.2.4. 挿入語句の前後に付ける。La petición fue firmada, según la prensa, por más de diez mil personas. その請願書には、新聞によると、1 万人以上の署名が集まったという。

7.2.5. 同格の語句を示す。La península de Izu está situada a unos ochenta kilómetros al suroeste de Tokio, la capital japonesa. 伊豆半島は日本の首都、東京から南西に約 80 キロの地点に位置する。

7.2.6. 「副詞句（時、場所、状況など）＋主節」の語順のとき、副詞句の後に付ける。「主節＋副詞句」の語順では通常コンマを付けない。Entonces, no proteste. / No proteste entonces. それなら文句を言わないでください。｜En aquellos calurosos días de verano, mis amigos y yo íbamos a la playa. / Mis amigos y yo íbamos a la playa en aquellos calurosos días de verano. あの夏の暑い日々、友人たちと私は海に出かけたものだった。｜

Introduciendo una tarjeta por la ranura, abrí la puerta. / Abrí la puerta introduciendo una tarjeta por la ranura. 私はスリットにカードキーを差し込んでドアを開けた。

7.2.7. 「副詞節（時、理由、条件、譲歩、状況など）＋主節」の語順のとき、副詞節の後に付ける。「主節＋副詞節」の語順では通常コンマを付けない。Si tienes tiempo, ven. / Ven si tienes tiempo. もし時間があればいらっしゃい。 | Aunque no me gusta, lo amo. / Lo amo aunque no me gusta. 私は彼が気に入らないが愛している。

7.2.8. 非制限用法の関係節を示すために付ける。制限用法ではコンマを付けない。Los documentos, que fueron robados por la espía, eran fundamentales. それらの書類はスパイに盗まれてしまったが、とても大切なものだった。 　[比較] Los documentos que fueron robados por la espía eran fundamentales. スパイに盗まれたそれらの書類はとても大切なものだった。

7.2.9. 「主節＋副詞句」「主節＋副詞節」の語順でもコンマを付けることがある。

(i) de ahí que（それゆえに）などの句に導かれる副詞節の前にはコンマを付ける。Faltaban datos esenciales, de ahí que el análisis resultara fallido. 基本的なデータが欠けていた。実験が失敗したのはそのせいだろう。

(ii) コンマの有無で意味が変わる場合がある。Ha llovido, porque el suelo está mojado. 雨が降ったようだ。と言うのは地面が濡れているからだ。 　[比較] El suelo está mojado porque ha llovido. 雨が降ったので地面が濡れている。

7.2.10. 等位関係にある節と節の間にコンマを付けることがある。Te aconsejé que no compraras la casa, pero no me hiciste caso. 私は君にその家を買うなと忠告したが、君は私の言うことを聞かなかった。

7.2.11. 省略をコンマで示すことがある。Los que no tengan invitación, por aquella puerta. 招待状を持っていない人はあの扉から入ってください。（コンマの位置に entren が省略） | Cuatro por cinco, veinte. 4 かける 5 は 20。（son が省略）

7.2.12. 主語が長い場合でも、述語との境界にコンマを付けてはならない。Quienes deben hacerlo son ellos. それをしなければならないのは彼らだ。（実際には Quienes deben hacerlo, son ellos. と表記されることもあるが、誤用とされている）

7.2.13. 目的語などを文頭に置くときは、その後にコンマを付けても付けなくてもよい。A ese joven (,) lo conocí en París. その若者には私はパリで知り合った。 | De ese asunto (,) apenas sabemos nada. その件については私たちはほとんど何も知らない。

7.2.14. 引用に関連するコンマの規則については → 7.6.4.

7.3. セミコロン（;）

7.3.1. セミコロン（punto y coma）は、文中でコンマによって示す音声的または意味的なまとまりよりも大きなまとまりを区分するために用いる。セミコロンの前の語句と後の語句の間には、たとえば「理由と結果」のような意味的つながりがある。

7.3.2. 文に匹敵する大きな単位を、1つの文の中に複数個収める場合に用いる。Puedes irte a casa; ya no hay nada más que hacer. 君は帰ってもいいよ、もう何も用事はないから。（結果＋理由） | Lola está muy triste por la calificación de su examen; tendrá que esforzarse más. ロラは試験の結果にすっかりまいっている。もっと勉強する必要がありそうだ。（事態＋意見） | Muchos fueron los que querían llegar a la meta; pero fueron pocos los que lo

lograron. 目標を達成したいと思った者は多かったが、それができた者はわずかだった。（逆接）
これらの例は、セミコロンに代えてピリオドを用い、2つの文として表現することもで
きる。しかし2つの事柄の意味的つながりは、やや希薄になる。Puedes irte a casa. Ya
no hay nada más que hacer. 君は帰ってもいいよ。もう何も用事はない。

7.3.3. コンマと併用し、コンマより大きな単位を示す。El primer grupo irá por la izquier-
da; el segundo, por la derecha; y el tercero, de frente. 1班は左から、2班は右から、3班
は正面から進みなさい。

7.4. コロン（:）

7.4.1. コロン（dos puntos）は、文中でコンマによって示す音声的または意味的なまと
まりよりも大きなまとまりを区分するために用いる。コロンの前の語句と後の語句は、
基本的には同等の内容（総括と具体的内容、直接話法の伝達部と引用部など）を表す。

7.4.2. ある集合の「総括」と「具体的内容」を区別する。Ayer me compré dos libros:
uno de Roberto Bolaño y otro de Manuel Puig. 昨日、私は本を2冊買った。ロベルト・ボラー
ニョの本とマヌエル・プイグの本だ。｜ Natural, sana y equilibrada: así debe ser una buena
alimentación. 自然で、健康的で、バランスがとれていて…、良い食事はこうあるべきだ。｜
Te digo una cosa: como vuelvas a hacer esto, no te perdonaré. 君に1つ言っておく。また
こんなことをしたら許さないぞ。

7.4.3. 直接話法の伝達部と引用部との境界に用いる。Dijo Confucio: «Al que ve lo justo
y no lo practica, le falta valor». 孔子は「義を見てせざるは勇なきなり」と言った。→ 7.6.4.

7.4.4. 手紙、電子メールなどで、冒頭の受信者への呼びかけの句の後に付ける。英語と
は異なり、コンマを用いるのは誤りである。

Estimado señor:
Tenemos el gusto de informarle de la publicación de un nuevo diccionario.
拝啓　新しい辞書の刊行につきご案内申し上げます。

Querida Lola:
¡Hola! ¿Tienes tiempo libre mañana?
ロラ　こんにちは！　明日時間ある？

7.4.5. 題名と副題の区切りに用いる。*El subjuntivo: valores y usos* 接続法 ―意味と用法―

7.5. 疑問符（¿?）、感嘆符（¡!）

7.5.1. 疑問符（signos de interrogación）は疑問の領域を表示する。疑問を表す文、節、
句の前に「¿」を、後に「?」を付ける。¿Qué hora es? 今、何時ですか？｜ En cuanto a
Rosa, ¿hay alguna novedad? ロサについては、何か変わったことはない？｜ Pero ¿por qué?
でもどうして？

7.5.2. 「疑問の対象外の語句＋疑問文」という語順の場合は、疑問の対象外の語句を2つ
の疑問符ではさむ領域から除外する。「疑問文＋疑問の対象外の語句」という語順の場
合は、疑問の対象外の語句も2つの疑問符ではさむ領域に含める。Paco, ¿te encuentras
mal? / ¿Te encuentras mal, Paco? パコ、気分が悪いの？｜ Puesto que no cabemos en un
coche, ¿vamos en tren? / ¿Vamos en tren, puesto que no cabemos en un coche? 私たち全

員が 1 台の車に乗るのは無理だから、電車で行こうか？

7.5.3. 付加疑問は「, ¿no?」「, ¿verdad?」のように表記する。Eres Paco, ¿verdad? 君がパコだね？

7.5.4. 感嘆符（signos de exclamación）は感嘆の領域を表示する。感嘆を表す文、節、句の前に「¡」を、後に「!」を付ける。¡Qué bueno está este café! このコーヒーはおいしいなあ！ | Francamente, ¡estoy encantado! 率直に言って私はとてもうれしい！ | Pero ¡qué pena! それにしても残念だ！

7.5.5. 感嘆符を複数個用いて強調することができる。¡¡¡Traidor!!! 裏切者！

7.5.6. 疑問符と感嘆符を併用することができる。¿¡Lo dices en serio!? / ¡¿Lo dices en serio?! 君、それ本気で言ってるの?！

7.5.7. 疑問表現、感嘆表現が連続する場合は、個別に疑問符、感嘆符を付ける。ただし感嘆表現が短い場合は全体に一組の感嘆符を対応させてもよい。¿Cómo te llamas?; ¿dónde vives?; ¿cuándo llegaste a España? 君、名前は？ 家はどこ？ いつスペインに着いたの？ | ¡Qué enfadada estaba!; ¡cómo se puso!; ¡qué susto nos dio! 彼女、かんかんだったね！ あのときの様子ときたら！ びっくりしたね！ | ¡Ja, ja, ja! ハハハ！

7.5.8. 標題が疑問表現、感嘆表現の場合は疑問符、感嘆符を省略することもある。*Cómo hablar bien en público* 人前で上手に話す術 | *¿Qué es el haiku?* 俳句とは何か | *¡Adiós, Cordera!* 牛さん、さよなら！（Clarín 作の小説）

7.5.9. 引用に関連する疑問符、感嘆符の規則については → 7.6.4.

7.6. 引用符（« », " ", ' '）、ダッシュ（—）

7.6.1. 引用には引用符（comillas）、またはダッシュ（raya）を用いる。以下では、引用される内容を表す部分を「引用部」、引用の伝達を示す述部を「伝達部」と呼ぶ。→第 21 章 9.

Paco le dijo a Lola: «Adiós, hasta mañana». パコはロラに「さようなら、また明日」と言った。

　　　伝達部　　　　　　　　引用部

7.6.2. 引用符（« », " ", ' '）は、引用部や際立たせたい語句を他と区別するために用いられる。「« »」を「スペイン式二重引用符」（comillas españolas）、「" "」を「イギリス式二重引用符」（comillas inglesas）、「' '」を「単一引用符」（comillas simples）と呼ぶ。

(i) 引用にはスペイン式二重引用符を用いるのが原則だが、現在ではイギリス式二重引用符も多用される。Lola dijo: «¡Mira lo que te has comprado!». / Lola dijo: "¡Mira lo que te has comprado!". ロラは「あなたが買ってきたものをごらんなさい！」と言った。

(ii) 引用部の内部に、さらに引用符を用いる必要がある場合、最上位の引用をスペイン式二重引用符、下位の引用をイギリス式二重引用符、さらに下位の引用を単一引用符で表示する。¿Te suena esta frase: «Lola exclamó: "¡Vaya 'cacharro' que se ha comprado mi marido!"»? 「ロラは『夫が買ってきた'ガラクタ'と来たら！』と叫んだ」という、この文に君は聞き覚えがあるかい？

(iii) 引用符は、実際の発話だけでなく考えや思いの引用にも用いることができる。«No tengo nada que perder», pensó Lola. 「私には失うものは何もない」とロラは思った。

(iv) 引用符は特殊な表現などを際立たせるのに用いることができる。Parece que últimamente a Paco le va bien en sus «negocios». どうやら近ごろ、パコは、彼の言うところの「商売」がうまくいっているようだ。（個人的な言葉遣い）｜ El jugador consiguió su cuarto 'hat-trick' en ese partido. その選手はその試合で4度目の「ハットトリック」を達成した。（借用語の表示）

7.6.3. ダッシュ（―）は、引用部や挿入語句を他と区別するために用いられる。実際の発話の引用（直接話法）に用いるのが原則である。

(i) 引用部の始まりに付ける。

—¡Hola, Paco!, ¿qué hay?

—¡Hola, Rita! Pues fenomenal.

「あら、パコ！ 元気？」「やあ、リタ！ 元気だよ」

(ii)「引用部＋伝達部」という語順の場合は「―引用部 ―伝達部」と表記する。—¡Hola, Paco! —dijo Rita. 「あら、パコ！」とリタは言った。

(iii)「引用部＋伝達部＋引用部」という語順の場合は「―引用部 ―伝達部 ―引用部 .」と表記する。—No te creo —dijo Paco—. Por mucho que te esfuerces, ya no confío en ti. 「君は信用できない。君がどれほどがんばっても、もうぼくは君を信じられない」とパコは言った。 ｜—¡Hola, Paco! —dijo Rita, —¿qué hay? 「あら、パコ！ 元気？」とリタは言った。

(iv) ダッシュは挿入語句の前後に付けることもできる。Esperaba a José —un gran amigo—, que al final no vino a ayudarme. 私はホセ―親友だった―を待っていたが、彼はついに助けに来てくれなかった。

(v) 引用符とダッシュを併用することがある。«Es imprescindible —señaló el presidente— reformar estos sistemas». 「『これらの制度を改革することが急務だ』と大統領は述べた」。

7.6.4. 引用におけるピリオド、コンマ、セミコロン、コロン、疑問符、感嘆符の表示は、次のようにおこなう。

(i)「伝達部＋引用部」という語順の場合は、伝達部と引用部の境界をコロンで示す。Lola dijo: «Tengo que irme ya». ロラは「もう行かなくちゃ」と言った。

(ii)「引用部＋伝達部」という語順では、引用符を用いる場合は、境界をコンマで示す。ダッシュを用いる場合は境界をダッシュで示す。«Tengo que irme ya», dijo Lola. / —Tengo que irme ya —dijo Lola. 「もう行かなくちゃ」とロラは言った。

(iii) ピリオドで終わる文を引用するとき、引用部にピリオドを付けてはならない。ただしダッシュを用いた引用で全文が終わる場合は、ピリオドを付ける。Paco dijo: «Quedamos a las siete». / «Quedamos a las siete», dijo Paco. / —Quedamos a las siete —dijo Paco. パコは「7時に待ち合わせよう」と言った。 ｜—Muy bien —dijo Paco—. Entonces quedamos a las siete. 「分かった。じゃあ7時に待ち合わせよう」とパコは言った。

(iv) 疑問符、感嘆符で終わる文を引用するときは、それらの記号を維持し、かつ全文の終わりには、必要に応じて全文に対応する文字記号を付ける。英語とは異なり、引用符で文を終えてはならない。ただしダッシュを用いた引用で全文が終わる場合は、さらに文字記号を付ける必要はない。Paco preguntó: «¿Qué hora es?». パコは「今、何時？」と尋ねた。（全文末にピリオドが必要である）｜ Paco dijo: «¡Hola, Rita!». パコは「やあ、ロラ！」と言った。（同上）｜ ¿Quién te dijo: «¡Qué grande estás!»? 「大きくなったね！」と君に言ったのは誰？（引用部は感嘆文、全文は疑問文であることを表示）｜—¡Hola, Paco! —dijo

Rita—, ¿qué hay? 「あら、パコ！元気？」とリタは言った。

(v)「引用部＋伝達部＋引用部」という形式では、第 1 の引用部の末尾のピリオド、コンマ、セミコロン、コロンは、伝達部の直後に表示する。—No se moleste —dijo la turista—. Puedo ir sola. 「お気遣いなく。1 人で行けます」とその女性旅行者は言った。｜—Pero Paco —dijo Lola—, ¿de verdad no sabes lo que está pasando? 「でもパコ、あなた本当に何が起きているか知らないの？」とロラは言った。｜—Puedes irte a casa —me dijo el jefe—; ya no hay nada más que hacer. 「君は帰ってもいいよ、もう何も用事はないから」と上司は私に言った。｜—Déjame darte un consejo —me dijo Lola—: debes preocuparte más de ti. 「1 つ忠告させて。もっと自分を大切にしなさい」とロラは私に言った。

(vi) 引用部の末尾にピリオドを付けることがある。これは引用部に隣接する語句が伝達部ではないことを示す。—No, gracias. Adiós—. El hombre cerró la puerta y salió de mala gana. 「いいえ、結構です。失礼します」。男はドアをしめて不承不承立ち去った。(El hombre cerró 以下は引用部の発言を導入しているわけではない。引用は No, gracias. Adiós. で完結している)

7.7. その他の文字記号

7.7.1.　連続符「...」(puntos suspensivos) は、ピリオド 3 つで構成される。文の中断、省略などを表す。

(i) 文が中断されたことを示す。Si yo estuviera en tu lugar... もし私が君の立場だったら……。

(ii) 文の途中に休止が入ることを示す。Quería preguntarte..., bueno..., que si quieres bailar conmigo. ちょっと聞きたいんだけど……、実は……、ぼくと踊ってくれないか？

(iii) 省略を示す。A quien madruga...; así que despiértate ya. 早起きは三文のなんとかと言うだろう。だからもう起きなさい。(「神は早起きする者を助ける」ということわざの後半部分 Dios le ayuda. が略されている)

(iv) 連続符をチルダ (~) で代用してはならない。¡Si te dije que...! だから言ったのに！(¡Si te dije que~! という表記は誤り)

7.7.2.　ハイフン「-」(guion) は、要素の連続を示す。

(i) 語の途中で改行するときは、分割した語の前半部の末尾にハイフンを付ける。universi-〈改行〉dades (「大学」の途中で改行)。音節の切れ目以外で分割をおこなってはならない (× univ-ersidades のような分割は誤り)。また分割した語の後半部のはじめにハイフンを付けてはならない (× universi〈改行〉-dades という表記は誤り)。

(ii) 複合語 (→第 2 章 2.7.)、連続同音による擬音など、複数個の同等要素のつなぎに用いる。Castilla-La Mancha カスティーリャ・ラマンチャ地方｜guerra ruso-japonesa 日露戦争｜frontera mexicano-estadounidense メキシコ・米国間国境｜película ítalo-franco-canadiense イタリア・フランス・カナダ合作映画｜taca-taca-taca-taca コツコツコツ（足音）｜chas-chas-chas チョキチョキ（はさみで切る音）

(iii) 数字とともに用いる。31-12-2020 2020 年 12 月 31 日｜las páginas 45-78 45 ～ 78 ページ（× las páginas 45~78 という表記は誤り）

7.7.3.　丸かっこ「( )」(paréntesis)、角かっこ「[ ]」(corchetes) は、補足的な事柄の挿入に用いる。

(i) 一般的な補足には丸かっこを用いる。Llevaban casados mucho tiempo (el año pasado cumplieron sus bodas de oro), sin dejar de quererse. 2人は結婚してずいぶん経つ（昨年、金婚式を迎えた）が、相変わらず仲が良い。｜ Camilo José Cela (A Coruña, 1916-Madrid, 2002) es uno de los principales renovadores de la prosa española en el siglo XX. カミロ・ホセ・セラ（1916年ア・コルーニャ生まれ、2002年マドリードで没）は20世紀のスペインの散文を革新した代表的な作家である。

(ii) 丸かっこでは不十分な補足には角かっこを用いる。El viejo empezó a exagerar sus andanzas: «He recorrido todo el mundo [en realidad, no ha salido de Andalucía]». その老人の遍歴の説明は次第に大げさになってきた。「わしは世界中を巡り歩いたのじゃ［本当はアンダルシアから出たことがなかったのだが］」。（直接話法の文中に筆者の視点を挿入している）

(iii) かっこの中にさらにかっこが必要な場合は、上位を丸かっこ、下位を角かっこで表示する。Las películas que rodó Almodóvar (sobre todo *Hable con ella* [2002]) causaron gran sensación mundial. アルモドバルが監督をつとめた映画(特に「トーク・トゥー・ハー」[2002年])は世界的反響を巻き起こした。

7.7.4. スラッシュ「/」（barra）は、省略、「〜当たり」、並列などを示す。c/ Goya (= calle Goya) ゴヤ通り｜ 100 km/h (= 100 kilómetros por hora) 時速100キロ｜ Querido/a amigo/a (= Querido amigo または Querida amiga) 親愛なる友よ（性別の異なる複数の相手にむけて個別に呼びかける形式）

7.7.5. アポストロフィ「'」（apóstrofo）は、現代スペイン語ではほとんど使われない。「2020年」を× el año '20 と表記するのは誤り。正しくは el año 20。el DVD の複数形を× los DVD's と表記するのは誤り。正しくは los DVD。

7.8. 字体

7.8.1. アルファベットには多くの字体があるが、最も多用されるのは、①基本字体（letra redonda）、②イタリック体（letra cursiva）、③太字体（letra negrita）である。

7.8.2. 基本字体（A, a, B, b, C, c...）は、基本的な字体である。特殊な字体を用いる必要がない場合は、基本字体を用いる。

7.8.3. イタリック体（*A, a, B, b, C, c...*）は、特殊な語句、表現の表記に用いられる。

(i) 語句の形態を話題にする場合や、他言語の語句、特殊な表現の表記に用いられる。El prefijo *pre-* indica anterioridad local o temporal. 「pre-」という接頭辞は場所または時間において「前」であることを示す。｜ Te enseño cómo preparar el mejor *okonomiyaki*. 最高においしい「お好み焼き」の作り方を君に教えよう。｜ Ese *tío* pasó cinco años en el *talego*. ヤツはムショに5年入っていた。（tío は「男」の俗語、talego は「刑務所」の隠語）｜ La niña dijo que era muy *difácil*. その女の子は、とてもムジュカシイわと言った。（difácil は difícil の言い間違い）

(ii) 「原形保持借用語」の表記に用いられる。*beige* [béij] ベージュ色（フランス語 *beige* より）。「適応借用語」には基本字体を用いる。beis [béis] ベージュ色 → 9.2.

(iii) 作品名の表記に用いられる。作品名の中に別の作品名が含まれる場合は、下位の作品名に引用符「« »」を付ける。¿Has leído *Cien años de soledad*? 君は『百年の孤独』を読んだことがありますか？｜ La tesis de Paco se titula *Nueva interpretación de «Cien años de soledad»*. パコの論文は「『百年の孤独』についての新しい解釈」だ。

(iv) 文がイタリック体で書かれている場合は、基本字体とイタリック体の関係が逆転する。
La palabra escáner *es una adaptación de la voz inglesa* scanner. 「escáner」（スキャナー）という語は英語の *scanner* をスペイン語に適応させたものだ。

7.8.4.　太字体（**A, a, B, b, C, c**...）は、項目の標題、文中の重要語句などを他と区別するために用いられる。

Argüelles

La parte estudiantil de Madrid se sitúa en torno al barrio de **Argüelles**. Es una zona de bares estudiantiles por su proximidad a la **Ciudad Universitaria**.

アルグエリェス　マドリードの学生街の中心は**アルグエリェス**地区である。**大学都市**に近いため、学生が集まる酒場が立ち並んでいる。

8. 大文字、小文字

8.1. 語頭を大文字で表す語

8.1.1.　文頭の単語の語頭は大文字（mayúscula）で表す。¿Martes? ¿Ya estamos a martes? 火曜日だって？　もう火曜日なのか？

8.1.2.　固有名詞の語頭は大文字で表す。El señor José Gómez acaba de regresar de El Salvador. ホセ・ゴメス氏はエルサルバドルから帰ったばかりだ。 | Venus se encuentra más cerca del Sol que la Tierra. 金星は地球よりも太陽に近い。

8.1.3.　固有名詞に準じる語の語頭も大文字で表す場合がある。la Policía 警察（国家機構） | la Iglesia キリスト教会（宗教組織） | Hoy tengo dos clases de Matemáticas. 今日、私は数学の授業が 2 時間ある。（学科目） | la Península イベリア半島（＝ península ibérica）

8.1.4.　複数の語から成る固有名詞では、冠詞、前置詞、接続詞は大文字にしない。Organización Mundial de la Salud 世界保健機構 | Universidad Nacional de Educación a Distancia 国立通信教育大学

(i) ただしこれらの語が完全に固有名詞の一部を形成しているときは、これらも大文字にする。Los Ángeles ロサンゼルス | Marqués Del Bosque デルボスケ侯爵

(ii) 定期刊行物や童話、寓話などの題名は、上記の原則に従う。*El País* エルパイス紙（スペインの新聞） | *Fútbol Total* フットボル・トタル誌（コロンビアの雑誌） | *El Gato con Botas* 長靴をはいた猫

(iii) 作品名は最初の語の語頭のみを大文字で表す。*Libro de buen amor* よき愛の書（× *Libro de Buen Amor* という表記は誤り） | *El ingenioso hidalgo don Quijote de la Mancha* 比類なきラマンチャの郷士ドン・キホーテ | *Las señoritas de Avignon* アヴィニョンの娘たち

8.1.5.　アクセント記号を付けるべき文字が大文字であるときも、アクセント記号を略してはならない。catedral de Ávila アビラの大聖堂 → 6.3.5.

8.2. 語頭を小文字で表す語

8.2.1.　普通名詞は、文頭に置かれる場合を除いて、語頭を小文字（minúscula）で表す。Hoy hace mucho sol y la tierra está seca. 今日は日差しが強く、地面は乾いている。（8.1.2. の

Sol, Tierra と比較）│ El policía detuvo al autor del crimen delante de una iglesia. 警官は犯人をある教会の前で逮捕した。（8.1.3. の Policía, Iglesia と比較）

8.2.2. 英語では語頭を大文字で表すが、スペイン語では小文字で表す名詞、形容詞がある。

(i) 地名、人名から派生した名詞、形容詞、言語の名称の語頭は小文字で表す。japonés 日本人男性；日本の；日本語│ catalán カタルーニャ人男性；カタルーニャの；カタルーニャ語│ franquista フランコ派の│ napoleónico ナポレオンの│ civilización maya マヤ文明│ Imperio romano ローマ帝国

(ii) 四季、月、曜日の名、方位の語頭は小文字で表す。La niña desea la llegada de la primavera. その少女は春が来るのを待っている。│ Hoy es lunes, 5 de mayo. 今日は5月5日、月曜日だ。│ Viajaron rumbo al sur. 彼らは南に向かって旅をした。│ Sopla viento del noroeste. 北西の風が吹いている。

(iii) 学問、主義、宗教の名称の語頭は小文字で表す。Newton contribuyó mucho al desarrollo de las matemáticas. ニュートンは数学の発展に大きな貢献をした。（8.1.3. の Matemáticas と比較）│ realismo 写実主義│ impresionista 印象派│ budismo 仏教

(iv) 固有名詞に伴う地理用語、住所表示用語などは、普通名詞とみなされ、語頭を小文字で表す。océano Atlántico 大西洋│ mar Mediterráneo 地中海│ río Ebro エブロ川│ monte Fuji 富士山│ estrecho de Magallanes マゼラン海峡│ ciudad de Lima リマ市│ calle Mayor マヨール通り│ plaza de España スペイン広場│ restaurante japonés Kabuki 和食料理店カブキ│ cafetería Figal 喫茶フィガル →第 5 章 4.3.3. (ii)

(v) ただし中には、地理用語、住所表示用語などを含めて固有名詞とみなされ、これらの語の語頭も大文字で表される場合がある。Ciudad de México メキシコシティ│ Gran Vía グランビア大通り│ Universidad de Valencia バレンシア大学 →第 5 章 4.3.3. (i)

(vi) また、地理用語、住所表示用語などの語頭は小文字表記が望ましいが、大文字表記も認められる場合もある。parque del Retiro / Parque del Retiro レティロ公園│ teatro Monumental / Teatro Monumental モヌメンタル劇場│ café Gijón / Café Gijón 喫茶ヒホン

(vii) 敬称の語頭は小文字で表す。略号で表記する場合は大文字を用いる。doña Rosa / D.ª Rosa ロサ様│ señor López / Sr. López ロペス氏 → 9.1.2. (iii)

8.3. 全体を大文字で表す語

8.3.1. 注意喚起を要する場合には、語全体を大文字で表す。看板、注意書き、ポスター、書物の表紙の題名など。HOTEL COLÓN コロン・ホテル│ USTED ESTÁ AQUÍ 現在地│ CUIDADO CON EL PERRO 猛犬注意│ INSERTE MONEDAS 硬貨投入口│ CONSIGNAS AUTOMÁTICAS コインロッカー│ ¡ÚNETE A NOSOTROS! 会員募集中！│ NO A LA GUERRA 戦争反対│ EL SECRETO DE SUS OJOS 瞳の奥の秘密

8.3.2. 略語（→ 9.1.）のうち、大文字で表すもの（略号の一部、頭字語）は、語全体を大文字で表す。C. P. [θé pé] (= código postal) 郵便番号│ IVA [í.βa] (= impuesto sobre el valor añadido) 付加価値税

8.3.3. 漫画の台詞は、全文を大文字で表すのが慣例である。—DEJÉ LA HOJA DEL EXAMEN EN BLANCO. —YO TAMBIÉN. —¿EH? ¡VAN A PENSAR QUE NOS COPIAMOS! 「試験の答案、白紙で出した」「ぼくもだ」「なんだって？ カンニングをしたと思

われるじゃないか！」

9. 略語、借用語、数の表記法

9.1. 略語

9.1.1.　文字表記に関連する略語には、略号（abreviatura）、頭字語（sigla）、学術記号（símbolo científico-técnico）がある。→ 第 2 章 2.8.

9.1.2.　略号には、次のような種類がある。頭文字は慣習により大文字の場合と小文字の場合がある。発音するときは略さない。たとえば JJ. OO. (オリンピック競技会) は [xó.ta xó.ta o o] ではなく、[xwé.ɣos o.lím.pi.kos] と発音する。

(i)「頭文字＋ピリオドまたはスラッシュ」で表記する。s. XXI (= siglo veintiuno) 21 世紀｜c/ Mayor (= calle Mayor) マヨール通り。頭文字だけの表記もある。L M X J V S D (= lunes, martes, miércoles, jueves, viernes, sábado, domingo) 月・火・水・木・金・土・日曜日（「水曜日」は「火曜日」との区別のため X で表されることが多い）

(ii)「語頭の数文字＋ピリオド」で表記する。núm. (= número) 第～番｜pág. (= página) 第～ページ｜Lic. (= licenciado, licenciada)（文科系の）学士｜Ing. (= ingeniero, ingeniera)（理科系の）学士

(iii)「頭文字＋語末の文字＋ピリオド」で表記する。Ud. (= usted) あなた｜Sr. (= señor) ～氏｜Dra. (= doctora)（女性の）～博士｜dcha. (= derecha) 右｜izda. (= izquierda) 左｜rte. (= remitente) 発信者｜Cía. (= compañía) 会社｜depto. (= departamento) 課、局 → 8.2.2. (vii)

(iv) 上付き文字（letra volada）を用いて表記する。n.º (= número) 第～番｜1.º (= primero) 第 1 の（男性形）｜2.ª (= segunda) 第 2 の（女性形）｜3.ᵉʳ (= tercer) 第 3 の（語末母音脱落の男性形）→ 第 10 章 3.1.

(v) 2 語以上の語から成る句を略すときは、各語を「頭文字＋ピリオド」と表記する。複数形の場合は頭文字を重複させる。S. A. (= sociedad anónima) 株式会社｜S. M. (= su majestad) 陛下｜q. e. p. d. (= que en paz descanse) 故～｜EE. UU. (= Estados Unidos) 合衆国｜JJ. OO. (= Juegos Olímpicos) オリンピック競技会（ただし (iii) 型の略し方をする場合もある　Bs. As. (= Buenos Aires) ブエノスアイレス）

9.1.3.　頭字語は 2 語以上の語から成る句の頭文字をつないだ語である。AVE [á.βe] (= Alta Velocidad Española) スペイン高速列車｜ONU [ó.nu] (= Organización de las Naciones Unidas) 国際連合｜OTAN [ó.tan] (= Organización del Tratado del Atlántico Norte) 北大西洋条約機構、NATO｜sida [sí.ða] (= síndrome de inmunodeficiencia adquirida) 後天性免疫不全症候群、AIDS

(i) 頭字語は略号と異なりピリオドを付けない。上記の例 AVE を × A. V. E. と表記するのは誤り。

(ii) 頭字語は、可能な限り文字の名称ではなく、単語として発音する。上記の例 ONU を [ó é.ne ú] と発音することはまれである。ただし単語として発音が困難な場合は文字の名称で発音される。DNI [dé é.ne í] (= documento nacional de identidad) 国民身分証明書

(iii) 他言語の頭字語を借用する場合は、可能な限りスペイン語に改める。上記の ONU、

OTAN、sida がその例である。ただしもとの語形をそのまま使用する場合もある。
Unesco [u.nés.ko] (= 英語 *United Nations Educational, Scientific and Cultural Organization*) 国際連合教育科学文化機関｜GPS [xé pé é.se] (= 英語 *Global Positioning System*) 全地球測位システム、GPS

9.1.4. 学術記号は計量単位などの表記に用いられる。m (= metro) メートル｜km (= kilómetro) キロメートル｜g (= gramo) グラム｜m² (= metro cuadrado) 平方メートル｜W (= vatio) ワット（人名 *Watt* に由来するので大文字で表記）

(i) 学術記号は複数形でも不変化である。10 cm (= 10 centímetros) 10 センチ

(ii) 学術記号にはピリオドを付けない。Tiene 10 cm de longitud. その長さは 10 センチである。（× Tiene 10 cm. de longitud. という表記は誤り）

9.2. 借用語

9.2.1. 借用語（extranjerismo; préstamo）の表記は、「原形保持借用語（extranjerismo crudo）」と「適応借用語（extranjerismo adaptado）」で異なる。

9.2.2. 原形保持借用語とは、原語のまま、またはそれに近い形で採り入れられた借用語を言う。原語のアルファベット表記が維持されるため、スペイン語の文字規則に従わない場合も多い。これらはイタリック体で表記する。日本語からヘボン式ローマ字表記によって採り入れられた語もこれに属する。*cash* 現金｜*business* ビジネス｜*e-mail* 電子メール｜*software* ソフトウェア｜*ballet* バレエ｜*pizza* ピザ｜*geisha* 芸者｜*ninja* 忍者 → 7.8.

9.2.3. 適応借用語とは、スペイン語の発音規則、文字規則に適応させた借用語を言う。基本字体で表記する。puzle パズル（英語 *puzzle* より）｜cruasán クロワッサン（フランス語 *croissant* より）｜espagueti スパゲティ（イタリア語 *spaghetti* より）｜gueisa 芸者

9.2.4. 他言語の固有名詞にも、原形保持型の表し方と、適応型の表し方がある。この場合は、原形保持型であっても一般の字体で表記する。

(i) 君主、ローマ教皇、歴史上の人物などの人名には、適応型を用いる。Isabel II エリザベス 2 世（イギリス女王 Elizabeth II）｜Juan Pablo II ヨハネ・パウロ 2 世（ローマ教皇 Johannes Paulus II）｜Julio César ユリウス・カエサル（Julius Caesar）｜Juana de Arco ジャンヌ・ダルク（Jeanne d'Arc）｜Miguel Ángel ミケランジェロ（Michelangelo）

(ii) その他の人名では、可能な限り原形を尊重する。Agatha Christie アガサ・クリスティ｜Björn Borg ビョルン・ボルグ

(iii) 地名については、慣習として適応型の表し方が存在するものには、適応型を用いる。Nueva York ニューヨーク（New York）｜Colonia ケルン（Köln）｜Pekín 北京（Beijing という表記も見られるが、避けるべきだとされている）

(iv) その他の地名は、可能な限り原形を尊重する。Sri Lanka スリランカ｜Ghana ガーナ｜São Paulo サンパウロ

(v) スペインにおけるスペイン語以外の公用語の固有名詞は、原形が尊重され、原語の発音に近く発音される。Generalitat [je.ne.ra.li.tát] カタルーニャ自治州政府｜Xunta [ʃún.ta] ガリシア自治州政府｜Ertzaintza [er.tsáin.tsa] バスク自治州警察 → 5.2.8.

9.3. 数

9.3.1. 数はアルファベット、アラビア数字、ローマ数字で表記する。

9.3.2. 理科系の記述や金銭に関わる記述など、数の厳密性が求められる場合を除いて、数はできるかぎりアルファベットで表記するのが望ましいとされる。次の場合がそれに該当する。

(i) 3 語以下から成る数。un niño de cuatro años 4 歳の男の子｜ sesenta y un coches 61 台の車｜ cien mil euros 10 万ユーロ｜ diez millones de habitantes 1000 万人の住民｜ Son las cinco de la tarde. 午後 5 時だ。

(ii) 概数、分数。unos ciento cuarenta mil manifestantes 約 14 万人のデモ参加者｜ dos tercios de los encuestados アンケート回答者の 3 分の 2

(iii) 成句。en un dos por tres あっと言う間に｜ de mil amores 喜んで

9.3.3. 次の場合は数をアラビア数字で表す。

(i) 4 語以上から成る数。12 506 solicitudes 12,506 件の請求

(ii) 年、日、番地、郵便番号、電話番号など。año 2050 2050 年｜ el 28 de octubre 10 月 28 日｜ calle Mayor, 30 マヨール通り 30 番地｜ C. P. 28010 郵便番号 28010｜ tel. 91 702 58 6x 電話 91(702)586x 番｜ habitación 25 25 号室｜ coche 12 12 号車

(iii) 小数を含む数、学術記号を伴う数、項目、ページなど。3,14 または 3.14｜ 50 m 50 メートル｜ 100 € 100 ユーロ｜ lección 9 第 9 課｜ página 7 第 7 ページ

(iv) その他、数の厳密性が求められる場合。El tren llegará a las 18:39. 列車は 18 時 39 分に到着の予定だ。（時と分の区切りはコロン〈:〉で表す）

9.3.4. アラビア数字の表記には、次のような規則がある。

(i) 3 桁ごとの区切りはスペースで示す。従来はピリオドを用いていたが、英語圏のコンマを用いる方式に従う国もあり、小数点との混乱の恐れがあった。しかし従来の方式もまだしばしば見られる。10 000 000 1 千万（従来は 10.000.000）

(ii) 4 桁の数はスペースを空けずに表記することができる。2000 euros または 2 000 euros 2000 ユーロ（従来は 2.000 euros）

(iii) ただし数量ではなく、総体の中での位置づけを示すときは、スペースを空けてはならない。Véase la página 12340. 第 12340 ページを参照。 [比較] Este libro tiene 12 340 páginas. この本は 12340 ページある。

(iv) 小数点はピリオドで示す。コンマを用いても良い。従来はコンマを用いていたが、英語圏のピリオドを用いる方式に従う国もあり、桁の区切りとの混乱の恐れがあった。桁の区切りをスペースでおこなうことにしたため、この問題は解消された。0.5 または 0,5 0.5

9.3.5. ローマ数字は次の場合に用いる。

(i) 君主、ローマ教皇などの「〜世」。Felipe VI (= Felipe sexto) フェリペ 6 世｜ Pío XII (= Pío doce) ピウス 12 世

(ii) 世紀。s. V (= siglo quinto / siglo cinco) 5 世紀｜ siglos XX-XXI (= siglos veinte a veintiuno) 20 〜 21 世紀

(iii) その他。II Guerra Mundial (= Segunda Guerra Mundial) 第二次世界大戦｜ capítulo IX (= capítulo noveno) 第 9 章

第**2**章 単語、形態素、品詞

1. 総論

1.1. 形態素

　ある言語において意味を持つ最小の単位を「形態素」（morfema）という。「馬」を意味する caballo、「複数」を表す -s、「走る」を意味する corr-、「直説法現在形 3 人称単数」を表す -e は、みな形態素である。形態素の中には caballo のように単独で用いることができるものと、-s, corr-, -e のように単独では用いることができず、caballos（馬たち）、corre（〈彼は〉走る）のように他の形態素と結合してはじめて用いることができるものとがある。

　形態素は、「語幹」（raíz）、「屈折語尾」（flexión）、「接辞」（afijo）などに分類できる。

1.2. 単語

1.2.1.　caballo のように単独で用いることができる形態素、および caballos, corre のように形態素が結合して使用可能になる単位を「単語」（palabra）、時に略して「語」という。つまり単語には、単一の形態素から成るものと、2 つ以上の形態素に分解できるものとが存在する。

1.2.2.　単語は、意味だけでなく発音の上でも 1 つのまとまりを成している。スペイン語の 1 つの単語には一般に 1 つの強勢音節しか存在しない。また、文字表記の上でも、単語は原則として前後に空白を置くことで、1 つのまとまりを成している。単語であることが、辞書の見出しの基準となる。

1.2.3.　2 つ以上の単語が結合して文法的には 1 語のように働く場合がある。このようにして生まれた単語を「複合語」（palabra compuesta）と言う。para(r) 止める + sol 太陽 → parasol パラソル

1.2.4.　単語の本来の形を略して用いることがある。このような形を「略語」と言う。bolígrafo → boli ボールペン

1.3. 品詞

　単語は、意味や文中での働きによって、いくつかの「品詞」（または「語類」、partes de la oración）に分類される。スペイン語では、一般に次の 9 つの品詞が設けられている。①「名詞」（sustantivo; nombre）、②「代名詞」（pronombre）、③「形容詞」（adjetivo）、④「冠詞」（artículo）、⑤「動詞」（verbo）、⑥「副詞」（adverbio）、⑦「前置詞」（preposición）、⑧「接続詞」（conjunción）、⑨「間投詞」（interjección）。

2. 形態素

2.1. 語幹

　単語の意味的な核となる形態素を「語幹」と言う。たとえば amor（愛）、amable（優しい）、amar（愛する）は、am-（「愛に関する」の意）という語幹を共通に持っている。

2.2. 屈折語尾

　単語の末尾に置かれ、文法的な情報を示す形態素を「屈折語尾」と言う。名詞、形容詞、代名詞の類では、「性」（género）、「数」（número）を表す屈折語尾が用いられる。動詞では「法」（modo）、「時制」（tiempo）、「人称」（persona）、「数」を表す屈折語尾が用いられる。以下に原則を示す。

2.2.1.　性：-o は男性（género masculino）、-a は女性（género femenino）という文法上の性を表す。

男性：niño 男の子｜ libro 本｜ alto（男性形）背の高い｜ nosotros（男性形）私たち

女性：niña 女の子｜ pluma ペン｜ alta（女性形）背の高い｜ nosotras（女性形）私たち

2.2.2.　数：名詞、形容詞、代名詞の類においては、-s は複数（plural）を表す。-s が付かない場合は単数（singular）を表す。

単数：una niña alta 1 人の背の高い女の子｜ ella 彼女

複数：unas niñas altas 数人の背の高い女の子｜ ellas 彼女ら

2.2.3.　法、時制、人称、数：動詞の語末に置かれる。1 つの形態素が 2 つ以上の情報を表すことがある。

cantaban	=	cant-	+ -aba	+ -n
（彼らは）歌っていた		歌う（語幹）	直説法・不完了過去形	3 人称複数形

2.3. 接辞

2.3.1.　単語の頭、または末尾に置かれ、意味的な情報または品詞に関する情報を示す形態素を「接辞」と言う。語頭に置かれるものを「接頭辞」（prefijo）、語末に置かれるものを「接尾辞」（sufijo）と言う。

2.3.2.　接頭辞と接尾辞がともに付加されてはじめて単語が成り立つことがある。これを「併置総合」（parasíntesis）と言う。a-（接頭辞。「〜の方へ」）+ naranj-（語幹。「オレンジ」）+ -ado（接尾辞。「〜の状態の」）→ anaranjado オレンジ色の

2.4. 接頭辞

2.4.1. 否定を表すもの

a-（反対）：anormal 異常な

anti-（反対）：antibiótico 抗生物質

de-, des-（無）：devaluar 通貨を切り下げる｜ desorden 無秩序

dis-（不）：disgusto 不快

in-, im-, i-（無、不）：inofensivo 無害な｜ imposible 不可能な｜ irregular 不規則な

sin-$_1$（欠如）：sinfín 無数

2.4.2. 位置、前後関係を表すもの

a-, ad-（〜の方へ）：acercar 近づける ｜ adjunto 付随の

ante-（前）：anteayer 一昨日

contra-（反対）：contraluz 逆光

en-（中に）：envolver 包む

entre-（中間）：entrever 垣間見る

ex-₁（外）：exportar 輸出する

ex-₂（前、元）：expresidente 前（元）大統領 ｜ ex primer ministro 前（元）総理大臣（2 語以上から成る語句に付く場合は分かち書きをする）

extra-（外）：extraterrestre 地球外の

in-, im-（中）：insertar 挿入する ｜ impresión 印象

infra-（下）：infraestructura インフラ（ストラクチャー）

inter-（相互）：interacción 相互作用

intra-（内）：intramuscular 筋肉内の

para-（共存、近接）：parásito 寄生虫

per-（通過、完全）：perseguir 追跡する

pos-, post-（後）：pos(t)data 追伸

pre-（前）：preelectoral 選挙前の ｜ campaña pre y poselectoral 選挙前と後の運動（対になった接頭辞は等位構造を作る場合がある）

sobre-（上）：sobresaliente 傑出した

sub-（下）：submarino 潜水艦

trans-（越えて）：transbordo 乗り換え

2.4.3. 数量を表すもの

bi-（2）：bilingüe 2 言語話者

centi-（100 分の 1）：centímetro センチメートル

deci-（10 分の 1）：decilitro デシリットル

hiper-（超）：hipertensión 高血圧

kilo-（1000 倍）：kilómetro キロメートル

mega-（大）：megáfono 拡声器

micro-（極小）：microscopio 顕微鏡

mili-（1000 分の 1）：miligramo ミリグラム

mini-（小）：minicuento ショートストーリー

mono-（1）：monólogo 独白

multi-（多数）：multinacional 多国籍の

poli-（多数）：políglota 多言語話者

re-（再、強調）：regenerar 再生させる ｜ rebueno とても良い

semi-（半、準）：semicírculo 半円 ｜ semifinal 準決勝

super-, supra-（超）：superestrella スーパースター ｜ suprasensible 超感覚的な

tri-（3）：triciclo 三輪車

ultra-（超）：ultravioleta 紫外線

uni-（1）：uniforme 一様な；制服

2.4.4. 語幹的な意味を持つもの

auto-（自分）：autocrítica 自己批判

bio-（生物）：bioquímica 生化学

circun-（周囲）：circunstancia 環境

electro-（電気）：electrodoméstico 家電製品

foto-（光）：fotosíntesis 光合成

hidro-（水）：hidroavión 水上飛行機

moto-（動力）：motocicleta オートバイ

(p)sico-（精神）：(p)sicoanálisis 精神分析

radio-（放射線、無線）：radioactividad 放射能

tele-（遠距離）：teléfono 電話

2.4.5. その他

co-, con-（共同、共通）：cooperación 協力 | concierto 一致：コンサート

di-（分離）：disolver 溶かす

neo-（新）：neologismo 新語

pro-（代理、好意）：pronombre 代名詞 | proamericano 親米的な

sin-$_2$（混合）：síntesis 総合

2.5. 接尾辞

2.5.1.　名詞を生む接尾辞

(i) 動作、その結果を表すもの

-ado/a, -ido/a：salir 出る → salida 出発；出口

-aje：maquillar 化粧する → maquillaje 化粧

-azo：pinchar 刺す → pinchazo 刺すこと；刺し傷；パンク

-ción, -sión, -ión, -tión：educar 教育する → educación 教育

-dura, -tura, -ura：leer 読む → lectura 読書

-miento：conocer 知る → conocimiento 知識

-ncia, -nza：influir 影響を与える → influencia 影響

-o, -a, -e：desear 望む → deseo 望み | mezclar 混ぜる → mezcla 混合 | bailar 踊る → baile 踊り

(ii) 性質、状態を表すもの

-ato, -ado：campeón チャンピオン → campeonato 選手権大会

-azgo：líder 指導者 → liderazgo 指導力

-dad, -tad：común 共同の → comunidad 共同体 | leal 忠実な → lealtad 忠実さ

-ez, -ezar：rápido 速い → rapidez 速さ

-ía, -ería, -ia：libro 本 → librería 書店

-cia, -ncia：justo 正しい → justicia 正義 | elegante 優美な → elegancia 優美さ

-ismo：ideal 理想的な → idealismo 理想主義

-ura：blanco 白い → blancura 白さ

(iii) 行為者、道具、場所を表すもの

-dero/a, -torio/a：tender つるす → tendero 物干し場

-dor/ra, -or/ra：pintar 描く → pintor/ra 画家

-cro/a, -ario/a：moneda コイン → monedero 小銭入れ

-ista：piano ピアノ → pianista ピアニスト

-nte/a：depender 所属する → dependiente/a 従業員

(iv) 集合を表すもの

-al, -ar：manzana リンゴ → manzanal, manzanar リンゴ園

-edo/a：olmo ニレ → olmedo ニレ林

-ío：gente 人 → gentío 群衆

(v) 性別を表すもの

-a：médico（男性の）医師 → médica（女性の）医師

-esa, -isa：alcalde（男性の）市長 → alcaldesa（女性の）市長｜ poeta（男性の）詩人 → poetisa（女性の）詩人

-ina：rey 王 → reina 女王；王妃

-triz：actor（男性の）俳優 → actriz（女性の）俳優

-o：azafata（女性の）客室乗務員 → azafato（男性の）客室乗務員

(vi) 語幹的な意味を持つもの

-cidio, -cida（殺すこと）：homicidio 殺人｜ insecticida 殺虫剤

-fonía, -fono（音）：sinfonía 交響楽｜ micrófono マイク

-geno（産出）：oxígeno 酸素

-grafía, -grafo（書くこと）：biografía 自伝｜ autógrafo 署名

-logía, -logo（学問）：filosofía 哲学｜ psicólogo 心理学者

-patía, -pata（感情、病気）：telepatía テレパシー｜ cardiópata 心臓病患者

-voro（食べること）：carnívoro 肉食動物

2.5.2. 形容詞を生む接尾辞

(i) 地名を表すもの。名詞としても用いられる。

-ano, -iano：Italia → italiano イタリアの、イタリア人（以下「〜人」は略す）

-eco, -teco：Guatemala → guatemalteco グアテマラの

-eño：Madrid → madrileño マドリードの

-iense, -ense：Canadá → canadiense カナダの

-és：Japón → japonés 日本の

-í：Irán → iraní イランの

-ino：Nueva York → neoyorquino ニューヨークの

-ita：Vietnam → vietnamita ベトナムの

-o：China → chino 中国の

(ii) その他

-able, -ible：responder 答える → responsable 責任のある

-aco, -ico：policía 警察 → policíaco 警察の

-adizo, -edizo, -idizo：resbalar 滑る → resbaladizo つるつるした

-ado, -ido, -udo：vello 体毛 → velludo 毛深い

-ador, -edor, -idor：madrugar 早起きする → madrugador 早起きの

-al, -ar：nación 国家 → nacional 国家の｜familia 家族 → familiar 家族の

-ario：universidad 大学 → universitario 大学の

-ático：drama 劇 → dramático 劇的な

-án, -ón：pregunta 質問 → preguntón 質問好きの

-esco：Quijote ドン・キホーテ → quijotesco ドン・キホーテ的な

-iego：verano 夏 → veraniego 夏のような

-iento：hambre 空腹 → hambriento 飢えた

-ísimo, -císimo：claro 明白な → clarísimo（絶対最上級）極めて明白な →第 6 章 5.5.

-ístico：humor ユーモア → humorístico ユーモアのある

-ivo, -ativo, -itivo：llamar 呼ぶ → llamativo 人目を引く

-oso：borrar 消す → borroso ぼやけた

2.5.3.　動詞を生む接尾辞

-ar：alegre 陽気な → alegrar 喜ばせる

-ear：golpe 打撃 → golpear たたく

-ecer：húmedo 湿った → humedecer 湿らせる

-ificar：puro 純粋な → purificar 浄化する

-itar：feliz 幸せな → felicitar 祝福する

-izar：garantía 保証 → garantizar 保証する

-uar：grado 度合 → graduar 調節する

2.5.4.　副詞を生む接尾辞

-mente：exacto 正確な → exactamente 正確に →第 15 章 2.

2.6. 評価接尾辞

2.6.1.　総論

(i) 接尾辞の中で、主観的、感情的な評価を表すものを、特に「評価接尾辞」（sufijo apreciativo）と言う。「縮小辞」（diminutivo）、「増大辞」（aumentativo）、「軽蔑辞」（despectivo）に分類される。主に名詞、形容詞に付くが、副詞、動詞の現在分詞・過去分詞に付くこともある。縮小辞は話し言葉で、特にラテンアメリカで多用される。

un poco 少し → un poquito ちょっぴり｜ahora 今 → ahorita（メキシコなどで）今すぐ

(ii) 名詞に付くときは、原則として元の語の性を引き継ぐが、性が変わる場合もある。単なる主観的、感情的評価ではなく、意味が変化する場合もある。

gato 男 猫 → gatito 男 子猫｜zapato 男 靴 → zapatilla 女 スリッパ

(iii) 評価接尾辞が 2 つ以上付くことがある。

chico 小さい＋縮小辞 -ito ＋縮小辞 -illo → chiquitillo とても小さな

guapo ハンサムな＋縮小辞 -ete ＋増大辞 -ón → guapetón とてもハンサムな

2.6.2.　縮小辞

(i) 縮小辞は「小ささ」「愛らしさ」を示す。最も一般的な縮小辞は -ito で、その他の形は地域により使用傾向の差がある。

-ito, -cito, -ecito：pájaro 鳥 → pajarito 小鳥｜ puente 橋 → puentito, puentecito 小橋｜
　flor 花 → florecita お花

-illo：bolso ハンドバッグ → bolsillo ポケット｜ manteca ラード → mantequilla バター

-ete：camisa シャツ → camiseta T シャツ

-ico：burro ロバ → burrico ロバちゃん

-ín, -ino：niebla 霧 → neblina もや

-uelo：paño 布 → pañuelo ハンカチ

(ii) 縮小辞を人名（ファーストネーム）に付けて愛称として用いる。

Juan フアン → Juanito フアンちゃん｜ Carmen カルメン → Carmencita カルメンちゃん

(iii) -s, -r で終わり、最終音節の前の音節にアクセントがある単語に -ito が付くときは、
-it- が語中に置かれる。

Carlos（人名）カルロス → Carlitos カルロスちゃん｜ azúcar 砂糖 → azuquítar お砂糖

2.6.3. 増大辞

「大きさ」「不快さ」を示す。

-ón：cuchara スプーン → cucharón 玉杓子

-azo：gol（球技）ゴール → golazo すばらしいゴール

-ote：amigo 友達 → amigote 悪友

2.6.4. 軽蔑辞

否定的な評価を示す。

-acho, -ucho：rico 金持ち → ricacho 成金

-aco：libro 本 → libraco つまらない本

-ajo：miga パンの中身 → migaja パン屑

-astro：poeta 詩人 → poetastro へぼ詩人

2.7. 複合語

2.7.1. 総論

(i) 2 つ以上の単語が結合して生まれた単語を「複合語」と言う。元になる単語の形が変化
することがある。

cabeza 頭 + bajo 下に → cabizbajo 頭を下げて（cabeza が cabiz- と変化）

(ii) 複合語は文字表記上、次の 3 種に分けられる。

①単一の単語として表記するもの。medio 半分 + día 日 → mediodía 正午

②ハイフンを用いて表記するもの。espacio 空間 + tiempo 時間 → espacio-tiempo 時空間

③分離して表記するもの。fútbol サッカー + sala 部屋 → fútbol sala フットサル

2.7.2. 名詞複合語

(i)「名詞 + 名詞」：palabra 単語 + clave 鍵 → palabra clave キーワード（複数形は palabras
clave〈意味的に核となる語を複数形にする〉、または palabras claves）

(ii)「名詞 + 形容詞」「形容詞 + 名詞」：agua 水 + ardiente 焼ける → aguardiente 焼酎｜ alta
高い + voz 声 → altavoz 拡声器

(iii)「動詞 + 名詞」：cumple（cumplir〈満たす〉直説法現在形 3 人称単数形） + años 年
→ cumpleaños 誕生日（単数、複数とも同形）

(iv) その他：va（ir 行く）+ y そして + ven（venir 来る）→ vaivén 揺れ｜ no me olvides 私を忘れないで → nomeolvides 忘れな草

(v) 二重の複合によるもの：para（parar 止める）+ brisas 微風 → parabrisas フロントガラス｜limpia（limpiar 磨く）+ parabrisas → limpiaparabrisas（自動車の）ワイパー

2.7.3.　形容詞複合語

(i)「名詞 + 形容詞」：pelo 毛 + rojo 赤い → pelirrojo 赤毛の

(ii)「形容詞 + 形容詞」：agrio 酸っぱい + dulce 甘い → agridulce 甘酸っぱい｜ económico 経済の + financiero 財政の → económico-financiero 経済財政的（ハイフンを用いる。→ 第 6 章 2.3.2.）

(iii)「動詞 + 形容詞」：abre（abrir 開ける）+ fácil 容易な → abrefácil 開閉が容易な

2.7.4.　動詞複合語

(i)「名詞 + 動詞」：mano 手 + atar 縛る → maniatar 手を縛る

(ii)「副詞 + 動詞」：mal 悪く + tratar 扱う → maltratar 虐待する

(iii)「前置詞 + 動詞」：contra 〜に反して + decir 言う → contradecir 反論する；矛盾する

2.7.5.　その他の複合語

(i)「前置詞 + 接続詞 →接続詞」：por 〜によって + que 〜ということ → porque なぜなら

(ii)「前置詞 + 副詞 →副詞」：a 〜へ + fuera 外で → afuera 外へ

2.8. 略語

2.8.1.　単語の一部を省略して略語が作られる。後半を省略するものが多い。

(i) 後半を省略した略語：televisión → tele テレビ｜ taxímetro → taxi タクシー｜ supermercado → súper スーパーマーケット

(ii) 借用語も (i) に従って略されることがある。*picnic lunch* → pícnic 弁当｜ *Christmas card* → crismas クリスマスカード

(iii) 前半を略した略語：autobús → bus バス

(iv) 単語の一部の省略によって人名（ファーストネーム）の愛称が作られる。Asunción → Asun アスンシオンさん｜ Alberto → Beto アルベルト君

2.8.2.　2 つ以上の単語の一部を結合して略語が作られる。documental dramático → docudrama ドキュメンタリードラマ｜ Mercado Común del Sur → Mercosur 南米南部共同市場

2.8.3.　頭文字を用いて略語が作られる。制度、組織名に用いられることが多い。→第 1 章 9.1.　Fondo Monetario Internacional → FMI 国際通貨基金, IMF｜ impuesto sobre el valor añadido → IVA 付加価値税｜ objeto volador no identificado → ovni 未確認飛行物体。この種の略語をもとに新たな単語が作られることがある。Partido Revolucionario Institucional → PRI（メキシコの）制度的革命党 + -ista → priista 制度的革命党員

3. 品詞

3.1. 総論

3.1.1.　スペイン語では、一般に 9 つの品詞が設けられている。品詞は、形態的特徴からは次のように大別できる。

変化語：屈折語尾を持ち、語形が変化する単語。名詞、代名詞、形容詞、冠詞、動詞。
不変化語：語形の変化がない単語。副詞、前置詞、接続詞、間投詞。
　また、意味的特徴からは次のように大別できる。
実質語：語彙的意味を持つ単語。必要に応じて新語を作ることができる。名詞、代名詞、形容詞、動詞、副詞、間投詞。
形式語：語彙的意味を持たず、実質語の関係を示す単語。単語の数は限定されている。冠詞、前置詞、接続詞。

3.1.2.　品詞の枠を超えて単語をひとまとめにするとき、「指示詞」（demostrativo）、「所有詞」（posesivo）、「数詞」（numeral）、「疑問詞」（interrogativo）、「関係詞」（relativo）、「不定語」（indefinido）、「否定語」（negativo）のような通品詞的な名称が用いられる。たとえば「所有詞」は、所有形容詞（例：mi 私の）と所有代名詞（例：el mío 私のもの）の総称である。

3.1.3.　近年では、上記の9つの品詞に加えて、「限定詞」（determinante）、「数量詞」（cuantificador）、「談話標識」（marcador del discurso）のような分類が用いられることもある。

3.2. 変化語

3.2.1.　名詞：事物や事柄を表す。性を持つ。数の変化をするものもある。文の中で主語、目的語、補語として働く。libro 圐 本｜lectura 図 読書

3.2.2.　代名詞：名詞の代わりをする。人称、性、数、格の変化をするものがある。文の中で主語、目的語、補語として働く。las 彼女らを｜quién 誰

3.2.3.　形容詞：名詞、代名詞の性質、形状を表す。名詞、代名詞と性・数の一致をする。文の中で補語として働き、または名詞、代名詞を修飾する。blanco 白い｜nuestro 私たちの

3.2.4.　冠詞：名詞、代名詞などを修飾し、それらが表す対象を限定する。名詞、代名詞と性・数の一致をする。los 男性複数定冠詞｜una 女性単数不定冠詞。

3.2.5.　動詞：事物や事柄の動き、状態を述べる。定形は主語と一致して法、時制、人称、数の変化をする。文の中で述語の核として働く。非定形は他の品詞のような働きをする（不定詞は名詞的、現在分詞は副詞的、過去分詞は形容詞的に働く）。助動詞は動詞の下位区分として扱われる。leer 読む｜deber ～ねばならない

3.3. 不変化語

3.3.1.　副詞：動詞、形容詞、他の副詞、文を修飾し、情報を付け足す。rápidamente 速く｜muy 非常に

3.3.2.　前置詞：名詞、代名詞、不定詞の前に置かれて、それらを文の他の部分と関係づける。de ～の、～から｜hacia ～に向かって

3.3.3.　接続詞：文の中の要素どうしを接続する。y そして｜que ～ということ

3.3.4.　間投詞：喜び、悲しみなどの感情を表す。ay ああ｜hola やあ

3.4. 通品詞的分類

3.4.1.　指示詞：話し手の位置からの遠近の程度を指し示す。指示形容詞（este libro〈この本〉の este）、指示代名詞（este これ）、指示副詞（aquí ここ）がある。

3.4.2.　所有詞：所有形容詞（mi libro〈私の本〉の mi）と所有代名詞（el mío 私のもの）がある。

3.4.3.　数詞：数、順序を表す。数名詞（docena 12 個組、ダース）、数形容詞（dos libros〈2 冊の本〉の dos）、数代名詞（¿Cuántos libros hay ahí? —Hay dos.〈そこに本は何冊ありますか？──2 冊あります〉の dos)、数副詞（medio dormido〈寝ぼけた〉の medio）がある。

3.4.4.　疑問詞：どのような情報が疑問の対象となるのかを表す。疑問形容詞（cuántos libros〈何冊の本〉の cuántos）、疑問代名詞（quién 誰）、疑問副詞（cuándo いつ）がある。疑問詞の多くは感嘆を表すときにも用いられる（qué なんて）。

3.4.5.　関係詞：主節の中の要素を指し示し、その要素を従属節と関係づける。関係代名詞（quien ～する人）、関係形容詞（cuyo その～）、関係副詞（donde ～する場所）がある。

3.4.6.　不定語、否定語：不定語は不定の事物や事柄を表す。否定語は動詞を否定し、否定文を作ることができる。不定形容詞（algún libro〈何らかの本〉の algún）、不定代名詞（alguien 誰か）、不定副詞（leo mucho〈私はたくさん読む〉の mucho）、否定副詞（no leo nunca〈私は決して読まない〉の no と nunca）、否定接続詞（ni esto ni eso〈これでもそれでもない〉の ni）がある。また、不定語であり、かつ否定語でもある単語もある。ningún libro（どの本も～ない）の ningún は不定形容詞かつ否定形容詞、nadie（誰も～ない）は不定代名詞かつ否定代名詞である。

3.4.7.　その他の分類

(i) 限定詞：冠詞、指示形容詞、所有形容詞をまとめた呼称。

(ii) 数量詞：数詞および数量、程度を表す不定語をまとめた呼称。

(iii) 談話標識：文の情報そのものには関わらないが、情報の伝達を円滑にするために用いられる語、語句。接続詞、間投詞、その他さまざまな形式がある。pues つまり｜bueno さて｜dicho sea de paso ところで →第 16 章 3.

第 **3** 章　文の要素

1. 総論

1.1. 文法から見た文の要素

　　文法の観点から見ると、文は一般的に「主語」（sujeto）と「述語」（predicado）とで構成されている。「述語」は「動詞句」（sintagma verbal）、「直接目的語」（complemento directo）、「間接目的語」（complemento indirecto）、「状況補語」（complemento circunstancial）、「主格補語」、「目的格補語」などで構成される。

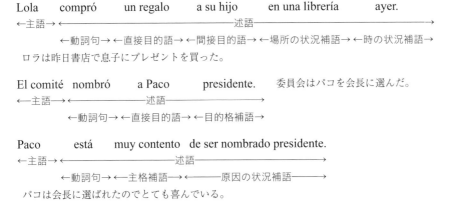

```
Lola      compró      un regalo      a su hijo      en una librería      ayer.
←主語→ ←―――――――――――――――――――述語―――――――――――――――――――→
          ←動詞句→ ←直接目的語→ ←間接目的語→ ←場所の状況補語→ ←時の状況補語→
      ロラは昨日書店で息子にプレゼントを買った。

El comité   nombró      a Paco      presidente.      委員会はパコを会長に選んだ。
←主語→ ←――――――――――述語―――――――――→
          ←動詞句→ ←直接目的語→ ←目的格補語→

Paco      está      muy contento   de ser nombrado presidente.
←主語→ ←――――――――――――述語―――――――――――――→
          ←動詞句→ ←―主格補語―→ ←―――原因の状況補語―――→
      パコは会長に選ばれたのでとても喜んでいる。
```

1.2. 情報から見た文の要素

　　文が伝える情報の観点から見ると、文を「主題」（tema）と「評言」（rema）とに分解できる場合がある。次の第 1 の例のように、主語が主題になる場合もあれば、第 2 の例のように、主語以外の要素が主題になる場合もある。

```
Yo      ya he leído ese libro. 私はその本をもう読んだ。（主題＝主語）
←主題→ ←―――評言―――→

Ese libro  ya lo he leído. その本はもう読んだ。（主題＝直接目的語）
←主題→ ←――評言――→
```

2. 主語

2.1. 主語の働き

　　主語は、動詞が表す人称・数と呼応し、述語の表す動作、状態などの主体を表す。日本語の「〜は」「〜が」に対応する場合が多い。

La policía arrestó al criminal. 警察は犯罪者を逮捕した。（主語＝動作主）｜ **El viento** avivó las brasas. 風でおき火が勢いを取り戻した。（主語＝原因）｜ **Paco** tiene veinte años. パコは 20 歳だ。（主語＝所有者）｜ Me interesa **la física**. 私は物理学に興味がある。（主語＝対象）｜ **La flota** fue atacada por unos piratas. その船団は海賊に襲撃された。（主語＝受動者）

2.2. 主語の性質

主語は、動詞が表す人称・数と呼応する。また、人称代名詞に置き換えることができる場合は、主格人称代名詞になる。

Muchas vacas pacían en el prado. 何頭ものウシが牧場で草を食んでいた。（muchas vacas は動詞 pacer の 3 人称複数形と呼応しているので主語）　比較 Había **muchas vacas** en el prado. 牧場に何頭ものウシがいた。（muchas vacas は動詞 haber の 3 人称単数形と呼応していないので、主語ではない）｜ ¿A Paco le gusta {**Lola** / ella}? パコは{ロラが／彼女が}好きなのですか？（Lola は主格人称代名詞 ella と置き換えられるので主語）

2.3. 主語の省略

動詞が表す人称・数によって主語が判別できるので、必要のない場合、主語は省略される。「主語」は、スペイン語では sujeto（従属するもの）、即ち「動詞の語尾変化で示されている従属的要素」と呼ばれている。

¿(**Tú**) no has podido esperar hasta mañana? 君は明日まで待てなかったのか？｜ Vengan (**ustedes**) aquí, por favor. 皆さん、ここに来てください。

2.4. 主語のない文

主語を持たず、述語だけで構成される文がある。不定の人を主語として含意される「不定人称文」、自然現象、存在などを表す「無人称文」などである。→第 20 章 7.

Están llamando por teléfono. 誰かから電話がかかっている。（不定人称文）｜ Llovió mucho anoche. 昨夜は雨がひどく降った。（無人称文）｜ No hay quien aguante esta falta de respeto. この無礼を我慢できる者はいない。（無人称文）

2.5. 主語になる要素

主語になることができるのは、名詞、代名詞とそれに準じる語句である。

2.5.1.　名詞、名詞句

Lola trabaja en esta compañía. ロラはこの会社で働いている。｜ Falta **sal** en este caldo. この煮込みには塩気が足りない。｜ **Los niños** disfrutan de la fiesta. 子どもたちはパーティーを楽しんでいる。

2.5.2.　代名詞、代名詞句

¿No va **nadie** a la reunión? 誰もその集会に行かないのですか？｜ Ahora estamos **tú y yo** solos en esta habitación. 今この部屋には君と私の 2 人しかいない。

2.5.3.　不定詞、不定詞句

Está prohibido **fumar**. 喫煙は禁じられている。｜ No es fácil **encontrar la solución**. 解決法を見出すのは容易ではない。

2.5.4. 名詞節

Me sorprende **que no lo sepas**. 君がそれを知らないとは驚きだ。｜ No se sabe **si vendrán o no**. 彼らが来るかどうか分からない。｜ No le importaba **quiénes éramos**. 私たちが何者なのかは彼には問題ではなかった。

2.5.5. （先行詞＋）関係節

La única persona ante quien me siento inferior es Lola. 私が劣等感を感じる人はロラだけだ。｜ **Lo que Paco hizo con nosotros** no tiene perdón. パコが私たちにしたことは許しがたい。

2.5.6. 一部の前置詞句。前置詞句は通例、主語にはなれないが、hasta が導く句は主語になることがある。entre が導く句も一見、主語のような働きをする。

Hasta él se enfadará al saberlo. 彼でさえそれを知れば腹を立てるだろう。｜ **Entre tú y yo** arreglemos el asunto. その件は君と私とで処理しよう。（かつては entre tú y yo がこの文の主語だとされていたが、最近は、省略されている nosotros が主語で、entre tú y yo は叙述補語だとされている）

2.6. 文中での主語の位置

2.6.1. 原則として、主語は述語より前に位置する。→第4章 5.3.

La lluvia moja las calles. 雨が街路を濡らす。

2.6.2. さまざまな理由により、主語が述語、特に動詞の後に位置することがある。

Cae **agua** del techo. 天井から雨漏りがする。（無冠詞の主語）｜ Mira, ahí pasa **un desfile**. ほら、あそこをパレードが通るよ。（新情報は文末に置く）｜ ¿Dónde está **la biblioteca**? 図書館はどこですか？（部分疑問文）｜ Se me olvidó **la promesa**. 私は約束を忘れた。（再帰動詞の se le 文 →第20章 5.8.）｜ Es mejor {**no decírselo / que no se lo digas**}. 彼(女)にそれを言わないほうがいい。／君は彼(女)にそれを言わないほうがいい。（不定詞句、名詞節）

3. 述語、動詞句

3.1. 述語の働き

述語は、主語がおこなう動作、主語の状態などを表す。述語は、動詞句を核とし、そこに必要に応じてさまざまな目的語、補語が加わる。

Paco **está bailando**. パコは踊っている。（述語＝動詞句のみ）｜ Paco **está bailando salsa con Lola alegremente en una discoteca**. パコはディスコでロラと楽しそうにサルサを踊っている。（述語＝動詞句＋直接目的語＋共同者の状況補語＋様態の状況補語＋場所の状況補語。動詞句以外は省略可能）

3.2. 述語の省略

話し言葉では動詞句のない述語が用いられることがある。

¿Por qué esa pregunta? どうしてそんなことを聞くんだ？（＝ ¿Por qué me haces esa pregunta?）

4. 直接目的語

4.1. 直接目的語の働き

　直接目的語は、動詞句が表す動作などの影響を直接に被る対象を表す。日本語の「〜を」に対応する場合が多い。

Me robaron **la cartera**. 私は財布を盗まれた。（直接目的語＝動作の対象）　｜　Lola tiene **veinte años**. ロラは 20 歳だ。（直接目的語＝状況の対象）

4.2. 直接目的語の性質

　直接目的語は、原則として前置詞を伴わない。時に主語との区別が難しいこともある。また、人称代名詞に置き換えることができる場合は、直接目的格人称代名詞になる。

El gato caza **el ratón**. その猫はネズミをつかまえる。（文法的には「そのネズミが猫をつかまえる」という解釈も不可能ではないが、常識に従えば el ratón が直接目的語）　｜　**La columna** tapa el cartel. 柱が（その後方にある）ポスターを隠している。／ポスターが柱を覆い隠している。（2 通りの解釈が可能。直接目的語に a を前置してあいまいさを避けることができる。La columna tapa al cartel. 柱がポスターを隠している。→ 4.3.4.）　｜　Ya he leído el libro. / Ya **lo** he leído. 私は {その本を／それを} もう読んだ。　｜　Quisiera ver a Lola. / Quisiera ver**la**. 私は {ロラに／彼女に} 会いたいのだが。

4.3. 前置詞 a を伴う直接目的語

4.3.1.　人、または人の作品を指すとき。しばしば「特定された人」と説明されるが、不特定でも a を伴う場合が多い。

Estoy esperando **a mis hermanos**. 私は兄弟を待っている。 比較 Estoy esperando un taxi. 私はタクシーを待っている。　｜　Vi **a un caballero desconocido** sentado en el sofá. 私はソファに見知らぬ紳士が座っているのを見た。　｜　Su discurso conmovió **al pueblo**. その演説は民衆を感動させた。　｜　Estoy leyendo **a García Márquez**. 私はガルシア・マルケス（の小説）を読んでいる。（作品の内容に関与する文なので、作品は作者の分身として扱われて a を伴う） 比較 Dicen que van a subastar un Picasso. ピカソ（の絵）が競売にかけられるそうだ。（作品を一個の事物として扱った文で、内容には関与していないから、a は付かない）

4.3.2.　人を表すさまざまな代名詞。él, usted, alguien, nadie, cualquiera, uno, todos, este, quien, quién（直接目的格人称代名詞は除く。→ 3.4.3.）。

A ella la vi en el parque. 私は彼女を公園で見かけた。｜ En esta ciudad no conozco **a nadie**. 私はこの町には知り合いが 1 人もいない。　｜　El borracho insultaba **a cualquiera** que pasaba por allí. その酔っぱらいは通りかかった人を誰ででもののしった。　｜　Os quiero **a todos**. 私は君たちみんなを愛している。　｜　He invitado **a alguien a quien** aprecias mucho. 私は君がとても大事に思っているある人を招待している。　｜　¿**A quién** echas de menos? 君は誰がいなくて寂しいのですか？

4.3.3.　身近な動物、擬人化された生き物、事物。

Paseo **a mi perro Fido** todas las mañanas. 私は飼い犬のフィドを毎朝散歩させる。 比較 Maté la cucaracha asquerosa. 私はそのおぞましいゴキブリを殺した。（話し手にとって親

近性がない動物なので a は付かない）｜ Solté {**al** / **el**} **caballo** para que corriera en el prado. 私はその馬が牧場を駆けられるよう放してやった。（話し手がその馬に抱く親近性の度合いにより、a の有無が生じる）｜ No temáis **a la Muerte**. お前たち、死（の女神）を恐れるな。

4.3.4. 無生物であっても、あいまいさを避けるために a を付けることがある。

Venció **a la dificultad** el esfuerzo. 努力が困難に打ち勝った。（la dificultad が直接目的語であることを明らかにするために a を付ける）

4.3.5. 動詞の中には、直接目的語が特定された人かどうかで a を付けるか付けないかが分かれるものがある。例：tener, querer, necesitar, buscar。また、haber による存在文は常に不特定の対象の存在を表すので、人が直接目的語であっても a を付けない。

Tengo **a mi hermano** como fiador. 私は兄（弟）に保証人になってもらっている。 比較 Tengo **dos hermanos**. 私には兄弟が 2 人いる。（hermanos は特定されていないので a は付かない）｜ Buscamos **a nuestro guía turístico**. 私たちは観光ガイドを探している。（特定の人物を探しているという状況）比較 Buscamos **un guía turístico**. 私たちは観光ガイドを募集している。（「観光ガイド」が特定されていないので a は付かない）｜ Hay **muchos niños** jugando en el parque. 公園で遊ぶたくさんの子どもがいる。

4.3.6. 間接目的語と共に用いられる場合、あいまいさが生じる。

Presenté **a mi marido al jefe**. 私は夫を上司に紹介した。／私は上司を夫に紹介した。

あいまいさを避けるため、このような場合は人が直接目的語であっても a を省くことが許される（Presenté **mi marido** al jefe. 私は夫を上司に紹介した）。しかし最近は、直接目的語の a も維持し、先行する語句を直接目的語、後行する語句を間接目的語と解釈する傾向が強い（Presenté **a mi marido** al jefe. 私は夫を上司に紹介した。／ Presenté **al jefe** a mi marido. 私は上司を夫に紹介した）。

4.4. 直接目的語になる要素

直接目的語になることができるのは、名詞、代名詞とそれに準じる語句である。指す対象が人の場合のみ、前置詞句「a ＋名詞、代名詞」も直接目的語になる。

4.4.1. （a ＋）名詞、名詞句

Necesito **ayuda**. 私は助けが必要だ。｜ Respetad **a los ancianos**. 君たち、老人には敬意を払いなさい。

4.4.2. 直接目的格人称代名詞、（a ＋）その他の代名詞

Te quiero de todo corazón. 私は君を心から愛している。｜ **A ese** es al que mencioné, no **a ti**. 私は君のことではなく、あの人のことを言ったのだ。

4.4.3. 不定詞、不定詞句

El médico me prohíbe **fumar**. 私は医者から喫煙を禁じられている。｜ Creo **haber encontrado la solución**. 私は解決法を見出したように思う。

4.4.4. 名詞節、直接話法の引用部

Te prometo **que no lo voy a repetir**. 私は 2 度とそれをしないと君に約束する。｜ Paco me preguntó **si tenía hambre**. パコは私にお腹が空いているかと尋ねた。｜ Lola me dijo: «**¿Pero tenemos que ir ahora?**». ロラは私に「でも今行かなくてはだめ？」と言った。

4.4.5. （先行詞＋）関係節

Yo ya tengo una persona que me quiere y **a la que quiero**. 私にはもう愛し愛される人がいる。｜ Que no sea a ti **a quien Dios castigue por esto**, sino a mí. このことで神が罰するのが君ではなく私でありますように。

4.5. 文中での直接目的語の位置

4.5.1.　原則として動詞句の後に位置する。→第 4 章 5.4.

Don Paco llevó a pasear **a su nieto**. パコさんは孫を散歩に連れ出した。

4.5.2.　「動詞句＋直接目的語＋間接目的語」の順序が好まれる。

La señora dio **caramelos** a los niños. その婦人は子どもたちに飴を与えた。

4.5.3.　直接目的語が不定詞句、名詞節、直接話法の引用部のときは、「動詞句＋間接目的語＋直接目的語」の順序が一般的である。

Le pedí a Lola **que se callara**. 私はロラに静かにしてくれと頼んだ。

4.5.4.　「動詞句＋副詞句＋直接目的語」の順序が好まれる。

El coche recorrió velozmente **las calles**. その車は街を猛スピードで駆け抜けた。（この語順が El coche recorrió las calles velozmente. よりも自然）

4.5.5.　ただし直接目的語が直接目的格人称代名詞の場合は、その位置は目的格人称代名詞の位置の規則によって定まる。→ 第 9 章

La señora se **las** dio. その婦人は彼らにそれらを与えた。｜ La señora quiso dárse**las**. その婦人は彼らにそれらを与えようと思った。

4.5.6.　さまざまな理由により、直接目的語が上記の位置以外に置かれることがある。

A Lola la vi en el mercado. ロラなら、私は彼女を市場で見かけたよ。（主題として文頭に置き、直接目的格人称代名詞で反復する）｜ **Eso** creo yo. 私はそう思う。（成句的表現）

4.6. 他の構文との関係

4.6.1.　直接目的語は受動文の主語に対応する。その他の要素にはこの対応関係がない。

Un grupo armado robó **el coche**. 武装集団がその車を奪った。

受動文：**El coche** fue robado por un grupo armado. その車は武装集団によって奪われた。

比較 Me robaron la bicicleta. 私は自転車を盗まれた。｜ × Fui robado la bicicleta. 私は自転車を盗まれた。（この文は誤り。間接目的語は受動文の主語とは対応しない）

4.6.2.　直接目的語は難易文の主語に対応する。その他の要素にはこの対応関係がない。→第 21 章 5.3.1.

Es difícil entender **esta teoría**. この理論を理解するのは難しい。

難易文：**Esta teoría** es difícil de entender. この理論は理解しにくい。

比較 Es difícil dar oportunidad a todos. みんなにチャンスを与えるのは難しい。｜ × **Todos** son difíciles de dar oportunidad. みんなにはチャンスを与えにくい。（この文は誤り。間接目的語は難易文の主語とは対応しない）

5. 間接目的語

5.1. 間接目的語の働き

間接目的語は、動詞句が表す動作などの影響を間接的に被る対象を表す。主に日本語の「〜に」に対応するが、それ以外の場合も多い。

Lola regaló una corbata **a Paco**. ロラはパコにネクタイをプレゼントした。(間接目的語＝動作の着点) | El muchacho **le** robó el dinero **a su abuela**. その若者は祖母からお金を奪った。(間接目的語＝動作の起点) | Déja**le** la puerta abierta **a Rita**. リタのためにドアをあけておいてやりなさい。(間接目的語＝受益者) | **A Lola le** gusta mucho este videojuego. ロラはこのテレビゲームが大好きだ。(間接目的語＝経験者)

5.2. 間接目的語の性質

間接目的語は、原則として前置詞 a を伴う。また、人称代名詞に置き換えることができる場合は、間接目的格人称代名詞になる。

Lola regaló una corbata **a Paco**. / Lola **le** regaló una corbata. / Lola **se** la regaló. ロラは{パコにネクタイを／彼にネクタイを／彼にそれを}プレゼントした。

5.3. 間接目的語と重複文

間接目的語はしばしば「間接目的格人称代名詞＋間接目的語」の形での重複が起きる。→第 9 章 9.

Le aconsejé **a Paco** que no bebiera demasiado. 私はパコにあまり酒を飲まないようにと忠告した。

5.4. 他の要素との区別

5.4.1. 人称代名詞に置き換えたときに間接目的格になるか、ならないかによって、間接目的語か否かが識別できる。

Hablé **a Lola**. / Le hablé. 私は {ロラに／彼女に} 話しかけた。(間接目的格人称代名詞と代替されるので、a Lola は間接目的語) 比較 Vi **a Lola**. / {La／× Le} vi. 私は {ロラに／彼女に} 会った。(直接目的格人称代名詞と代替されるので、a Lola は直接目的語) 比較 Llegué **a la ciudad**. / Llegué ahí. / × Le llegué. 私は{その町に／そこに}着いた。(場所の副詞と代替されるので、a la ciudad は状況補語)

5.4.2. 前置詞 a を伴う直接目的語と共に用いられる場合、あいまいさが生じる。その対処方法については → 4.3.6.

5.5. 間接目的語になる要素

間接目的語になることができるのは、「a ＋名詞、代名詞」及びそれに準じる語句、または間接目的格人称代名詞である。一般に人、動物を指すが、それ以外のものを指すことも可能である。

5.5.1. a ＋名詞、名詞句

Paco escribió una carta {**a Lola / a sus viejos padres**}. パコは {ロラに／年老いた両親に}

手紙を書いた。| Lola por poco se olvida de dar de comer **al canario**. ロラは、もう少しでカナリアに餌をやるのを忘れるところだった。| Este líquido da brillo **a los objetos metálicos**. この液体は金属製品に光沢を与えてくれる。

5.5.2.　間接目的格人称代名詞

Me entra sueño. 私は眠くなった。

5.5.3.　a ＋（先行詞＋）関係節

¿**Me** oyen? Estoy hablando **a todos los que están presentes aquí**. 私の声が聞こえますか？私はここにいるすべての人に話しかけています。

5.6. 文中での間接目的語の位置

5.6.1.　原則として動詞句の後に位置する。→第 4 章 5.4.

Paco escribió **a sus padres**. パコは両親に手紙を書いた。

5.6.2.　「動詞句＋直接目的語＋間接目的語」の順序が好まれる。

Paco dedicó una canción **a su novia**. パコは恋人に歌を捧げた。

5.6.3.　直接目的語が不定詞句、名詞節、直接話法の引用部のときは、「動詞句＋間接目的語＋直接目的語」の順序が一般的である。→ 4.5.3.

5.6.4.　「動詞句＋副詞句＋間接目的語」の順序が好まれる。

Paco escribe a menudo **a sus padres**. パコは両親によく手紙を書く。（この語順が Paco escribe a sus padres a menudo. よりも自然）

5.6.5.　ただし間接目的語が間接目的格人称代名詞の場合は、その位置は目的格人称代名詞の位置の規則によって定まる。→第 9 章 8.

Paco **le** dedicó una canción. パコは彼女に歌を捧げた。| Paco quiso dedicár**sela**. パコは彼女にそれを捧げようと思った。

5.6.6.　さまざまな理由により、間接目的語が上記の位置以外に置かれることがある。

A Lola le gustan mucho los animales. ロラは動物が大好きだ。（主題として文頭に置き、間接目的格人称代名詞で反復する）| ¿**A quién** quieres enviar este paquete? 君はこの小包を誰に送りたいの？（疑問詞を含む語句は文頭に置く）

6. 主格補語

6.1. 主格補語の働き

　主格補語は、主語の特徴を述べる要素である。①連結動詞 ser, estar など（→第 20 章 1.2.）を介して主語の特徴を述べる場合と、②主語の特徴を述べつつ、状況補語的にも働く場合とがある。①は「属辞」（atributo）と呼ばれる。②は目的格補語と共に「叙述補語」（complemento predicativo）と呼ばれる。

Lola es **estudiante**. ロラは学生だ。（主格補語＝属辞）| Paco está **alegre**. パコはうれしそうだ。（主格補語＝属辞）| Rita llegó **cansada**. リタは疲れた様子で到着した。（主格補語＝叙述補語の一種。cansada は主語 Rita の特徴を述べると同時に、動詞 llegar の様態を示している）

6.2. 主格補語の性質

　　主格補語は主語と性・数の一致をする。また、人称代名詞に置き換えることができる場合は、常に中性形 lo になる。→第 9 章 4.4.

Lola y Rita no son **colombianas**. / Lola y Rita no **lo** son. ロラとリタは｛コロンビア人／そう｝ではない。

6.3. 主格補語になる要素

　　主格補語になることができるのは、名詞、名詞句、形容詞、形容詞句、前置詞句、一部の副詞、副詞句、及びそれに準じる語句、または中性人称代名詞 lo である。

6.3.1. 名詞、名詞句

Rita es **profesora**. リタは教師だ。 | Paco parece ser **muy buen atleta**. パコは非常に優れた運動選手のようだ。

6.3.2. 形容詞、形容詞句

(i) 属辞として

Es **posible** que llueva. 雨が降るかもしれない。 | José es **robusto y muy trabajador**. ホセは頑健でとても働き者だ。 | Los contratantes quedaron **bastante satisfechos**. 契約者たちはかなり満足そうだった。

(ii) 叙述補語として

Sus lágrimas resbalaron **lentas**. 彼（女）の涙はゆっくりと流れ落ちた。 | Los muchachos aguardaban **impacientes** la llegada del tren. 若者たちは列車の到着を今か今かと待っていた。

6.3.3. 前置詞句

El empleado está **de vacaciones**. その従業員は休暇中だ。 | Esos jugadores saldrán **de delanteros**. その選手たちはフォワードとして出場する予定だ。

6.3.4. 副詞、副詞句。この用法を持つ副詞は限られている。

¿**Cómo** estás? —Estoy **muy bien**, gracias. 元気かい？ ——とても元気だよ。ありがとう。 | El abuelo estaba **estupendamente** cuando lo vi. 私が会ったとき祖父は至って元気そうだった。

6.3.5. 中性人称代名詞 lo

Lola, ¿estás contenta? —Sí, **lo** estoy. ロラ、君は満足しているの？ ——ええ、してるわ。（lo = contenta） | Lola es estudiante de bachillerato pero nosotros no **lo** somos. ロラは高校生だが、私たちはそうではない。（lo = estudiantes de bachillerato）

6.4. 他の要素との区別

6.4.1. 主語と性・数の一致を起こすかどうかで、主格補語か否かが識別できる。

Las niñas viven **contentas**. その少女たちは満ち足りて暮らしている。（contentas は主語 las niñas と性・数の一致をしているので主格補語） 比較 Las golondrinas vuelan alto. ツバメたちが高く飛んでいる。（alto は性・数の一致をしていないので、主格補語ではない。形容詞の副詞的用法）

6.4.2. 中性人称代名詞 lo に置き換えることができるか否かで、主格補語かどうかが識別できる。

Paco está **de buen humor**. / Paco lo está. パコは機嫌がいい。／パコはそういう状態だ。（de

buen humor は lo で置き換えられるので主格補語）　比較 Paco está con Lola. / Paco
está con ella. / × Paco lo está. パコは {ロラと／彼女と} 一緒にいる。(con Lola は lo で置
き換えられないので主格補語ではない。同伴の状況補語として働く前置詞句)

6.5. 文中での主格補語の位置

6.5.1.　原則として動詞句の後に位置する。→第 4 章 5.4.

Los ancianos fumaban despaciosos. その老人たちは悠然と煙草を吸っていた。

6.5.2.　ただし主格補語が中性人称代名詞 lo の場合は、その位置は目的格人称代名詞の位
置の規則によって定まる。→第 9 章 8.

La voz de Lola era aguda, pero la de Paco no **lo** era. ロラの声は鋭かったが、パコの声はそ
うではなかった。│ Rita es abogada. De no ser**lo**, no estaría aquí. リタは弁護士だ。もしそ
うでなければここにいたりはしない。

6.5.3.　さまざまな理由により、主格補語が上記の位置以外に置かれることがある。

¡Qué inteligente eres! 君はなんて頭がいいんだ！（感嘆文中で疑問詞を含む語句は文頭に
置く）│ De pronto, **rápida**, ha tornado la oscuridad absoluta ante sus ojos. 突然、あっ
という間に彼(女)の目の前が真っ暗になった。(表現効果を高めるため、主格補語を前置する)

7. 目的格補語

7.1. 目的格補語の働き

　　目的格補語は、直接目的語と意味上の主語・述語関係を結びつつ、直接目的語の特徴を
述べる要素である。6.1. で説明した②の働きをする主格補語と共に「叙述補語」と呼ば
れる。

Eligieron mi ciudad natal **la sede de la próxima olimpiada**. 私の出身の都市が次のオリ
ンピック開催地に選ばれた。(mi ciudad natal と la sede de la próxima olimpiada は意味
上の主語・述語関係にある。目的格補語＝叙述補語の一種)│ El niño tiene **sucias** las
manos. その少年は手が汚れている。(las manos と sucias は意味上の主語・述語関係にある。
目的格補語＝叙述補語の一種)

7.2. 目的格補語の性質

目的格補語が形容詞の場合、直接目的語と性・数の一致をする。

El niño vio **rara** a su abuela. 少年は祖母の様子が変なことに気づいた。(目的格補語 raro
は直接目的語 su abuela に合わせて女性単数形)│ No me gustan los perros robot. Los
prefiero **vivos**. 私はロボット犬は好きではない。生きた犬のほうがいい。(目的格補語 los [=
los perros] に合わせて男性複数形)

7.3. 目的格補語を導く動詞

7.3.1.　次の動詞は目的格補語を導く。①命名、選出などを表す他動詞：nombrar（名づけ
る）、elegir（選ぶ）など。②判定を表す他動詞：considerar（みなす）、juzgar（判断する）
など。③使役動詞、知覚動詞：dejar（～するがままにさせる）、ver（～が…するのを見る）、

oír（〜が…するのを聞く）など。→ 第 20 章 4.3.4.

7.3.2. 上記の動詞が再帰動詞の場合や、受動態である場合もある。

Me llamo **Lina**. 私はリナという名前だ。｜ ¿**Quién** te crees? 君は自分を何様だと思っているのか？｜ La ciudad fue declarada **Patrimonio de la Humanidad**. その都市は世界遺産に登録された。

7.4. 目的格補語になる要素

　目的格補語になることができるのは、名詞、名詞句、形容詞、形容詞句、副詞、副詞句、前置詞句、動詞句、名詞節及びそれに準じる語句である。中性人称代名詞 lo も可能な場合がある。

7.4.1. 名詞、名詞句

La abogada fue elegida **presidenta de la república**. その女性弁護士は共和国大統領に選出された。｜ Consideramos **un error histórico** el asesinato del héroe de la revolución. 私たちは、その革命の英雄の暗殺は歴史的な過ちだったと考えている。

7.4.2. 形容詞、形容詞句

Las casas del pueblo mantenían **intacto** su aspecto. 村の家々の様子は以前と少しも変わっていなかった。｜ Quiero todos los bancos **pintados**. 私はすべてのベンチにペンキを塗ってもらいたい。

7.4.3. 前置詞句

Cuando los enemigos le creían **a orillas del Duero**, el rey Santo apareció ante los muros de Córdoba. 敵は聖王がドゥエロ河畔にいるものと思っているすきに、聖王はコルドバの市城壁に姿を現した。

7.4.4. 副詞、副詞句

La quiero **aquí**. 私は彼女にここにいてほしい。｜ Hoy me encuentro **muy bien**. 今日は私はとても体調が良い。

7.4.5. 動詞句

El niño se imaginó **volando con la capa**. その少年はマントを着て空を飛んでいる自分を想像した。｜ La sentí **acercarse**. 私は彼女が近づいてくる気配を感じた。

7.4.6. 名詞節

Lo vi **que salía corriendo**. 私は彼が駆けだして行くのを見た。｜ En este mundo los hay **que no saben nada de sí mismos**. 世の中には、自分自身のことを何も知らない人がいる。

7.4.7. 中性人称代名詞 lo（llamar〈呼ぶ〉と共に用いられる場合のみ）

A veces llaman «Reina» a Lola. —¿Por que se **lo** llaman? ロラは「女王さま」と呼ばれることがある。――なぜ彼女をそう呼ぶの？

7.5. 文中での目的格補語の位置

7.5.1. 目的格補語が名詞、名詞句のとき、直接目的語に前置または後置する。→第 4 章 5.4.

Eligieron {**presidenta** a Lola / a Lola **presidenta**}. ロラが大統領に選ばれた。

7.5.2. 目的格補語が形容詞、形容詞句のとき、直接目的語に前置または後置する。後置によって意味にあいまいさが生じることもある。

La niña notó {**cansado** al abuelo / al abuelo **cansado**}. 少女は祖父が疲れているのに気づいた。(どちらの文も文法的だが、第 2 の文は cansado が abuelo を修飾する「少女は疲れた祖父に気づいた」という文だとも解釈できて、あいまいになる。第 1 の文にはこのようなあいまいさはない)

7.5.3.　ただし直接目的語が直接目的格人称代名詞の場合は、その位置が目的格人称代名詞の位置の規則によって定まり、目的格補語はそれに後置される。→第 9 章 8.

La eligieron **presidenta**. 彼女が大統領に選ばれた。

7.5.4.　さまざまな理由により、目的格補語が上記の位置以外に置かれることがある。

¿**Cómo** te llamas? 君はなんという名前？(疑問詞は文頭に置く) ｜ ¡**Estupendamente** te veo! 君、元気そうじゃないか！(強調のため、目的格補語を前置する)

8. 状況補語など

8.1. 状況補語の働き

　状況補語は、動詞句の表す動作や状態が「いつ、どこで、どのように」起きるのかなどの状況を表す要素である。文の必須要素ではなく、必要に応じて用いられる。副詞、前置詞句、副詞的に働く形容詞・名詞、不定詞句、副詞節などの形をとる。

8.2. 状況補語の意味と形式
8.2.1.　場所
Lola trabaja **allí**. ロラはあそこで働いている。(副詞) ｜ Lo compré **en una tienda**. 私はそれをある店で買った。(前置詞句) ｜ Las tijeras estaban **donde las había dejado**. はさみは私が置いた場所にあった。(関係節)

8.2.2.　時
Paco lee **diariamente** el periódico. パコは新聞を毎日読む。(副詞) ｜ El tren va a salir **a las tres**. 列車は 3 時に発車する。(前置詞句) ｜ Llegaremos **el próximo lunes**. 私たちは次の月曜日に着く予定だ。(副詞的に働く名詞句)｜ Me la encontré **al salir de casa**. 私は家を出た時に彼女に会った。(前置詞を伴う不定詞句) ｜ Paco jugaba al tenis **cuando era niño**. パコは子どものころ、テニスをしていた。(副詞節)

8.2.3.　様態
Hanako habla **bien** español. 花子はスペイン語を上手に話す。(副詞) ｜ Rita abrió la caja **con mucho cuidado**. リタは非常に注意深くその箱を開けた。(前置詞句) ｜ Lola lo tragó **rápido**. ロラはすばやくそれを飲み込んだ。(副詞的に働く形容詞)

8.2.4.　数量、程度
Trabajas **demasiado**. 君は働きすぎだ。(副詞)｜ Me vendieron el artículo **por diez euros**. 私はその品物を 10 ユーロで売ってもらった。(前置詞句) ｜ A Paco le gustó **un montón** la película. パコはその映画が大変気に入った。(副詞的に働く名詞句)

8.2.5.　同伴
El consumo es la locomotora de la economía, **juntamente con la inversión**. 消費は投資と並んで経済の原動力だ。(副詞句) ｜ Rita está paseando **con su novio**. リタは恋人と一緒

に散歩している。｜ Vamos a cantar **juntos**. 一緒に歌おう。（副詞的に働く形容詞）

8.2.6. 道具、手段

El documento estaba escrito **a mano**. その文書は手書きで書かれていた。（前置詞句）｜ ¿Puedo pagar **con tarjeta de crédito**? クレジットカードで払ってもいいですか？（前置詞句）｜ Vamos **en taxi**. タクシーで行きましょう。（前置詞句）

8.2.7. 素材

La casa está hecha **de madera**. その家は木でできている。（前置詞句）｜ La tarta se hace **con harina de maíz**. そのケーキはトウモロコシ粉で作る。（前置詞句）

8.2.8. 目的

El paquete postal era **para Lola**. その郵便小包はロラあてだった。（前置詞句）｜ Paco se detuvo **para leer el mensaje que recibió**. パコは受信したメールを読むために立ち止まった。（前置詞を伴う不定詞句）｜ Fui al dentista **a que me curara la muela**. 私はその奥歯を診てもらいに歯科に行った。（副詞節）

8.2.9. 原因

Suspendimos el viaje **por el mal tiempo**. 私たちは悪天候のため旅行を延期した。（前置詞句）｜ Paco sufrió una indigestión **por comer demasiado**. パコは食べ過ぎて腹をこわした。（前置詞を伴う不定詞句）｜ Lola se marchó **porque tenía mucho trabajo que hacer en casa**. ロラは家ですべき仕事がたくさんあったので立ち去った。（副詞節）

8.2.10. 影響を受ける対象

Compré un regalo **para mi abuela**. 私は祖母のためにプレゼントを買った。（前置詞句）｜ Lo digo **por ti**. 私は君のためを思ってこう言うのだ。（前置詞句）

8.3. 文中での状況補語の位置

8.3.1. 原則として動詞句の後に置く。直接目的語より前に置かれることが多い。→第4章 5.4、5.5、第 15 章 4.

Paco está hablando **en voz baja con Lola**. パコはロラと小声で話している。｜ ¿Has cerrado **bien** la puerta? 君、ドアをしっかり閉めたかい？

8.3.2. さまざまな理由により、状況補語が上記の位置以外に置かれることがある。

Le acaricié el pelo **lenta y suavemente**. 私は彼（女）の髪の毛をゆっくり、そっと撫でた。（状況補語が長いので直接目的語の後ろに置かれる）｜ **Con usted** no quiero hablar. あなたとは話したくない。（「あなたとは」を強調するため文頭に置く）

8.3.3. 場所、時の状況補語の位置はかなり自由で、位置による意味の違いはあまりない。

Mañana va a llover. / Va a llover **mañana**. 明日は雨が降るだろう。｜ **Aquí** trabaja Paco. / Paco trabaja **aquí**. パコはここで働いている。

8.4. 文の必須要素として働く前置詞句

8.4.1. 前置詞句の中には、文の必須要素として働くものがあり、状況補語とは区別される。たとえば次の第 1 の文は en el trabajo を欠くと文として成り立たない。esforzarse（努力する）は en で始まる前置詞句を必須要素とする。また、第 2 の文は前置詞句 de recursos naturales を省くと無内容になってしまう。carecer は de に導かれる前置詞

を必須要素とする。

Paco se esfuerza **en el trabajo**. パコは仕事に精を出している。｜ Nuestro país carece **de recursos naturales**. 我が国は天然資源を欠いている。

8.4.2.　次の動詞は、文の必須要素として働く前置詞句を導く。

(i) ある種の再帰動詞。例：arrepentirse de 〜を後悔する｜ casarse con 〜と結婚する｜ quejarse de 〜について不平を言う｜ preocuparse por 〜を心配する

Rita se arrepiente **de haberle enamorado a él**. リタは彼に恋してしまったことを後悔している。

(ii) ある種の自動詞：bastar con 〜で十分である｜ renunciar a 〜をあきらめる｜ insistir en 〜を主張する

Me gusta jugar **al béisbol**. 私は野球をするのが好きだ。

(iii) ある種の他動詞。例：confundir... con …を〜と混同する｜ defender... de …を〜から守る｜ obligar... a …を〜するよう強制する

La capa de ozono nos defiende **de la radiación ultravioleta**. オゾン層は私たちを紫外線から守ってくれる。

8.5. 文全体を修飾する副詞的要素

　　副詞的な要素が、動詞句だけでなく文全体を修飾する場合がある。「文副詞」（adverbio oracional）と呼ばれる。→第 15 章 4.5.

Desgraciadamente, no puedo decir nada sobre ese asunto. 残念ながら私はその件については何も言えない。｜ **Por suerte**, todos tuvieron éxito en exiliarse. 運のいいことに、全員脱出に成功した。

9. 主題と評言

9.1. 主題と評言の働き

　　主題は、文が何に関する情報を伝えようとしているのかを表す部分である。名詞句、前置詞句などで表される。日本語の「〜は」で表される語句に対応する。評言は、主題についての情報を表す部分である。文の中の主題以外の要素で表される。次の文では、a la profesora が主題、それを除いた部分が評言である。「その先生」という主題について、「彼女は何もかもがきちんとしていることを好む」という情報が示されている。

A la profesora le gusta que todo sea perfecto. その先生は何もかもがきちんとしていることを好む。

9.2. 主題と評言の性質

　　主題は、文の話し手と聞き手の間で了解されている事柄（既知情報）を表す。評言は、主題に関して聞き手に伝えるに値する情報（新情報など）を表す。従って、主題は定冠詞や指示詞を伴う語句や固有名詞であることが多い。

{**El chico que está ahí** / **Aquel chico** / **Paco**} es del norte de España. ｛あそこにいる若者は／あの若者は／パコは｝スペイン北部の出身だ。

9.3. 「主題＋評言」の形をとる文、とらない文

「主題＋評言」の形をとる文と、とらない文とがある。次の例は 2 つの文から成るが、「主題＋評言」と形になっているのは第 2 の文だけである（la niña が主題。un día については → 9.4.5.）。

Hace mucho tiempo había una niña llamada Caperucita Roja. Un día, **la niña** fue a casa de su abuela. 昔、赤ずきんと呼ばれる少女がいた。ある日、その少女は祖母の家に出かけた。

9.4. 主題となる要素

9.4.1. 主語が主題として働くことが多い。

Paco no viene todavía. パコはまだ来ない。

9.4.2. 直接目的語も主題になり得る。文頭に置かれ、指す対象を直接目的格人称代名詞で重複する。→ 第 9 章 9.3.

El piano de la abuela, lo he vendido. 祖母のピアノは、私は売却した。

9.4.3. 間接目的語も主題になり得る。文頭に置かれ、指す対象を間接目的格人称代名詞で重複する。→ 第 9 章 9.4.

A Lola le pareció muy bien la idea. ロラはその考えがとてもいいと思った。

9.4.4. en cuanto a, con respecto a（～に関して言えば）に導かれる語句は主題的な働きをする。

En cuanto a ese libro, ya lo he leído. その本なら、私はもう読んだ。

9.4.5. その他の要素が文頭に位置する場合は、一般に主題とは言えない。たとえば 9.3. の例の第 2 の文では、un día という状況補語が文頭にあるが、この文の主題と見なすには情報的価値が乏しい。

第**4**章　文、節、句、語順

1. 総論

1.1. 句

1.1.1.　単語の組み合わせのうち、「主語＋述語」の構造を成していないものを「句」（frase; sintagma）という。句は、意味的な核となる単語と、それに付随する単語の組み合わせから成り立つ。名詞を核とする句は「名詞句」、動詞を核とする句は「動詞句」のように、句は核となる単語の品詞に対応する。

　次の例文の una niña は名詞句、está cantando は動詞句、alegre y felizmente は副詞句、en un patio muy hermoso は前置詞句である。en un patio muy hermoso の中には un patio muy hermoso という名詞句が含まれており、さらにその中には muy hermoso という形容詞句が含まれている。そして una niña を除く部分は全体で 1 つの動詞句を構成する。

Una niña　está cantando　alegre y felizmente　en　un patio　muy hermoso.

```
                                                    ←─形容詞句→
                                              ←───名詞句───→
                             ←───副詞句───→   ←───前置詞句───→
        ←───動詞句───→
←名詞句→                     ←───────動詞句───────→
```

　とても美しい中庭で 1 人の少女が楽しく幸せそうに歌っている。

1.1.2.　動詞句の核となる動詞が非定形（→ 第 17 章 1.）の場合、その形態に応じて、「不定詞句」「現在分詞句」「過去分詞句」のように呼ぶ。

Terminada la tarea, Paco nos propuso jugar al fútbol.
```
←───過去分詞句───→                  ←───不定詞句───→
```

　仕事が終わった後、パコは私たちにサッカーをしようと提案した。

La vi llorando amargamente. 私は彼女がさめざめと泣いているのを見た。
```
        ←───現在分詞句───→
```

1.1.3.　非定形の動詞は文法上の主語を持たないが、意味上の主語を持つ場合がある。たとえば 1.1.2. の第 2 の例の現在分詞 llorando の意味上の主語は直接目的格人称代名詞 la（彼女を）である。→ 第 19 章 4.3.

1.1.4.　非定形の動詞は「使役文」「知覚文」（→ 第 19 章 4.5.6.）「難易文」（→ 第 6 章 3.1.2.）などを作る。

1.2. 節

1.2.1.　単語の組み合わせが 1 つの「主語＋述語」の構造を成すものを「節」（oración; cláusula）という。述語の核となる動詞は定形（→ 第 17 章 1.）である。節は、文中の働きに応じて「主節」「従属節」「等位節」「並列節」に区分される。従属節は、さらに「名詞節」「同格節」「関係節」「副詞節」などに区分される。次の第 1 の例文が示すとおり、従属節を含む「主語＋述語」全体を主節と呼ぶ。また、第 3 の例文が示すとおり、主語を欠く場合や省略される場合もある。

Paco dijo que Lola llegaría pronto. パコはロラがすぐ来るだろうと言った。
　　　　　←──従属節（名詞節）──→
　←────主節────→

Paco canta y Lola baila. パコが歌い、ロラが踊る。
←等位節→ ←等位節→

Hace frío, tenemos que abrigarnos. 寒いから厚着しなければならない。
←並列節→←────並列節────→

1.2.2.　名詞節

　文中で名詞と同じく、主語、直接目的語、前置詞の目的語などの働きをする従属節を「名詞節」（oración sustantiva）という。

Creo que Lola tiene razón. 私はロラが正しいと思う。
　　　←従属節（名詞節）→
　←───主節───→

1.2.3.　同格節

　文中で形容詞と同じく名詞句を修飾する従属節を形容詞節という。形容詞節には、同格節と関係節がある。接続詞によって導かれ、先行詞と同格の関係にある従属節を「同格節」（oración apositiva）という。

Me preocupa el hecho　de que haya pocos participantes.
　　　　　←先行詞→　←───従属節（同格節）───→

私は参加者が少ないことが気になっている。

1.2.4.　関係節

　関係詞によって導かれる節を「関係節」（oración relativa）と言う。先行詞を持つ場合は、先行詞の内容を補足する。

¿Es este el libro　que busca usted?　あなたがお探しの本はこれですか？
　　←先行詞→ ←従属節（関係節）→

比較 同格節　La noticia de que el presidente viajará a la zona del conflicto sorprende a todos los interesados. 大統領が紛争地を訪れるというニュースに、すべての関係者が驚いている。（que は接続詞。先行詞 la noticia は「大統領が紛争地を訪れる」という文の外部に、同格の関係に置かれた要素）

関係節　La noticia que publicó el presidente sorprende a todos los interesados. 大統領が発表したそのニュースに、すべての関係者が驚いている。（que は関係代名詞。先行詞 la noticia は「大統領がそのニュースを発表した」という文の内部から取り出された要素）

1.2.5.　副詞節

　文中で副詞と同じく、動詞句や述語を修飾する節を「副詞節」（oración adverbial）という。

Cuando llegué,　ya era demasiado tarde. 私が着いたときは、もう遅すぎた。
←従属節（副詞節）→

1.2.6.

　従属節は文の構成要素としての働きから、「主語節」「直接目的語節」「前置詞の目的語節」「状況補語節」などのように区別されることもある。

Me alegra que lo hayas dicho. 君がそう言ってくれて私はうれしい。
　　　　←───主語節───→

Te agradezco que lo hayas dicho.　君がそう言ってくれて私は感謝している。
　　　　　　　←—直接目的語節—→

Me alegro de que lo hayas dicho.　君がそう言ってくれて私はうれしい。
　　　　　　　←前置詞の目的語節→

Te agradecería si me lo dijeras.　君がそう言ってくれれば感謝するのだが。
　　　　　　←　状況補語節　→

1.3. 文

　「文」（oración）は、単語、句、節の組み合わせによっておこなう伝達内容の表明である。文は、発音の上では 1 つのまとまった単位として認識され、文字表記の上では、大文字やピリオド、疑問符、感嘆符などによって単位としての区切りが示される。

　単語、句、節をどのように組み合わせて文を作るか、つまり文の構造という観点からは、文は「『主語＋述語』の構造を成さない文」「単文」「複文」「等位文」「並列文」に区分される（主語、述語については → 第 3 章 2.、3.）。

　話し手がどのような伝達内容を表明したいかという観点から、文は「平叙文」「疑問文」「命令文」「感嘆文」に区分される。

　また、文がある出来事の生起を表すか、生起しないことを表すかによって、「肯定文」「否定文」に区分される。

2. 構造による文の分類

2.1. 「主語＋述語」の構造を成さない文

　文は「主語＋述語」の構造、つまり節の形をとることによって整った形になる。しかし単語や句だけでも、伝達内容の表明として十分に機能する場合があり、これらも文とみなされる。

¡Hola! やあ！（間投詞）　|　¡Ojo! 注意して！（名詞）　|　¿Algo más? ほかに何かご入り用ですか？（名詞句）　|　Menos mal. せめてもの幸いだった。（副詞句）　|　¡Qué agradable! 気持ちいい！（形容詞句）　|　¡Manos a la obra! さあ、仕事にかかろう！（述語の一部）　|　Al mal tiempo, buena cara. （ことわざ）つらいときこそ明るい顔で。（述語の一部）

2.2. 単文

　一組の「主語＋述語」の構造、つまり単一の節から成る文を「単文」（oración simple）と言う。単文は、それを構成する必須要素を基準にすると、次のように分類できる。→第 3 章、第 20 章 4.

2.2.1. 「主語＋述語（自動詞）」

El bebé se puso a llorar.　赤ん坊が泣きだした。
←主語→←——自動詞——→

2.2.2. 「主語＋述語（自動詞＋間接目的語）」

Me　　　　　gusta　　　leer.　私は読書が好きだ。
←間接目的語→ ←自動詞→ ←主語→

2.2.3. 「述語（自動詞）」

Cesó de llover. 雨が降りやんだ。
←─自動詞─→

2.2.4. 「主語＋述語（連結動詞＋主格補語）」

Lola   es   abogada.   ロラは弁護士だ。
←主語→ ←自動詞→ ←主格補語→

2.2.5. 「主語＋述語（他動詞＋直接目的語）」

Paco   abrió   la puerta.   パコはドアを開けた。
←主語→ ←他動詞→ ←直接目的語→

2.2.6. 「主語＋述語（他動詞＋直接目的語＋間接目的語）」

Paco   envió   un mensaje   a Rita.   パコはリタにメールを送った。
←主語→ ←他動詞→ ←直接目的語→ ←間接目的語→

2.2.7. 「主語＋述語（他動詞＋直接目的語＋目的格補語）」

Rita   lo   notó   muy raro. リタは彼の様子がとても変なことに気づいた。
←主語→ ←直接目的語→ ←他動詞→ ←目的格補語→

2.2.8. 「述語（他動詞＋直接目的語）」

Hay   mucha gente.   大変な人出だ。
←他動詞→ ←直接目的語→

2.3. 複文

2.3.1. 内部に他の節を含む節を「主節」（oración principal）と呼び、その内部に含まれる節を「従属節」（oración subordinada）と呼ぶ。主節と従属節から成る文を「複文」（oración compuesta）と言う。1.2.1. にあげた次の例文では que Lola llegaría pronto という従属節が、Paco dijo que Lola llegaría pronto という主節の内部に含まれており、全体で複文を成している。主節の動詞を主動詞、従属節の動詞を従属動詞と呼ぶ。次の例の主動詞は dijo（decir）、従属動詞は llegaría（llegar）である。

Paco dijo que Lola llegaría pronto. パコはロラがすぐ来るだろうと言った。
　　　　　　←────従属節────→
　　　←──────主節──────→
←────────複文────────→

2.3.2. 複文は、文中での従属節の働きによって、次のように分類される。①名詞節を持つ文。②同格節を持つ文。③関係節を持つ文。④副詞節を持つ文。例文については  1.2.2. 〜 1.2.5.

2.3.3. 副詞節を持つ文は、条件文、理由文、結果文、譲歩文などに分類される。→第 18 章 3.5.

2.3.4. さまざまな種類の従属節を組み合わせて、複雑な文が作られる。

Hasta que se lo contó el hombre que vino del palacio,
　　　　　　　　　　　　　←────関係節────→
←────────副詞節────────→

la niña no tenía ni idea de que era princesa, ni sabía dónde vivían sus padres.
　　　　　　←──同格節──→ 　　　　　←────名詞節────→

宮殿から来た男が少女にその話をするまでは、彼女は自分が姫であると考えたこともなく、両親

がどこに住んでいるかも知らなかった。

2.4. 等位文

　2 つ以上の節が y（そして）、pero（しかし）、o（または）のような等位接続詞（→第 14 章 2.）で対等な関係で結ばれて成り立つ文を「等位文」（oración coordinada）という。

¿Vienes　o no vienes? 君は来るのかい、それとも来ないのかい？
←等位節→ ← 等位節 →
←―――――等位文―――――→

2.5. 並列文

2.5.1.　2 つ以上の節が接続の単語や句を介さずに並んで成り立つ文を「並列文」（oración yuxtapuesta）という。

Aquí cantan, ahí bailan. こちらでは人々が歌い、あちらでは人々が踊っている。
←――並列節――→ ←並列節→
←―――――並列文―――――→

2.5.2.　複文、等位文、並列文を組み合わせて、複雑で情報量の多い文を作ることができる。

Si estudias español, tendrás una enorme recompensa:
←従属節（副詞節）→
←―――――――――――主節―――――――――――→
←―――――――――――並列節――――――――――→

podrás comunicarte con casi quinientos millones de personas
←―――――――――――等位節―――――――――――→
←―――――――――――並列節―――――――――――→

y estarás en contacto con una cultura que engloba cuatro continentes.
　　　　　　　　　　　　　　　←――――関係節――――→
←―――――――――――等位節―――――――――――→
←―――――――――――並列節―――――――――――→

　スペイン語を勉強すれば大きな見返りがある。5 億近くの人々と意思疎通ができるし、4 つの大陸にまたがる文化に触れることができるのだ。

3. 伝達内容の表明のしかたによる文の分類

3.1. 平叙文

3.1.1.　話し手が断定または推量する内容を表す文を「平叙文」（oración aseverativa; oración declarativa）と呼ぶ。原則として単文及び主節の動詞には直説法を用いる。文字表記の上では、原則として文末をピリオドで示す。

El presidente dio una conferencia en la asamblea ayer. 昨日、大統領は議会で演説をおこなった。 | Supongo que Lola no hizo el trabajo. 私はロラがその仕事をしなかったのではないかと思う。

3.1.2.　平叙文のうち、推量を表す副詞、副詞句に導かれる文を「疑惑文」（oración dubitativa）と呼ぶことがある。疑惑の程度の大きさに応じて、直説法と接続法が使い分けられる。→ 第 18 章 3.1.

Quizá Paco {viene / venga} a vernos. 多分パコは私たちに会いに来るだろう。／ひょっとしたらパコは私たちに会いに来るかもしれない。│ Tal vez no {es / sea} tarde todavía. 恐らくまだ間に合うだろう。／もしかするとまだ間に合うかもしれない。

3.2. 疑問文

3.2.1. 疑問を表す文を「疑問文」（oración interrogativa）と呼ぶ。文字表記の上では、前後に疑問符を付ける。疑問の対象となる部分だけに疑問符を付けることもある。単文、主節の動詞には直説法を用いる。

¿Eres Pepe? 君はペペか？│ ¿Quién eres? 君は誰だ？│ Entonces, dentro de la empresa, ¿usted es de los partidarios de apoyar al vicepresidente? では会社の中では、あなたは副社長を支持する一派に属しているのですか？

3.2.2. 全体疑問文

(i) 文全体の内容の真偽を問う疑問文を全体疑問文（oración interrogativa total）と言う。英文法の「yes-no 疑問文」に相当する。文末は上昇調のイントネーションで発音される（→第 1 章 4.4.3.）。全体疑問文への返答においては、肯定文のとき sí を用い、否定文のとき no を用いる。→第 15 章 4.6.

¿Eres Lola? —Sí, lo soy. / No, no lo soy. 君はロラですか？ ——はい、そうです。／いいえ、そうではありません。│ ¿No eres Rita? —Sí, lo soy. / No, no lo soy. 君はリタではないのですか？ ——いいえ、私はリタです。／はい、私はリタではありません。

(ii) 語順は平叙文と同一でもよいが、しばしば「動詞句＋主語」という順序が見られる。

¿{Usted es / Es usted} de Japón? あなたは日本の方ですか？│ ¿{Paco ha devuelto / Ha devuelto Paco} los libros a la biblioteca? パコは本を図書館に返却しましたか？

3.2.3. 部分疑問文

(i) 文の一部分の情報を補おうとする疑問文を部分疑問文（oración interrogativa parcial）と言う。英文法の「Wh 疑問文」に相当する。文末は下降調のイントネーションで発音するのが基本だが、語調を和らげるなどの理由により上昇調で発音することもある。→第 1 章 4.4.2. 部分疑問文への返答においては、求められている情報が文の核になる。

¿Dónde y con quién estuviste ayer? —(Ayer estuve) en casa con mi familia. 君は昨日、どこに誰といましたか？ ——（昨日は）家族と家に（いました）。（「どこに」と「誰と」が文の核なので、返答ではそれ以外の部分は省略できる）

(ii) 部分疑問文には疑問詞を用いる。原則として疑問詞句（疑問詞を含む句）は文頭に置く。

¿Cómo te encuentras? 君の体調はどう？│ ¿Con quién desea usted hablar? 誰とお話しになりたいのですか？│ ¿Dentro de cuántos días puedo recibir el paquete? 小包を受け取れるのは何日後ですか？

(iii) 口語では疑問詞句が文頭以外に置かれることも多い。

¿Tú qué opinas? 君の意見は？│ ¿Pero el partido cuándo empieza? しかし試合はいつになったら始まるんだ？

(iv) 口語的な定型表現で、疑問詞句が文頭以外に置かれることがある。

¿Sabes qué? ねえ、知ってる？

(v) おうむ返しの疑問文では、疑問詞句が文頭以外に置かれることがある。

¿Os vais a dónde? 君たちはどこへ行こうとしているって？（Nos vamos a...〈私たちは…へ行くつもりだ〉という文がはっきり聞き取れなかった場合や、意外な内容であった場合など）

(vi) 従属節の内容の一部を問う部分疑問文では、主動詞によって、疑問詞句が文頭に置かれる場合と、文中に置かれる場合とがある。querer（望む）、creer（思う）、decir（言う）などを用いた場合は、疑問詞句を文頭に置く。saber（知る）などの場合は、疑問詞句を文中に置く。

¿Cómo quieres que sea tu vida? 君は自分の人生がどのようであってほしいと願っていますか？｜ ¿Quién crees que era el autor del crimen? 君は誰が犯人だったと思いますか？｜ ¿Sabes quién era el autor del crimen? 君は誰が犯人だったか知っていますか？

(vii) 疑問詞句が主語のとき、「疑問詞句（＝主語）＋動詞句」という語順になる。疑問詞句が主語以外のとき、「疑問詞句＋動詞句＋主語」という語順になる。

¿Quién ha leído este libro? 誰がこの本を読んだのですか？｜ ¿Qué libro ha leído Paco? パコはどの本を読んだのですか？（× ¿Qué libro Paco ha leído? は誤り）

(viii) キューバ、プエルトリコ、ベネズエラなどでは、「疑問詞句＋主語＋動詞句」という語順が用いられる。

¿Qué tú haces aquí? 君はここで何をしているの？（その他の地域では ¿Qué haces tú aquí?）

(ix) 「前置詞＋疑問詞」という句は分断することができない。従って英語のように前置詞を切り離して文末に置くことはできない。

¿De dónde eres? 君はどこの出身ですか？（× ¿Dónde eres de? は誤り）

3.2.4. 付加疑問文

文末に ¿no?, ¿verdad?, ¿eh?, ¿no es así?（いずれも「～ね？」）などの語、句を付加して、聞き手の同意を求めたり、念を押したりする文を付加疑問文と言う。

¡Qué maravilloso!, ¿no? 素晴らしいですね。｜ Me ayudarás, ¿verdad? 君は私を手伝ってくれるよね？｜ Eso no fue todo, ¿no es así? それですべてというわけではないでしょう？

3.2.5. 修辞疑問文

本来は平叙文で表すべき内容をあえて疑問文の形で表現し、反語的に断定を強める文を修辞疑問文（oración interrogativa retórica）と言う。

¿No te da vergüenza hacer esto? 君はこんなことをして恥ずかしくないのか？＝君は恥ずべきことをした。｜ ¿A quién le va a interesar esta novela? 誰がこの小説を面白いと思うだろうか？＝こんな小説を面白いと思う者は誰もいない。

3.2.6. 間接疑問

従属節または不定詞句の内容が疑問文に相当するとき、これを間接疑問（interrogativa indirecta）と言う。

(i) 全体疑問文の間接疑問では、従属節は接続詞 si に導かれる。

Paco me preguntó si tenía tiempo. パコは私に時間があるかと尋ねた。｜ No sé si debo hacerlo. 私はそれをするべきかどうか分からない。

(ii) 部分疑問文の間接疑問では、従属節は疑問詞句に導かれる。従属節に接続詞 que が前置されることもある。

No me preguntes (que) por qué hice tal cosa. 私がなぜそんなことをしたのかは、聞かないでほしい。｜ Le pregunté a Lola (que) qué había ocurrido. 私はロラに何が起きたのかと尋ねた。

(iii) 主動詞の主語と従属動詞の主語が一致するときは、不定詞句を用いることができる。

Lola no sabía si hacer caso a Paco. ロラはパコのことを考慮すべきかどうか分からなかった。
│ Yo no sabré qué hacer sin ti. 私は君がいないと何をしていいか分からなくなりそうだ。

(iv) 間接疑問の一種である「no sé ＋疑問詞句」「no sé si」などの形式は、「～かどうか知らないが」を表す成句として、形容詞的または名詞的に用いられる。

Paco quería decir no sé qué cosa. パコは何かを言おうとした。│ La pobre mujer pedía socorro no sé si a Dios o a los hombres. その哀れな女性は、神になのか人間になのか分からないが、救いを求めていた。

3.3. 命令文

3.3.1. 命令を伝える文を「命令文」（oración exhortativa）と呼ぶ。典型的な命令文には、動詞の命令法または接続法現在形を用いる。→第 18 章 3.1.、同 4.

(i) tú, vosotros に対する肯定命令文には、命令法を用いる。

Ven. 君、おいで。│ Venid. 君たち、おいで。│ Dímelo. 君、私にそれを言いなさい。│ Decídmelo. 君たち、私にそれを言いなさい。

(ii) tú, vosotros に対する否定命令文および usted, ustedes に対する肯定・否定命令文には、接続法現在形を用いる。

No vengas. 君、来るな。│ No vengáis. 君たち、来るな。│ No se lo digas a nadie. 君、誰にもそれを言うな。│ No se lo digáis a nadie. 君たち、誰にもそれを言うな。│ Venga. 来てください。│ Vengan. 皆さん、来てください。│ Dígamelo. 私にそれを言ってください。│ Díganmelo. 皆さん、私にそれを言ってください。│ No venga. 来ないでください。│ No vengan. 皆さん、来ないでください。│ No se lo diga a nadie. 誰にもそれを言わないでください。│ No se lo digan a nadie. 皆さん、誰にもそれを言わないでください。

(iii) 主語を明示することができる。「動詞＋主語」の語順になる。→ 5.3.2.(iv)

Haz tú lo que quieras. 君のしたいようにしなさい。│ Pase usted, señor Pérez. ペレスさん、どうぞお入りください。

(iv) nosotros に対する命令文は「～しよう」という勧誘を表す。接続法現在形を用いる。「vamos a ＋不定詞」を用いることもできる。ir（行く）の肯定命令文には直説法現在形 vamos を用いる。

{Cantemos / Vamos a cantar} villancicos. クリスマスソングを歌おう。│ No {mintamos / vamos a mentir} más. これ以上うそをつくのはやめよう。│ ¡Vamos a la escuela! 学校へ行こう！（× ¡Vayamos a la escuela! は誤り）

(v) 不特定の聞き手に対する命令を 3 人称の形式で表現することがある。

¡Sálvese quien pueda! 可能な者は自分を救え！→ 全員退避せよ！

3.3.2. 命令法、接続法現在形以外の形式を用いて命令を表すことがある。

(i) 疑問文。柔らかい語調になる。

¿Me pasas la sal, por favor? （食卓で）塩を渡してくれないか？（Pásame la sal, por favor. 〈塩を渡してくれ〉より柔らかい語調）│ ¿Me deja usted el pasaporte, si es tan amable? よろしければパスポートを拝見できるでしょうか？

(ii) querer, poder などを用いた疑問文。丁寧で柔らかい語調になる。

¿{Quiere/Puede} cerrar la ventana? 窓を閉めてもらえますか？ ｜ ¿Podría hacerme el favor de no fumar? すみませんが、お煙草を控えていただけないでしょうか？

(iii) 直説法現在形、未来形。高圧的な命令を表す。

Ahora mismo vas a la oficina y me traes el documento. 今すぐ事務所に行って書類を持ってくるんだ。 ｜ No verás la tele hasta que termines los deberes. 宿題を終えるまでテレビを見てはいけない。 ｜ No matarás. 汝、殺すなかれ。（モーセの十戒の 1 つ）

(iv) 不定詞、「a ＋不定詞」、現在分詞

NO PISAR EL CÉSPED. 芝生に立ち入るべからず。（立て札）｜ Saltear la carne 5 minutos a fuego fuerte. 肉を強火で 5 分炒める。（料理レシピ） ｜ Consumir preferentemente antes de enero de 20XX. なるべく 20XX 年 1 月までにお召し上がりください。（食品の注意書き）｜ ¡Niños, a comer! 子どもたち、さあ、食事ですよ！ ｜ ¡Rápido, pasando la pelota a tu compañero! さっさと仲間にボールをパスしろ！ ｜ ¡Apurándose!, que no queda mucho tiempo. 急いでください！あまり時間がありませんよ。

(v) 名詞

¡Ánimo! 頑張れ！ ｜ ¡Cuidado! 気をつけて！ ｜ Atención, por favor. 皆さん、聞いてください。

3.3.3.　間接命令

(i)「que ＋接続法」→ 3.3.4.(ii)、第 18 章 3.1.2.

Que entre el siguiente paciente. 次の患者さんに入室していただきなさい。 ｜ Que los cuide Lola. 彼らの世話はロラに任せなさい。

(ii) 再帰受動文を用いた間接命令。文章語で用いる。

Véase la página 10. 第 10 ページが見られよ。→ 第 10 ページを参照。 ｜ Tradúzcanse las oraciones siguientes al japonés. 次の各文が和訳されよ。→ 次の各文を和訳しなさい。

3.3.4.　願望文

(i) 伝達内容の表明の点で命令文に近い文として「願望文」（oración desiderativa）がある。願望文は接続法を用いて話し手の願望を表す文である。→第 18 章 3.1.3.

Que te mejores pronto. 君が早くよくなりますように。｜ ¡Que pases un buen fin de semana! 楽しい週末を！ ｜ Ojalá (que) todo vaya bien. 何もかもうまくいくといいが。 ｜ Ojalá (que) tuviera alas para volar. 私に空を飛ぶ翼があればいいのだが。

(ii) 間接命令の「que ＋接続法」（→ 3.3.3.）と、願望文の「que ＋接続法」は、次のように区別される。

間接命令：主語は 3 人称のみ。文の前に Dile、Dígale（彼〈女〉に言いなさい）のように、聞き手に対する命令の表現が含意されている。

(Dile) que entre. 彼(女)に入るように言いなさい。

願望文：主語は 1 〜 3 人称すべて。文の前に Deseo、Espero（私は願う）のような願望の表現が含意されている。

¡(Deseo) que seáis muy felices! 君たち、どうぞお幸せであることを願っているよ。

3.3.5.　命令の形式が間投詞的に用いられることがある。

¡Venga! Nos vemos. じゃあ、また今度。 ｜ ¡Vaya, otra derrota de mi equipo favorito! いやはや、応援しているチームがまた負けてしまった！ ｜ ¡No me digas! まさか！

3.4. 感嘆文

3.4.1. 感嘆を表す文を感嘆文（oración exclamativa）と呼ぶ。感情的な語気のこもったイントネーションで発音される。文字表記の上では、感嘆符を用いる。典型的な感嘆文には疑問詞を用いる。

3.4.2. qué, cuán(to), cómo を用いた感嘆文

¡Qué divertido! ああ、面白い！｜ ¡Qué calor! ああ、暑い！｜ ¡Qué bien! いいね！｜ ¡Qué libro {más / tan} interesante! なんて興味深い本だろう！｜ ¡Qué bien canta el muchacho! その若者はなんて歌が上手なんだ！｜ ¡Cuánto te he echado de menos! 私は君がいないことをどれほど寂しく思ったことか！｜ ¡{Qué / Cuán} bonito es este paisaje! この景色はなんて美しいのだろう！（cuán は文語的）｜ ¡Cómo ladra el perro! 犬がよく吠えるなあ！

3.4.3. 「lo ＋形容詞・副詞＋ que ＋直説法」

¡Lo alta que está su hija! お嬢さんは背が高くなりましたね！｜ ¡Lo valientes que eran los soldados! 兵士たちはなんと勇敢だったことか！｜ ¡Lo bien que juega el tenista! そのテニス選手はなんてプレイがうまいのだろう！

3.4.4. 「定冠詞＋名詞＋ que ＋直説法」

¡El frío que hace últimamente! 近ごろの寒さときたら！

3.4.5. 「con ＋名詞句など＋ que ＋直説法」

¡Con la gente que hay! なんて大勢の人だ！｜ ¡Con lo bien que estábamos! 私たちは本当に楽しくしていたなあ！

3.4.6. 「形容詞・名詞・間投詞＋ de ＋名詞・代名詞」

¡Pobre de ti! かわいそうな君！｜ ¡Diablo de niño! いまいましい子どもめ！｜ ¡Ay de mí! 哀れな私！

3.4.7. 上記 3.4.2. ～ 3.4.6. 以外の形式でも、感嘆を表す文であれば感嘆文と見なされることがある。

¡Hemos ganado el partido! 私たちは試合に勝ったぞ！｜ ¡Vaya frío! ああ、寒い！｜ ¡Estupendo! 素晴らしい！

3.4.8. 間接感嘆

従属節または不定詞句の内容が感嘆文に相当するとき、これを間接感嘆と言う。

Mira qué bonita es esa flor. あの花はなんて美しいことか、見てごらん。｜ No sabes cómo me alegra verte de nuevo. 君にまた会えたことがどんなに私を喜ばせているか、君は知らない。＝君にまた会えて私はとてもうれしい。

4. 肯定と否定による分類

4.1. 肯定文と否定文

　ある出来事の生起を肯定する文を「肯定文」（oración afirmativa）と言う。ある出来事の生起を否定する文を「否定文」（oración negativa）と言う。この 2 つのうち基本となるのは肯定文である。否定文は肯定文に否定語を加えることによって作られる。→第 11 章 4.、5.

　肯定を表す単語と否定語の対がある。también（～もまた～である）、tampoco（～もま

た～ない）などについては →第 11 章 2。sí（はい）、no（いいえ）については → 3.2.2.

4.2. 肯定、否定と伝達内容の表明

　伝達内容の表明のしかたによって分類される文は、感嘆文を除いて、肯定文、否定文のどちらにもなる。命令文は、肯定文か否定文かで、無強勢代名詞の位置が異なる。

否定平叙文：Paco no me lo dijo. パコは私にそう言わなかった。

否定疑問文：¿No te lo dijo Paco? パコは君にそう言わなかったの？

否定命令文：Paco, no se lo digas a nadie. パコ、誰にもそれを言うな。

比較 肯定命令文：Paco, díselo a todos. パコ、みんなにそれを言え。

　感嘆文はある出来事の生起についての感嘆を表す文であり、「生起しないこと」への感嘆を表すことは不自然なので、否定感嘆文は一般的ではない。

× ¡Qué alta no es esa torre!（「あの塔はなんて高くないんだ！」は不自然）

5. 語順

5.1. 総論

5.1.1.　文の中のさまざまな要素の配列の順序、位置は、文法的に固定されている場合と、ある程度の自由が認められている場合とがある。それらを組み合わせて語順（orden de palabras）を決めて、情報を効率的に伝達する。

5.1.2.　文法によって決まる語順には、次の 2 種がある。

(i) 句の内部の語順。句は原則として「核となる要素＋それを修飾する要素」の順序で成り立つ。次の例の波線部分が核、下線部分が修飾要素である。日本語とはちょうど逆の順序になる。

前置詞句：con Lola ロラ と

接続詞句：que hables con Lola 君がロラと話す こと

動詞句：quiero que hables con Lola 私は君がロラと話すことを 望む

　ただし、冠詞、数詞など、修飾する要素が核に先行する場合もある。

名詞句：las dos casas grandes それらの 2 軒の 大きな 家

(ii) 文の構成要素どうしの語順。文は主に「主語＋述語」の順序をとる。述語は主に「動詞句＋その他の要素」の順序をとる。

Paco　　　está　　　aquí.　　　パコはここにいる。
主語　　述語［動詞句］　主格補語

　ただし、これらの語順はある程度、自由になる。Aquí está Paco.（ここにパコがいる）、Está Paco aquí.（パコがここにいる）、Está aquí Paco.（ここにパコがいる）も許容される。

5.1.3.　(i) 情報伝達を効率的におこなうため、文は、「副次的情報を先に。主要情報を後に」という順序で構成されることが多い。文法的語順がこの流れと一致しない場合は、語順を適宜調整して、「副次的情報を先に。主要情報を後に」という流れを作り出す。

(ii) また、「短い要素を先に。長い要素を後に」という情報提示のしかたが好まれる。

5.2. 句の内部の語順

5.2.1. 名詞句

(i) 名詞句は名詞類を核とし、それを修飾する要素が前後に置かれる。

los　　　　　niños　　　traviesos　それらのいたずらな子どもたち
前置修飾要素　核（名詞類）　後置修飾要素

(ii) 前置修飾要素になるのは、冠詞、指示形容詞、所有形容詞前置形、数詞、不定形容詞、否定形容詞などである。

{las / aquellas / mis / dos / otras} amigas {その／あの／私の／2人の／別の} 友人たち

(iii) 後置修飾要素になるのは、所有形容詞後置形、形容詞、前置詞句、関係節などである。
unas amigas {mías / japonesas / de Lola / que estudian español} 何人かの {私の／日本人の／ロラの／スペイン語を勉強している} 友人たち

(iv) 形容詞が名詞を修飾する場合は、原則として後置されるが、前置されることもある。→ 第6章4.

5.2.2. 形容詞句

(i) 形容詞句は形容詞類を核とし、それを修飾する要素が前後に置かれる。→第6章4.4.

muy　　　　　fácil　　　de explicar　非常に説明の簡単な
前置修飾要素　核（形容詞類）　後置修飾要素

(ii) 前置修飾要素になるのは副詞などである。後置修飾要素になるのは前置詞句などである。

5.2.3. 副詞句

(i) 副詞句は副詞類を核とし、それを修飾する要素が前後に置かれる。→第15章4.

demasiado　　　tarde　　　para ir　行くにはあまりに遅すぎて
前置修飾要素　核（副詞類）　後置修飾要素

(ii) 前置修飾要素になるのは副詞などである。後置修飾要素になるのは前置詞句などである。

5.2.4. 動詞句（述語）

(i) 動詞句は動詞類、助動詞類を核とし、それを修飾する要素が前後に置かれる。述語として働く。

No se la　　　pude decir　la verdad a Lola ayer.
前置修飾要素　核（動詞類）　後置修飾要素

（私は）昨日、ロラに真実を言うことができなかった。

(ii) 前置修飾要素になるのは否定語などである。

(iii) 後置修飾要素になるのは名詞句、前置詞句、副詞句、副詞節などである。これらは、直接目的語、間接目的語、状況補語、主格補語、目的格補語として働く。

(iv) 無強勢代名詞は、前置または後置される。直接目的語、間接目的語として働く。無強勢代名詞どうしの順序にも規則がある。→ 第9章8.

(v) 副詞句の位置、副詞どうしの順序については→第15章4.

(vi) 動詞類、助動詞類どうしの順序については→第20章3.11.

5.2.5. 前置詞句

前置詞句は前置詞類を核とし、それに導かれる要素が後ろに置かれる。導かれる要素

は名詞句、不定詞句、名詞節などである。

para　　　　la paz mundial　世界平和のために
核（前置詞類）　導かれる後置要素

5.2.6.　接続詞句

接続詞句は接続詞類を核とし、それに導かれる要素が後ろに置かれる。導かれる要素は名詞句、形容詞句、副詞句、等位節、名詞節、副詞節などである。

aunque　　　　no lo creas　　君がそれを信じなくても
核（接続詞類）　導かれる後置要素

5.2.7.　関係詞句

関係詞句は関係詞類を核とし、それに導かれる要素（関係節、不定詞句）が後ろに置かれる。

lo que　　　　desea todo el mundo　万人が望むこと
核（関係詞類）　導かれる後置要素

5.3. 主語と述語の語順

5.3.1.　一般に、「主語 + 述語（動詞句）」の語順になる。→第 3 章 2.6.

Paco va a venir a nuestra casa mañana. 明日、パコが私たちの家に来る。

5.3.2.　文の構造によって「述語（動詞句）＋主語」の語順が優勢になる場合がある。

(i) 全体疑問文：¿Va a venir Paco a nuestra casa mañana? パコは明日、私たちの家に来るの？（¿Paco va a venir a nuestra casa mañana? も可）

(ii) 部分疑問文：¿Cuándo va a venir Paco a nuestra casa? パコはいつ、私たちの家に来るの？（△ ¿Cuándo Paco va a venir a nuestra casa? は不自然。また、主語が疑問の対象となるときは、「主語 + 述語（動詞）」の順になる。¿Quién va a venir a nuestra casa mañana? 明日、誰が私たちの家に来るの？）

(iii) 感嘆文：¡Qué bien canta Paco! なんてパコは歌がうまいのだろう！（△ ¡Qué bien Paco canta! は不自然）

(iv) 命令文：Venga usted a mi casa mañana. 明日、私の家に来てください。→ 3.3.1.(iii)（△ Usted venga a mi casa mañana. は不自然）

(v) 非定形動詞を含む句の内部：Llegando el profesor, todos los alumnos entraron en el aula. 先生がやって来て、生徒たちは皆、教室に入った。（× El profesor llegando は誤り）

(vi) 関係節の内部：la canción que canta Paco パコが歌う歌（この語順のほうが△ la canción que Paco canta よりも好まれる）

(vii) 副詞節の内部：cuando venga Paco a mi casa パコが私の家に来たときには（cuando Paco venga a mi casa も可）

(viii) 不定詞句、名詞節を主語とする文：Es importante hacerlo. それをすることが必要だ。（△ Hacerlo es importante. は適切な文脈がなければ不自然）｜ Parece mentira que Paco venga a nuestra casa mañana. 明日パコが私たちの家に来るとは、うそみたいだ。（△ Que Paco venga a nuestra casa mañana parece mentira. は適切な文脈がなければ不自然）

(ix) 疑問文への返答などで、動詞を文、節の末尾に置くことを避ける：¿Cuál es la capital de España? —Es Madrid. スペインの首都はどこですか？ ——マドリードです。（× Madrid es.

は誤り。(iii)、(vi)、(x) の例もこの原則と関連している）

(x) 直接話法の伝達部：—¡Hola! —dijo Lola—. ¿Qué tal? ロラは「こんにちは！ 元気？」と言った。（× Lola dijo は誤り） → 第 21 章 7.1.2.

5.3.3. 動詞の意味によって「述語（動詞）＋主語」の語順が優勢になる場合がある。(i) 〜 (iii) では、主語が「意図的な動作をおこなう者」ではないことが、この語順に影響している。(iv) は、情報の流れの上で、「新たに提示される情報」を後ろに置くのが効率的であることが影響している。

(i) 感情、心理、感覚を表す動詞：gustar 好かれる｜ sorprender 驚かせる｜ interesar 興味を惹かれる｜ doler 痛む｜ picar かゆみを感じさせる

Me gusta mucho la comida española. 私はスペイン料理が大好きだ。｜ Nos sorprendió la noticia. 私たちはその知らせに驚いた。｜ Me pica la cabeza. 私は頭がかゆい。

(ii) 偶発的な生起を表す動詞：ocurrir （出来事が）起きる｜ ocurrirse 思いつく｜ antojarse 〜したくなる｜ perderse 紛失する｜ olvidarse 忘れる｜ escaparse 逃げられる

Entonces ocurrió un milagro. そのとき奇跡が起こった。｜ Se nos ha escapado el canario. 私たちはカナリアに逃げられてしまった。

(iii) 事態の説明（過不足、適否、重要性など）を表す動詞：quedar 残る｜ faltar 足りない｜ convenir 適切である｜ importar 重要である

Todavía nos quedan cinco minutos. 私たちにはまだ 5 分ある。｜ Importa el relato, no el autor. 大事なのは物語であって、作者ではない。

(iv) 出現、存在を表す動詞：aparecer 現れる｜ venir 来る｜ llegar 着く｜ existir 存在する

De repente, por la puerta del jardín vino entrando Lola. 不意に庭の扉からロラが入ってきた。｜ Apareció una bolsa con un kilo de cocaína, oculta en la maleta. スーツケースの中に隠してあった 1 キロのコカインの袋が現れた。

5.4. 述語の内部の語順

5.4.1. 一般に、「動詞句＋その他の要素」の語順になる。ただし無強勢代名詞は、その語順規則に従う。→第 3 章 4.5.、同 5.6.、同 6.5.、同 7.5.、同 8.3.、第 9 章 8.

(i)「動詞句＋直接目的語＋間接目的語」：Paco pidió ayuda a Lola. パコはロラに助けを求めた。

(ii)「動詞句＋主格補語」：Paco es español. パコはスペイン人だ。

(iii)「動詞句＋目的格補語＋直接目的語」：La policía encontró vacía la caja fuerte. 警察はその金庫が空なのを知った。

(iv)「動詞句＋状況補語＋その他の要素」

Podrás encontrar fácilmente la solución. 君はその解決策をたやすく見つけるだろう。

5.4.2. 「その他の要素＋動詞句」の語順が優勢な場合がある。情報を効率的に伝える必要から、このような語順が生まれる。→ 5.7.2. (ii) (iii)

5.5. 時、場所を表す状況補語、文副詞、関係節、副詞節の語順

5.5.1. 時、場所を表す状況補語は、しばしば文、節の前のほうに置かれる。情報の流れの上で、「出来事が起きる時と場所」をまず伝えるのが効率的であることが多いからである。→第 3 章 8.3.

Ayer en Madrid se celebró un congreso internacional. 昨日、マドリードである国際会議が開かれた。

5.5.2.　文副詞は文頭に置かれることが多い。→第 15 章 4.5.

Francamente, encuentro inútil el nuevo proyecto. 正直言って、新しい企画は無益だと思う。

5.5.3.　関係節は先行詞の後に置かれる。「先行詞＋関係節」の位置は、その文法的役割によって決まる。

El niño **que está ahí** se llama Paco. あそこにいる少年はパコという名前だ。　│　Mira al niño **que está ahí**. あそこにいる少年を見てごらん。

5.5.4.　副詞節は主動詞より後ろに置かれるのが一般的だが、条件節、譲歩節などは前に置かれることが多い。→第 14 章 4、第 21 章 6.

Si tuviera tiempo, lo haría. / Lo haría **si tuviera tiempo**. 私はもし時間があれば、それをするのだが。

5.6. 疑問詞を含む句の語順

5.6.1.　部分疑問文、感嘆文では、原則として、疑問詞を含む句を文または節の最初に置く。→第 12 章 1.1.3.

¿A quién quieres ver? 君は誰に会いたいのですか？　│　¡Con qué facilidad se derrumbó el imperio! その帝国はなんとたやすく崩壊したことか！

5.6.2.　例外については → 3.2.3.

5.7. 情報の流れによって決まる語順

5.7.1.　(i) 情報伝達においては、まず主題（了解済みの事柄）、出来事の起きた時や場所などを伝えた後に、最も伝えたい事柄について述べるのが効率的である。つまり文は、「副次的情報を先に。主要情報を後に」という順序で構成されることが多い。

(ii) 文法的語順がこの流れと一致している場合は問題ないが、一致していない場合は、句の内部の語順の規則に従いつつ、文の構成要素どうしの語順を適宜調整して、「副次的情報を先に。主要情報を後に」という流れを作り出す。

　たとえば、次の例では、無強勢代名詞の重複文という形をとることによって、情報的な語順と文法的な語順の対立を解消している。

Ese libro　　　　　　　　　me lo ha regalado　　Lola.
直接目的語／副次的情報　　　　　　　　　　　　主語／主要情報

　その本は、ロラが私にプレゼントしてくれた。

5.7.2.　情報の流れとして「主語以外の要素を先に。主語を後に」という順序が望ましい場合は、次のような語順を用いる。

(i)「直接・間接目的語＋無強勢代名詞＋動詞（＋主語）」（代名詞の重複文）。→第 9 章 9、第 21 章 4.1.

Ese libro a Lola se lo he regalado yo. その本は、ロラに私がプレゼントした。　│　A Lola se lo he regalado ese libro. ロラには、私はその本をプレゼントした。

(ii)「直接・間接目的語＋動詞＋主語」（単純な倒置形式）。定型表現、または否定的な内容を表すときに用いられることが多い。

Lo mismo creo yo. 私も同じ意見だ。｜ Eso dicen las estadísticas. 統計では、そうなっている。
｜ Sombrero no creo que llevara Lola. ロラは帽子はかぶっていなかったはずだ。 ｜ A nadie
extrañará mi ausencia. 私が欠席しても誰も不思議に思わないだろう。

(iii)「その他の要素＋動詞＋主語」（単純な倒置形式）。否定的な内容を表すときに用いら
れることが多い。

Millonario no soy, pero puedo costearte los estudios. 私は大金持ちというわけではないが、
君の学費を出してやれる。（主格補語を前置）｜ De eso no me puedo quejar. それについては、
私は不平はない。（状況補語を前置）

5.7.3. 「短い要素を先に。長い要素を後に」という順序で情報を提示すると、理解が容易
になるので、この語順が好まれる。

Paco le regaló a su hija   un bonito libro lleno de dibujos.
　　　　　　間接目的語　　　　　　直接目的語

　パコは娘に挿絵でいっぱいの美しい本をプレゼントした。

Paco le regaló un libro   a su hija, que era amante de la lectura.
　　　　　　直接目的語　　　　　　間接目的語

　パコは本を読書が大好きな娘にプレゼントした。

5.7.4. 「主語以外の要素を先に。主語を後に」という順序がそもそも優勢な単語、語句が
ある。

(i) 出現、存在を表す動詞。→ 5.3.3. (iv)

(ii) 時、場所を表す状況補語。→ 5.5.1.

第5章　名詞

1. 総論

1.1. 名詞の種類

1.1.1.　名詞は、事物や事柄を表す単語であり、男性、女性どちらかの性を有している。単数形、複数形の変化をするものもある。文の中で主語、目的語、補語、前置詞の目的語として働く。名詞が他の品詞的な働きをすることもある。また、他の品詞や句、節が名詞的に働くこともある。

1.1.2.　名詞は次のように分類することができる。

名詞（sustantivo; nombre）
- 普通名詞（nombre común）
  - 可算名詞（nombre contable）
  - 不可算名詞（nombre no contable）
- 固有名詞（nombre propio）

(i) 普通名詞は、同種類の事物、事柄に共通する名を表す。文中では頭文字を小文字で表記する。libro 本

(ii) 普通名詞のうち、複数形を作ることができるものを可算名詞と言う。libro（複数形 libros）｜ viaje 旅行（複数形 viajes）

(iii) 普通名詞のうち、複数形の使用が一般的ではないものを不可算名詞と言う。arena 砂（複数形 arenas は不可）｜ agua 水（複数形 aguas は「海、湖沼、川などの水」のような意味的な制限つきでのみ可。aguas del mar Egeo エーゲ海海域）

(iv) 固有名詞は、同種類の事物のうち他のすべてから区別されるものの名を表す。人名、地名、国名、作品名など。文中であっても頭文字を大文字で表記する。España スペイン

1.1.3.　その他に次のような分類がおこなわれる。

(i) 具象名詞：具体的な形状を持ち、視覚、触覚などで感知できる事物を表す。可算名詞でもある場合と、不可算名詞でもある場合がある。可算名詞：amigo 友人　不可算名詞：dinero お金

(ii) 抽象名詞：視覚、触覚などでは感知できない、無形の概念、事柄を表す。不可算名詞でもある。lectura 読書｜ amistad 友情｜ humedad 湿り気｜ economía 経済

(iii) 物質名詞：具象名詞のうち、液体、気体、原料など、一定の形を持たない事物を表すものを物質名詞と言う。不可算名詞でもある。agua 水｜ harina 小麦粉

(iv) 集合名詞：事物の集合を表す。複数の個体を1つの集合として単数形で表す。可算名詞でもある。gente 人々

1.2. 名詞の性、数

1.2.1.　一般に名詞は男性（género masculino）、女性（género femenino）のどちらかの性（género）を持つ。人間や動物など、自然の性別（sexo）を持つ対象を表す名詞は、原則としてそれに対応する。その他の名詞の性は、歴史的な成り立ちなどさまざまな理

由で決まっているが、多くは語尾の形態で判別できる（例：原則として -o で終わる語は男性名詞、-a で終わる語は女性名詞）。

1.2.2. 男女の対を成す名詞では、男性名詞のほうが基本形である。

(i) 原則として、女性名詞は男性名詞の語尾を変えることで作られる。

emperador 圓皇帝 → emperatriz 囡女帝

(ii) 両性を代表する場合は、男性名詞を用いる。

El profesor es una persona que se encarga de la educación. 教師とは教育に従事する人のことだ。 | Lola pronto va a tener **un niño**. ロラにはもうじき子どもが生まれる。

1.2.3. 名詞は単数形（forma singular）、複数形（forma plural）のどちらかの数（número）を示す形で使用される。原則として、複数形は単数形に -s または -es という語尾を付けて作られる。

2. 普通名詞の性

2.1. 自然の性別を持つ対象を表す名詞の性

人間、動物のように自然の性別を持つ対象を表す名詞は、次のようにして性が決められる。

2.1.1. 男性と女性で異なる名詞を用いる場合

男性名詞	女性名詞	男性名詞	女性名詞
hombre 男	mujer 女	macho 雄	hembra 雌
padre 父	madre 母	toro 雄牛	vaca 雌牛
yerno 子の夫	nuera 子の妻	caballo 雄馬	yegua 雌馬
caballero 紳士	dama 淑女	carnero 雄羊	oveja 雌羊

「牛」「馬」「羊」を総称的に表すときは、それぞれ vaca, caballo, oveja を用いる。

2.1.2. 男性名詞を基に、対になる女性名詞が作られる場合

(i)「-o → -a」型

男性名詞	女性名詞	男性名詞	女性名詞
esposo 夫	esposa 妻	niño 男の子	niña 女の子
hijo 息子	hija 娘	alumno 男子生徒	alumna 女子生徒
tío おじ	tía おば	gato 雄猫	gata 雌猫

「子ども」「生徒」「犬」「猫」を総称的に表すときは、男性名詞を用いる。

(ii)「→ -na」型

男性名詞	女性名詞	男性名詞	女性名詞
héroe ヒーロー	heroína ヒロイン	gallo 雄鶏	gallina 雌鶏
rey 王	reina 女王；王妃	león ライオン	leona 雌ライオン

「鶏」「ライオン」を総称的に表すときは、男性名詞を用いる。

(iii)「-or → -ora, -triz」型

男性名詞	女性名詞		男性名詞	女性名詞
profesor	profesora 教師		escritor	escritora 作家
director	directora 指導者		jugador	jugadora 選手
actor	actriz 俳優		emperador 皇帝	emperatriz 女帝

(iv)「-e → -a、-nte → -nta」型

男性名詞	女性名詞		男性名詞	女性名詞
jefe	jefa 上司		dependiente	dependienta 従業員
presidente	presidenta 大統領		pariente	parienta 親戚

-e が性同形名詞（→ 2.1.3.）であることも多い。

(v)「→ -sa」型

男性名詞	女性名詞		男性名詞	女性名詞
alcalde	alcaldesa 市長		poeta	poetisa 詩人
príncipe 王子	princesa 王女		duque	duquesa 公爵

爵位を表す女性名詞は「その爵位を持つ男性の妻」という意味もある。
duquesa（女性の）公爵；公爵夫人 → 2.1.6.

2.1.3.　男性名詞と女性名詞が同形の場合（性同形名詞）

(i)「-ista」型

artista 芸術家 ｜ pianista ピアニスト ｜ dentista 歯科医

(ii)「-nte」型

estudiante 学生 ｜ comerciante 商人 ｜ transeúnte 通行人

(iii) ギリシア語起源の「-a」型

atleta 運動選手 ｜ demócrata 民主主義者 ｜ idiota 愚か者

(iv) その他

cónyuge 配偶者 ｜ joven 若者 ｜ intérprete 通訳 ｜ guía ガイド ｜ espía スパイ ｜ testigo 証人 ｜ indígena 先住民 ｜ policía 警官 ｜ modelo ファッションモデル

　policía は組織としての「警察」を表す場合は女性名詞だが、個々の「警官」を指す場合は性同形名詞。

Unos **policías** están vigilando la calle. 数人の警官が通りを見張っている。

　modelo は「見本」を表す場合は男性名詞だが、「ファッションモデル」の意味では性同形名詞。

Rita es una **modelo** muy famosa. リタはとても有名なファッションモデルだ。

2.1.4.　両性に共通する名詞がある場合（性共通名詞）

el miembro 一員 ｜ la persona 人 ｜ la criatura 赤ん坊 ｜ Lola es **miembro** del club de atletismo. ロラは陸上部の部員だ。 ｜ Paco es una **persona** muy seria. パコはとても真面目な人物だ。

2.1.5. どちらか 1 つの性しか持たない動物名（性単一名詞）

(i) 男性名詞のみ

delfín イルカ｜ gorila ゴリラ｜ mosquito 蚊

(ii) 女性名詞のみ

ballena クジラ｜ serpiente ヘビ｜ mosca 蠅

(iii) 性別を示す必要があるときは、macho（雄）、hembra（雌）を後置する。

el cuervo hembra 雌のカラス｜ la araña macho 雄のクモ

2.1.6. 新たな女性名詞の誕生

(i) 以前は職業、肩書きなどを表す名詞の中には男性名詞しか存在しないものがあった。現代では社会の変化により、女性名詞が生まれている。また、以前から存在した女性名詞は「〜という職業、肩書きの男性の配偶者」を表したが、現在では、爵位などを除いてその意味はなくなり、「〜という職業、肩書きの女性」を表している。→ 2.1.2 . (v) なお、社会の変化により、両性を含む集団の表し方が見直されていることについては → 3.6.2.

ministra かつては「大臣夫人」、現在は「（女性の）大臣」

(ii)「-o, -e → -a」型

男性名詞	女性名詞	男性名詞	女性名詞
abogado	abogada 弁護士	músico	música 音楽家
arquitecto	arquitecta 建築家	físico	física 物理学者
bombero	bombera 消防士	presidente	presidenta 大統領

これにより、たとえば以前は「音楽」を意味した música は、「女性の音楽家」をも意味する、というように、多義語が増加している。

(iii)「 + -a」型

男性名詞	女性名詞	男性名詞	女性名詞
fiscal	fiscala 検事	bedel	bedela 守衛
juez	jueza 裁判官	concejal	concejala 市議会議員

(iv) 性同形名詞（従来、男性名詞だった語を女性名詞としても用いる）

soldado 兵士｜ general 将軍｜ canciller （ドイツなどの）首相

男性名詞、女性名詞のどちらの働きをしているかは冠詞などで見分けられる。

Lola es una **soldado** muy bien disciplinada. ロラは良く訓練された兵士だ。

時には①「-o, -e → -a」型、「 + -a」型で作られた女性名詞と、②性同形名詞とが併存することがある。①が優勢になりつつある。

La {**jueza** / **juez**} dictó la sentencia. その女性裁判官は判決を言い渡した。

(v) 男性を表す名詞が新たに誕生することもある。

azafata → azafato 客室乗務員：女性名詞から男性名詞が作られた。

modista → modisto ファッションデザイナー：modista は性同形名詞だが、「男性のファッションデザイナー」を明示しようとする力が働いて modisto という男性名詞が生まれ、

以前は誤用とされたが現在は認められている。

2.2. 自然の性別を持たない対象を表す名詞の性

　　植物、無生物、抽象概念など、自然の性別を持たない対象を表す名詞の性は、多くの場合、語尾の形態で判別できるが、例外も多い。

2.2.1.　原則として「-o」は男性名詞、「-a」は女性名詞

　男性名詞：libro 本 ｜ edificio 建物 ｜ dedo 指

　女性名詞：pluma ペン ｜ casa 家 ｜ uña 爪

2.2.2.　上記の原則の例外①「-o」の女性名詞

(i) mano 手 ｜ dinamo 発電機 ｜ Paco, levanta la mano izquierda. パコ、左手を上げなさい。

(ii) 本来の語は原則に従うが、略語は例外になるもの：foto ← fotografía 写真 ｜ moto ← motocicleta バイク ｜ radio ← radiodifusión ラジオ

2.2.3.　上記の原則の例外②「-a」の男性名詞

(i) día 日 ｜ mapa 地図 ｜ sofá ソファ ｜ pijama パジャマ ｜ Hoy vamos a tener un día muy soleado. 今日はとても日差しの強い日になりそうだ。

(ii) ギリシア語起源の単語：clima 気候 ｜ problema 問題 ｜ idioma 言語 ｜ planeta 惑星 ｜ poema 詩 ｜ sistema 制度 ｜ tema テーマ

2.2.4.　「-o」の男性名詞と「-a」の女性名詞が意味的な対を成すことがある。

(i) 男性名詞が「木」、女性名詞が「果実」を表す。

男性名詞	女性名詞
naranjo オレンジの木	naranja オレンジの実
olivo オリーブの木	oliva オリーブの実
castaño 栗の木	castaña 栗の実
cerezo 桜の木	cereza サクランボ

(ii) 大きさの違いなどを区別する。

男性名詞	女性名詞	男性名詞	女性名詞
hoyo 穴	hoya 大きな穴	fruto 果実；結果	fruta 果物
cesto かご	cesta 大きなかご	banco 銀行	banca 銀行業界
bolso ハンドバッグ	bolsa 袋	huevo 卵	hueva 魚卵
huerto 菜園	huerta 畑	pimiento 唐辛子	pimienta コショウ

　barco（船）、barca（小舟）のように、女性名詞が小さい対象を表す場合もある。

2.2.5. 男性名詞に特徴的な語尾

(i) -aje：garaje ガレージ ｜ peaje 通行料

(ii) -án, -én, -ín, -ón, -ún：andén プラットホーム ｜ camión トラック

(iii) -ar, -er, -or：hogar 住まい ｜ taller 工場 ｜ amor 愛

　　（例外：flor〈花〉、labor〈労働〉は女性名詞）

(iv) -ate, -ete, -ote：tomate トマト ｜ billete 切符；紙幣

(v) -és, -ís：revés 逆 ｜ país 国

2.2.6. 女性名詞に特徴的な語尾

(i) -ción, -sión, -tión：información 情報 ｜ televisión テレビ ｜ cuestión 問題

(ii) -dad, -tad：ciudad 都市 ｜ lealtad 忠実

(iii) -ed：pared 壁 ｜ red 網 ｜ sed 渇き

(iv) -ez で終わる抽象名詞：idiotez 愚かさ ｜ vejez 老い

　（具象名詞はこの限りではない。pez〈魚〉は男性名詞。juez〈裁判官〉は性同形名詞）

(v) -ie：serie シリーズ ｜ superficie 表面（例外：pie〈足〉、tentempié〈間食〉は男性名詞）

(vi) -tud：actitud 態度 ｜ virtud 美徳

2.2.7. -e で終わる名詞は数多いが、上記の 2.2.5. と 2.2.6. 以外には明確な性の原則がない。

　男性名詞：aire 空気 ｜ golpe 打撃 ｜ puente 橋 ｜ viaje 旅行

　女性名詞：calle 街路 ｜ carne 肉 ｜ noche 夜 ｜ suerte 運 ｜ tarde 午後

2.2.8. 1 つの名詞が 2 つの性を持ち、異なる意味を表すことがある（同形異義の名詞）。

	男性名詞	女性名詞		男性名詞	女性名詞
capital	資本	首都	frente	正面	額
cólera	コレラ	怒り	orden	順序	命令
corte	切断	宮廷	parte	報告書	部分

mar（海）は一般には男性名詞だが、詩、海事用語では女性名詞。複数形では男性名詞のみ。

2.2.9. 1 つの名詞が意味に関係なく 2 つの性を持つことがある（性不定の名詞）。arte 芸術（ただし複数形では女性名詞のみ。bellas artes 美術、azúcar 砂糖、maratón マラソン（ただし複数形では女性名詞になる傾向が強い）。また、calor 暑さ、color 色 は男性名詞だが、古語では女性名詞で、現代でもしばしば女性名詞扱いする誤用が見られる。

2.3. 借用語の性

2.3.1. 借用語は男性名詞になることが多い。béisbol 野球 ｜ carné 身分証明書 ｜ escáner スキャナー ｜ karaoke カラオケ ｜ manga（日本の)漫画 ｜ mitin 集会 ｜ puzle パズル ｜ *sushi* 寿司 ｜ Me gusta mucho el manga japonés. 私は日本の漫画が大好きだ。

2.3.2. 自然の性別を持つ対象を表す名詞は、それに対応させることがある。*geisha*, gueisa（芸者）は女性名詞。fan（ファン）は性同形名詞。

2.3.3. 語尾の形、原語での性、意味などの影響で女性名詞になる場合もある。lasaña（ラザーニャ）、*pizza*（ピザ）。internet, Internet（インターネット）は女性名詞 red（網）の一種というところから女性名詞扱いだが、男性名詞としても使われる。

2.4. 名詞複合語の性

2.4.1. 名詞複合語（→第 2 章 2.7.2.）のうち、ハイフンを用いて表記するものと、分離して表記するものは、最初の単語が意味的な核であり、その性を引き継ぐ。たとえば hombre rana は「rana（蛙）のように水に潜る hombre（人）」であって、「人のような蛙」ではないから、hombre が意味的核であり、男性名詞扱いになる。

　男性名詞：hombre rana ダイバー ｜ perro policía 警察犬

女性名詞：coche cama 寝台車｜ empresa modelo モデル企業

2.4.2.　単一の単語として表記するものの性は次のようになる。

(i) 名詞と名詞、名詞と形容詞から成る名詞複合語は、必ずしも意味的な核の性を引き継がない。

①意味的な核の性を引き継ぐ例：男性名詞：mediodía 正午。女性名詞：bocacalle 通りの入口（boca〈入口〉も calle〈通り〉も女性名詞だが、boca の性を引き継いでいる）。

②引き継がない例：核は女性名詞、複合語は男性名詞：aguardiente 蒸留酒、altavoz 拡声器。核は女性名詞、複合語は性同形名詞：caradura ずうずうしい人｜ Paco es un caradura. パコはずうずうしい男だ。

(ii)「動詞＋名詞」型の名詞複合語は、道具、人間以外の生物を表すときは男性名詞、人間を表すときは性同形名詞。

男性名詞：abrelatas 缶切り｜ andarríos シギ｜ girasol ヒマワリ｜ paraguas 傘

性同形名詞：guardaespaldas 護衛｜ portavoz 報道官

3. 普通名詞の数

3.1. 総論

　普通名詞のうち、可算名詞は単数形と複数形を持つ。不可算名詞は単数形のみを持つ。→ 1.1.2. (iii)　不可算名詞が可算名詞としても用いられることがあり、その場合は複数形を持つ。また、さまざまな理由により複数形のみで用いられる名詞もある。

3.2. 複数形の作り方

3.2.1.　原則として、複数形は、母音で終わる語では単数形に -s を付けて作る。子音で終わる語では単数形に -es を付けて作る。しかし正書法上の変化をするもの、アクセント位置が変化するもの、単数形と複数形が同じ形（単複同形）のものなどの例外がある。借用語には例外が多い。

3.2.2.　母音で終わる語

(i) 原則：「＋ -s」

libro → libros 本｜ taxi → taxis タクシー｜ bebé → bebés 赤ん坊

(ii) -í, -ú で終わる語：「＋ -es」「＋ -s」のどちらも可（-es が推奨されるが、口語では -s が多用される）。

bisturí → bisturíes, bisturís（手術用）メス｜ bambú → bambúes, bambús 竹

3.2.3.　子音（-y を含む）で終わる語

(i) 原則：「＋ -es」

ciudad → ciudades 都市｜ bus → buses バス｜ ley → leyes 法律

(ii) 正書法上の変化をする語：pez → peces 魚

アクセント記号が必要になるもの：examen → exámenes 試験

アクセント記号が不要になるもの：estación → estaciones 駅

(iii) アクセント位置が次の音節に移る語

régimen → regímenes 制度｜ carácter → caracteres 特徴

(iv) 例外：-s, -x で終わり、かつ直前の母音がアクセントを持たない語は単複同形
atlas 地図帳｜ bíceps 二頭筋｜ lunes 月曜日｜ virus ウイルス｜ clímax 最高潮｜ fénix 不死鳥

3.2.4. 借用語の複数形

(i) 基本的には上記の 3.2.1. ～ 3.2.3. の規則に従う。
cruasán → cruasanes クロワッサン｜ sándwich → sándwiches サンドイッチ

(ii) 子音で終わるが「+ -s」となる場合が多い。
robot → robots ロボット｜ microchip → microchips マイクロチップ｜ cómic → cómics 漫画
なお、擬音語も同様。tictac → tictacs （時計の）チクタクという音 →第 16 章 2.3.5.

(iii) 規則的な形と例外的な形のどちらも用いられる場合がある。口語では規則的な形（次の例では clubes、filmes）が選ばれる傾向が強い。
club → clubs, clubes クラブ｜ film, filme → films, filmes フィルム

3.2.5. 名詞複合語の複数形

(i)「名詞＋名詞」から成る名詞複合語で、ハイフンを用いて表記するものと、分離して表記するものは、最初の名詞のみを複数形にする。
año luz → años luz 光年｜ buque escuela → buques escuela 練習船｜ coche cama → coches cama 寝台車
ただし第 2 の名詞も複数形にする場合もある。
palabra clave → palabras clave, palabras claves キーワード（どちらの形式も可）

(ii) 単一の単語として表記するものは、語末を複数形にする。
autoescuela → autoescuelas 運転教習所
-s で終わるものは単複同形。ciempiés ムカデ｜ espantapájaros かかし

3.3. 主に単数形で用いられる名詞

3.3.1. 不可算名詞は単数形でのみ用いられる。物質名詞、一部の抽象名詞などがこれに属する。 → 1.2.

(i) 物質名詞：①気体：aire 空気｜ humo 煙　②液体：café コーヒー｜ sangre 血　③粉、粒状の固体：arena 砂｜ harina 小麦粉　④不定形の固体：carne 肉｜ hierro 鉄｜ madera 木材　⑤その他：calor 熱｜ fuego 火｜ luz 光
En la guerra se derramó mucha **sangre**. その戦争ではおびただしい血が流された。｜ Con tan poca **luz** no se ve nada. こんなに暗くては何も見えない。

(ii) 一部の抽象名詞：①性質、状態：blancura 白さ｜ paz 平和｜ sed 渇き　②学問、芸術、思想：biología 生物学｜ música 音楽｜ idealismo 理想主義　③その他：norte 北｜ tiempo 時間

(iii) 抽象名詞の中には可算名詞に属するものもある。aspecto 様相｜ gana 欲望｜ grupo 集団｜ docena ダース｜ Hay que evaluar los **aspectos** positivos del proyecto. その企画のさまざまな長所を評価すべきだ。｜ Tengo muchas **ganas** de verlo. 私はぜひそれを見たい。

3.3.2. 物質名詞の数量を表すときは単位の名詞を添える。

una gota de agua 水 1 滴｜ dos barras de pan フランスパン 2 本｜ tres tazas de té 紅茶 3 杯｜

cuatro pastillas de medicina 薬 4 錠

3.3.3. 物質名詞が可算名詞として用いられる場合がある。

(i) 単位が容易に推測できる場合。Tráiganos dos **cafés**. （飲食店で）私たちにコーヒーを 2 杯お願いします。（dos tazas de café〈コーヒー 2 杯〉の略）

(ii) 物質の種類、性質を意識した場合。En Chile producen diversos **vinos** de alta calidad. チリでは各種の高品質ワインが生産される。

3.3.4. 抽象名詞が可算名詞として用いられる場合がある。

(i) 種類、性質を意識した場合

No debemos basarnos en **esperanzas** y **suposiciones**, sino en **decisiones** realistas. 私たちは希望や想像ではなく現実的な決断に基づいて行動しなければならない。

(ii) 具体的な言葉、行動を指す場合

No pude denegarle algunos de los **favores**. 私は彼（女）のさまざまな頼みごとのうち、あるものを拒むことができなかった。

3.4. 主に複数形で用いられる名詞

3.4.1. 対になった対象を表すもの

gafas 眼鏡 | pantalones ズボン | tijeras はさみ

(i) これらの語では、対象が 1 つなのか複数なのかがあいまいになる。

Hay unos **pendientes** en la mesa. テーブルの上にイヤリングが {1 組／何組か} ある。

(ii) 対の片方を指すときは単数形を用いる。

Se me ha pegado un chicle en el **zapato**. 私の片方の靴底にガムがくっついた。

(iii) 最近は単数形で対を表す傾向が見られる。

Paco siempre lleva {puestos unos **pantalones** negros / puesto un **pantalón** negro}. パコはいつも黒いズボンをはいている。

3.4.2. 「複数」の意味を内包するものなど

afueras 郊外 | añicos 破片 | enseres 道具類 | entrañas 内臓 | tinieblas 暗闇 | víveres 食糧 | Vivo en las **afueras** de Barcelona. 私はバルセロナの郊外に住んでいる。（afueras は複数形だが、単一の場所を表す）

3.5. 単数形、複数形と意味

3.5.1. 単数形と複数形とで意味が異なる名詞がある。

bien 善 → bienes 財産 | curiosidad 好奇心 → curiosidades 骨董品 | gracia 恵み → gracias 感謝の言葉 | letra 文字 → letras 文学

3.5.2. 複数形を単数形とほぼ同じ意味で使うことができる名詞がある。

boda 結婚式：Asistí a {la **boda** / las **bodas**} de Lola y Paco. 私はロラとパコの結婚式に出席した。

Navidad クリスマス：¡Feliz **Navidad**! / ¡Felices **Navidades**! メリークリスマス！

3.5.3. 対象の全体を単数形が表し、それを構成する個体を複数形が表す場合がある。

Lola tiene el **pelo** rubio. ロラは金髪だ。 | Había unos **pelos** rubios en el lavabo. 洗面台に金髪が何本か落ちていた。

3.5.4.　(i) 集合名詞（→ 1.1.3 (iv)）は単数形で用いられる場合、対応する形容詞や動詞などは単数形になる。

Mañana volverá de veraneo toda su **familia**. 明日、彼（女）の家族は全員、避暑から戻ってくる。

(ii) ただし集合の個々の構成要素が意識される場合は複数形で呼応する。

Toda mi **familia** son hablantes de inglés. 私の家族は全員、英語が話せる。

(iii) 集合名詞は可算名詞なので、複数形にすることができる。

Muchas de las **familias** ricas poseen un chalé para pasar los veranos. 富裕な家族の多くは夏を過ごすための別荘を持っている。

(iv) 集合名詞的でない働きをする集合名詞もある。

Hay mucha **gente** en la plaza. 多くの人が広場にいる。（gente は集合名詞）｜ Las **gentes** de la sierra son muy trabajadoras. 山地の人々は非常に働き者だ。（gentes は単一の集合を表している）｜ Paco es buena **gente**. パコはいい人だ。（この gente は集合名詞ではない）

3.5.5.　対象物が総体では複数であっても、1 つずつ配分されている場合は、単数形で表す。

Levanten la **mano** los que están de acuerdo. 賛成の人は手（＝片手）をあげなさい。（「両手」の場合は las manos となる）｜ Nos pusimos el **sombrero** porque hacía mucho calor. とても暑かったので、私たちは帽子を被った。（文法的には「大きな 1 つの帽子を共有した」という解釈も可能だが、常識的な解釈が優先される）

3.6. 両性を含む集合の表現

3.6.1.　男性名詞と女性名詞の両方を含む集合は、男性名詞複数形で表す。

niño(s) 男の子（たち）＋ niña(s) 女の子（たち）＝ niños 子どもたち｜ padre 父＋ madre 母 ＝ padres 両親｜ rey 王＋ reina 王妃＝ reyes 王夫妻

3.6.2.　現代では社会の変化により、上記の文法規則が不公平だという主張が出され、さまざまな代替表現が見られる。ただしまだ完全に公認され、あるいは定着しているわけではない。なお、職業、肩書きなどを表す新たな女性名詞の誕生の傾向については → 2.1.6.

(i) 集合名詞：profesor(es) 男性教師（たち）＋ profesora(s) 女性教師（たち）＝ profesorado 教師一同

(ii)「男性複数形＋女性複数形」：¡Hola a **todos** y a **todas**! 皆さん、こんにちは！｜ Nuestro partido promete mejorar la vida de todos los **ciudadanos** y **ciudadanas** de España. 我が党はスペインの全国民の生活を改善することを約束する。

(iii) 書き言葉で文字 o を o/a、os を os/as と表記する。電子メールなどのくだけた文体では o を @, x, e で代替することがある。

alumno(s) 男子生徒（たち）＋ alumna(s) 女子生徒（たち）＝ alumnos/as, alumn@s, alumnxs, alumnes 生徒たち

4. 固有名詞の性、数

4.1. 総論

4.1.1.　スペイン語の固有名詞には、次のようなものがある。

①人などの名前 ………………………………	原則として冠詞を伴わない。	
②国、地方、都市など、人間が設けた地理的区分の名前 ………	定冠詞を含むもの、定冠詞を伴うことがあるものが存在する。	
③山、川、海など、自然の地理的区分の名前 …………	普通名詞とともに冠詞を伴う。	
④組織、施設、出来事などの名前 ……………………	同上。	

4.1.2.　固有名詞を表記する文字規則については → 第 1 章 8.

　　スペイン語では、国民や言語の名前は、「地域の名前からの派生語」（gentilicio）であることから、普通名詞とみなされ、頭文字は小文字で表す。

España スペイン → idioma español スペインの言語 → español スペイン語

この本では、国などの名前との関連性を明示するため、固有名詞とともに扱う。

4.1.3.　人間、動物、神のように、自然の性別を持つ、あるいは持つとされる対象を表す固有名詞は、それに応じて性が決められる。

　　それ以外の固有名詞の性は、語尾が -o のものは男性名詞、-a のものは女性名詞のような一般的な規則に従う傾向がある。また、属する集合を表す普通名詞の性を反映することがある。たとえば el Sena（セーヌ川）は río（圆川）に属するので男性形の定冠詞が付く。

4.1.4.　固有名詞の対象が単一の場合は単数形、複数個から成る場合は複数形を用いるのが原則である（monte Fuji 富士山、islas Galápagos ガラパゴス諸島）。ただし表現の必要上、例外もある。→ 4.2.1. (iv)

4.2. 人などの名前

4.2.1.　ファーストネーム

(i) 男性の名前は男性名詞、女性の名前は女性名詞の扱いになる。男性の名前と女性の名前が共通の語幹から成る場合と、そうでない場合がある。

　　共通の語幹から成るもの：Antonio / Antonia ｜ Juan / Juana

　　その他の男性の名前：Diego ｜ Javier ｜ Jesús ｜ Jorge

　　その他の女性の名前：Ana ｜ Carmen ｜ Isabel ｜ Teresa

　　Inés está contenta, pero Enrique está muy enfadado. イネスは満足そうだが、エンリケは非常に腹を立てている。

(ii) 2 語以上から成るファーストネームでは、最初の名が性別、性に対応する。

　　圐José Manuel ｜ José María ｜ Francisco de Borja（Borja は名の由来の聖フランシスコ・ボルハの姓）

　　図Ana Teresa ｜ María José ｜ María del Rocío（El Rocío は地名）

(iii) 愛称、略称も、自然の性別が性と対応する。

①縮小辞を用いたもの：圐 Pedro → Pedrito ｜図 Isabel → Isabelita

②その他：圐Enrique → Quique ｜ Gonzalo → Gon ｜ José → Pepe ｜ Francisco → Paco, Pancho ｜ Juan Manuel → Juanma ｜ 図María de los Dolores（悲しみの聖母）→ Lola, Lolita ｜ María Mercedes → Merche ｜ María Teresa → Maite

　　略称では、本来の名詞の性が表す人の性別と一致しないことがある。たとえば Francisco de Borja は男性の名前だが Borja と略される。María del Rocío は女性の名前

だが Rocío と略される。

Borja es madrileño y **Rocío** es andaluza. ボルハはマドリード出身で、ロシオはアンダルシア出身だ。

(iv) ファーストネームは基本的に単数形だが、複数形も可能である。

Hay muchos **Manolos** en esta clase. この学級にはマノロという名前の生徒が多い。

4.2.2. 姓

(i) 姓はさまざまな方法で作られる。

①「-ez」型：Fernández｜Gómez｜González｜López｜Rodríguez。元来は「Fernando の息子＝Fernández」のように一代限りの呼称だったが、子孫にも受け継がれるようになった。

②職業：Herrero 鍛冶職人｜Pastor 牧童｜Sastre 仕立て職人

③地理：Bosque 森｜Campo 野原｜Peña 岩｜Villa 村

④特徴、出身：Rubio 金髪の｜Navarro ナバラ（Navarra）地方の

(ii) 姓は対象となる人の性別と数に呼応する。単複同形だが、王室などの名家の姓の複数形は -s, -es を付けた形となる。

la señorita Álvarez アルバレス令嬢｜los señores Pérez ペレス夫妻｜los Castro カストロ一族｜los Borbones ブルボン家

(iii) 氏名は「ファーストネーム＋第1姓＋第2姓」の順で表される。かつては第1姓は父方、第2姓は母方とされていたが、現在では順序は自由である。

Gabriel José　　　García　Márquez
ファーストネーム　第1姓　第2姓

　また、かつては結婚した女性の氏名は「＋ de ＋夫の姓」を付ける習慣があった（Julia López de Iglesias）が、現在では夫婦別姓が普通になっている。

4.2.3. 人名が普通名詞化することがある。→ 第7章 4.2.2.

Ese chico es un **donjuán**. あの男はドン・フアン（don Juan 女たらし）だ。｜El marqués tiene dos **Picassos**. その侯爵はピカソの絵を2枚所蔵している。

4.2.4. 動物の名を表す固有名詞の性も性別に呼応する。日本語の「ポチ」「タマ」と同様、典型的な名が存在する。

犬：圐Bruno｜Fido｜Sultán　囡Luna

猫：圐Misifú　囡Pelusa

4.2.5. 神などの名を表す固有名詞の性も性別に呼応する。同名の天体もそれを引き継ぐ。

圐Marte マルス神、火星｜Mercurio メルクリウス神、水星｜Júpiter ユピテル神、木星｜Orión オリオン神、オリオン座｜Jesucristo イエスキリスト｜Satanás サタン

囡Venus ウェヌス（ヴィーナス）神、金星｜Casiopea カシオペア神、カシオペア座

普通名詞と同名の天体は普通名詞の性を引き継ぐ。

圐Sol 太陽　囡Luna 月｜Tierra 地球

4.3. 人間が設けた地理的区分の名前

4.3.1. 国、国の集合

　地名を表す固有名詞の性は慣習的に決まっている。-a で終わる名は女性名詞になる

ことが多い。

(i) 定冠詞が国名の一部となっているもの：El Salvador エルサルバドル

(ii) 任意で定冠詞を伴うもの。最近は無冠詞で用いられることが多い：圐(el) Canadá カナダ｜(el) Japón 日本｜(el) Perú ペルー｜囡(la) Argentina アルゼンチン｜(la) India インド

(iii) 普通名詞を基にした国、国の集合：圐(los) Estados Unidos de América アメリカ合衆国｜(los) Países Bajos オランダ｜(el) Reino Unido 連合王国；イギリス　囡(la) República Dominicana ドミニカ共和国｜(la) Unión Europea 欧州連合

　　これらは定冠詞なしで用いる傾向が優勢。また、Estados Unidos のように複数形で表す名称でも単一の国家を指す場合は、呼応する動詞は単数形になる。

Estados Unidos es líder mundial en la disminución del consumo de tabaco. 米国は世界に率先して煙草消費の削減を実践している。

(iv) 無冠詞のもの：圐Brasil ブラジル｜Ecuador エクアドル｜Egipto エジプト｜Portugal ポルトガル｜囡Alemania ドイツ｜Bolivia ボリビア｜China 中国｜Francia フランス｜Inglaterra イングランド：イギリス｜Nueva Zelanda ニュージーランド｜Suiza スイス｜**Ecuador** es el mayor exportador de plátanos de Sudamérica. エクアドルは南米第一のバナナ輸出国だ。｜**Bolivia** es rica en biodiversidad. ボリビアは生物の多様性が豊かだ。

4.3.2. 地方、都市

(i) 定冠詞が地名の一部となっているもの：Los Ángeles ロサンゼルス｜El Cairo カイロ｜La Paz ラパス｜Las Vegas ラスベガス

(ii) 無冠詞のもの：圐 Londres ロンドン｜Madrid マドリード｜París パリ｜囡 Andalucía アンダルシア｜Ciudad de México メキシコシティ｜España スペイン｜Nueva York ニューヨーク｜Soy de **Ciudad del Cabo**. 私はケープタウンの出身だ。（× Soy de la Ciudad del Cabo. は誤り）｜**Buenos Aires** tiene forma de pentágono. ブエノスアイレスは五角形の形をしている。（Buenos Aires は形の上では複数形だが、単一の地域を表すので、動詞は単数形で呼応する）

(iii) 本来は無冠詞の名称でも、限定を伴う場合は冠詞を伴う。

Estudio la **España** del Siglo de Oro. 私は黄金世紀のスペインを研究している。｜Me gusta el ambiente del viejo **Madrid**. 私はマドリードの旧市街が好きだ。｜{El bello / La bella} **Toledo** tiene un gran encanto. 美しいトレドは素晴らしい魅力を持っている。（男性名詞だが、ciudad〈囡都市〉であることを意識した場合、女性形の呼応ができる）

4.3.3. 市街

(i) 全体で固有名詞となるもの：囡Ciudad Universitaria 大学都市｜囡Gran Vía グランビア大通り

(ii) 普通名詞を伴うもの：圐barrio de Santa Cruz サンタクルス地区｜囡avenida Benito Juárez ベニト・フアレス大通り｜囡calle Mayor マヨール通り｜囡plaza de Colón コロン広場

4.3.4. 国民、「～の人」

　　国や地域を表す固有名詞から派生した形容詞と同形。普通名詞として扱われる。男女単複の4つの形を持つものと、単複の2つの形を持つものがある。

(i) 「-o, -a, -os, -as」型：Italia イタリア→ italiano, italiana, italianos, italianas イタリア人男性単数形、女性単数形、男性複数形、女性複数形｜Madrid マドリード→ madrileño, -a, -os,

-as マドリードの住民；マドリード出身者

(ii) 「男性形＋ -a → 女性形」型：Japón 日本 → japonés, japonesa, japoneses, japonesas 日本人 ｜ Andalucía アンダルシア → andaluz, andaluza, andaluces, andaluzas アンダルシア人

(iii) 性同形名詞：Bélgica ベルギー → belga, belgas ベルギー人 ｜ Londres ロンドン → londinense, londinenses ロンドンの住民：ロンドン出身者

(iv) 対応する国や地域の名称とは大きく異なる形式、または全く別の語から派生した形式が用いられることがある。

Dinamarca デンマーク → danés, danesa, daneses, danesas ｜ Valladolid バリャドリード → vallisoletano, -a, -os, -as ｜ San Sebastián サン・セバスティアン → donostiarra, -as ｜ Buenos Aires ブエノスアイレス → bonaerense, -s / porteño, -a, -os, -as

(v) 同名の地名と区別するため、異なる形式を用いることがある。

Santiago de Compostela（スペイン）サンティアゴ・デ・コンポステラ → santiagués, santiaguesa, santiagueses, santiaguesas ｜ Santiago（チリ）サンティアゴ → santiaguino, -a, -os, -as

(vi) 両性を含む集合の表し方については → 3.6.

4.3.5. 言語

言語の名称は、国民、「〜の人」の名称の男性単数形で表す。普通名詞として扱われる。
español スペイン語 ｜ gallego ガリシア語 ｜ japonés 日本語 ｜ quechua ケチュア語

「〜語を話す」は無冠詞で表す。「話す」と言語名の間に副詞類が入るときは定冠詞が付くことがある。 → 第 7 章 5.1.3. (ii)

Hanako habla **español** con fluidez. 花子はスペイン語を流暢に話す。 ｜ Hablo un poco de **catalán**. 私はカタルーニャ語を少し話せる。 ｜ Paco habla muy bien (el) **japonés**. パコは日本語をとても上手に話す。

4.4. 自然の地理的区分の名前

4.4.1. 山、川、海などの名前を表す固有名詞は、対象が属する集合を表す普通名詞の性、数を引き継ぐことが多い。誤解がない場合は普通名詞を省略できる。普通名詞が固有名詞の一部となる場合もある。 囡Costa Brava コスタ・ブラバ海岸

4.4.2. 大陸：圀Antártida 南極 ｜ 囡América del Norte 北アメリカ ｜ América del Sur 南アメリカ ｜ África アフリカ ｜ Asia アジア ｜ Europa ヨーロッパ、Oceanía オセアニア África, Asia が定冠詞を伴う場合は el を用いる。 → 第 7 章 3.

En el **Asia** oriental destacan tres religiones. 東アジアには 3 つの大きな宗教がある。

4.4.3. 陸地：圀cabo de Trafalgar トラファルガル岬 ｜ istmo de Panamá パナマ地峡 ｜ 囡Costa del Sol コスタ・デル・ソル海岸 ｜ (isla de) Mallorca マリョルカ島 ｜ (islas) Canarias カナリア諸島 ｜ península de Yucatán ユカタン半島

4.4.4. 山：圀(monte) Everest エベレスト山 ｜ (montes) Alpes アルプス山脈 ｜ 囡cordillera Cantábrica カンタブリア山脈 ｜ Montañas Rocosas ロッキー山脈 ｜ Sierra Madre シエラ・マドレ山脈

4.4.5. 平野、盆地、谷：圀(desierto de) Gobi ゴビ砂漠 ｜ valle de México メキシコ盆地 ｜ valle de Roncal ロンカル渓谷 ｜ 囡llanura de Kanto 関東平野 ｜ Pampa パンパ大平原

4.4.6.　海：男(océano) Atlántico 大西洋｜(océano) Índico インド洋｜(océano) Pacífico 太平洋｜(mar) Mediterráneo 地中海｜mar Rojo 紅海｜golfo Pérsico ペルシア湾｜estrecho de Gibraltar ジブラルタル海峡｜canal de la Mancha ドーバー海峡　女bahía de Ise 伊勢湾｜Rías Altas リアス・アルタス沿岸（Rías も固有名詞の一部）

4.4.7.　川、湖沼：男(río) Támesis テムズ川｜(río) Amazonas アマゾン川｜(lago) Victoria ビクトリア湖｜(salar de) Uyuni ウユニ塩湖　女(río de) la Plata ラプラタ川｜(cataratas del) Niágara ナイアガラの滝

4.5. 組織、施設、出来事などの名前

4.5.1.　組織、制度：男 Acuerdo General sobre Aranceles Aduaneros y Comercio 関税及び貿易に関する一般協定、GATT｜Código Civil 民法　女Organización de las Naciones Unidas 国際連合

4.5.2.　施設：男Museo del Prado プラド美術館｜estadio Santiago Bernabéu サンティアゴ・ベルナベウ競技場　女Casa Blanca ホワイトハウス｜Universidad Autónoma de Barcelona バルセロナ自治大学

4.5.3.　出来事、祝祭、その他：男 Día Internacional de la Mujer 国際女性デー｜Juegos Olímpicos オリンピック競技大会｜Premio Nobel de la Paz ノーベル平和賞｜Renacimiento ルネサンス　女 Edad de Piedra 石器時代｜Revolución Industrial 産業革命｜Segunda Guerra Mundial 第二次世界大戦（segunda guerra mundial も可）｜Semana Santa 聖週間

5. 名詞の働き

5.1. 本来の働き
名詞はさまざまな文の要素（→ 第 3 章）の核として働く。
主語：Los **niños** juegan en el jardín. 子どもたちが庭で遊んでいる。
直接目的語：Vimos esa **película** ayer. 私たちは昨日、その映画を見た。
間接目的語：Lola pidió ayuda a su **hermano**. ロラは兄に助けを求めた。
主格補語：Rita es una **chica** encantadora. リタはすばらしい女性だ。
目的格補語：La nombraron **presidenta** de la empresa. 彼女はその会社の社長に任命された。
前置詞の目的語：Paco no está en **casa**. パコは留守だ。
呼びかけ語：**Rita**, ¿cómo estás? リタ、元気？

5.2. 他の品詞的な働き
　時を表す名詞、名詞句は前置詞なしで状況補語として用いることができる。名詞の副詞的用法であるとも言える。
El señor Pérez vuelve **el lunes** de París. ペレス氏は月曜日にパリから戻ってくる。｜Se conocieron **el año pasado** en una fiesta. 彼らは昨年、あるパーティーで知り合った。

6. 他の品詞、不定詞句、節の名詞的用法

6.1. 他の品詞の名詞的用法

6.1.1. 他の品詞が文の中で名詞のような働きをすることができる。→第 6 章 3.2.、第 7 章 3.、4.

形容詞の名詞化：vecino 隣の → 隣人 ｜ ancho 広い → 幅

定冠詞を伴って：Las nuevas ideas han cambiado radicalmente el **para qué** de las obras de arte. 新しい考え方によって芸術作品の目的は一変した。(疑問詞句 para qué 〈何のために〉 の名詞化)

不定冠詞を伴って：El espacio se divide en un **dentro** y un **fuera**. 空間は内部と表面とに区分できる。(副詞 dentro 〈中で〉、fuera 〈外で〉 の名詞化)

複数形で：Mi voto deshizo el empate entre los **síes** y los **noes**. 私の投票によって賛成派と反対派の均衡が崩れた。(間投詞 sí 〈はい〉、no 〈いいえ〉 の名詞化)

6.1.2. 中性冠詞 lo による名詞化

＋形容詞：Estos animales viven en **lo alto** de las montañas. これらの動物は山の高いところに住んでいる。

＋所有代名詞：lo mío 私のもの

＋副詞：lo lejos 遠い所

＋過去分詞：lo ocurrido 出来事

6.2. 不定詞句、節の名詞的用法

6.2.1. 不定詞、不定詞句は名詞のような働きをすることができる。→ 第 19 章 4.2.

El **saber** no ocupa lugar. (ことわざ) 知識はいくらあっても困らない。(定冠詞を伴い主語 として働いている) ｜ Los empleados pidieron {**cobrar el paro**/una bonificación extra-ordinaria}. 従業員たちは {失業手当の支給／特別手当} を要求した。(不定詞句が名詞句と 同じように直接目的語として働いている)

6.2.2. 名詞節は名詞と同じような働きをする。→ 第 4 章 1.2.2.

Espero {**que llegues pronto** / tu pronta llegada}. 私は {君が早く着くこと／君の早い到着を} 期待している。

第**6**章　形容詞

1. 総論

1.1. 定義
　形容詞は、名詞、代名詞や名詞的な働きをする語句（以下、「名詞類」と呼ぶ）の表す意味を補足、または限定する単語であり、原則として性、数の変化をして、対応する名詞類と性数一致する。男性単数形が基本形である。文の中で名詞類の修飾語、主格補語、目的格補語として働く。形容詞が他の品詞的な働きをすることもある。また、他の品詞や句、節が形容詞的に働くこともある。

1.2. 形容詞の種類
1.2.1.　形容詞は次のように分類することができる。

形容詞
（adjetivo）
- 普通形容詞（adjetivo común）
  - 品質形容詞（adjetivo calificativo）
  - 分類形容詞（adjetivo relacional）
- 限定形容詞（adjetivo determinativo）

1.2.2.　普通形容詞は、名詞類の表す意味を補足する。un libro **interesante**（1 冊の面白い本）の interesante は「どのような libro か」という情報を libro に補足している。

1.2.3.　普通形容詞のうち、名詞類の性質や状態を表すものを品質形容詞と言う。grande 大きい｜ contento 満足した
　muy（非常に）のような程度副詞を付けたり、比較級、最上級を作ったりすることができる。muy **interesante** 非常に面白い｜ más **interesante** もっと面白い

1.2.4.　普通形容詞のうち、名詞類がどのような部類に属するかを示すものを分類形容詞と言う。nacional 国家の｜ bancario 銀行の
　「de ＋名詞」と言い換えることができる。muy（非常に）のような程度副詞を付けたり、比較級、最上級を作ったりすることはできない。
cuenta **bancaria** ＝ cuenta del banco 銀行口座
× muy **bancario**（「非常に銀行の」は意味的に不可）
× más **nacional**（「もっと国家の」は意味的に不可）

1.2.5.　同一の形容詞が品質形容詞としても、分類形容詞としても働くことがある。

品質形容詞として	分類形容詞として
voluntad **férrea** 鉄のような意志	línea **férrea** 鉄道
gesto **humano** 人間味のある仕草	derechos **humanos** 人権

1.2.6.　限定形容詞は、名詞類の意味を限定する。次のように分類される。これらは別の章で、同種の他品詞とともに扱う。例を 1 つずつ記す。
所有形容詞（adjetivo posesivo）mi 私の　→ 第 9 章
指示形容詞（adjetivo demostrativo）este この　→ 第 8 章

不定形容詞（adjetivo indefinido）alguno 何かの 　　→ 第 11 章
否定形容詞（adjetivo negativo）ninguno 何の〜もない →第 11 章
疑問形容詞（adjetivo interrogativo）qué 何の 　　　→ 第 12 章
関係形容詞（adjetivo relativo）cuyo 〜の 　　　　　→ 第 12 章
数形容詞（adjetivo numeral）dos 2つの 　　　　　　→ 第 10 章

2. 形容詞の形

2.1. 形容詞の性、数

2.1.1. 形容詞は、①性、数の変化をするもの、②性の変化はなく、数だけが変化するもの、③無変化のものに分けられる。必要に応じて正書法上の変化を伴う。

2.1.2. 性、数の変化をするもの。4 種類の形態（男性単数形、女性単数形、男性複数形、女性複数形）を持つ。

(i) 「-o, -a, -os, -as」型

男・単	女・単	男・複	女・複	
alto	alta	altos	altas	高い
bajo	baja	bajos	bajas	低い

(ii) 「-o 以外の語尾, -a, -es, -as」型
　この部類には、多くの地名形容詞（gentilicio）が含まれる。人間に関する形容詞が多い。

男・単	女・単	男・複	女・複	
español	española	españoles	españolas	スペインの
francés	francesa	franceses	francesas	フランスの
trabajador	trabajadora	trabajadores	trabajadoras	働き者の
holgazán	holgazana	holgazanes	holgazanas	怠け者の

2.1.3. 数の変化をするもの。2 種類の形態（単数形、複数形）を持つ。

(i) 「-o 以外の母音語尾, -s」型

単	複	
alegre	alegres	陽気な
agrícola	agrícolas	農業の

(ii) 「子音語尾, -es」型

単	複	
azul	azules	青い
común	comunes	共通の

2.1.4. 無変化のもの。単複同形となる。gratis 無料の ｜ antitabaco 喫煙反対の ｜ depre 気落ちした（depresivo の短縮形）｜ unisex 男女共用の（借用語）

2.2. 語尾が脱落する形容詞

2.2.1. 特定の条件で語尾が脱落する形容詞がある。限定形容詞の語尾脱落については → 第 10 章 2.1.、同 3.1.、第 11 章 1.～ 4.

2.2.2. 男性単数形の名詞類の前で -o が脱落する形容詞がある。

bueno 良い→ buen ｜ malo 悪い→ mal ｜ mal tiempo 悪天候 ｜ un buen primer paso 順調な第一歩

2.2.3. grande（大きい）は単数形の名詞類の前で -de が脱落する。

una **gran** hazaña ある偉業 ｜ un **gran** primer plano 大きなクローズアップ画面
ただし他の形容詞とともに名詞を修飾するときは、-de の脱落が起こらないこともある。
En el suelo había una {**gran / grande**} y negra mancha. 床に大きな黒いしみがあった。

2.2.4. santo（聖なる）は、男性の聖者の名前の前では -to が脱落する。

san Pedro 聖ペテロ 　比較 **santa** María 聖マリア
ただし To-, Do- で始まる名前の前では脱落が起こらない。
santo Tomás 聖トマス ｜ **santo** Domingo 聖ドミニクス

2.3. 性数一致（対応する名詞類が 1 つの場合）

2.3.1. 性数の変化をする形容詞は、対応する名詞類と性数一致する。形容詞が 2 つ以上用いられる場合は、それぞれが性数の一致をおこなう。

unas **pequeñas** nubes blancas いくつかの小さな白い雲 ｜ Toda la gente debe ser **amable** con las personas de otras culturas. 人は皆、異文化の人々に親切でなければならない。｜ Paco la notó muy **rara**. パコは彼女の様子が大変異様なことに気がついた。
なお、文法的な性よりも自然の性別を優先することがある。
Su Majestad parece estar **cansado**. 陛下はお疲れのご様子だ。（majestad は女性名詞だが、指す対象が男性ならば、形容詞は男性形）

2.3.2. ハイフンを用いた形容詞複合語（→第 2 章 2.7.3.）では、性数の変化をする最後の形容詞だけが性数一致をおこない、その他は男性単数形になる。

guerra **ruso-japonesa** 日露戦争 ｜ relaciones **político-económicas** 政治経済関係

2.3.3. 名詞類が複数形であっても、形容詞がその一部のみと対応する場合は、形容詞は単数形になる。

los presidentes **argentino** y **brasileño** アルゼンチンの大統領とブラジルの大統領（= el presidente **argentino** y el presidente **brasileño**）

2.3.4. 形容詞が中性の代名詞、不定詞句、名詞節と対応する場合は、基本形である男性単数形になる。

Esto es muy **raro**. これは非常に奇妙だ。 ｜ Es **necesario** hacerlo inmediatamente. ただちにそれをすることが必要だ。 ｜ Está **claro** que todavía existe ese peligro. その危険が今なお存在していることは明らかだ。

2.4. 性数一致（対応する名詞類が 2 つ以上の場合）

2.4.1. 名詞類の性が同一のとき、形容詞はその性と一致し、複数形になる。

La madre y la hija se quedaron **contentas** con la nueva casa. 母親と娘は新居に満足した。

｜ lengua y literatura japonesas 日本語と日本文学　比較 lengua y literatura japonesa（日本語日本文学）も可（lengua y literatura を単一の構成要素と見なす場合）。

2.4.2.　名詞類の性が一致しないとき、原則として、形容詞は男性複数形になる。

Quiero vender mis camisetas y mi abrigo **viejos**. 私は私の古いＴシャツとコートを売りたい。｜ No había ni una tienda ni un restaurante **abiertos**. 開いている店やレストランは１軒もなかった。｜ Ese señor y esas señoras son todos **españoles**. その男性とそれらの女性はみなスペイン人だ。

ただし時には、形容詞が最も近い名詞類の性数と一致することもある。

Paco posee talento y habilidad {**extremos**/**extrema**}. パコは並外れた才能と腕前の持ち主だ。

2.4.3.「形容詞＋名詞類」という語順で名詞類を修飾するときは、最も近い名詞類の性数と一致する。

esas **frescas** rosas y claveles それらのみずみずしいバラとカーネーション

3. 形容詞の働き

3.1. 形容詞の本来の働き

3.1.1.　形容詞の主な働きは、次の３つである。

(i) 名詞類の修飾語として働く。原則として、普通形容詞は名詞類の後に置かれるが、前に置く場合もある。una casa **bonita** / una **bonita** casa（１軒の美しい家）。その順序については → 4.

(ii) 主格補語（→ 第 3 章 6.）として働く。Lola es **lista**. ロラは利口な女性だ。｜ Lola está **lista**. ロラは準備ができている。｜ Las niñas llegaron a casa **cansadas**. 少女たちは疲れた様子で帰宅した。　連結動詞 ser, estar との関係については → 第 20 章 2.1.

(iii) 目的格補語（→ 第 3 章 7.）として働く。La encontré **pálida**. 私は彼女が青ざめているのに気がついた。

3.1.2.　また、次のような形式を作ることができる。

(i) 前置詞の目的語として働くことがある。¡Hola!, ¿qué hay de **nuevo**? —No hay nada de **particular**. やあ！ 何か変わったことがありますか？ ──特に何もありません。

(ii)「形容詞＋ de ＋名詞」：un joven **ancho** de hombros 肩幅の広い若者（= un joven de hombros **anchos**）

(iii)「（冠詞＋）形容詞＋ de ＋名詞・代名詞」：el **tonto** de Paco 愚かなパコ｜ ¡**Pobre** de ella! 可哀そうな彼女！

(iv)「形容詞＋ de ＋不定詞」（難易文 → 第 21 章 5.3.1.）：「〜しにくい」「〜しやすい」などを表す。difícil（難しい）、fácil（簡単な）、imposible（不可能な）などが用いられる。主語は不定詞の意味上の直接目的語である。不定詞は能動態になる。

Esta teoría me es **difícil** de entender. この理論は私には分かりにくい。｜ Aquí tienes un libro **fácil** de leer. ここに読みやすい本がありますよ。｜ Es una historia **larga** de contar. それは話せば長くなる話だ。

ただし digno（〜にふさわしい）は、受動態のほうが一般的である。

Lola es **digna** de ser respetada. ロラは尊敬されるに足る人だ。

(v)「a la ＋形容詞女性単数形」で「～式の、～流に」を表す。la の後に manera（方法）が含意されている。la receta a la **española** スペイン風レシピ｜ A la **larga**, este plan nos beneficiará a todos. 長い目で見るとこの計画は私たちみんなのためになるだろう。

3.1.3.　形容詞が前置詞句を従える場合、どの前置詞が用いられるかは形容詞によって決まっている。

「＋ a」：propenso ～の傾向がある、similar ～と似た

Esta situación actual es **similar** a la de hace una década. この現状は 10 年前の状況と似ている。

「＋ con」：amable ～に親切な、crítico ～に批判的な

「＋ de」：capaz ～できる、lleno ～でいっぱいの

「＋ en」：especializado ～を専門とする、rico ～が豊富な

「＋ para」：apropiado ～に適した、suficiente ～に十分な

「＋ por」：curioso ～に好奇心を持つ、loco ～に夢中な

3.1.4.　名詞類の修飾語（→ 3.1.1. (i)）としてのみ働く形容詞がある。これらは名詞類に前置される。llamado いわゆる｜ mero 単なる｜ pleno 完全な

una **mera** ocurrencia 単なる思いつき（× una ocurrencia mera は誤り。× Esta ocurrencia es mera.〈この思いつきは単なるだ〉は意味を成さない）

3.2. 形容詞の他の品詞的な働き

3.2.1.　名詞的な働き

(i) 形容詞は名詞に転じることがある。vecino（形容詞「隣の」）：Paco vive en una ciudad **vecina** mía. パコは私の隣町に住んでいる。→（名詞「隣人」）：Los **vecinos** hablan de Paco. 近所の人々がパコの噂をしている。　[比較] 修飾される名詞が省略されている場合は、形容詞の働きが維持されている。Me gustan más los perros grandes que los **pequeños**. 私は小型犬より大型犬のほうが好きだ。（pequeños は名詞ではなく形容詞）

(ii)「lo ＋形容詞」は名詞の働きをする。lo **útil**（役に立つこと；役に立つもの）

3.2.2.　副詞的な働き

(i) 男性単数形で副詞のように状況補語として働くことがある。Lola corre muy **rápido**. ロラはとても速く走る。｜ Las golondrinas vuelan **alto**. ツバメたちが高く飛ぶ。　[比較] Las niñas viven **contentas**.（少女たちは幸せそうに暮らしている）では形容詞 contento が女性複数形になる。ここでは contentas は副詞ではなく、las niñas と viven をともに修飾する主格補語だから性数の一致が必要になる。→ 3.1.1. (ii)

(ii)「前置詞＋形容詞」で状況補語が作られる。a **oscuras** 暗闇で｜ en **general** 一般に｜ por **último** 最後に

4. 名詞類を修飾する形容詞の位置

4.1. 総論

形容詞の位置は、その種類によって異なる。

4.1.1.　品質形容詞：原則として名詞類に後置されるが、前置される場合もある。

4.1.2. 分類形容詞：名詞類に後置される。

universidad **privada** 私立大学（× privada universidad は誤り）｜ parque **temático** テーマパーク（× temático parque は誤り）

4.1.3. 限定形容詞：所有形容詞は名詞類に前置される形態と後置される形態がある。その他の限定形容詞は、原則として前置される。→ 1.2.6.

4.2. 形容詞と名詞類の位置関係

4.2.1. 品質形容詞は、多くの場合、名詞類に後置されるのが一般的である。特に話し言葉でその傾向が著しい。前置は、何らかの表現効果を加味したいときにおこなわれ、文語的な響きがある。

(i) 後置：対象を他の対象から、客観的に区別しようとするとき。

¿Ves la torre **alta** que consta de tres pisos? 3 階建ての高い塔が見えますか？

(ii) 前置：対象の特徴を主観的に表し強調しようとするとき。他の対象との区別はあまり意識されない。

¡Cómo me gustaba ver aquella **alta** torre cuando era niña! 私は幼いころ、あのそびえたつ塔を見るのが大好きだった。

4.2.2. 次の場合は前置される。

(i) 比喩的な用法は、形容詞の主観的な意味が強いため前置。

alta tecnología ハイテク（alto が物理的な高さではなく、技術水準の高さを表している）｜ Quisiera invitarte a una **pequeña** fiesta. 君をささやかなパーティーに招待したい。

比較 un objeto **pequeño** 小さな物体

(ii) 敬意表現、固有名詞に付ける表現は、主観的であり、また、他の対象との区別を表すわけではないので前置。

mi **querido** amigo わが親愛なる友｜ la **hermosa** Lola 美しいロラ｜ el **imponente** Everest 威風堂々たるエベレスト山

(iii) 本来的な特性を表すときは、他との区別を表すわけではないので前置。

la **blanca** nieve 白い雪｜ las **mansas** ovejas おとなしい羊

(iv) 名詞類の修飾語としてのみ働く形容詞は、常に前置される。→ 3.1.4.

4.2.3. 後置と前置で意味が異なる形容詞

(i) 後置と前置でかなり意味が変わる形容詞がある。＊は限定形容詞的な働きをしている。

cierto	（後置）確かな （前置）或る＊	una noticia **cierta** 確かな知らせ una **cierta** noticia 或る知らせ
grande	（後置）大きな （前置）偉大な	una mujer **grande** 大柄な女性 una **gran** mujer 偉大な女性
medio	（後置）半ば＊ （前置）平均的な	tamaño **medio** 中くらいの大きさ **media** sonrisa うす笑い
nuevo	（後置）新しい （前置）新たな	la casa **nueva** 新築の家 la **nueva** casa 今度住む家

107

pobre	（後置）貧しい	una niña **pobre** 貧しい少女
	（前置）哀れな	una **pobre** niña 哀れな少女
semejante	（後置）似た	dos cosas **semejantes** 2 つの似た物
	（前置）そのような *	**semejante** cosa そのようなこと
único	（後置）ユニークな	una pieza **única** ユニークな作品
	（前置）唯一の *	la **única** pieza 唯一の作品
viejo	（後置）古い	un amigo **viejo** 年取った友人
	（前置）古くからの	un **viejo** amigo 旧友

(ii) bueno（良い）、malo（悪い）は、良し悪しという主観的判断を表すので前置が基本だが、後置される場合もある。→ 4.4.1.

Buenos días. おはよう。 | Hace **mal** tiempo. 悪い天気だ。 | un **buen** cocinero 腕のいい料理人 | un **mal** músico 下手な音楽家 | un músico **malo** 性格の悪い音楽家（後置されると、才能ではなく人間性の良し悪しを指すことがある）

4.3. 形容詞どうしの位置関係

4.3.1. ある名詞類を修飾する形容詞が 2 つ以上ある場合は、原則として、名詞類に意味的に緊密な関係にあるものを近くに、そうでないものを遠くに置く。また、なるべく短いものを前に、長いものを後ろに置く。

4.3.2. 等位修飾の場合

(i) 2 つ以上の形容詞が y（そして）、pero（しかし）、o（または）のような等位接続詞（→ 第14 章 2.）で対等な関係で結ばれて名詞類を修飾することを「等位修飾」と言う。形容詞句が長くなるので、名詞類に後置されることが多い。

Paco es un chico **pálido**, **alto** y **delgado**. パコは色白で、背が高く、ほっそりした青年だ。 | Era una tarea **dura** pero **interesante**. それは骨が折れるが興味深い仕事だった。

(ii) 前置すると文語的なニュアンスが出る。

Los músicos nos animaron con su **alegre** y **sabroso** ritmo. 音楽家たちはその陽気ですばらしいリズムで私たちを楽しませてくれた。

(iii) 品質形容詞と分類形容詞が混在することはない。

× un pueblo andaluz y hermoso（アンダルシアの、そして美しい村）は誤り。分類形容詞andaluz と品質形容詞 hermoso は異質なので等位修飾ができない。

(iv) これらの規則は、名詞修飾以外の用法にも当てはまる。

Su voz era **hermosa** y muy **fuerte**. 彼（女）の声は美しくてとても力強かった。

(v) 名詞類を前後からはさんで修飾することもある。前置されるのは品質形容詞に限る。前置された形容詞には、主観的な意味合いが強まるなどの表現効果が加味される。→ 4.2.1.

un **horroroso** ruido **insoportable** 恐ろしい耐え難い騒音（〇 un ruido **horroroso** e **insoportable** も可）

4.3.3.　多重修飾

(i) ある形容詞が名詞類を修飾した形式を、別の形容詞がさらに修飾することを「多重修飾」と言う。この形式では、品質形容詞と分類形容詞を併用できる。「名詞類＋分類形容詞＋品質形容詞」という順序が一般的である。

un político **británico conservador** 保守的な英国人政治家（político británico を conservador が修飾している。británico は分類形容詞。conservador は品質形容詞。△ un político conservador británico という順序はあまり好まれない）

(ii)「品質形容詞＋名詞類＋分類形容詞」のように、名詞類を前後からはさんで修飾することもある。前置された品質形容詞には、主観的な意味合いが強まるといった表現効果が加味される。→ 4.2.1.

una **hermosa** iglesia **románica** 美しいロマネスク様式の教会（iglesia románica を hermosa が修飾している。○ una iglesia **románica hermosa** も可）

4.4. 形容詞と他の要素との位置関係

4.4.1.　形容詞が副詞、前置詞句などの修飾を伴う場合は、後置されることが多い。

un muy **buen** cocinero / un cocinero muy **bueno** 非常に腕のいい料理人（bueno は前置が基本の形容詞だが、この場合は後置も可）｜ una sonrisa un poco **entristecida** 少し悲しそうな微笑（× una un poco entristecida sonrisa は誤り）｜ una decisión **importante** en todo sentido あらゆる意味で重要な決断（× una importante en todo sentido decisión は誤り）

4.4.2.　形容詞以外の修飾語句がある場合、次の3通りの配列のうち、もっとも無理のないものが選ばれる。

(i)「形容詞＋名詞＋その他の修飾語」

(ii)「名詞＋形容詞＋その他の修飾語」

(iii)「名詞＋その他の修飾語＋形容詞」

「信じられない量の黄金」: (i) una **increíble** cantidad de oro、(ii) una cantidad **increíble** de oro、(iii) una cantidad de oro **increíble** のすべての配列が可能。

「高い管制塔」: (i) una **alta** torre de control のみ可。(ii) × una torre alta de control は、torre de control という成句を分断するので不適。(iii) × la torre de control alta は、直近の男性名詞 control との性の不一致のため不適。

「経済的な観点」: (iii) el punto de vista **económico** のみ可。直近の女性名詞 vista との性の不一致が生じるが、económico は分類形容詞として働くので前置できない。→ 4.1.2.

5. 形容詞の比較級、最上級

5.1. 総論

5.1.1.　2つの事柄を比較する形式を「比較級」（grado comparativo）、3つ以上の事柄の中の最も顕著なものを示す形式などを「最上級」（grado superlativo）と言う。比較級、最上級は、形容詞のうち、品質形容詞にのみ見られる。分類形容詞には見られない（→ 1.2.4.）。また、副詞の比較級、最上級については → 第 15 章 5.

5.1.2.　比較級には次の3つの形式がある。

(i) 優等比較級：事柄 A が事柄 B よりも或る点でまさっていることを表す。

(ii) 劣等比較級：A が B よりも或る点で劣っていることを表す。

(iii) 同等比較級：A と B が或る点で同等であることを表す。

5.1.3. 最上級には次の 2 つの形式がある。

(i) 相対最上級：事柄 A、B、C…の中で、或る点で A が最もまさっている、または劣っていることを表す。

(ii) 絶対最上級：A が或る点で際立っていることを表す。他の事柄との比較をするのではなく、単に「非常に〜である」ことを意味する。

5.2. 比較級の形態

5.2.1. 規則形は、形容詞の前に más, menos, tan を付けて作る。

優等比較級	más... que	Lola es **más alta** que Paco. ロラはパコより背が高い。
劣等比較級	menos... que	Paco es **menos alto** que Lola. パコはロラより背が高くない。
同等比較級	tan... como	Rita es **tan alta** como Lola. リタはロラと同じくらい背が高い。

5.2.2. 次の形容詞は不規則な比較級を持つ。

元の形（原級）		優等比較級	同等比較級
bueno, -a, -os, -as	良い	mejor, -es	—
malo, -a, -os, -as	悪い	peor, -es	—
grande, -s	大きい	mayor, -es	—
pequeño, -a, -os, -as	小さい	menor, -es	—
mucho, -a, -os, -as	たくさんの	más	tanto, -a, -os, -as
poco, -a, -os, -as	少ない	menos	—

Estas máquinas son **mejores** que aquellas. これらの機械はあれらより優れている。｜ Paco tiene **más** dinero que José. パコはホセよりお金をたくさん持っている。

5.2.3. bueno, malo は規則形（más bueno など）で用いられることもある。主に人間の性質の善悪を表す。

Pepe es **más bueno** que tú y que yo. ペペは君や私よりも善人だ。

5.2.4. grande, pequeño は規則形も用いられる。主に物理的な大小を表す。一方、mayor, menor は抽象的な大小、年齢の上下を表す。

Mi hermano **menor** es **más alto** y **más grande** que yo. 弟は私より背が高く大きい。｜ Ese enfermo debe ser tratado con **mayor** cuidado. その病人はもっと注意深く扱う必要がある。｜ La Luna es **más pequeña** que la Tierra. / La Luna tiene **menor** tamaño que la Tierra. 月は地球より小さい。｜ Kioto es **más grande** que Nueva York pero tiene **menos** habitantes. 京都はニューヨークより面積が大きいが、人口は少ない。

5.2.5. mayor, menor は比較級とは別に、それぞれ「成人の；高齢の」、「未成年の」を表すこともある。

Don José es muy **mayor**. ホセさんは非常に高齢だ。

5.2.6. mucho の同等比較級は tanto という不規則形になる。

Paco no lee **tantos** libros como Lola. パコはロラほど多くの本を読まない。（× tan muchos は誤り）

5.2.7. 名詞類を修飾するとき、原則として、規則形の比較級は名詞類に後置される。不規則形の比較級は原則として前置される。→ 5.3.5.

Hay problemas **más importantes** que este. これよりもっと大切な問題が他にある。（△ más importantes problemas は一般的ではない）｜ Trato de dedicar **menos** tiempo al trabajo para tener más tiempo con la familia. 私は家族との時間をより長く過ごすために仕事の時間を短くしようとしている。（× tiempo menos, tiempo más は誤り）

5.3. 比較級の働き

5.3.1. 比較する事柄は、名詞類、前置詞句、状況補語（→ 第 3 章 8.）、述語などである。

El amor es **más fuerte** que el odio. 愛は憎しみに勝る。｜ No hay **más** remedio que hacerlo. そうするより他に方法はない。(名詞と不定詞句は名詞類の一種)｜ Ahora soy **más feliz** que antes. 私は今、以前より幸せだ。｜ Este problema no es **tan sencillo** como parece. この問題は見かけほど簡単ではない。（述語 es sencillo と parece [sencillo] を比較）

5.3.2. 比較する事柄が形容詞の場合もある。

Paco es **más testarudo** que ignorante. パコは無知というよりは頑固だ。｜ Este perro es **tan fiel** como valiente. この犬は忠実であると同時に勇敢だ。

5.3.3. 比較する事柄は、文中の働きが同一でなければならない。

A mí me dan **más** ganas de hacerlo que a ti. 君よりも私のほうがそれをしたい。（a mí と a ti はともに間接目的語として働く前置詞句。× A mí me dan **más** ganas de hacerlo que tú. は誤り）｜ Paco tiene ahora **tantos** amigos como tú a tu edad. パコには今、君の同年齢のころと同じくらい多くの友達がいる。（Paco と tú、ahora と a tu edad を比較）

5.3.4. 次の場合は「más... de」「menos... de」という形式を用いる。

(i) 比較される第 2 項が数量のとき。

Paco tiene **más** de veinte años. パコは 20 歳を超えている。｜ La entrada cuesta **menos** de cincuenta euros. 入場料は 50 ユーロもしない。

(ii) 比較される第 2 項が「lo ＋形容詞」、または lo que で始まる関係節のとき。

Lola dejó la olla unos minutos **más** de lo necesario. ロラは鍋を必要な時間より数分長く放置してしまった。｜ El problema es **más fácil** de lo que crees. その問題は君が思っているより易しい。　比較 Tengo **más** libros que los que hay en una biblioteca normal. 私は普通の図書館にあるよりも多くの本を所蔵している。（比較される第 2 項は関係節だが lo que で始まる形式ではないので × Tengo más libros de... は誤り）

5.3.5. 比較の程度を表す語句は比較級の形容詞に前置する。

A veces los niños son **mucho** más prudentes que los adultos. 時には子どもたちのほうが大人よりずっと賢明だ。（この文では mucho は副詞なので不変化。× muchos más prudentes は誤り）｜ El niño quiere **muchas** más galletas. その男の子はビスケットをもっとたくさん欲しがっている。（この文では mucho は形容詞なので galletas に性数一致する）

5.3.6. 比較級の形容詞を 2 つ以上用いる場合は、それぞれの形容詞に más, menos, tan を

付ける表現が好まれる。

Este diseño es **más elegante** y **(más) sofisticado** que el otro. このデザインはもう 1 つのものより優美で洗練されている。（かっこ内の más は省略できるが、あるほうがいい）

5.3.7.　比較される事柄を que に導かれる名詞節で表すとき、論理的には不要な no（「虚辞の否定」）を付けることがある。→ 第 11 章 5.7.

Es **mejor** que vayas tú que **(no)** que vengan ellos. 彼らが来るより、君が行くほうがいい。(no を付けることで「que que」という形を防ぐ)

5.3.8.　本来的に比較を表す形容詞がある。前置詞 a をとる。superior a ～より優れている | inferior a ～より劣っている | anterior a ～より前の | posterior a ～より後の

Ese incremento es **superior** al del año pasado. その増加は昨年の増加を上回っている。

5.4. 相対最上級

5.4.1.　相対最上級は「定冠詞または所有形容詞＋比較級」で表すのが基本である。

Ese jugador es el **menos capacitado** de todo el equipo. その選手はチームの中で一番能力が劣る。 | Lola es **mi mejor** amiga. ロラは私の一番の親友だ。 | ¿Cuál es **la** ciudad con **más** población de Cuba? キューバで一番人口の多い都市はどこですか？ （この例のように、定冠詞 la が形容詞 más の直前にない場合もある）

5.4.2.　「～の中で」は次のように表す。

(i)「de ＋」：最も一般的な形。

¿Cuál es **la catarata más grande** del mundo? 世界で最も大きな滝はどこですか？ （× ... en el mundo は標準的ではない）

(ii)「en ＋」：時間を表すとき。

Es **la cifra más alta** en la historia humana. それは人類史上、最も高い数値だ。

(iii)「entre ＋」：高水準の事柄の中で特に抜きんでている事柄を表すとき。

Cervantes es **el más grande** entre los grandes escritores. セルバンテスは文豪たちの中でも特に偉大な文豪だ。

(iv) 関係節：「かつて見た中で」のような限定をするとき。関係節内の動詞は接続法になることがある。→ 第 18 章 3.3.4.

Han tomado **la aproximación más inteligente** que yo haya visto en este negocio. 彼らはこの取引において私が見た中で最も賢明なやり方をとった。

5.4.3.　「定冠詞＋比較級」が比較級を表す場合もある。

Aquí tienes dos naranjas. Coge **la más grande**. ここにオレンジが 2 つある。大きい方を取りなさい。 | Paco es **el mayor** de los dos hermanos. パコはその 2 人きょうだいの兄だ。

5.4.4.　最上級の形式を利用して、第 2 位以下の事柄を表すことができる。

Este es **el** segundo puente **más largo** de España. これはスペインで 2 番目に長い橋だ。

5.4.5.　比較級を用いて最上級の意味を表すことができる。

Ese guerrero fue **más fuerte** que nadie. その戦士は誰よりも強かった。 | Este ordenador procesa datos a **mayor** rapidez que cualquier máquina conocida hasta hoy. このコンピューターは今日までに知られているどんな機械よりも高速でデータを処理する。 | No hay nada **tan agradable** como la lectura. 読書ほど楽しいものはない。

5.5. 絶対最上級

5.5.1. 規則形

(i) 子音で終わるもの：＋ -ísimo

　fácil 容易な→ facilísimo きわめて容易な

(ii) 母音で終わるもの：母音を除いた形＋ -ísimo

　pequeño 小さい→ pequeñísimo きわめて小さい

5.5.2. 不規則形

(i) 正書法上の変化を伴うもの

　rico 豊かな→ riquísimo ｜ feliz 幸せな→ felicísimo

(ii) -ue → -o, -ie → -e の変化を伴うもの

　nuevo 新しい → novísimo ｜ ardiente 熱烈な → ardentísimo

(iii) -d-, -ci- が挿入されるもの

　fiel 忠実な→ fidelísimo ｜ joven 若い→ jovencísimo

(iv) -ble → -bilísimo

　amable 優しい → amabilísimo

(v) -érrimo となるもの

　célebre 有名な → celebérrimo ｜ pobre 貧しい → paupérrimo

(vi) 規則形と不規則形を持つもの

　bueno 良い → buenísimo, bonísimo（buenísimo が多用される。また óptimo も bueno の最上級と見なされる。→ 5.5.4.）

5.5.3. 絶対最上級は「非常に〜である」ことを意味する。

　¡Haces unas croquetas **riquísimas**! 君が作るコロッケは本当においしいねえ！｜ Este hotel es **buenísimo**. このホテルは非常に素晴らしい。

5.5.4. 本来的に絶対最上級を表す形容詞がある。óptimo 最良の ｜ pésimo 最悪の ｜ supremo 最高の ｜ ínfimo 最低の ｜ máximo 最大の ｜ mínimo 最小の。mínimo は「定冠詞 + más」を伴い、強い否定を表すことができる。

　El personal del hospital la trató con el **máximo** cuidado. 病院のスタッフは彼女を細心の注意を払って扱った。｜ La empresa garantiza las condiciones **óptimas** para la salud laboral. その会社は労働者の健康にとって最良の条件を保障している。｜ Las pérdidas financieras fueron **mínimas** a pesar de la crisis. 危機に陥っていたにもかかわらず財政の損失は最小にとどまった。｜ Paco no hizo el más **mínimo** esfuerzo. パコは何の努力もしなかった。

5.6. 比較級を用いた表現

5.6.1. 比較級を用いて次のような表現を作ることができる。→第 21 章 5.1.

5.6.2. 「tan... que」は「大変…なので〜だ」を表す。英語の「so... that」に相当する。

　Este café está **tan** caliente **que** no puedo tomarlo. このコーヒーは熱すぎて飲めない。　[比較] Este café está demasiado caliente para tomar. このコーヒーは飲むには熱すぎる。（英語の *too... to* 文に相当する。この場合は × tomarlo は誤り）｜ Me has contado esa historia **tantas** veces **que** me la sé de memoria. 君は私にその話を何度も聞かせてくれたので、私は暗記してしまった。

5.6.3.　「tal (...) que」は「大変な…なので〜だ」を表す。英語の「*such... that*」に相当する。
El cuadro era de **tal** belleza **que** me hipnotizó. その絵はすばらしく美しかったので、私はすっかりとりこになってしまった。｜ La belleza del cuadro era **tal que** me hipnotizó. その絵の美しさはすばらしいものだったので、私はすっかりとりこになってしまった。

5.6.4.　「no... tan... como」は「〜ほど…ではない」を表す。英語の「*not... so... as*」に相当する。
El trabajo **no** es **tan** duro **como** parece. その仕事は見かけほどきつくはない。｜ La entrada **no** cuesta **tanto como** ustedes imaginan. その入場券は、あなた方が思うほど高くはない。

5.6.5.　「tanto... como」は「…と同様〜も」を表す。英語の「*... as well as*」に相当する。
Tanto Lola **como** Paco están de acuerdo con tu opinión. ロラと同様パコも君の意見に賛成している。｜ La consulta se ofrece **tanto** en japonés **como** en español. 相談は日本語でもスペイン語でも受け付けている。

5.6.6.　「no... más que」は「〜に過ぎない、たった〜である」を表す。英語の「*no more than*」に相当する。
Esto **no** es **más que** el principio. これは事の始まりに過ぎない。｜ **No** tengo **más que** cincuenta euros. 私は 50 ユーロしか持っていない。（所持金は 50 ユーロ。それを「少ない」と判断している）　比較 No tengo más de cincuenta euros. 私は 50 ユーロ以上は持っていない。（「所持金は 50 ユーロか、それ以下」であることを述べている）

5.6.7.　「cuánto más... (tanto) más」は「…すればするほど〜である」を表す。英語の「*the* +比較級 ... *the* +比較級」に相当する。
Cuanto más pobre es una sociedad, **más** opulenta es su clase alta. 社会が貧しければ貧しいほど、その上流階級は豊かな暮らしをしている。｜ **Cuanta más** compañía, **tanto** mejor. 仲間が多ければ多いほど良い。

5.6.8.　「cada vez más」「cada vez menos」は「ますます〜になる」を表す。
El cambio es constante y **cada vez más** rápido. その変化は絶え間なく、しかもどんどん速くなる。｜ La gente dedica **cada vez menos** tiempo a meditar. 人々はじっくり考えることをますますしなくなっている。

5.6.9.　「(no...) ni más ni menos que」は「〜に他ならない」を表す。
Esta firma **(no)** es **ni más ni menos que** la de Picasso. このサインはピカソのものに他ならない。（「以上でも以下でもない」という否定表現なので no を伴うのが原則だが、成句化して no を省略することもある）

5.6.10.　「lo más... posible」「lo más... que + poder の定形」「tan... como sea posible」は「できるだけ…」を表す。英語の「*as... as... possible*」「*as... as... can*」などに相当する。
El Gobierno trabaja para que la población esté **lo más** segura **posible**. 政府は人々が可能な限り安心して暮らせるように努めている。
Esa es **la mejor** solución **posible**. それが考えられる最良の解決策だ。｜ El período de transición debe ser tan breve **como** sea **posible**. 移行の期間はできるだけ短くあるべきだ。

6. 他の品詞、不定詞句、節の形容詞的用法

6.1. 他の品詞の形容詞的用法

6.1.1. 　動詞が形容詞のように名詞を修飾することがある。

(i) 過去分詞：過去分詞は形容詞として働く動詞の形態である。一般の形容詞との共通点、
相違点については → 第 19 章 6.4.

(ii) 現在分詞：現在分詞にも、形容詞的な用法がある。→ 第 19 章 5.6.

6.1.2. 　前置詞句が名詞を修飾することがある。→ 第 13 章 1.2.3. (ii)
juramento **en falso** 虚偽の宣誓｜ vestido **de noche** イブニングドレス

6.2. 不定詞句、節の形容詞的用法

「que ＋不定詞句」（〜すべき）：Tengo una cosa **que confesarte**. 私は君に告白しておかな
ければならないことがある。
同格節 → 第 4 章 1.2.3.
関係節 → 第 4 章 1.2.4.、第 12 章 3.

第7章　冠詞

1. 総論

　冠詞 (artículo) は、名詞類（名詞および名詞に相当する働きをする語句）の前に置かれ、名詞類に対して何らかの限定をおこなう品詞である。定冠詞（artículo definido）と不定冠詞（artículo indefinido）の 2 種がある。どちらも性と数の変化をする。定冠詞には、男女・単複の組み合わせで生まれる 4 つの形の他に中性形 lo がある。不定冠詞には、男女・単複を組み合わせた 4 つの形があり、単数形は基数形容詞の 1 を表す語（→第 10 章 2.2.2.）と同じ形になる。文中で名詞類の前に冠詞が付かない場合（「無冠詞」）もある。

2. 定冠詞と不定冠詞の形、文中での位置

2.1. 冠詞の形

2.1.1.　定冠詞には次の 5 つの形、不定冠詞には次の 4 つの形がある。

		男性	女性	中性
定冠詞	単数	el	la	lo
	複数	los	las	—
不定冠詞	単数	un	una	—
	複数	unos	unas	—

2.1.2.　中性定冠詞を除いて、後続する名詞類の性・数と一致する。

el niño　その男の子　┃　**las** niñas　それらの女の子　┃　**una** casa　1 軒の家　┃　**unos** libros　数冊の本

2.2. 「el, un ＋女性名詞」

2.2.1.　アクセントのある /a/（文字表記では a, ha, á, há）で始まる女性名詞単数形の直前では、定冠詞 el、不定冠詞 un を用いる。

el agua　水　┃　**el** hambre　空腹

un haya　1 本のブナの木　┃　**un** área　1 つの地域

[比較] 次のイタリック体太字の場合は、上の規則に当てはまらないので、定冠詞 la, las、不定冠詞 una を用いる。

la arena　砂（/a/ で始まるが、アクセントを持たない）　┃　*las* hachas　それらの斧（複数形だから）　┃　*la* clara agua　澄んだ水（agua の直前ではないから）　┃　*una* amplia habitación　ある広い部屋（amplio, -a は形容詞だから）　┃　el agua salada y *la* dulce　塩水と真水（agua の前では el だが、agua が省略されると la になる）

2.2.2.　次の場合は、上記 2.2.1. の規則の対象外となる。

(i) 文字の名前。**la** hache　「h」という文字（= la letra hache）

(ii) 人間の女性を表す場合。**una** árabe　1 人のアラビア人女性　┃　**la** árbitra　女性審判　┃　**La** Ana de mi oficina se apellida López. 私の職場にいるアナの姓はロペスだ。（同名の別人との混同を避ける表現）　参考 古くからの慣例で、この限りでない語がある。**el** ama 女主人

2.3. 「a, de ＋定冠詞」

2.3.1. 「前置詞 a ＋定冠詞 el」は一体化して al となる。「前置詞 de ＋定冠詞 el」は一体化して del となる。

Vamos **al** Museo **del** Prado. プラド美術館に行きましょう。

2.3.2. el が固有名詞の一部である場合は、上記 2.3.1. の規則の対象外となる。

un viaje a El Cairo カイロへの旅行｜ el monasterio de **El** Escorial エル・エスコリアル修道院　参考 スペインで活躍したギリシア人画家 el Greco（エル・グレコ）の el は固有名詞の一部とはみなされない。la exposición **del** Greco エル・グレコ展（かつては × la exposición de El Greco が正しいとされたが、変更された）

2.3.3. del が連続して用いられることがある。文法的だが、避けたほうが好ましいとされる。

El público de la capital no es muy distinto **del del** resto del país. 首都の観衆は国のその他の地域の観衆と大して違いはない。（第 1 の del の直後の名詞を省略せず、El público de la capital no es muy distinto del público del resto del país. のように言うのが望ましい）

2.4. 冠詞の文中での位置

2.4.1. 一般に、冠詞は名詞句の先頭に置かれる。

una agradable melodía 或る心地よいメロディ｜ **el** sin par trabajo その比類なき働き
ただし todo（すべての）は冠詞の前に置かれる。todos **los** días 毎日

2.4.2. (i)「冠詞＋名詞類」が等位構造または並列構造を成すとき、冠詞は各名詞類に付ける。

Un mono, **un** perro y **un** faisán acompañaron al joven. サルとイヌとキジがその若者のお供をした。｜ El cuadro representa **el** Sol y **la** Luna. その絵は太陽と月を表している。

(ii) ただし、それらが単一の集合を成すときは、最初の冠詞以外は省略できる。

Los laboratorios, bibliotecas, aulas y sistemas audiovisuales son indispensables para nuestra investigación. その実験室、図書室、教室、音声映像機器は私たちの研究にとって欠かせない。

(iii) それらが対を成すときは、無冠詞になる。→ 5.

Los lazos entre padre e hijo son muy fuertes. 父と息子のきずなはとても強いものだ。

3. 定冠詞の働き

3.1. 基本的な働き

3.1.1. 定冠詞は、対応する名詞類の表す内容が既知情報であること、つまり名詞類が何を指すかについて、話し手と聞き手の間で了解がついていることを示す。それは名詞類が次のような物・事を表す場合であり、「その〜」「例の〜」と訳すことができる。

3.1.2. 先行文脈にすでに現れていて、特定できる物・事

Vi una exposición de bonsáis en el botánico. **Los** bonsáis estaban perfectamente cuidados. 私は植物園で盆栽の展示を見た。それらの盆栽は手入れが行き届いていた。 | Estuve escuchando {**la** música / música}. 私は {その音楽を／音楽を} 聞いていた。(定冠詞付き：どんな音楽か、聞き手も分かっている。／無冠詞：単に「音楽」と言うだけで、どんな音楽かは不明)

3.1.3. 文脈に初めて現れるが、修飾語句によって特定できる物・事

Esa es **la** casa de Paco. あれがパコの家だ。 | Devuélveme **el** libro que te dejé hace una semana. 1週間前に君に貸した本を返してくれ。

3.1.4. 発話の状況から特定できる事柄

¿Puedes abrir **la** ventana? 窓を開けてもらえますか？（どの窓のことか、聞き手にとって明らか）| ¡Adiós, hasta **el** lunes! さようなら、また月曜日に！（どの月曜日か、聞き手にとって明らか）

3.1.5. 総称

La ballena es un mamífero. / **Las** ballenas son mamíferos. クジラは哺乳類だ。 | El amor es una magia. 恋には魔力がある。

3.1.6. 唯一物

La Tierra gira alrededor **del** Sol. 地球は太陽の周りを回る。 | Me encanta **la** primavera. 私は春が大好きだ。

3.1.7. 主語、間接目的語などが表す者の身体部位 → 第 20 章 5.2.2.

Debemos lavarnos bien **las** manos. 私たちは手をよく洗わなければならない。 | Me duele **la** garganta. 私はのどが痛い。

3.1.8. 定冠詞がどの働きをしているのか、文脈や状況の助けがなければ区別できないことがある。

Tengo ganas de ir a **la** playa.（特定）私はあの浜辺に行きたい。／（総称）私は浜辺に行きたい。 | **Los** españoles son grandes aficionados al fútbol.（特定）そのスペイン人たちはサッカーが大好きだ。／（総称）スペイン人は皆、大のサッカー好きだ。

3.2. その他の働き

3.2.1. 「定冠詞＋名詞類」において、名詞類の一部が省略されることがある。

(i) 重複を避けるために名詞類の一部を省略する。

Dame el papel blanco y **el negro**. その白い紙と黒い紙を渡してくれ。(= ... y el papel negro.)

比較 Dame el papel blanco y negro. その白と黒の紙を渡してくれ。(1 枚の紙)

(ii) 省略の結果、定冠詞が代名詞のように働くことがある。

Mis gafas y **las de Pepe** son muy parecidas. 私の眼鏡とペペのそれとは、よく似ている。(= ...las gafas de Pepe...)

(iii) 省略の結果、定冠詞とそれに続く語が性・数の不一致を起こしているように見えることがある。

Lola es una tenista prometedora. Seguro que va a ser **la número uno**. ロラは有望なテニス選手だ。きっとナンバーワンになるだろう。(= ...la tenista número uno)

3.2.2. 他の品詞、句、節が名詞化するときに、定冠詞を伴うことがある。→第 5 章 6.

el alto 高さ｜ el atardecer 夕方｜ el contra 反対｜ la contra 困難：反革命派｜ el qué dirán
うわさ｜ **El que me digas eso ahora** me molesta mucho. 君が今ごろそんなことを私に言う
のは、私には大いに迷惑だ。

3.2.3. 定冠詞は原則として固有名詞には付かない。ただし次の場合はその限りではない。
→第 5 章 4.

(i) 定冠詞が固有名詞の一部となっている場合。または任意で定冠詞を伴う場合。

El Cairo カイロ｜ Las Vegas ラスベガス｜ (la) Argentina アルゼンチン

(ii) 固有名詞が修飾語によって限定される場合。人名に添える異名にも定冠詞が付く。

el viejo Madrid マドリード旧市街｜ la amable Eva 親切なエバ｜ Felipe el Hermoso 美男王
フェリペ｜ Iván el Tonto 愚か者のイワン

3.3. 中性冠詞 lo の働き

3.3.1. 「lo ＋さまざまな単語、句、節」（抽象名詞化）

　　lo はさまざまな単語や句、節の前に付いて、「〜なこと」「〜なもの」のように抽象
名詞化する。対応する形容詞は男性単数形となる。これが主語となる場合、動詞は 3 人
称単数形となる。

(i) 「lo ＋形容詞（男性単数形）」。

Lo correcto no es siempre **lo** bueno. 正しいことは必ずしも良いこととは限らない。｜ Hay
un convento en **lo** alto de ese cerro. その丘の高いところに修道院がある。

(ii) 「lo ＋過去分詞（男性単数形）」。

Lo pasado es pasado. No lo hablemos más. 済んだことは済んだことだ。それについてとや
かく言うのはよそう。｜ **Lo** escrito por el científico no es nada novedoso. その科学者によっ
て書かれている事柄は全く新味がない。

(iii) 「lo ＋副詞」。

Por **lo** tarde de la hora, decidí no llamarla por teléfono. もう遅い時刻だったので、私は彼女
に電話するのをやめた。

(iv) 「lo ＋具象名詞」。

¿No has visto a una mujer con un corte de pelo a **lo** hombre? 君は男性ふうの髪型をした女
性を見かけなかったか？

(v) 「lo de ＋名詞、句、節」。

¿Has oído **lo** de Lola? ¡Va a casarse con Paco! ロラのこと、聞いた？ パコと結婚するんだっ
て！｜ Retiro **lo** de que no los quiero. 私が彼らを好きではないと言ったのは、撤回する。

3.3.2. 「lo ＋形容詞・副詞 ＋ que」（感嘆表現）。この形式では、形容詞は性・数の変化をする。

¡**Lo** hermosas que eran aquellas flores! あの花々の美しかったことと言ったら！｜ Me di
cuenta de **lo** cerca que estuvo el enemigo. 私は敵がどれほど近くにいるかに気づいた。

3.3.3. 「lo ＋関係代名詞（que, cual）」。関係節を導く。→ 第 12 章 3.2.、同 3.4.

Lo que tienes que hacer, hazlo pronto. 君がしなければならないことは、早くやりなさい。｜
No dije nada, **lo** cual le hizo enfadar a Paco. 私は何も言わなかった。そのことがパコを怒ら
せた。

3.3.4. 「lo más ＋形容詞、副詞 ＋ posible」。「できるだけ〜」を表す。posible に代えて

「que + poder の活用形」も用いられる。→第 6 章 5.6.10.

Volveré **lo** más pronto posible. 私はできるだけ早く帰るつもりだ。| Acaricié el gato **lo** más suavemente que pude para no asustarlo. 私はその猫を驚かさないように、可能なかぎりそっと撫でた。

3.3.5. lo はいろいろな成句を作る。

a lo mejor ひょっとしたら | a lo largo de 〜にわたって | por lo menos 少なくとも | por lo tanto それゆえ

4. 不定冠詞の働き

4.1. 基本的な働き

4.1.1.　不定冠詞は、対応する名詞類の表す内容が新情報であること、つまり名詞類が何を指すかについて、聞き手は知らされていないことを示す。それは名詞類が次のような物・事を指す場合であり、「ある〜」「どれかの〜」「任意の〜」と訳すことができる。

4.1.2.　先行文脈に現われておらず、特定できない物・事。

Espérame aquí. Voy a traerte **un** regalo que compré ayer. ここでちょっと待っていて。君にきのう買ったプレゼントを持ってくるから。| Por fin he encontrado **una** solución al problema. ついに私はその問題の解決策を見つけた。

4.1.3.　話し手自身もはっきりとは特定していない物・事。

¿Hay **una** farmacia por aquí? この辺に薬局はありませんか？ | Sonaba **una** guitarra a lo lejos. 遠くでギターを弾く音がした。

4.2. その他の働き

4.2.1.　名詞類を強調し、「本当の、大変な」のようなニュアンスを生む。形容詞句を伴うことが多い。

¡Hace **un** calor...! なんという暑さだ！ | Lo que dijo era **una** mentira inmensa. 彼（女）が言ったことは真っ赤なうそだった。

4.2.2.　固有名詞を普通名詞化し、「〜のような」を表す。→第 5 章 4.2.3.

Es **un** donjuán. 彼はドン・フアン（don Juan）のような男だ。（= 彼は女たらしだ）| Me gustaría vivir en **una** ciudad cosmopolita, **un** París o **un** Londres. 私はパリやロンドンのような国際的な都会に暮らしたいと思っている。

4.3. 複数形の働き

4.3.1.　unos, unas は「いくつかの」「およそ」を表す。

Voy a pasar **unos** días en casa de mis abuelos. 私は祖父母の家で数日過ごす予定だ。| Aquí hay **unas** personas que hacen cola. ここに何人かの人が列を作っている。

4.3.2.　名詞が対を成す物・事を表す場合、unos, unas は「一対の」を表す。

Lola y Paco son **unos** esposos muy felices. ロラとパコはとても幸せな夫婦だ。| ¿Me dejas **unas** tijeras? はさみを 1 つ貸してくれないか。

4.4. 数詞、不定語との違い

4.4.1. 不定冠詞 un, una は、「1 つの」を表す基数形容詞と同じ形になる。「1 つの」という数の意識が明瞭な場合は数詞、そうでなければ不定冠詞とみなされる。

Estos documentos no caben en **un** cajón. これらの書類は1つの引き出しには収まりきらない。（un は数詞）| Estos documentos estaban en **un** cajón. これらの書類は或る引き出しに入っていた。（un は不定冠詞）

4.4.2. 不定冠詞、数詞のどちらにもとれる場合がある。

Voy a comprar **un** sombrero. 私は帽子を買いに行くつもりだ。（「任意の帽子」という意味なら不定冠詞。「帽子を1つ」という意味なら数詞）

4.4.3. 不定語の uno, -a, -os, -as については → 第 11 章 3.2.1.

5. 無冠詞の働き

5.1. 基本的な働き

5.1.1. (i) 無冠詞の普通名詞は、具体的な物・事ではなく、頭の中に思い描く概念を表す。
Ahorro dinero para comprar libros. 私は本を買うためにお金を貯めている。（どのような「本」か、具体的に述べていない） 比較 Ahorro dinero para comprar **los** libros. 私はそれらの本を買うためにお金を貯めている。（聞き手も知っている特定の本）| Ahorro dinero para comprar **unos** libros. 私は何冊かの本を買うためにお金を貯めている。（聞き手には未知だが実在する本）

(ii) 固有名詞は特定の指示対象を指すので、無冠詞が原則である。定冠詞、不定冠詞が付く場合については、→ 3.2.3.、4.2.3.、第 5 章 4.

(iii) 普通名詞が無冠詞になるかどうかは、文中でどのような要素として働くかが関係する。主語では無冠詞の使用範囲が限定されるが、直接目的語、前置詞の目的語、主格補語などでは無冠詞が広く用いられる。

5.1.2. 主語

(i) 再帰受動文（→ 第 20 章 5.6.3. (i)）、llegar（着く）、entrar（入る）、pasar（通る）、faltar（不足する）などの自動詞を用いた文で、「動詞＋主語」の語順のとき、無冠詞の主語が見られる。
Se vende pan. （当店では）パンを販売しています。（店頭の掲示など）| Cada día llegan camiones. 毎日、トラックがやって来る。 比較 × Camiones llegan. はまちがい。**Los** camiones llegan. / Llegan **los** camiones. は「例のトラックがやって来る」。**Unos** camiones llegan. / Llegan **unos** camiones. は「数台のトラックがやって来る」。

(ii) 前項のような場合を除いては無冠詞の主語は稀であり、具体的な物・事を指していない場合でも、何らかの限定を表す語を必要とする。
El hombre es mortal. 人間の命には限りがある。（× Hombre es mortal. は誤り）| No me gustan **los** gatos. 私は猫が嫌いだ。（特定の猫ではなく、猫一般について述べる場合でも × No me gustan gatos. は誤り）

5.1.3. 直接目的語

(i) 直接目的語が単に頭の中に思い描く概念を表すとき、無冠詞になる。

Quiero cerveza. ビールがほしい。　比較 Quiero **la** cerveza. {その・例の} ビールがほしい。｜
Quiero **una** cerveza. （飲食店で）ビールを 1 人前お願いします。（この場合の una は数詞）｜
Estoy escuchando música española. 私はスペイン音楽を聞いている。

(ii) 「hablar ＋言語」において言語名は原則として無冠詞になる。→ 第 5 章 4.3.5.

Hablo español e inglés. 私はスペイン語と英語を話す。

ただし hablar と言語の間に他の単語が入る場合は定冠詞を伴うことが多い。

Hablas muy bien **(el)** japonés. 君は日本語がとても上手ですね。

5.1.4.　間接目的語

無冠詞の間接目的語は稀であり、固有名詞に準じる場合などに限られる。

Voy a pedírselo a mamá. それをママに頼んでみよう。

5.1.5.　前置詞の目的語

(i) 前置詞の目的語が単に頭の中に思い描く概念を表すとき、無冠詞になる。

Se trata de niños extranjeros. それは外国人の子どもたちに関する問題だ。（総称的）　比較
Se trata de **los** niños extranjeros. それは例の外国人の子どもたちに関する問題だ。（特定の対象）

(ii) 多くの熟語で無冠詞になる。定冠詞を伴うことができるものもあるが、その場合は熟語ではなくなり、特定の対象について述べる表現になる。

de seda 絹製の ｜ en fin 結局 ｜ escribir a mano 手書きで書く ｜ ir a pie 徒歩で行く ｜ con cuidado 注意して ｜ llamar por teléfono 電話をかける ｜ por primera vez 初めて ｜ sin falta 必ず ｜ ir en tren 列車で行く　比較 ir en el tren その列車に乗って行く ｜ asistir a clase 授業に出席する　比較 asistir a la clase その授業に出席する ｜ ir a casa 帰宅する　比較 ir a la casa 或る家に行く ｜ estar en cama 病床にある　比較 estar en la cama ベッドの中にいる

5.1.6.　主格補語

(i) ser の主格補語（属辞）が職業、国籍などを表すとき、原則として無冠詞になる。

Es abogado. 彼は弁護士だ。 ｜ Es peruana. 彼女はペルー人だ。

(ii) 主格補語に修飾語句が付くときは、冠詞が必要になる。

Es **un** abogado con mucha experiencia. 彼は経験豊かな弁護士だ。｜ Es **la** peruana de quien te hablaba. 彼女は私が君に話したペルー人女性だ。

5.1.7.　目的格補語

目的格補語は無冠詞になることが多い。

Nombraron gerente a Paco. パコは支配人に任命された。 ｜ La considero persona de confianza. 私は彼女を信頼に足る人物だと考える。

5.1.8.　呼びかけ

呼びかけに用いられる名詞類は必ず無冠詞になる。

¿Cómo está usted, señor Gómez? ゴメスさん、ご機嫌いかがですか？ 比較 **El** señor Gómez está bien de salud. ゴメス氏は健康だ。

5.2. その他の働き

5.2.1.　列挙された名詞類、対になった名詞類は無冠詞になることがある。文頭の主語にも見られる。

(i) 意味的に同類の名詞を列挙するとき

Paco vende sus fotos a **periódicos**, **revistas**, **agencias** y **televisiones**. パコは自分が撮った写真を新聞、雑誌、通信社、テレビに売っている。｜ **Banqueros**, **políticos**, **hombres** de negocios y **burócratas** buscan soluciones al problema de la crisis económica. 銀行家、政治家、実業家、官僚たちは経済危機の問題解決策を模索している。

(ii) 意味的に対になった名詞類

Padre e **hijo** se reconciliaron al final. その父子は最後には和解した。｜ Es cuestión de **vida** o **muerte**. それは生きるか死ぬかの問題だ。

5.2.2. 説明的な同格の表現

Este libro, **regalo** de mi abuelo, es muy interesante. 祖父にもらったこの本はとても面白い。（este libro の特徴を説明している。este libro は唯一の regalo de mi abuelo ではない）
比較 Visité Roma, la Ciudad Eterna. 私は永遠の都ローマを訪れた。（Roma と Ciudad Eterna は対等の関係）

5.2.3. 簡潔な表現が望ましい場合には、しばしば無冠詞名詞が用いられる。

(i) ことわざ

En **boca** cerrada no entran **moscas**. 閉じた口にはハエは入らない。（ことわざ「口は災いの元」）｜ **Secreto** entre tres ya no lo es. 3 人の間での秘密はもはや秘密ではない。

(ii) 報道文の見出し。ラテンアメリカのスペイン語に顕著に見られる。

Aficionados del Real Madrid sin entrada podrán ver **partido** en pantallas gigantes 入場券を持たないレアル・マドリードのファンは巨大スクリーンで試合観戦できる（本来は Los aficionados... podrán ver el partido... とすべきところ）

第**8**章　指示詞

1. 総論

1.1. 指示詞の種類

　　指示詞（demostrativo）は、話し手のいる地点を基準にして、物を指し示す「現場指示」をおこなったり、文脈の中の物・事を指し示す「文脈指示」をおこなったりする単語である。指示詞には、形容詞として働く「指示形容詞」（adjetivo demostrativo）、代名詞として働く「指示代名詞」（pronombre demostrativo）、副詞として働く「指示副詞」（adverbio demostrativo）がある。

　　指示詞は「近称」「中称」「遠称」の3つに分けられる。遠称は、文語的な性格が強くて使用がやや少なく、通例は、近称と中称の対比が利用される。

　　指示形容詞は、「近称」「中称」「遠称」がそれぞれ男女・単複の形を持ち、全部で12の形を成す。指示代名詞は、指示形容詞と同じ形の12に、3つの中性形を加えた15の形を成す。指示副詞は、第1形式（aquí, ahí, allí）と第2形式（acá, allá）の計5形から成る。

1.2. 指示詞の働き
1.2.1.　現場指示

(i)「近称」は話し手のいる地点に近い対象、「中称」は話し手からやや遠い対象、「遠称」は話し手から非常に遠い対象を指す。日本語の「こ・そ・あ」とは異なり、聞き手から近いかどうかは、必ずしも基準にならない。従って、スペイン語の近称、中称、遠称は、「こ・そ・あ」とは対応しない場合がある。

　　Este libro es mío.（本を手に持って）この本は私のだ。｜ ¿Qué es **eso**?（話し手から少し離れた場所にあるものを指して。独りごとでも可）あれは何だ？｜ ¡Qué alta es **aquella** montaña! あの山はなんて高いのだろう！

(ii) 現場指示は、位置的な用法が基本だが、時間的な遠近を指すのにも用いられる。

　　La enferma está mejor **estos** días. その病気の女性は最近は体調がいい。｜ Todo empezó **aquella** tarde. ことの起こりはあの午後だった。

1.2.2.　文脈指示

(i)「近称」は現時点の発話から近い対象、「中称」はやや遠い対象、「遠称」は遠い対象を指す。従って、現場指示と同様、日本語の「こ・そ・あ」とは必ずしも対応しない。

　　Vamos a dejarlo. —¿Pero por qué me dices **esto** ahora? やめましょう。――でも今になってなぜそんなことを言うんだい？｜ ¿Estabas ocupado, dices? ¿De verdad te quedas tan tranquilo con **esa** excusa? 忙しかったって？ 君はそんな言い訳をしてほんとに平気でいられるのかい？｜ Tú sabías bien que **aquello** iba a ocurrir. 君はあの出来事が起きるだろうとよく承知していたはずだ。

(ii) 指示詞が指す対象は、現時点の発話より前の文脈に現われているのが普通だが、後の

文脈に現われる場合もある。

—Soy músico— y diciendo **esto**, Paco empezó a cantar.「ぼくは音楽家なんだ」。パコはこう言うと、歌い始めた。（指示対象は前の文脈にある） | Dígamoslo de **esta** manera: es ahora o nunca. こんなふうに言い換えてみよう、今しかチャンスはない、と。（指示対象は後の文脈にある）

2. 指示形容詞

2.1. 指示形容詞の形

	近称	中称	遠称
男性単数形	este	ese	aquel
女性単数形	esta	esa	aquella
男性複数形	estos	esos	aquellos
女性複数形	estas	esas	aquellas

　指示形容詞の性・数は、対応する名詞の性・数に呼応する。時に、アクセントのある /a/ で始まる女性名詞単数形の直前で男性単数形が用いられることがあるが、誤用とされている。→ 第 7 章 2.2.1.

× este aula この教室（正しくは○ esta aula）

2.2. 指示形容詞の働き

2.2.1.　近称、中称、遠称は、それぞれ日本語の「この」「その」「あの」に対応することが多いが、必ずしもそうではない。→ 1.2.

2.2.2.　「こ・そ・あ」に対応する例

¿Qué te parecen **estos** zapatos que estreno hoy? 今日初めて履くこの靴、どう？ | No pongas **esa** cara. 君、そんな顔をするな。 | ¿Ves **aquel** lago? あの湖が見えるかい？

2.2.3.　「こ・そ・あ」に対応しない例

(i) 近称は、話し手の近くに存在しない対象でも、心理的に身近に感じていれば用いることができる。

¿Quién es **esta** chica? （眼前から姿を消したばかりの女性を話題にして）あの女性は誰だったんですか？ | ¡Ya no puedo con **este** niño! （現場にはいない少年を話題にして）あの子には、もう我慢がならない！

(ii) 中称は、話し手だけでなく聞き手からも離れた対象も指すことができる。また、聞き手がいない場合でも用いることができる。

Mira **esa** nube. あの雲を見てごらん。 | ¿De quién será **ese** móvil? （独り言で）あの携帯電話は誰のものだろう？

(iii) 遠称は、話し手と聞き手の間で了解されていない初出の対象を指すことができる。

—Ya no soy niña —replicó Lola. En **aquel** momento Paco se dio cuenta de la belleza de sus ojos. 「私、もう子どもじゃないわ」とロラが抗弁した。その時パコは彼女の眼の美しさに気

づいた。

2.2.4.　普通名詞を修飾するのが一般的だが、固有名詞を修飾する場合もある。

¿Dónde queda **ese** "Edo"? その「江戸」とかいう所はどこにあるんですか？

2.3. 指示形容詞の語順

2.3.1.　「指示形容詞＋名詞」

(i) 基本語順は「指示形容詞＋名詞」である。この場合は、冠詞を伴うことはできない。todo（すべての）は指示形容詞の前に置かれる。名詞に前置されるその他の修飾語句は、指示形容詞の後に置かれる。

× la esta casa この家（正しくは○ esta casa）｜ todos esos libros それらすべての本｜aquellos dos grandes árboles あれらの 2 本の大木

(ii) 所有形容詞を伴う必要がある場合は後置形を用いるのが一般的である。前置形は文語的で古風な文体でのみ用いられる。

estas manos mías この私の両手（estas mis manos は文語的）

2.3.2.　「名詞＋指示形容詞」

(i) 指示形容詞を後置する場合は、必ず定冠詞を伴う。皮肉、軽蔑など、負の意味合いが加わることが多い。

¿Por qué no viene el individuo aquel? あいつはなぜ来ないんだ。｜ El reloj este que compré en el rastro funciona fatal. 蚤の市で買ったこのいまいましい時計は全然動かない。

(ii) 遠称を過去の回想に用いる場合は、負の意味はない。

¡Qué maravillosos eran los años aquellos! あの頃はなんと素晴らしかったことか！

3. 指示代名詞

3.1. 指示代名詞の形

	近称	中称	遠称
男性単数形	este	ese	aquel
女性単数形	esta	esa	aquella
男性複数形	estos	esos	aquellos
女性複数形	estas	esas	aquellas
中性形	esto	eso	aquello

　指示代名詞男性形、女性形の性・数は、対応する名詞の性・数に呼応する。かつて中性形以外は、指示形容詞との区別のためアクセント記号を付けて表記していた（éste, ése, aquél）が、この規則は 2010 年に廃止された。→ 第 1 章 6.3.4. (iv)

3.2. 指示代名詞の働き

3.2.1.　近称、中称、遠称は、それぞれ日本語の「これ」「それ」「あれ」に対応することが多いが、必ずしもそうではない。→ 1.2.

3.2.2. 「こ・そ・あ」に対応する例

¿Es **este** tu paraguas? —No, **ese** que está delante de ti. これが君の傘？ ──いいや、君の前にあるそれだよ。│ Prefiero **esta** chaqueta a **aquella** del escaparate. 私はこの上着のほうが、ショーウインドウのあれよりも気に入った。│ **Este** es el señor López.（人を紹介する場面で）こちらがロペスさんです。（ただしラテンアメリカでは、この形式は人間を物扱いしているように受け取られ、代わりに Él es el señor López. や Aquí tiene al señor López. などの表現が用いられることが多い）

3.2.3. 「こ・そ・あ」に対応しない例

Si alguna vez te encuentras en un barco y **este** se hunde, no tendrás que preocuparte. 君がもしいつか船に乗っていて、それが沈んでも、心配することはない。 │ Todo el mundo me mira por la calle y dice: «Mira, **esa** es la famosa actriz». 通りを歩くとみんなが私を見て「ごらん、あれが有名な俳優だよ」と言う。 │ Esta terapia es efectiva para **aquellos** que psicológicamente siguen siendo unos niños. この治療法は、心理的にはまだ子どものままの人々に有効である。

3.2.4. 文脈指示における「前者」には遠称、「後者」には近称を用いる。

Tengo que hablar con el abogado y la dueña de la casa. Con **esta** he quedado a las cuatro y con **aquel** a las cinco. 私は弁護士とも家主とも話さなければならない。後者とは 4 時に、前者とは 5 時に会う約束をしている。

3.3. 指示代名詞の中性形

3.3.1. 指示詞中性形は、男性名詞、女性名詞のどちらにも対応しない対象を指す場合に用いる。

3.3.2. 実体の分からない物を指すのに用いる。

¿Qué es **esto**? —**(Eso)** es una pluma. これは何ですか？ ── （それは）ペンです。（この場合 × Esa es una pluma. は誤り。esa は Esa (pluma) es mía.〈それ（＝そのペン）は私のです〉のように、何らかの名詞が含意されていなければ用いられない） [比較] Eso es mi pluma. それ（その物体）は、私のペンです。│ Esa es mi pluma. そのペンは、私のペンです。│ Lleva **esto** a la comisaría.（対象が何なのかを明らかにせずに）これを警察に届けなさい。

[参考] 実体の分からない複数個の対象を指す場合は、男性複数形を用いる。

¿Qué son **aquellos**? —**(Aquellos)** son ovejas. あれらは何ですか？ ── （あれらは）羊です。

3.3.3. 事態、出来事を指すのに用いる。

¿Quién ha hecho **esto**? 誰がこんなことをしたんだ？ │ Rita ya se fue. —¡**Eso** es mentira! リタはもう行ってしまった。──それはうそだ！ │ No hablemos de **aquello** de Madrid. マドリードでのあの出来事について話すのはよそう。

3.3.4. 中性形が人を指す場合もある。軽蔑、時には賞賛の意味合いが加わる。

Esto, más que un muchacho, parece un espantapájaros. こいつは若者と言うより、かかしにそっくりだ。（軽蔑） │ **Esto** es un jugador de verdad, no como otros. この男は他の選手とは違って、本物のプレーヤーだ。（賞賛）

4. 指示副詞

4.1. 指示副詞の形

	近称	中称	遠称
第 1 形式	aquí	ahí	allí
第 2 形式	acá	—	allá

第 1 形式は近称、中称、遠称の 3 つの形があるが、第 2 形式は近称と遠称しかない。

4.2. 第 1 形式の働き

4.2.1.　近称、中称、遠称は、それぞれ日本語の「ここに、ここで」「そこに、そこで」「あそこに、あそこで」に対応することが多いが、必ずしもそうではない。→ 1.2.

4.2.2.　「こ・そ・あ」に対応する例

No te quedes **ahí**. Ven **aquí**. そんなところにいないで、こっちに来なさい。｜ ¿Ves aquel edificio? Mi mujer trabaja **allí**. あの建物が見えるかい？ 私の妻はあそこで働いているんだ。

4.2.3.　「こ・そ・あ」に対応しない例

Dile que venga al mozo que está **ahí** en el jardín. あそこの庭にいる若者に、ここに来るように言いなさい。｜ Paco vivió en Barcelona y **allí** la conoció. パコはバルセロナに住んでいたことがあり、そこで彼女と知り合った。

4.2.4.　現場指示だけでなく、文脈指示の働きも持つ。

Ahí es cuando me enteré de la noticia. 私がその知らせを受けたのは、その時だった。（現場指示の時間用法）｜ La víctima no sabe hablar español. **Aquí** está la dificultad del caso. 被害者はスペイン語が話せない。これが、その事件の難しいところだ。（文脈指示）

4.2.5.　近称と遠称が対として用いられる。

Yo caminaba sin rumbo **aquí** y **allí**. 私は行く先を定めず、あちこち歩いた。

4.3. 第 2 形式の働き

4.3.1.　acá は「こちらの方へ、このあたりで」、allá は「あちらの方へ、あのあたりで」のように、漠然とした指示対象を表す。

Acá todo es más barato que en el centro. このあたりでは、都心部よりも物価が安い。｜ Los muchachos llegaron hasta **allá** caminando. 若者たちは徒歩であのあたりまで行った。

4.3.2.　ラテンアメリカでは、第 2 形式を第 1 形式と同じ意味で用いることが多い。この用法では英語の *here* と *there* の対立と同じく、近称と遠称のみの対立になる。

Bueno, **acá** tienes tu pasaporte. さあ、これが君のパスポートだよ。（スペインでは aquí）｜ Me gustaría ir a tu chalé. —Muy bien. Vamos **allá** este verano. 君の別荘に行きたいなあ。—いいとも。この夏、そこに行こう。（スペインでは allí）

第9章　人称代名詞、所有詞

1. 総論

1.1. 定義
　代名詞は、名詞、句、節で表される内容を、代わりに表す単語である。人称代名詞（pronombre personal）、所有代名詞（pronombre posesivo）、指示代名詞（pronombre demostrativo → 第8章）、不定代名詞（pronombre indefinido → 第11章）、疑問代名詞（pronombre interrogativo → 第12章）、関係代名詞（pronombre relativo → 第12章）などに分類される。この章では、人称代名詞と所有代名詞を扱う。
　また、所有形容詞（adjetivo posesivo）も、この章で扱う。所有代名詞と所有形容詞を「所有詞（posesivo）」と総称する。所有詞は、ある物、事の所有者、所属先を示す単語である。

1.2. 人称代名詞、所有詞の基本的な働き
　人称代名詞、所有詞は、指示詞と同じく、現場指示または文脈指示（→ 第8章 1.1.）をおこなう。指し示す対象は、現時点の発話より前の文脈に現われているのが普通だが、後の文脈に現われる場合もある。
Le dije a Pepe que viniera enseguida. 私はペペにすぐ来るようにと言った。（le〈彼に〉は a Pepe〈ペペに〉を指す。Pepe が前の文脈に現われていなくても可）｜ **Mientras su** esposa dormía, Paco se fue a pescar. 妻が眠っている間にパコは釣りに出かけた。（su〈彼の〉＝パコの）

2. 人称代名詞の種類と形

2.1. 系列、強勢代名詞、無強勢代名詞
2.1.1.　人称代名詞は、話し手、聞き手、それ以外の人、物、事を区別して表す代名詞である。格、人称、数、性の変化がある。ella（彼女が）、la（彼女を）、le（彼女に）、ella（彼女＋さまざまな前置詞格）のように同一の対象を表す代名詞のまとまりを「系列」と呼ぶことにする。以下では、格（caso）ごとに説明するが、格の境界を超えて同一の系列に関与する事柄は、「3. 主格人称代名詞」で扱う。
2.1.2.　強勢語か無強勢語かで、人称代名詞を次のように呼び分ける。
　　強勢代名詞（強勢語の人称代名詞）………主格、前置詞格、再帰前置詞格。
　　無強勢代名詞（無強勢語の人称代名詞）…直接目的格、間接目的格、再帰直接目的格、
　　　　　　　　　　　　　　　　　　　　　　再帰間接目的格。

2.2. 人称代名詞の格
2.2.1.　主格：主語などとして働く。強勢語。動詞の定形（→ 第17章 2.）と呼応する。
2.2.2.　直接目的格：直接目的語として働く。無強勢語。主格補語として働く lo も、便宜上、この部類に含めて扱われる。

2.2.3.　<u>間接目的格</u>：間接目的語として働く。出来事の影響を受ける者を表す働きもある。無強勢語。3 人称を除いて、直接目的格と同形である。

2.2.4.　<u>前置詞格</u>：前置詞の目的語として働く。強勢語。1 人称単数形、2 人称単数形を除いて、主格と同形である。

2.2.5.　<u>再帰格</u>：主語と同一対象を指す形。直接目的格、間接目的格（この 2 つは同形、無強勢語）、前置詞格（強勢語）がある。3 人称を除いて、一般の直接目的格、間接目的格、前置詞格と同形である。

2.3. 人称代名詞の人称

2.3.1.　<u>1 人称</u>：話し手、または話し手を含む集団を表す。

2.3.2.　<u>2 人称</u>：聞き手、または聞き手を含む集団を表す。

2.3.3.　<u>3 人称</u>：1 人称、2 人称以外の対象を表す。ただし、usted（あなた）、ustedes（あなた方）の系列は、聞き手、または聞き手を含む集団を表すが、3 人称として扱われる。これは、usted が vuestra merced（あなたの恵み）、ustedes が vuestras mercedes（あなた方の恵み）という名詞句から生まれたからであり、主格は 3 人称の動詞の定形と呼応し、直接目的格、間接目的格、および所有詞の対応形は 3 人称の他の形と同形になる。

2.4. 人称代名詞の数、性

2.4.1.　<u>数</u>：単数形と複数形。数の区別のない形もある。

2.4.2.　<u>性</u>：男性形、女性形、中性形。性の区別のない形もある。また、指示対象に男性名詞と女性名詞の両方が含まれる場合は、男性複数形が用いられる。

2.5. 人称代名詞の形（再帰格以外）

人称・数・性		主格	直接目的格	間接目的格	前置詞格
1 単	（私）	yo	me	me	mí
2 単	（君）	tú	te	te	ti
2 単	（君）	*vos*	*te*	*te*	*vos*
3 単 男	（彼）	él	lo (le)	le	él
女	（彼女）	ella	la	le	ella
中	（そのこと）	ello	lo	—	ello
男女	（あなた）	usted	lo (le), la (le)	le	usted
1 複 男	（私たち）	nosotros	nos	nos	nosotros
女	（私たち）	nosotras	nos	nos	nosotras
2 複 男	（君たち）	vosotros	os	os	vosotros
女	（君たち）	vosotras	os	os	vosotras
3 複 男	（彼ら）	ellos	los	les	ellos
女	（彼女ら）	ellas	las	les	ellas
男女	（あなた方）	ustedes	los, las	les	ustedes

＊１〜３：１〜３人称、単：単数形、複：複数形、男：男性形、女：女性形、中：中性形。
vos の系列はラテンアメリカの一部のみで使用される。→ 3.3.6. 「lo （le）」のように１
つの項目に２つ以上の形態が記されている箇所については → 4.2.2.

2.6. 人称代名詞の形（再帰格）

人称・数・性		再帰直接目的格	再帰間接目的格	再帰前置詞格
1 単	（私自身）	me	me	mí
2 単	（君自身）	te	te	ti
2 単	（君自身）	*te*	*te*	*vos*
3 単	（{彼、彼女、あなた}自身）	se	se	sí
1 複 男	（私たち自身）	nos	nos	nosotros
女	（私たち自身）	nos	nos	nosotras
2 複 男	（君たち自身）	os	os	vosotros
女	（君たち自身）	os	os	vosotras
3 複	（{彼ら、彼女ら、あなた方}自身）	se	se	sí

＊ vos の系列はラテンアメリカの一部のみで使用される。→ 3.3.6.

3. 主格人称代名詞

3.1. 主格人称代名詞と省略

3.1.1. 　主格人称代名詞は、主語として用いられる場合、特別な理由がないときは省略される。（→ 第 3 章 2.3.）必要がないのに用いると、誤解を生むことがある。

Mi hermana es enfermera y siempre está ocupada. 私の姉（妹）は看護師で、いつも多忙だ。
（△ Mi hermana es enfermera y **ella** siempre está ocupada. は「私の姉（妹）は看護師で、彼女〈私の姉（妹）とは別人〉はいつも多忙だ」という不自然な文になる）

3.1.2. 　次の場合は省略されない。

(i) 強調、対比のために用いる。

Ella trabaja y **yo** me quedo en casa con los niños. 彼女が働き、私は子どもたちと家にいる。

(ii) 明確にするために用いる。

En aquella época **yo** trabajaba en una fábrica. 当時、私は工場で働いていた。（直説法不完了過去形は 1 人称単数形と 3 人称単数形が同形なので、主語を明示することがある。他の時制でも同様）

(iii) usted, ustedes は、省略しないほうが丁寧に感じられる。

¿Desea **usted** llamarle un taxi? タクシーを呼びましょうか？

(iv) 主格人称代名詞を必ず伴う定型表現：ya decía **yo** だから私が言ったのに ｜ que **yo** sepa 私が知る限りでは ｜ **tú** dirás 遠慮なく言いなさい

131

3.2. 主格人称代名詞の働き

3.2.1. 主語として働く。

3.2.2. それ以外に、次のような働きがある。

(i) 比較の接続詞 que（〜よりも）の後で。Mi hija pronto será más alta que **yo**. 娘はまもなく私より背が高くなるだろう。

(ii) 主格補語として

El culpable eres **tú**. 悪いのは君だ。（ここでは ser は主格補語と呼応している）

(iii) 動詞のない文で

¿Quién es el último de la fila? —**Yo**. 行列の最後尾は誰ですか？ ──私です。| ¡Qué hambre tengo! —¿**Tú** también? ああ、おなかが空いた！ ──君もなの？

(iv) 前置詞などに後続する用法については → 6.4.

3.3. tú, vosotros, -as と usted, ustedes

3.3.1. tú, vosotros の系列は家族、友人など親しい相手に用いる。年上の相手にも用いることができる。

¡Hola, abuelito! ¿**Tú** por aquí? やあ、おじいちゃん。おじいちゃんがこんな所にいるなんて、どうしたの？

3.3.2. usted, ustedes の系列は初対面の人など、よそよそしい関係の相手に用いる。目上の相手や話し手と同等の相手に用いる場合は、日本語の敬語のような働きをする。目下の相手に用いることもできる。→ 第 21 章 8.1.1. (i)

Perdone, señor. ¿Podría **usted** decirme dónde está la estación? すみません。駅がどこにあるか、教えていただけませんか？ | —Prepare **usted** la cena, Rosa —dijo la señora a la asistenta.「ロサ、晩ご飯の仕度をしてちょうだい」と夫人は家政婦に言った。

3.3.3. もとは相手を usted で表す間柄であっても、親しくなると tú を用いる語法（tuteo）の間柄へと移行する。この移行は、一般に、スペインのほうがラテンアメリカより早い。現代のスペインでは、その傾向が強まり、学生から教師に、あるいは店員から客に対してのような場合でも tú, vosotros が用いられる傾向がある。

3.3.4. vosotros は聞き手が複数の男性、または複数の男女であることを表す。vosotras は女性だけの集団を表す。

Rita y Paco, **vosotros** sabréis lo que tenéis que hacer. リタとパコ、君たちは自分のすべきことが今に分かるだろう。

3.3.5. ラテンアメリカのスペイン語では、vosotros の系列は用いられない。つまり聞き手を表す代名詞は、単数形では tú と usted の区別があるが、複数形では ustedes のみとなる。

Vengan **ustedes** a jugar con nosotros —dijo el niño a sus amigos.「おいでよ、ぼくたちと遊ぼうよ」と男の子が友達に言った。

3.3.6. ラテンアメリカの一部の国では、vos の系列の 2 人称単数形が用いられる。これを「vos 語法」（voseo）と言う。vos 語法は、主に南米南部（アルゼンチン、ウルグアイ、パラグアイ、チリ）と中米諸国で見られる。アルゼンチンでは tú の代わりに vos が広く用いられる。チリや中米などでは tú と vos が併用され、vos は教養のある言葉づか

いではないとされる。vos 語法に対応する動詞の活用形は、地域によって変種がある。次の例はアルゼンチンのスペイン語である。

Vos te llamás Paco, ¿no? Mirá, acá tenés una carta para **vos**. 君の名前はパコだね。ほら、ここに君あての手紙があるよ。

3.3.7. tú の系列の不定人称用法については → 第 20 章 7.2.4.

3.4. él, ella, ellos, ellas

3.4.1. 現場指示または文脈指示の人、動物を指す。

¿Quiénes son **ellos**? あの男の人たちは誰ですか？

¿Mi mujer? —Sí, **ella** te ayudará. 私の妻が？ ——そう、彼女なら君を助けてくれるよ。 | El ganadero trató de mover la vaca, pero **ella** no quiso. 牧畜業者はその牛を動かそうとしたが、牛は動こうとしなかった。

3.4.2. 無生物を 3 人称の人称代名詞、所有詞で表す場合は、それを表す名詞の性、数に従う。通常、主格は明示されない。間接目的格はあまり用いられない。直接目的格、前置詞格、所有詞は多用される。 → 4. ～ 7.、9.10.

Compré una mesa grande. Es de fabricación italiana. 私は大きなテーブルを買った。それはイタリア製だ。（× **Ella** es de fabricación italiana. は誤り）

3.4.3. 複数の男性、または複数の男女は ellos で表す。女性だけの集団は ellas で表す。

¿Pides dinero a tus padres cuando **ellos** son los que están en apuros? 君は両親にお金をくれと言うつもりかい？ 彼らこそお金に困っているのに。 | Pronto llegarán Rosa y Paula. Si vas a salir, puedes aprovechar el mismo taxi en que vienen **ellas**. もうじきロサとパウラが来る。君が出かけるのなら、彼女たちが乗ってきたタクシーを使うといいよ。

3.4.4. él, ella, ellos, ellas は、文脈指示の情報が十分でなくても用いられる場合がある。

Aquí vive un matrimonio cincuentón, **él** es funcionario, y **ella** es representante de una marca comercial. ここには 50 代の夫婦が住んでいる。夫は公務員で、妻はある会社の社長だ。（matrimonio〈夫婦〉という単語から、él が「夫」、ella が「妻」を指すことが分かる） | horóscopo. Leo. **Ellas**: Tendrás suerte con el dinero, pero también gastos. **Ellos**: Vas a tener que romper con algunos viejos hábitos. 星座占い。しし座。女性：金運上昇。でも出費もかさみます。男性：以前からの習慣を断つ必要に迫られるでしょう。（ellas, ellos が「女性一般」「男性一般」の意味で用いられている）

参考 ellos の系列の不定人称用法については → 第 20 章 7.2.1.

3.5. ello

ello の系列は、文脈指示の事柄（「そのこと」）を表す。主に文語で用いられる。

No vamos excedidos con el presupuesto, pero **ello** no permite que podamos ser extravagantes. 私たちは予算オーバーをしていないが、それは無駄遣いしても良いということではない。

3.6. nosotros, -as

3.6.1. 複数の男性、または複数の男女は nosotros で表す。女性だけの集団は nosotras で表す。

Nosotras las mujeres votaremos en contra de este candidato. 私たち女性はこの候補には反対票を投じるつもりだ。

3.6.2.　話者が単数であっても、yo の系列ではなく nosotros, nosotras の系列が用いられることがある。

Lo que intentamos **nosotros** en este libro es ofrecer una solución a este problema. 私が本書で目指しているのは、この問題への解決策を示すことだ。(書物の著者。謙遜を示す) ｜ Estamos diciendo que **nuestras** acciones se revalorizarán cuando abramos una nueva fábrica. 当社が新工場を開設する頃には当社の株は再評価されるだろうと、私どもは申し上げています。(会社の代表者。会社の総意を代弁していることを示す)

3.6.3.　聞き手を nosotros, nosotras の系列で表し、話し手と聞き手の親近感を強調することがある。

Hola, Rita. ¿Cómo estamos? やあリタ、元気かい？

3.6.4.　nosotros の系列の不定人称用法については → 第 20 章 7.2.3.

3.7. 主格人称代名詞の語順、動詞との呼応

3.7.1.　主格人称代名詞が接続詞 y, o などで他の単語と等位接続されるとき、1 人称の代名詞は最後に置かれるのが普通である。

usted y yo あなたと私（× yo y usted は聞き手に対する礼を欠く）

3.7.2.　usted, ustedes は最初に置かれるのが普通。tú, vosotros の語順には特に制約はない。

¿Usted y su señora pueden asistir a la ceremonia? あなたと奥さんは式典に来ていただけますか？

3.7.3.　主語が 1 人称の代名詞を含むときは nosotros に相当すると見なされ、対応する動詞は 1 人称複数形になる。

Tú y yo somos amigos. 君と私は友達だ。 ｜ O él o yo estamos equivocados. 彼か私か、どちらかが間違っているのだ。

3.7.4.　主語に 1 人称の代名詞が含まれず、かつ 2 人称の代名詞が含まれるときは、vosotros に相当すると見なされ、対応する動詞は 2 人称複数形になる。

Tú y tus amigos tenéis que hacerlo enseguida. 君と君の友人たちは、それをただちにしなければならない。

3.7.5.　ラテンアメリカ・スペイン語の vosotros の系列を用いない語法では、3.7.4. の場合、主語は ustedes に相当すると見なされ、対応する動詞は 3 人称複数形になる。

Espero que él y tú se hayan divertido. 彼と君が楽しんだことと期待している。

4. 直接目的格人称代名詞

4.1. 直接目的格人称代名詞の働き

4.1.1.　直接目的語として働く。

Paco **te** está esperando. パコが君を待っている。 ｜ ¿Tienes el libro que te dejé? —Sí, aquí **lo** tengo. 君に貸した本を持っているかい？ ——うん、ここに持っているよ。

4.1.2.　熟語の中で、指示対象のない直接目的格人称代名詞が用いられることがある。

pasar**lo** bien 楽しく過ごす：Anoche **lo** pasamos muy bien. 私たちは昨夜とても楽しく過ごした。

arreglár**selas** 問題を処理する：Bien, yo me **las** arreglaré. よし、この件は私は処理しておこう。

4.1.3. 文中の語順、間接目的格人称代名詞とともに用いる場合については → 8.

4.2. lo, la, los, las

4.2.1. 現場指示または文脈指示の人、動物、物を指す。lo (le), la は usted の系列の直接目的語、los, las は ustedes の系列の直接目的語としても使われる。

(i) lo：「彼を」「（男性名詞の）それを」「（男性の）あなたを」

¿Conoces a Paco? —Sí, **lo** conozco. 君はパコを知っていますか？ ——はい、彼を知っています。 │ ¿Has leído este libro? —Sí, **lo** he leído. 君はこの本を読んだことがありますか？ ——はい、それを読んだことがあります。 │ ¿Ese señor me está esperando? —Sí, señor. **Lo** está esperando. あの男性は私を待っているのですか？ ——はい、あなたを待っています。

(ii) la：「彼女を」「（女性名詞の）それを」「（女性の）あなたを」

Amo a Lola. No **la** olvidaré. 私はロラを愛している。彼女のことは決して忘れない。 │ Es una promesa. No **la** olvidaré. これは約束だ。決して忘れないよ。 │ Estimada señora, no **la** olvidaré. 親愛なる奥さま、あなたのことは決して忘れません。

(iii) los：「彼らを」「（男性名詞の）それらを」「（男性の）あなた方を」。複数の男女および男性名詞と女性名詞の集まりも los で表す。

Ayer vi a Lola y a Paco. —¿Ah, sí? ¡Cuánto quería ver**los**! 昨日、ロラとパコに会ったよ。——ほんとう？ 私も会いたかったなあ！

(iv) las：「彼女らを」「（女性名詞の）それらを」「（女性の）あなた方を」

Recibí unas cartas y **las** puse en la mesa. 私は何通かの手紙を受け取って、それらをテーブルの上に置いた。

4.2.2. 主にスペインで、人を指す直接目的格を le で表す用法が見られる。「le 語法」（leísmo）と言う。これを示すために 2.5. の表では、「直接目的格 3 単男（彼）」の項を「lo (le)」、「直接目的格 3 単男女（あなた）」の項を「lo (le), la (le)」と表示している。

(i) 直接目的語の名詞などが前置詞 a を伴うことと関係している。

〔比較〕Conozco a Paco. 私はパコを知っている。（前置詞aが必要。全スペイン語圏での規則）/ **Le** conozco. 私は彼を知っている。（le 語法。Lo conozco. に代えて間接目的格人称代名詞 le を用いる。主にスペインで見られる用法）

(ii) le 語法では、「彼を」が le で表される。「（男性名詞の）それを」には lo を用いる。

Le vi en el museo. 私は彼を博物館で見かけた。 〔比較〕**Lo** vi en el museo. 私は（男性名詞の）それを博物館で見た。

(iii) le 語法を複数形に用いるのは誤用とされている。

¿Invitaste a tus colegas del trabajo? —Sí, {× **les** / ○ **los**} invité. 君は職場の同僚たちを招待しましたか？ ——はい、彼らを招待しました。

(iv) usted の系列の直接目的格では、le 語法を女性にも、また複数の聞き手に対しても用いることがある。

Señora, este mozo **le** lleva al salón. 奥さま、この若者があなたを広間へお連れします。 │

135

Les invitamos a ustedes a la fiesta. 私たちは皆さまをパーティーにご招待します。（les と a ustedes の併用については → 9.）

(v)「彼を」を時には lo で、時には le で表す場合がある。物理的、直接的な働きかけには lo、心理的、間接的な働きかけには le を用いる傾向がある。

Paco {**lo / le**} mató. パコは彼を殺した。（lo が多用される）｜ Lola {**le / lo**} convenció. ロラは彼を説得した。（le が多用される）｜ El hada **lo** encantó. 妖精が彼に魔法をかけた。｜ **Le** encantó la nueva casa. 彼は新しい家が大いに気に入った。

4.3. 中性の lo

lo は中性の直接目的格代名詞としても使われる。句、文などを受ける。

El ministro quiso irse del gabinete, pero no **lo** consiguió. 大臣は内閣から離脱したいと願ったが、できなかった。（lo = irse del gabinete〈内閣から離脱すること〉）｜ ¿Sabes dónde está Paco? —Sí, **lo** sé. 君はパコがどこにいるか知ってる？ ——うん、知ってるよ。（lo = dónde está Paco〈パコがどこにいるか〉）

4.4. 主格補語として働く lo

lo は主格補語の代名詞としても使われる。ser, estar, parecer などの主格補語の名詞、形容詞などを受ける。性、数の変化はない。→ 第 3 章 6.2.

¿Es usted actriz? —Sí, **lo** soy. あなたは俳優ですか？ ——はい、そうです。｜ Los niños están muy nerviosos, pero las niñas no **lo** están. 男の子たちはとても緊張しているが、女の子たちはそうではない。｜ Son muy ricos, aunque no **lo** parecen. 彼らはそうは見えないが、大金持ちだ。

5. 間接目的格人称代名詞

5.1. 間接目的格人称代名詞の働き

5.1.1. 間接目的語として働く。間接目的語は、動作の着点だけでなく、起点や、動作などの影響を被る対象も表す。→ 第 3 章 5.1.

Dame otra oportunidad. 私にもう 1 度チャンスをくれ。（動作の着点）｜ No **me** quites la oportunidad. 私からこのチャンスを奪わないでくれ。（動作の起点）｜ **Me** gusta leer. 私は読書が好きだ。（経験者）｜ El peluquero **me** lavó el pelo. 理髪師が私の髪を洗ってくれた。（所有者）

5.1.2. 間接目的語がなくても成り立つ文に間接目的格人称代名詞を付けて、動作などの影響を間接的に被る対象を表す場合がある。

Ábre**le** la puerta, por favor. 彼（女）にドアを開けてあげなさい。（受益者）｜ ¡Chis! ¡**Me** vas a despertar al bebé! シー！赤ん坊が目を覚ますじゃないか！（被害者・me は、赤ん坊が目を覚ますことで「私」が迷惑を被ることを示す）

5.1.3. 文中の語順、直接目的格人称代名詞とともに使う場合については → 8.

5.2. le, les

現場指示または文脈指示の対象を指す。主に人を指すが、動物、物を指すこともある。

5.2.1. le：「彼に」「あなたに」「それに」

A mi madre **le** regalé un ramo de claveles. 私は母にカーネーションの花束を贈った。 | **Le** doy las gracias por haber venido, señor Gómez. ゴメスさん、来てくださってありがとうございます。 | **Le** di de comer a la paloma. 私は鳩に餌をやった。 | ¿Añades azúcar al café? —Sí, **le** añado mucho azúcar. 君はコーヒーに砂糖を入れるの？ ——うん、砂糖をたくさん入れるんだ。

5.2.2. les：「彼らに」「彼女らに」「あなた方に」「それらに」

¿Qué **les** dijiste? 君は彼らに何と言ったんですか？

5.2.3. le, les は直接目的格人称代名詞 lo, la, los, las とともに用いられるとき、se という形になる。→ 8.2.1. (ii)

Se lo dije a {él / ella / ellos / ellas / ustedes}. 私は {彼に／彼女に／彼らに／彼女らに／あなた方に} そう言った。

5.2.4. le を直接目的格として用いる語法がある（「le 語法」）。→ 4.2.2.

6. 前置詞格人称代名詞

6.1. 前置詞格人称代名詞の働き

6.1.1. 前置詞の目的語として働く。

No se preocupe por **mí**. 私のことは気にしないでください。 | Siempre pienso en **ti**. 私はいつも君のことを考えている。 | Todo depende de **usted**. すべてはあなた次第です。 | Hay que luchar por un mundo mejor para **nosotros**. 私たちにとってより良い世界のために戦わねばならない。 | Tengo que hablar con **ellas**. 私は彼女らと話さなければならない。

6.1.2. 「con + mí → conmigo」「con + ti → contigo」となる。

¿Vienes **conmigo**? —Sí, voy **contigo**. 私といっしょに来る？ ——うん、君と行くよ。

6.1.3. (i)「a + 前置詞格人称代名詞」は、間接目的格人称代名詞、または人を表す直接目的格人称代名詞に相当する意味を表すことができる。

a ella = le, la 彼女に、彼女を | a nosotros = nos 私たちに、私たちを

　直接目的格人称代名詞、間接目的格人称代名詞は弱勢語なので、強勢をかけて発音することができない。そこでこれらを強調する必要がある場合は、「a + 前置詞格人称代名詞」を用いる。

A **ti** no te importa. 君には関係ない。

(ii)「主語＋述語」の構造を成さない文 (→ 第 4 章 2.1.) では、「a + 前置詞格目的語」単独で、直接目的格、間接目的格の人称代名詞の強調形として働く。

Me gusta este libro. —A **mí** también. 私はこの本が好きです。——私もです。

(iii)「a + 前置詞格人称代名詞」を、間接目的格人称代名詞、または人を表す直接目的格人称代名詞とともに用いて強調する。この用法では原則として「a + 前置詞格目的語」を単独で用いることはできない。→ 9.2.

¿No te gusta este paisaje? Pues **a mí** me gusta mucho. 君はこの景色が気に入らないのかい？

私は大好きだよ。（× Pues a mí gusta mucho. は誤り）｜ Llámalo **a él** enseguida. 彼にすぐ電話しなさい。（× Llama a él enseguida. は誤り）

(iv) ただし a usted, a ustedes は間接目的格、または直接目的格人称代名詞を伴わずに用いられて、丁重なニュアンスを生むことがある。

(Le) beso **a usted** la mano, Su Excelencia. 閣下の手に接吻いたします。｜ (Les) ruego **a ustedes** disculparme esta situación. この状況をお許しくださるよう皆さまにお願いします。

6.1.4.　「de ＋前置詞格人称代名詞」は、所有形容詞に相当する意味を表すことができる。→ 11.

Conozco a su padre de **usted**. 私はあなたのお父さんを存じ上げています。

6.1.5.　前置詞格人称代名詞を等位接続することはできない。

× Este regalo es para ti y mí. この贈り物は君と私あてだ。（誤り。正しくは ○ Este regalo es para **ti** y para **mí**. のように、前置詞を含めて等位接続にする）

6.2. él, ella, ellos, ellas

6.2.1.　現場指示、または文脈指示の人、動物、物を表す。無生物を指す場合にも頻繁に用いられる。

La puerta estaba medio abierta, y a través de **ella** se veía a unos jóvenes. ドアは半ば開いていた。ドアごしに数人の若者が見えた。（ella ＝ドア）

6.2.2.　主語と同一の対象を指すことも、異なる対象を指すこともできる。

Paco habló de **él**. パコは彼のことを話した。（「él ＝パコ」「él ＝パコ以外の男性」の 2 通りの解釈ができる。　比較 Paco habló de sí mismo. パコは彼自身のことを話した。（「sí mismo ＝パコ」の解釈のみ。→ 7.)

6.3. ello

前置詞格の ello は主格より頻繁に用いられる。

No pienses en **ello** hasta que llegue el momento. 時が来るまでそのことは考えないようにしなさい。｜ Lola acaba de ser responsable de una nueva sección. Por **ello** está muy ocupada. ロラは新しい課の責任者になったばかりだ。だから非常に多忙だ。

6.4.「前置詞＋主格人称代名詞」

6.4.1.　前置詞またはそれに類する単語の後でも、前置詞格ではなく主格の人称代名詞が用いられる場合がある。

6.4.2.　entre (～と…とで)、según (～によれば)、excepto (～を除いて)、hasta, incluso (ともに「～でさえ」の意味で) などには常に主格が後続する。

Lo haremos entre **tú** y **yo**. 君と私とでそれをしよう。｜ Entonces, según **tú**, es mejor no hacerle caso. では、君に言わせると、彼を相手にしないほうがいいんだね。｜ Todos estaban de acuerdo excepto **yo**. 私以外は全員賛成した。｜ Hasta **tú** puedes ganarle. 君ですら彼に勝てるよ。

6.4.3.　普通は前置詞格の人称代名詞を従える前置詞が、時に主格を従えることがある。

No te preocupes. No se trata de **ti**. 心配するな、君に関することじゃない。（前置詞格）｜

Tratar a los padres de **tú** era una falta de respeto. 親を tú（君）と呼ぶことは、かつては敬意を失するおこないだった。（tratar ... de {tú/usted} は「…を {tú/usted} と呼ぶ」という成句）

7. 再帰格人称代名詞

7.1. 直接目的格、間接目的格
7.1.1. 　1、2 人称は一般の直接目的格、間接目的格の人称代名詞と同形だが、3 人称は se という形を用いる。「自分自身を」「自分自身に」を表す。（再帰動詞の基本用法）→ 第 20 章 5.2.

Me miré en el espejo. 私は鏡に映った私自身の姿を見た。（me は再帰直接目的格人称代名詞）　比較 **Me** miró en el espejo. 彼（女）は鏡に映った私の姿を見た。（me は一般の直接目的格人称代名詞）｜ Lola **se** preguntó qué podía hacer de su parte. ロラは自分にいったい何ができるのだろうと自問した。（se は再帰間接目的格人称代名詞。se ＝ロラ）　比較 Lola **le** preguntó qué podía hacer de su parte. ロラは自分にいったい何ができるのだろうと彼（女）に尋ねた。（le は一般の間接目的格人称代名詞。le ＝ロラ以外の人）

7.1.2. 　「自分自身を」「自分自身に」の意味から離れて、再帰動詞の一部となり、さまざまな意味を表す。→ 第 20 章 5.

Lávate bien las manos. 手をよく洗いなさい。（基本用法のうち、代名詞の独立性がやや薄れた用法）｜ Vámonos de aquí. ここから立ち去ろう。（強意用法）｜ ¿No os conocéis? 君たちは知り合いじゃないのかい？（相互用法）｜ **Se** ruega silencio. お静かに願います。（受動用法）｜ **Se** vive bien en esta ciudad. この町は暮らしやすい。（不定人称用法）

7.1.3. 　「a ＋再帰前置詞格＋ mismo, -a, -os, -as」を付け足して、強調または意味の明確化をする場合がある。この用法は、7.1.1. にのみ可能で、7.1.2. には適用できない。

Lola se preguntó (○ **a sí misma**) qué podía hacer de su parte. ロラは自分にいったい何ができるのだろうと自問した。（a sí misma を付け足せる）｜ Lávate bien las manos (× a ti mismo). 手をよく洗いなさい。（a ti mismo を付け足すことはできない）

7.2. 前置詞格
7.2.1. 　1、2 人称は一般の前置詞格人称代名詞と同形だが、3 人称は sí という形を用いる。

Cuando volví en **mí**, no sabía dónde me encontraba. 私は我に返ったとき、自分がどこにいるのか分からなかった。｜ Lola no puede hacerlo por **sí** sola. ロラはそれを 1 人ですることができない。｜ Los tres se miraron entre **sí**. 3 人は互いに顔を見合わせた。

7.2.2. 　「con ＋ sí → consigo」となる。

Hoy se recomienda llevar **consigo** un paraguas.（天気予報で）今日は傘を持ってお出かけになるのがいいでしょう。

8. 無強勢代名詞の語順

8.1. 無強勢代名詞と動詞、動詞句との順序
8.1.1. 　無強勢代名詞（直接目的格、間接目的格、再帰直接目的格、再帰間接目的格の人

称代名詞）は、動詞が定形のとき、「無強勢代名詞＋動詞」の順序になる。

¿**Me** has olvidado? 君は私を忘れたのかい？｜ Paco **se** quitó los zapatos. パコは靴を脱いだ。

8.1.2.　ただし、命令法および肯定命令を表す接続法現在形では、「動詞＋無強勢代名詞」の順序になり、語間をあけず 1 語のように表記する。→ 第 1 章 6.3.1. (iv)

¡Olvída**me**! 私のことは忘れてくれ！｜ Quíte**se** los zapatos. 靴を脱いでください。

8.1.3.　動詞が不定詞、現在分詞のとき、「動詞＋無強勢代名詞」の順序になり、語間をあけず 1 語のように表記する。不定詞、現在分詞が複合形の場合は、無強勢代名詞は haber または habiendo に後続する。

Es imposible olvidar**te**. 君を忘れることは不可能だ。｜ Quitándo**se** los zapatos, Paco se lanzó al agua. パコは靴を脱ぐと水に飛び込んだ。｜ Perdóna**me** por haber**te** olvidado. 君を忘れていたことを許してくれ。｜ Habiéndo**se** quitado los zapatos, Paco se quedó dormido. パコは靴を脱いでしまうと眠りこんだ。

8.1.4.　動詞と無強勢代名詞の間には、他の単語を入れることはできない（次の例の下線部）。動詞を修飾する単語はそれより前か後に置かれる。

¿Tú ya me olvidaste? 君はもう私を忘れたのかい？｜ Paco no se ha quitado los zapatos todavía. パコはまだ靴を脱いでいなかった。

8.1.5.　不定詞、現在分詞が助動詞や助動詞類の動詞とともに動詞句を構成し、かつ助動詞、助動詞類の動詞が定形（肯定命令を除く）である場合、無強勢代名詞の順序は原則として次の 2 通りが可能である。表す意味は同じだが、(i) は書き言葉で、(ii) は話し言葉で多用される傾向がある。

(i)「動詞句＋無強勢代名詞」（8.1.3. の原則どおり）。

No voy a olvidar**te**. 私は君を忘れないだろう。｜ Paco está quitándo**se** los zapatos. パコは靴を脱ぎつつある。

(ii)「無強勢代名詞＋動詞句」（動詞句全体を定形とみなし、8.1.1. の原則を適用）。

No **te** voy a olvidar. （上の例文と同義）｜ Paco **se** está quitando los zapatos. （上の例文と同義）

8.1.6.　「無強勢代名詞＋動詞句」という語順は常に可能とは限らない。

(i) poder（〜できる）、querer（〜したい）、deber（〜に違いない）、tener que（〜しなければならない）などの助動詞、acabar de（〜したばかりである）、volver a（再び〜する）など多くの助動詞類の動詞は、この語順をとることができる。

Lo acabo de saber. / Acabo de saber**lo**. 私はそれを知ったばかりだ。

(ii) creer（〜だと思う）、negar（〜ではないと言う）などは、この語順は不可。

○ Cree saber**lo** todo. / × **Lo** cree saber todo. 彼 (女) は自分自身をとても物知りだと思っている。

(iii) 2 つ以上の無強勢代名詞が単一の動詞の目的語として働く場合、代名詞を分離することはできない。

○ **Me lo** tienes que decir. / ○ Tienes que decír**melo**. / × **Me** tienes que decir**lo**. 君は私にそれを言わなければならない。（me と lo はともに前置、またはともに後置される）

(iv) 1 つの文の中に無強勢代名詞が 2 つ以上あっても、単一の動詞の目的語として働くのでない場合は、(iii) の限りではない。

○ **Me** hizo estudia**lo**. /○ **Me lo** hizo estudiar. / × Hizo estudiá**rmelo**. 彼（女）は私にそれ
を調査させた。（me は hacer の目的語、lo は estudiar の目的語）

(v) 助動詞、助動詞類の動詞が複数個あるときにも、無強勢代名詞の前置が可能な場合が
ある。

Lo puedes empezar a hacer. / Puedes empezar a hacer**lo**. 君はそれをし始めても構わないよ。

8.2. 無強勢代名詞どうしの語順

8.2.1. 語順規則①「間接目的格＋直接目的格」

(i) 2 つ以上の無強勢代名詞が単一の動詞の目的語として働く場合、無強勢代名詞の順序は、
2 つの規則に従う。その第 1 は、「間接目的格代名詞を先に、直接目的格代名詞を後に」
という順序である。

¿Queréis este gato? Bien, **os lo** doy. 君たちはこの猫が欲しいのかい？　分かった。君たちにそ
れをあげよう。

(ii) 間接目的格、直接目的格がともに 3 人称である場合は、間接目的格は単数形、複数形
の区別なく se という形になる。

Se lo pedí. 私は｛彼（ら）に／彼女（ら）に／あなた（方）に｝それを頼んだ。

8.2.2. 語順規則②「se ＋ 2 人称＋ 1 人称＋ 3 人称」

(i) 第 2 の語順規則は、「se ＋ 2 人称＋ 1 人称＋ 3 人称」という順序である。

¿Por qué **nos lo** preguntáis? なぜ君たちは私たちにそう尋ねるの？（「1 人称 nos」＋「3 人
称 lo」の順）｜¿Ya **te me** vas? 君はもう私のもとから去ってしまうのか？（「2 人称 te」＋
「1 人称 me」）

(ii) この場合の se は、間接目的格人称代名詞 le, les の変形の se（→ 8.1.2.）および再帰直
接目的格または間接目的格人称代名詞の se をすべて含む。

Esta joya es preciosa. Por ser usted, **se la** vendo por diez mil euros. この宝石はすばらしい
です。あなたには特別に 1 万ユーロでお売りしましょう。（「le の変形の se」＋「3 人称 la」）
｜¿El queso? **Se nos lo** comieron los ratones. チーズかい？　あれはネズミに食べられてし
まったよ。（「再帰の se（強意用法）」＋「1 人称 nos（利害を表す間接目的格）」＋「3 人
称 lo」）

8.2.3. 語順規則が衝突する場合

語順規則①と②のどちらかに従えば、もう一方を破ることになる場合は、間接目的格
代名詞を「a ＋前置詞格代名詞」に置き換えて、衝突を回避する。

Paco **te** recomendó a **mí**. パコが君を私に推薦した。（語順規則①に従うと「間接目的格 me
＋直接目的格 te」の順になるが、②に従うと「2 人称 te ＋ 1 人称 me」の順になる。「私
に」を a mí で表すことで、この問題を解決する）

8.2.4. 2 つ以上の目的格代名詞が等位構造を成すとき、動詞に前置される場合は、最初
の代名詞以外は省略できる。動詞に後置される場合は、どの代名詞も省略できない。→
第 20 章 5.5.2.

Paco **lo** leyó y **(lo)** resumió en un santiamén. パコはそれをたちどころに読んで、要約した。
（第 2 の lo は省略できる）｜Lée**lo** y resúme**lo** cuanto antes. なるべく早くそれを読んで要
約しなさい。（どちらの lo も省略できない）

9. 無強勢代名詞の重複文

9.1. 重複文

9.1.1. 1つの文の中に、無強勢代名詞と、同一の対象を指す語句とが重複して用いられることがある。このような文を「(無強勢代名詞の) 重複文」と呼ぶ。→第 21 章 4.1.

無強勢代名詞後置型：Este libro　　lo　　compré ayer. この本は（私が）昨日買った。
　　　　　　　　　　この本を　それを（＝この本を）

無強勢代名詞前置型：Le　　　　dije　a Lola　que viniera. 私はロラに来てくれと頼んだ。
　　　　　　　　　　彼女に（＝ロラに）　ロラに

9.1.2. 無強勢代名詞の重複文一覧

重複する語句	無強勢代名詞	働き	例文	
a ＋前置詞格	後置型	強調	A mí me gusta.	私は好きだ。
	前置型	強調	Me gusta a mí.	私は好きだ。
直接目的語	後置型	主題	El libro lo compré.	その本は買った。
	前置型	×	× Lo compré el libro.	(不可)
間接目的語	後置型	主題	A Lola se lo dije.	ロラにはそう言った。
	前置型	文の安定	Se lo dije a Lola.	ロラにそう言った。

9.2.「a ＋前置詞格人称代名詞」との重複

9.2.1. 無強勢代名詞が表す内容を強調する必要があるときは、「a ＋前置詞格人称代名詞」と重複させる。重複の順序は、無強勢代名詞後置型、前置型のどちらも可能である。→ 6.1.3. (iii)、7.1.3.

9.2.2. この重複は、直接目的格、間接目的格、再帰直接目的格、再帰間接目的格の人称代名詞すべてに可能である。

A mí me da gusto este clima. （他の人はともかく）私はこの気候が好きだ。（間接目的格。後置型） | **Te** quiero **a ti**. 私は、他の誰でもない君を愛している。（直接目的格。前置型） | Debemos conocer**nos a nosotros mismos**. 私たちは、何よりも私たち自身を知るべきだ。（再帰直接目的格。後置型）

9.3.「直接目的語＋直接目的格人称代名詞」

9.3.1. 直接目的語を文の主題として、文の前の方に出したいとき、この重複文を用いる。→ 第 3 章 9.4.2.

基本語順：Compré **este libro** ayer. 私はこの本を昨日買った。
重複文　：**Este libro lo** compré ayer. この本は昨日買った。

9.3.2. 無強勢代名詞を省略し、× Este libro compré ayer. のようにすると、一般に不自然な文になる。例外的に、定型表現では可能な場合がある。

Eso creo yo. 私もそう思う。 | Lo mismo digo yo. 私も同意見だ。

9.3.3. 「直接目的格人称代名詞＋直接目的語」という語順は、アルゼンチン、ウルグアイ

などを除いて一般的に不可である。例外的に、todo（すべて）を用いた文では可能な場合がある。

× Lo compré este libro ayer.（標準スペイン語では誤り） | Lo he oído todo. 私は何もかも聞いてしまった。

9.4.「間接目的語＋間接目的格人称代名詞」

9.4.1. 間接目的語を文の主題として、文の前の方に出したいとき、この重複文を用いる。
→ 第3章 9.4.3.

基本語順：Dije **a Lola** que viniera. 私はロラに来てくれと頼んだ。

重複文 ：**A Lola le** dije que viniera. ロラには、来てくれと頼んだ。

9.4.2. 間接目的格人称代名詞を省略し、× A Lola dije que viniera. のようにすると不自然な文になる。

9.4.3. 関係節の先行詞が、関係節内では間接目的語となる場合、この重複文を用いることが多い。gustar（好かれる）などが用いられるときは、重複が必須になる。

El hombre actuaba como **un niño** al que **le** dan un juguete. その男性は、おもちゃをもらった子どものような仕草をした。(... al que dan un juguete も可） | Hay **mucha gente** a la que no **le** gustan las Matemáticas. 数学が嫌いな人が多い。(× ... a la que no gustan las Matemáticas は不可）

9.5.「間接目的格人称代名詞＋間接目的語」

9.5.1. 間接目的格は直接目的格と異なり、無強勢代名詞前置型の語順が可能である。代名詞が指し示す対象が代名詞よりも後に現われることになる。→ 1.2.

Le dije **a Lola** que viniera. 私はロラに来てくれと頼んだ。

9.5.2. この構文は、ひとまず目的語の位置を仮押さえしておき、そこが空白でないことを早めに示そうとするもので、これによって文の安定性が増す。間接目的格人称代名詞を省略することは可能だが、重複文のほうが好まれる。

Les robaron las maletas **a los turistas**. その旅行客たちはスーツケースを盗まれた。(les を省略すると不自然な文になる）

9.5.3. 重複文と重複のない文とで、ニュアンスの差が生じることがある。

Enséña**le** la casa a tu tío. おじさんに家の中を案内してあげなさい。(重複文。親しい人を自宅に招き入れるような日常的な場面で用いられる） | Enseña la casa a este oficial de policía. この警察の方に家の中を案内してあげなさい。(重複のない文。警察の捜査といった特殊な状況で、事務的で冷たいニュアンスが出る）

9.5.4. 間接目的語が無生物のときは、重複文の許容度が下がる。

× El compositor **le** entregó su vida a la creación.（誤り。「その作曲家は生涯を創作に捧げた。」） 〔比較〕○ El compositor entregó su vida a la creación. | ○ Los hijos fueron a poner**le** flores a su tumba. 子どもたちは彼(女)の墓に花を供えに行った。(「墓」は無生物だが、「墓に眠る故人」への連想から重複文が可能になる）

143

コラム①　さまざまな lo

　lo という語形には、さまざまな異なる働きがあるので、識別に注意を要する。

(i) 中性冠詞：**Lo** barato sale caro. 安いものはかえって高くつく。

(ii) 直接目的格人称代名詞（男性単数形）：**Lo** buscábamos. 私たちは ｛彼を／（男性名詞の）それを／（男性の）あなたを｝ 探していた。

(iii) 直接目的格人称代名詞（中性形）：¿Por qué **lo** dices? 君はどうしてそんなことを言うんだ？

(iv) 直接目的格人称代名詞（主格補語を受ける形）：Era torero y demostró ser**lo**. 彼は闘牛士だった。そしてそうであることを示した。

コラム②　さまざまな se, sé

　se, sé には、さまざまな異なる働きがあるので、識別に注意を要する。

(i) 再帰直接目的格人称代名詞 se（彼〈ら〉自身を・彼女〈ら〉自身を・あなた〈方〉自身を）：**Se** echó en la cama. ｛彼／彼女／あなた｝ はベッドに身を横たえた。

(ii) 再帰間接目的格人称代名詞 se（彼〈ら〉自身に・彼女〈ら〉自身に・あなた〈方〉自身に）：**Se** dijo esto. ｛彼／彼女／あなた｝ はこう独り言を言った。

(iii) 間接目的格人称代名詞 le, les を直接目的格人称代名詞 lo, la, los, las とともに用いたときの形 se：**Se** lo pregunté. 私は ｛彼（ら）／彼女（ら）／あなた（方）｝ にそう尋ねた。

(iv) saber（知る）直説法現在 1 人称単数形 sé：Ya lo **sé**. 分かっているよ。

(v) ser（～である）命令法 2 人称単数形 sé：**Sé** buen niño. いい子にしていなさい。

コラム③　さまざまな si, sí

　si, sí には、さまざまな異なる働きがあるので、識別に注意を要する。

(i) 接続詞 si（もし～なら、～かどうか）：**Si** quieres, ven conmigo. もし良ければ私といっしょに来なさい。

(ii) 副詞 sí（はい）：**Sí**, quiero ir contigo. はい、君といっしょに行きたいです。

(iii) 再帰前置詞格人称代名詞 sí（彼〈ら〉自身・彼女〈ら〉自身・あなた〈方〉自身）：Volvió en **sí**. ｛彼／彼女／あなた｝ は我に返った。

---

10. 所有詞の形と働き

10.1. 所有詞の種類

10.1.1.　所有詞には、所有形容詞と所有代名詞がある。所有形容詞は「私の」「君の」などを表す。前置形と後置形の 2 種がある。所有代名詞は「私のもの」「君のもの」などを表す。

　所有詞には、人称、性、数の変化がある。人称は所有者の人称を示すが、性、数は、所有者ではなく所有の対象を表す単語の性、数と呼応する。

Lola y **sus** gatos　ロラと彼女の猫たち（所有形容詞は所有者 Lola ではなく所有の対象 gatos

と呼応して複数形 sus になっている）

10.1.2. 2種の所有形容詞のうち前置形が基本的な働きをする。前置形は無強勢語である。1人称単数形、2人称単数形、3人称には、単数形、複数形の区別がある。1人称複数形、2人称複数形は男女単複の4つの形がある。

10.1.3. 所有形容詞後置形は強勢語であり、前置形の働きを補う役割を果たす。すべて男女単複の4つの形を持つ。

10.1.4. 所有代名詞は「定冠詞＋所有形容詞後置形」の形をとる。定冠詞の部分は無強勢語、所有形容詞後置形の部分は強勢語である。単数形には、男性形、女性形の他に中性形がある。複数形は男女の2形である。

10.2. 所有形容詞（「～の」）の形

	所有形容詞前置形				所有形容詞後置形			
	男単	女単	男複	女複	男単	女単	男複	女複
1単	mi		mis		mío	mía	míos	mías
2単	tu		tus		tuyo	tuya	tuyos	tuyas
3単	su		sus		suyo	suya	suyos	suyas
1複	nuestro	nuestra	nuestros	nuestras	nuestro	nuestra	nuestros	nuestras
2複	vuestro	vuestra	vuestros	vuestras	vuestro	vuestra	vuestros	vuestras
3複	su		sus		suyo	suya	suyos	suyas

＊1単～3複：「所有者が1人称単数形～3人称複数形」、男単～女複：「所有の対象が男性単数形～女性複数形」

10.3. 所有代名詞（「～のもの」）の形

	男単	女単	中単	男複	女複
1単	el mío	la mía	lo mío	los míos	las mías
2単	el tuyo	la tuya	lo tuyo	los tuyos	las tuyas
3単	el suyo	la suya	lo suyo	los suyos	las suyas
1複	el nuestro	la nuestra	lo nuestro	los nuestros	las nuestras
2複	el vuestro	la vuestra	lo vuestro	los vuestros	las vuestras
3複	el suyo	la suya	lo suyo	los suyos	las suyas

＊中単：「所有の対象が中性単数形」

10.4. 所有詞の働き

10.4.1. 広い意味での「所有者」を表す。

Nuestra casa está en la calle Colón. 私たちの家はコロン通りにある。 | **Mi** avión sale a las tres. 私が乗る飛行機の便は3時に出発する。 | ¿Ves aquella montaña? Yo alcancé **su** cumbre el año pasado. あの山が見えるかい？　私は去年、あの頂上に登ったのだ。

10.4.2.　動作またはその結果を表す名詞とともに用いられる場合は、動作との関わりを示す。

(i) 自動詞の意味上の主語：Esperamos **tu** llegada. 私たちは君の到着を待っている。(←「君が到着すること」)

(ii) 他動詞の意味上の主語：Cuba ha reducido **su** producción de azúcar. キューバは砂糖の生産を減らした。(←「キューバが砂糖を生産すること」)

(iii) 他動詞の意味上の直接目的語：Debemos interrumpir las exportaciones de armamento y **su** producción. 私たちは武器の輸出とその製造を阻止しなければならない。(←「武器を製造すること」)

(iv) さまざまな解釈が可能な場合がある。

Déjame ver **tu** foto. 君の写真を見せてくれ。(「君を撮影した写真」〈意味上の目的語〉、「君が撮影した写真」〈意味上の主語〉、「君が所有する写真」〈所有者〉のどれにも解釈できる)

11. 所有形容詞

11.1. 所有形容詞前置形

11.1.1.　(i) 前置形は所有の対象を表す語句の前に置かれる。

mi bicicleta 私の自転車

(ii) さまざまな形容詞とともに用いることができる。

nuestra querida madre 私たちの愛する母 | **tus** dos chalés 君の2軒の別荘 | **vuestro** coche lujoso 君たちの高級車 | **mi** viejo amigo madrileño Paco マドリード出身の私の旧友パコ

(iii) 前置形の前に todo（すべての）を置くことができる。冠詞や指示形容詞とともに用いることはできない。

todos **mis** amigos 私の全友人たち（× mis todos amigos は誤り） | × un mi amigo / mi un amigo（誤り。「私の友人の1人」） 比較 ○ un amigo **mío** / ○ uno de **mis** amigos

11.1.2.　(i) 所有形容詞の3人称の形は、多くの意味を表す。

su libro ｛彼の／彼女の／彼らの／彼女らの／あなたの／あなた方の｝本

(ii) あいまいさを避ける必要がある場合は、次のような形式を用いる。②型は主に usted, ustedes の場合に見られる。

①「定冠詞＋所有の対象＋ de ＋前置詞格人称代名詞」：

el libro de ｛él / ella / ellos / ellas / usted / ustedes｝

②「所有形容詞前置形＋所有の対象＋ de ＋前置詞格人称代名詞」：

su libro de ｛él / ella / ellos / ellas / usted / ustedes｝

(iii) ラテンアメリカでは、su は「あなた（方）の」のみを表し、「彼（ら）の／彼女（ら）の」は①型で表す地域が多い。

11.1.3.　前置形は、さまざまな敬称を作る。

¡A la orden, **mi** sargento! 承知しました、軍曹どの！ | **Su** Majestad el rey fue recibido con aplausos. 国王陛下は拍手で出迎えを受けた。

11.1.4.　一般に、人がその身体部位、身につける物に働きかけることを述べるときは、所

有者は所有形容詞ではなく定冠詞で表す。

Lola cerró los ojos. ロラは目を閉じた。（△ Lola cerró sus ojos. は不自然な表現になる）｜ Paco se quitó los zapatos. パコは靴を脱いだ。（△ Paco quitó sus zapatos. ／△ Paco se quitó sus zapatos. はともに不自然な表現になる）　[比較] ¡Qué bonitos son **tus** ojos! 君の目はなんて美しいんだ！（「君」は「目」に働きかけをしているわけではないので、所有形容詞が用いられる）

11.2. 所有形容詞後置形

11.2.1. 後置形は所有の対象を表す語句の後ろに置かれる。強勢語なので、無強勢語である前置形の働きを補足する。

(i) 所有形容詞を強調することができる。

Esto no es asunto **tuyo**. これは君には関係のないことだ。（「君」を強調する内容なので、△ Esto no es tu asunto. よりも多用される）｜ Soy amigo **tuyo**. 私は君の友達だ。（「君の」を強調）　[比較] Soy **tu** amigo. 私は君の友達だ。（「友達」を強調）

(ii) 冠詞や指示形容詞とともに用いることができる。 → 11.1.1. (iii)

esta casa **nuestra** この私たちの家

(iii) 単独で主格補語、目的格補語となる。

Este paraguas es **suyo**. この傘は {彼（ら）／彼女（ら）／あなた（方）} のだ。｜ Hago **míos** tus deseos. 私も君の願いがかなうことを祈っている。（← 私は君の願いを私のものとする）

(iv) 呼びかけ、感嘆表現、手紙の冒頭の句に用いる。

Dame un beso, hija **mía**. 娘よ、キスしておくれ。｜ ¡Dios **mío**!, ¿qué es esto? いやはや！これは何事だ？｜ Muy señor **mío**: 拝啓

(v) muy（非常に）に修飾されて「～特有の」を表す。

¿Lola ha dicho eso? Es una expresión muy **suya**. ロラがそう言ったのか？ それはいかにも彼女らしい言葉遣いだ。

11.2.2. 慣用句では、前置形と後置形のどちらを用いてもよい場合がある。

Mi mujer trabaja en una farmacia. Yo vivo {a **sus** expensas / a expensas **suyas**}. 妻はある薬局で働いている。私は彼女に養ってもらっている。｜ Dale a Lola muchos recuerdos {de **mi** parte / de parte **mía**}. ロラに私からどうぞよろしくと伝えてくれ。

11.2.3. 3 人称の形のあいまいさを避ける必要がある場合は「de ＋前置詞格人称代名詞」で代替する。

la boda de **ustedes** (= su boda) あなた方の結婚式

11.2.4. 所有の意味を持たない「de ＋前置詞格人称代名詞」と代替することがあるが、好ましくないとされている。

× delante **mío** 私の前 （○ delante de mí という形式が望ましい）

12. 所有代名詞

12.1. 所有代名詞の働き

所有代名詞は「所有形容詞＋所有の対象を表す語句」の代用をする。定冠詞の働きに

より、主に聞き手にとって既知の情報を表す。

Aquí están mis zapatillas. ¿Dónde están **las tuyas**? 私の運動靴はここにある。君のはどれ？
（las tuyas = tus zapatillas）　|　Este coche es **el mío**. この車が私の車だ。（「私が車を持っていること」は聞き手も知っている。「この車がそれなのだ」ということが新しい情報）
比較 Este coche es **mío**. この車は私のだ。（「私のものである」ことは聞き手にとっては新しい情報）

12.2. 所有代名詞の性質

12.2.1.　3 人称の形のあいまいさを避ける必要がある場合は「定冠詞＋ de ＋前置詞格人称代名詞」で代替する。

Mi vida y {**la suya** / **la de él**} han sido casi una sola vida. 私の人生と彼の人生は、ほとんど 1 つの人生に等しかった。（la suya が誰の人生か分かりにくいときは、la de él のように言い換える）

12.2.2.　男性複数形は「所属する集団」を表すことができる。

Adiós, un abrazo para ti y para todos **los tuyos**. さようなら。君と君のご家族の皆さんに抱擁を送ります。　|　**Los nuestros** ganaron la batalla. わが軍はその戦闘に勝利した。

12.2.3.　中性形は、所有の対象の抽象的な総体を表す。

Tu amiga me contó todo **lo vuestro**. 君の友達が君たちのことをすっかり話してくれたよ。　|　Paco se dedicó a **lo suyo**, que es jugar bien al fútbol. パコは自分のすべきことに専念した。それはサッカーの上達だ。

第 **10** 章　数詞

1. 総論

数の概念を示す名詞、形容詞などを数詞（numeral）と言う。以下に下位区分と例を記す。

基数詞（numeral cardinal）：uno 1、1 つの｜ dos 2、2 つの

序数詞（numeral ordinal）：primero 第 1 の｜ segundo 第 2 の

分数詞（numeral fraccionario）：mitad 半分｜ un tercio 3 分の 1

倍数詞（numeral multiplicativo）：doble 2 倍の｜ triple 3 倍の

集合数詞（numeral colectivo）：decena 10 個組｜ docena 12 個組、ダース

アルファベット及び数字による書記法については →第 1 章 9.3.

2. 基数詞

2.1. 基数詞の形

0	cero	21	veintiuno (veintiún),	50	cincuenta
1	uno (un), una		veintiuna	60	sesenta
2	dos	22	veintidós	70	setenta
3	tres	23	veintitrés	80	ochenta
4	cuatro	24	veinticuatro	90	noventa
5	cinco	25	veinticinco	100	ciento (cien)
6	seis	26	veintiséis	200	doscientos, -as
7	siete	27	veintisiete	300	trescientos, -as
8	ocho	28	veintiocho	400	cuatrocientos, as
9	nueve	29	veintinueve	500	quinientos, -as
10	diez	30	treinta	600	seiscientos, -as
11	once	31	treinta y uno (un), una	700	setecientos, -as
12	doce	32	treinta y dos	800	ochocientos, -as
13	trece	33	treinta y tres	900	novecientos, -as
14	catorce	34	treinta y cuatro	1000	mil
15	quince	35	treinta y cinco	10 000	diez mil
16	dieciséis	36	treinta y seis	100 000	cien mil
17	diecisiete	37	treinta y siete	1 000 000	un millón
18	dieciocho	38	treinta y ocho	10 000 000	diez millones
19	diecinueve	39	treinta y nueve	100 000 000	cien millones
20	veinte	40	cuarenta	1 000 000 000	mil millones

2.2. 基数詞全般の働き

2.2.1.　基数詞は自然数を表す。主に形容詞として用いられ、「基数詞＋名詞」の語順をとる。

tres tigres 3 匹のトラ｜ **cuatro** árboles altos 4 本の高い木｜ los **cinco** grandes bancos españoles スペインの 5 大銀行

2.2.2.　人称代名詞を修飾するときは、基数詞を後置する。

Entre nosotros **dos** había una comunicación telepática. 私たち 2 人の間にはテレパシーのようなものがあった。

2.2.3.　(i) 序数詞の代用をすることができる。この場合も基数詞を後置する。

la página **diez** 第 10 ページ　[比較] Este folleto tiene **diez** páginas. このパンフレットは 10 ページから成る。

(ii) 性の区別を持つ数詞は、序数詞の代用をするときは男性形になる。

la lección **uno** 第 1 課｜ la habitación **trescientos** cuatro 304 号室

2.2.4.　十の位と一の位の間には接続詞 y（〜と）を置く。16 〜 19、21 〜 29 は 1 語として文字表記するので y は i となる。それ以外の位の間には y を用いない。十の位がゼロの場合も y を用いない。

cuarenta y uno 41｜ dieciséis 16｜ dos mil trescientos cuatro 2304

2.2.5.　男性名詞としても用いられる。複数形も可能である。

Dicen que el **siete** es el número de la suerte. 7 はラッキーナンバーだと言われている。｜ ¡Lo compraría si pudiera suprimir los dos últimos **ceros** de su precio! 値段の最後の 2 つのゼロをなくすことができれば、それを買うのだが。

2.3. 基数詞のそれぞれの働き

2.3.1.　cero

cero が形容詞として働くとき、呼応する可算名詞は複数形になる。

Ahora mismo hay **cero** posibilidades de que perdamos el partido. 現時点で私たちが試合に負ける可能性はゼロだ。

2.3.2.　uno (un), una

男性形、女性形がある。男性形は、名詞の前では語尾が脱落して un となる。

Uno y dos son tres. 1 ＋ 2 ＝ 3｜ **Una** de cada diez personas no lo sabía. 10 人に 1 人はそれを知らなかった。｜ Necesito **un** cuaderno y **una** pluma. 私はノート 1 冊とペン 1 本が必要だ。

[参考] 不定冠詞 un, una の違いについては → 第 7 章 4.4.　不定代名詞 uno, una との違いについては → 第 11 章 3.2.1.

2.3.3.　veintiuno (veintiún), veintiuna など

(i) 21, 31, 41... のように一の位が 1 の数詞はすべて 2.3.2. の規則に従う。

Los dirigentes de **veintiún** países asistieron a la Cumbre Latinoamericana. 21 か国の指導者たちがラテンアメリカ首脳会議に出席した。｜ La función duró **treinta y una** noches. その公演は 31 日にわたって毎晩おこなわれた。

(ii) 21 〜 29 は 1 語の形で表す。30 以降は一の位が 0 でない場合は「十の位＋ y ＋一の位」という 3 語の形で表す。cuarenta y dos（42）。ただし cuarentaidós のような表記も正しいとされている。

2.3.4. ciento (cien)

(i) ciento は十の位や一の位が 0 でない場合に用いる形である。

ciento veintitrés horas 123 時間

(ii) cien は単独、または名詞、mil（千）、millón（百万）などの直前で用いる形である。

Cuenta hasta **cien**. 100 まで数えなさい。｜ **cien** años 100 年｜ **cien** mil euros 10 万ユーロ

(iii) 百分率（パーセント、%）には ciento を用いる。ただし cien por cien（完全に）という成句では cien を用いる。

El 30 por **ciento** de los habitantes lo considera correcto. 住民の 30％はそれが正しいと考えている。｜ Estoy de acuerdo al **cien** por **cien**. 私は全面的に賛成だ。

(iv) 概数を表すときは複数形 cientos が用いられる。男性名詞として働く。

Tengo guardadas **cientos** de fotos de mi hija. 私は娘の写真を何百枚も保存している。

2.3.5. doscientos, -as など

百の位を表す基数詞には、男性形と女性形の区別がある。十万の位を表す場合にも同様である。

doscientos kilos 200 キロ｜ **trescientas** libras 300 ポンド｜ **quinientas** mil toneladas 50 万トン

2.3.6. mil

(i) mil は性、数の変化をしない。ただし概数を表すときは複数形 miles が用いられる。

el año **mil** cuatrocientos noventa y dos 1492 年｜ trescientas cuarenta y cinco **mil** seiscientas setenta y ocho personas 345,678 人の人々｜ **Miles** de manifestantes salieron a la calle. 何千人ものデモ参加者が市街に出た。

(ii) 「mil y uno (un), una」（数多くの）という成句では、例外的に mil の直後に y を用いる。

Las **mil** y una noches 千夜一夜物語｜ Surgen cada día **mil** y un problemas. 毎日多くの問題が起こる。

2.3.7. millón, billón

(i) millón は男性名詞で、複数形 millones を持つ。形容詞としての働きがないので、直後に名詞が続くときは、間に de を必要とする。

un **millón** de yenes 百万円｜ veinte **millones** de dólares 2 千万ドル｜ mil doscientos treinta y cuatro **millones** quinientas sesenta y siete mil ochocientas noventa personas 12 億 3456 万 7890 人の人々（doscientos は personas ではなく millones を修飾しているので男性形。また millones と personas の間に他の数詞が介在しているので de は付けない）

(ii) 兆の位は男性名詞 billón（複数形は billones）で表す。直後に名詞が続くときは、間に de を必要とする。

el presupuesto de un **billón** de euros 1 兆ユーロの予算｜ noventa mil ochocientos setenta y seis **billones** de células 9876 兆個の細胞

3. 序数詞

3.1. 序数詞の形

1.º	primero	16.º	decimosexto	200.º	ducentésimo
2.º	segundo	17.º	decimoséptimo	300.º	tricentésimo
3.º	tercero	18.º	decimoctavo	400.º	cuadringentésimo
4.º	cuarto	19.º	decimonoveno	500.º	quingentésimo
5.º	quinto	20.º	vigésimo	600.º	sexcentésimo
6.º	sexto	21.º	vigésimo primero	700.º	septingentésimo
7.º	séptimo	30.º	trigésimo	800.º	octingentésimo
8.º	octavo	40.º	cuadragésimo	900.º	noningentésimo
9.º	noveno	50.º	quincuagésimo	1000.º	milésimo
10.º	décimo	60.º	sexagésimo	2000.º	dosmilésimo
11.º	undécimo	70.º	septuagésimo	1 000 000.º	millonésimo
12.º	duodécimo	80.º	octogésimo	2 000 000.º	dosmillonésimo
13.º	decimotercero	90.º	nonagésimo	1 000 000 000.˚	milmillonésimo
14.º	decimocuarto	100.º	centésimo		
15.º	decimoquinto	101.º	centésimoprimero		

＊これらは男性単数形。この他に女性単数形 -a、男性複数形 -os、女性複数形 -as がある。primero, tercero には語尾脱落形 primer, tercer がある。

＊「1.º」などの表記については → 第 1 章 9.1.2. (iv)

3.2. 序数詞全般の働き

3.2.1.　序数詞は自然数の順序、順位を表す。主に形容詞として用いられる。「序数詞＋名詞」の語順が普通だが、「名詞＋序数詞」の語順も可能である。

la **segunda** página / la página **segunda** 第 2 ページ｜ el **primer** día de la semana 週の最初の日｜ el día **primero** de julio 7 月 1 日

3.2.2.　序数詞には性、数の変化がある。

Las reservas internacionales del país son las **séptimas** más altas del mundo. その国の外貨準備高は世界で 7 番目に多い。

3.2.3.　序数詞は一般に décimo までが用いられ、大きな数は基数詞で代用されることが多い。

Isabel II (**segunda**) イサベル 2 世｜ Alfonso XIII (trece) アルフォンソ 13 世｜ siglo VIII (**octavo** / ocho) 8 世紀｜ siglo XXI (veintiuno) 21 世紀

3.2.4.　序数詞は名詞、副詞として働くこともある。

¿Quién fue el **segundo** en llegar a América? アメリカ大陸に 2 番目に到達したのは誰ですか？｜ **Primero** vamos a probarlo. まずそれを試してみよう。

3.3. 序数詞のそれぞれの働き

3.3.1. primero, tercero

(i) primero, tercero は男性単数名詞の前で語尾が脱落し、primer, tercer となる。

el **primer** curso 第 1 学年 ｜ la **primera** dama ファーストレディ

(ii) 序数詞と男性単数名詞との間に別の単語が存在する場合は、primer, tercer と primero, tercero のどちらを使うこともできる。

Este es el {**primer** / **primero**} y último aviso. これが最初で最後の警告だ。

3.3.2. vigésimo primero, vigésimo tercero など

(i) 一の位が 1 または 3 の序数詞は、3.3.1.(i) の規則に従う。

el XXXIII (**trigésimo tercer**) aniversario 第 33 周年

(ii)「第 21 〜 29 の」などは「十の位＋一の位」を 2 語の形で表記する。間に y などを置くことはない。また、これらの序数詞が性、数の変化をするとき、十の位もそれに従うのが原則だが、変化せず男性単数形になり、1 語として表記されることも多い。

la {**vigésima primera** / **vigésimoprimera**} edición 第 21 版

4. 分数詞、小数の表し方

4.1. 分数詞の形

4.1.1. 分数詞は、名詞または形容詞として働く。

(i) 名詞として：単独で分母を表す。tercio $\frac{x}{3}$ の分母

(ii) 形容詞として：parte(s) を修飾して分母を表す。tercera parte $\frac{x}{3}$ の分母

4.1.2. 分数の表し方① （分数詞＝名詞）

1/2	un medio	1/11	un onceavo	1/50	un cincuentavo
1/3	un tercio	1/12	un doceavo	1/56	un cincuentaiseisavo
1/4	un cuarto	1/13	un treceavo	1/60	un sesentavo
1/5	un quinto	1/14	un catorceavo	1/100	una centésima
1/6	un sexto	1/15	un quinceavo	1/1000	una milésima
1/7	un séptimo	1/16	un dieciseisavo	1/10 000	una diezmilésima
1/8	un octavo	1/20	un veinteavo	1/100 000	una cienmilésima
1/9	un noveno	1/30	un treintavo	1/1 000 000	una millonésima
1/10	una décima	1/40	un cuarentavo	1/2 000 000	una dosmillonésima

＊ 1/10、1/100、1/1000... は男性形で表すこともできる。スペインでは女性形、ラテンアメリカでは男性形を用いることが多い。

1/10 un décimo ｜ 1/100 un centésimo ｜ 1/1000 un milésimo

Un micrón equivale a {una **milésima** / un **milésimo**} de milímetro. 1 ミクロンは 1000 分の 1 ミリに相当する。

4.1.3. 分数の表し方②（分数詞＝形容詞）

1/3	una tercera parte	1/50	una cincuentava parte
1/4	una cuarta parte	1/56	una cincuentaiseisava parte
1/10	una décima parte	1/100	una centésima parte
1/11	una onceava parte	1/1000	una milésima parte
1/20	una veinteava parte	1/10 000	una diezmilésima parte

4.2. 分数詞の働き

4.2.1. 分数は①型でも②型でも表せる。口語では②型がよく用いられる。対象の総体を示すときは「分数＋ de ＋対象の総体」という形を用いる。

El candidato obtuvo {**un tercio** / **una tercera parte**} de los votos. その候補者は投票総数の 3 分の 1 を獲得した。

4.2.2. 「2 分の 1」は medio または mitad を用いて表す。medio は男性名詞、または形容詞（性、数の変化あり）として働く。mitad は女性名詞である。

Son las dos y **media**. 2 時半だ。| Más de la **mitad** de la población de la región es extranjera. その地方の人口の半数は外国人だ。

4.2.3. 分子が 1 の分数は、un, una の代わりに定冠詞が付くこともある。

La gravedad de la Luna es {**la** / **una**} sexta parte de la de la Tierra. 月の重力は地球のそれの 6 分の 1 だ。

4.2.4. 分子が 2 以上の場合、分母は複数形になる。

La moción fue aprobada por {los **dos tercios** / las **dos terceras partes**} del Congreso. その議案は議会の 3 分の 2 の賛同を得て承認された。| Estos gastos ocupan {los **tres cuartos** / las **tres cuartas partes**} de la inversión. この出費は投資額の 4 分の 3 を占める。

4.2.5. 分数詞を含む名詞句が主語となるとき、分子が 1 の場合は、原則として述語動詞は単数形になるが、対象の総体が複数形で表されていれば、動詞も複数形になることがある。分子が 2 以上の場合は、述語動詞は複数形になる。

{**Un quinto** / **Una quinta parte**} de los establecimientos no {**abre** / **abren**} los domingos. 商店の 5 分の 1 は日曜日は営業していない。| {**Siete décimos** / **Siete décimas partes**} de los niños hispanos nacidos en Estados Unidos prefieren el inglés al español. アメリカ合衆国で生まれたヒスパニック系の子どもの 10 分の 7 はスペイン語より英語を用いたがる。

4.2.6. 帯分数は、整数と分数の間に接続詞 y を置いて表す。

cinco y tres séptimos $5 \frac{3}{7}$

4.2.7. 大きな数の分数は、「分子＋ dividido por ＋分母」「分子＋ sobre ＋分母」のような形で表すことができる。

ochenta dividido por dos mil trece / ochenta sobre dos mil trece $\frac{80}{2013}$

4.3. 小数の表し方

4.3.1. 小数部が 1 けたの場合

1.6 uno punto seis （または 1,6　uno coma seis。以下では小数点をコンマで表記する例

を省略）小数点の表記については → 第 1 章 9.3.4. (iv)

4.3.2. 小数部が 2 けた以上の場合

(i) 小数部を 1 けたごとに読む。

3.14 tres punto uno cuatro

(ii) 小数部を 2 けたずつまとめて読む。

3.14 tres punto catorce ｜ 3.1416 tres punto catorce dieciséis

(iii) 小数部を 1 つのまとまりとして読む。

3.1416 tres punto mil cuatrocientos dieciséis

4.3.3. 整数部を entero(s) または unidad(es) で表し、小数部を 10, 100, 1000... を分母とする分数の形で表すこともある。

3.14 tres enteros (con) catorce centésimas ｜ 0.001 cero unidades, una milésima

5. 倍数詞

5.1. 倍数詞の形

2 doble	6 séxtuple	10 décuplo	100 céntuplo
3 triple	7 séptuple	11 undécuplo	
4 cuádruple	8 óctuple	12 duodécuplo	
5 quíntuple	9 nónuplo	13 terciodécuplo	

* duplo, -a（2 倍の）、triplo, -a（3 倍の）のような形もある。また 1 に対応する simple（単一の）という語は倍数詞とは見なされない。

5.2. 倍数詞の働き

5.2.1. (i) 倍数詞は「～倍（の）」を表す形容詞、名詞である。語尾が -e のものは数の変化、-o のものは性、数の変化がある。

La fiscalía detectó los **dobles** pagos. 検察はその二重払いを探知した。

(ii) 形容詞として働くとき、原則として、名詞の前にも後にも置かれるが、慣習的に一方に決まっている場合もある。

cama **doble** ダブルベッド（doble cama はまれ）｜ **triple** salto / salto **triple** 三段跳び

(iii) 男性名詞として働く。

Esta cantidad es casi el **doble** de la que obtuvimos el año pasado. この金額は私たちが昨年得た額の 2 倍だ。

5.2.2. 4 以上の倍数詞はあまり用いられず、「... veces más」「... veces mayor」などで代用される。

Cobro **seis veces más** que cuando trabajaba en otra empresa. 私は今、別の会社で働いていたときより 6 倍も給料をもらっている。｜ La población del país es casi **diez veces mayor** que el cálculo realizado hace cinco años. その国の人口は 5 年前に実施された統計の 10 倍近くに増えている。

6. 集合数詞

6.1. 集合数詞の形

2	par	12	docena	50	cincuentena
3	trío	15	quincena	100	centena, centenar
10	decena	20	veintena	1000	millar

6.2. 集合数詞の働き

6.2.1.　集合数詞は、一定数のまとまりを表す。par, trío, centenar などは男性名詞、語尾が -na のものは女性名詞である。すべて数の変化がある。

Compramos tres **pares** de calzado deportivo. 私たちは運動靴を 3 足買った。｜ Deme una **docena** de huevos. 卵を 1 ダースください。｜ En la mansión se conservaban una **veintena** de obras de Picasso. その邸宅にはピカソの作品が 20 点保管されていた。｜ La borrasca ha afectado **centenares** de viviendas. その暴風雨は数百軒の家屋に被害を与えた。

6.2.2.　語尾が -na の集合数詞は「〜歳代」も表す。

El hombre que vi rondaría la **sesentena**. 私が見た男性の年齢は 60 代ぐらいだった。

7. 数の表現

7.1. 計算の表し方

7.1.1.　四則計算の表し方を例を用いて示す。等号は ser または igual a で表す。

- ・足し算：$8 + 4 = 12$　　Ocho {más / y} cuatro {son / igual a} doce.
- ・引き算：$8 - 7 = 1$　　Ocho menos siete {es / igual a} uno.（答えが 1 のとき ser は単数形）
- ・掛け算：$8 \times 4 = 32$　　Ocho por cuatro {son / igual a} treinta y dos.
- ・割り算：$8 : 4 = 2$　　Ocho dividido {por / entre} cuatro {son / igual a} dos.（割り算の記号には「÷」だけでなく「：」を用いることが多い）
- ・余りのある割り算：

　　　　$8 : 6 = 1R2$　　Ocho dividido por seis es uno con resto dos.

7.1.2.　不等式、べき乗、平方根、負の数の表し方を例を用いて示す。

$2 + 3 > 4$　　Dos más tres es mayor que cuatro.

$2 + 3 < 6$　　Dos más tres es menor que seis.

3^2　　　　　tres al cuadrado / cuadrado de tres

4^3　　　　　cuatro al cubo / cubo de cuatro

$\sqrt{2}$　　　　raíz cuadrada de dos

-5　　　　　menos cinco

7.2. 日常用いる数の表現

7.2.1.　年月日

Hoy es jueves 13 (trece) de agosto de 2020 (dos mil veinte). 今日は 2020 年 8 月 13 日木曜日だ。｜ Rosa nació el 1 (uno / primero) de marzo de 1990 (mil novecientos noventa). ロサは 1990 年 3 月 1 日に生まれた。(「1 日」はスペインでは uno、ラテンアメリカでは primero と表現することが多い)

7.2.2. 時刻

Es la una (hora) y diez (minutos). 1 時 10 分だ。(多くの場合 hora(s), minuto(s) は省略される) ｜ Son las tres (horas) y cuarto. 3 時 15 分だ。｜ Ya serán las siete (horas) y media. もう 7 時半になるころだろう。｜ Era la una menos cinco. 1 時 5 分前だった。

7.2.3. 売買

Este artículo cuesta veinte euros con cincuenta céntimos. この商品の価格は 20 ユーロ 50 セントだ。｜ Póngame dos kilos de patatas y un cuarto de queso. ジャガイモを 2 キロとチーズを 1/4 キロください。

7.2.4. 建物

(i) スペインの数え方 (2 階を「1 番目のフロア」とみなす)

planta baja 地上階、1 階 ｜ primer piso / primera planta 2 階 ｜ segundo piso / segunda planta 3 階 ｜ tercer piso / tercera planta 4 階 ｜ sótano / primer sótano 地下 1 階 ｜ segundo sótano 地下 2 階

(ii) ラテンアメリカの数え方 (日本と同じく 1 階を「1 番目のフロア」とみなす)

primer piso / primera planta 1 階 ｜ segundo piso / segunda planta 2 階

第11章　不定語、否定語

1. 総論

1.1. 不定語

　　不定の事物や事柄を表す単語を「不定語（indefinido）」という。形容詞、代名詞、副詞として働き、それぞれ不定形容詞、不定代名詞、不定副詞と呼ばれる。不定語は、表す内容を基準に次のように区分することができる。

①意味的な対になったもの。algo（何か）と nada（何も〜ない）など
②集合の部分を表すもの。uno（ある）など
③集合の全体を表すもの。todo（すべての）など
④数量、程度を表すもの。mucho（たくさんの）など
⑤任意の選択を表すもの。cualquiera（どれでも）など
⑥ある対象との異同を表すもの。otro（別の）など

　　これらのうち、①に属する nada（何も〜ない）や、⑥に属する tampoco（〜もまた〜ない）のように否定的な意味を持つ不定語は、否定語（→ 1.2.）でもある。また、④の部類の不定語は、数詞とともに「数量詞（cuantificador）」と呼ばれることがある。

　　この章では、代表的な不定語のほかに、不定語に密接な関係を持つ単語も扱う。③の solo（ただ〜だけ）、⑥の también（〜もまた〜である）など。

1.2. 否定語

　　動詞を否定し、否定文を作ることができる単語を「否定語」（negativo）という。副詞、形容詞、代名詞、前置詞、接続詞として働く。否定語は次のように区分することができる。

①代表的な否定語。no（〜ない）
②不定語でもあるもの。nadie（誰も〜ない）など
③副詞として働くもの。nunca（決して〜ない）など
④前置詞、接続詞として働くもの。sin（〜なしに）、ni（〜でもない）など

1.3. 否定文

　　否定を表す文を否定文（oración negativa）という。否定文には、①基本的な否定文のほかに、②部分否定、③二重否定、④否定語を用いない否定を表すものがある。

　　また、この章では、否定にかかわる問題として、①否定の領域、②否定極性辞、③虚辞の否定を扱う。

2. 対になった不定語と否定語

2.1. 対になった不定語と否定語の形

働き	形	意味	品詞
不定語	algo	何か	代 副
否定語	nada	何も～ない	
不定語	alguien	誰か	代
否定語	nadie	誰も～ない	
不定語	alguno, -a, -os, as	どれか	形 代
否定語	ninguno, -a, -os, -as	どれでも～ない	

＊ 形 ：形容詞、代 ：代名詞、副 ：副詞

＊ alguno, ninguno は男性単数名詞の前で algún, ningún となる。

2.2. algo, nada

2.2.1. algo, nada は代名詞または副詞として働く。algo は「(漠然と) 何か不定の物、事」、nada は「(物、事が) 何もないこと、無」を表す。性、数の変化はない。

2.2.2. 代名詞として働く algo, nada

(i) 不定の物、事を指す。algo は肯定表現、nada は否定表現を作る。否定表現の作り方については →4.2.

¿Quieres **algo**? —No, no quiero **nada**. / No, **nada** quiero. 君、何か欲しいかい？ ——いいや、何も欲しくない。

(ii) 形容詞、「(de) + 形容詞」、関係節などによって修飾される。修飾語句は男性単数形となり、algo, nada の後ろに置かれる。不定冠詞が付くこともある。

Parece que ha surgido **algo** (de) imprevisto. どうやら予期しないことが起きたようだ。｜ La investigación no reveló **nada** (de) nuevo. その調査では新たなことは何も明らかにならなかった。｜ Hay un **algo** en ti que no me gusta. 君には私の気に入らない何かがある。

2.2.3. 副詞として働く algo, nada

(i) 形容詞などの前に置かれて、その程度を表す。algo は「いくらか」「多少」を、nada は「全然」「ちっとも」を表す。

Lola estaba **algo** preocupada por él. ロラは彼のことをいくぶん心配していた。｜ Esta cuestión no es **nada** fácil de resolver. この問題の解決はちっとも簡単ではない。

(ii) 代名詞、副詞のどちらにも解釈できる場合がある。

Esto es **algo** importante. これは大切な事柄だ。(algo は代名詞) ／これはいささか大切だ。(algo は副詞)

2.3. alguien, nadie

2.3.1. alguien, nadie は代名詞として働き、不定の人を指す。alguien は「(漠然と) 誰か不定の人」、nadie は「誰でもない人」を意味する。性、数の変化はない。alguien は肯

159

定表現、nadie は否定表現を作る。否定表現の作り方については → 4.2.

¿Ha venido **alguien**? —No, no ha venido **nadie**. / No, **nadie** ha venido. 誰か来ましたか？ ——いいえ、誰も来ませんでした。

2.3.2. 形容詞、関係節などによって修飾される。修飾語句は原則として男性単数形となり、alguien, nadie の後ろに置かれる。不定冠詞が付くこともある。

Aparte de él mismo, no había **nadie** capacitado para desarrollarlo. それを開発する能力のある人は、彼以外には誰もいなかった。｜ Aquello era indigno de **alguien** tan {listo / lista} como Lola. それはロラのように利口な者にはふさわしくないものだった。（この場合は女性形も可）｜ Lola necesitaba un **alguien** a quien querer. ロラは愛することのできる誰かを必要としていた。

2.3.3. 直接目的語として働くときは、前置詞 a を付ける。

¿Esperas a **alguien**? —No, no espero a **nadie**. 君は誰かを待っているの？ ——いいや、誰も待ってはいないよ。

2.4. alguno, ninguno

2.4.1. alguno, ninguno は形容詞または代名詞として働く。alguno は「（ある集合の中の）任意のどれか 1 つ」、ninguno は「（ある集合の中の）任意のどの 1 つも～ない」という意味合いを持つ。

(i) **Alguno** de ellos está mintiendo. 彼らのうちの誰かが嘘をついている。（嘘をついているのが誰かは不明）［比較］ Uno de ellos está mintiendo. 彼らのうちの 1 人が嘘をついている。（嘘をついているのは 1 人で、かつそれが誰かは分かっている）

(ii) **Ninguno** de ellos tiene la culpa. 彼らのうち誰 1 人、罪はない。（「彼ら」の中の任意の誰かについて、「罪はない」と言える）［比較］ Nadie tiene la culpa. 誰にも罪はない。（「全員」について、「罪はない」と言える。× Nadie de ellos tiene la culpa. は誤り）

(iii) En {○ un / × **algún**} lugar de la Mancha vivía una muchacha llamada Dulcinea. {○ Un / × **Algún**} día la muchacha fue al río para lavar ropa. ラマンチャのある場所に、ドゥルシネアという名のある娘がいた。ある日、娘は川に洗濯に行った。（「ある集合の中の」という限定がない、単なる不定の対象を指すので、alguno は誤り。algún día は未来の「いつか」を表す）

2.4.2. 形容詞として働く alguno, ninguno

(i) alguno は「何らかの、いくらかの（人、物、事）」を表す。ninguno は「何の～もない（人、物、事）」を表す。原則として名詞の前に置かれる。性、数の変化がある。「alguno, ninguno ＋（他の修飾語）＋男性単数名詞」となるとき、語尾が脱落し、algún, ningún となる。

¿Hay **alguna** fiesta o **algún** mitin hoy? 今日は何かの祭か集会があるのですか？｜ No tengo **ningún** otro deseo ni **ninguna** queja. 私は他に何の希望も、何の不平もない。

(ii) アクセントのある /a/（文字表記では a, ha, á, há）で始まる女性名詞単数形の直前では、algún, ningún を使うこともできる。

{**algún** / **alguna**} arma 何らかの武器（男性単数形も女性単数形も可）｜ {× ningún / ○ **ninguna**} terrible arma どんな恐ろしい武器もない（arma の直前ではないので男性単

数形は使えない）

(iii) alguno は原則として肯定表現で用いられる。文語的な文脈の中では、「名詞 + alguno」の語順で否定表現を作る。

Primero hice **algunos** ejercicios ligeros. 私はまず軽い体操を少しした。｜ No hay duda **alguna** de que es verdad. それが本当であることに、何の疑いもない。（No hay ninguna duda de que es verdad. より強い否定）

(iv) ninguno は述語動詞の前に置かれるときは、単独で否定文を作る。述語動詞の後に置かれるときは、動詞の前に否定語 no を付けて「no... ninguno」のように否定語を重複させて否定文を作る。前置詞 sin（〜なしに）などの否定語の後でも同様に「sin... ninguno」という形にする。

Ningún cliente vino. / No vino **ningún** cliente. 客は 1 人も来なかった。｜ Ellos trabajan sin **ninguna** protección legal. 彼らは何ら法的な保護もなしに労働している。

(v) ninguno は単数形で使われることが多く、複数形は頻度が低い。

Por aquí no hay **ningún** hotel. この辺りにはホテルは 1 軒もない。　[比較] Por aquí no hay hoteles. この辺りにはホテルはない。｜ No me dan **ningunas** ganas de probarlo. 私はそれを試してみようとは全く思わない。

2.4.3. 代名詞として働く alguno, ninguno

(i) alguno は「何らか（の人、物、事）」を表す。ninguno は「何の〜もない人、物、事」を表す。性、数の変化がある。

Algunas de las obras del autor fueron muy bien recibidas por la crítica. その作家の作品のいくつかは、批評界には大変好意的に受け入れられた。｜ **Ninguna** de las empresas barcelonesas llegó a ofrecerle trabajo a Lola. バルセロナの会社のうち、どの会社もロラに職を提供するには至らなかった。

(ii) alguno, ninguno が主語のとき、述語動詞は 3 人称になるが、それらに後続する語句に呼応する場合もある。

Alguno de vosotros {pensará / pensaréis} que es fácil decirlo. 君たちのうちのある者は、そう言うのは簡単だと思うかもしれない。｜ **Ninguno** de nosotros {se daba / nos dábamos} cuenta de eso. 私たちのうちの誰もそれに気づかなかった。

(iii) ninguno と否定表現との関係については、不定形容詞 ninguno と同じ。 → 2.4.2. (iii)

Ninguno de los dos quiso hacerlo. / No quiso hacerlo **ninguno** de los dos. 2 人のうちどちらも、それをしたがらなかった。

3. その他の不定語

3.1. その他の不定語の形

働き	形	意味	品詞
集合の部分を表す	uno, -a, -os, -as	ある	代
	cierto, -a, -os, -as	ある	形

集合の全体を表す	todo, -a, -os, -as	すべて (の)	形	代	副
	cada	各々 (の)	形		
	ambos, -as	両方 (の)	形	代	
	sendos, -as	各々に 1 つの	形		
数量、程度を表す	mucho, -a, -os, -as	たくさん (の)	形	代	副
	poco, -a, -os, -as	(否定的に) 少し (の)	形	代	副
	bastante, -s	かなり (の)	形		副
	demasiado, -a, -os, -as	あまりにも	形		副
	muy	非常に			副
	solo, -a, -os, -as	ただ〜だけ (の)	形	代	副
	casi	ほとんど			副
任意の選択を表す	cualquiera, cualesquiera	どれでも	形	代	
	quienquiera, quienesquiera	誰でも		代	
	dondequiera	どこでも			副
	comoquiera	どのようにでも			副
ある対象との異同を表す	mismo, -a, -os, -as	同じ	形	代	副
	otro, -a, -os, -as	別 (の)	形	代	
	demás	その他 (の)	形	代	
	tal, -es	そのような	形	代	副
	tan	それほど	形		
	tanto, -a, -os, -as	それほどたくさん (の)	形	代	副
	también	〜もまた			副
	tampoco	〜もまた…ない			副

＊形：形容詞、代：代名詞、副：副詞

＊ cualquiera は名詞の前で cualquier となる。

3.2. 集合の部分を表すもの（uno, cierto）

3.2.1. uno

(i) 代名詞として働き、性、数の変化をする。単数形は「1 つ、1 人」、複数形は「いくつか、数人」を表す。

　¡Qué muñecas tan bonitas! Voy a comprar **una**. なんてかわいい人形だろう！ 1 つ買うことにしよう。

(ii) 形容詞、関係節などによって修飾される。修飾語句は uno の性、数と一致し、後ろに置かれる。

　Tienes que cambiar tu coche por **uno** nuevo. 君は車を新しいのに変えたほうがいいよ。 |
Entre mis amigas, hay **unas** que ya están casadas. 私の女性の友人たちの中には、もう結婚

している者もいる。

(iii) uno は「人というもの一般」、una は「女性というもの一般」を表し、不定人称文を作る。→ 第 20 章 7.2.2.

(iv) uno と otro の対で、「あるものは～し、またあるものは～する」などを表す。

Unos salen, otros entran. 出て行く人もいれば、入る人もいた。｜ Entre las dos opciones, tuve que elegir **una** u otra. 私は 2 つの選択肢のうち、どちらかを選ばなければならなかった。

(v)「el uno ＋前置詞＋ el otro」（常に男性形）は「互いに」を表す。→ 第 20 章 5.5.1. (i)

Ella y yo ya nos hemos olvidado el **uno** del otro. 彼女と私はもうお互い相手のことを忘れてしまった。

(vi) 不定冠詞の un, una, unos, unas については → 第 7 章 4. 数詞の uno (un), una については → 第 10 章 2.3.2.

3.2.2. cierto

(i) 形容詞として働き、性、数の変化をする。「ある、ある種の」を意味する。名詞に前置される。

En **cierto** sentido, puede decirse que era un éxito. ある意味では、それは成功だったと言えるかもしれない。｜ **Ciertas** circunstancias te hacen conocer tus posibilidades. ある種の環境は、人に自分が持つ可能性を教えてくれる。

(ii) 冠詞とともに用いることはできない点で、形容詞の cierto（確実な）とは異なる。

cierta noticia ある知らせ ［比較］ una noticia cierta 確かな知らせ

3.3. 集合の全体を表すもの（todo, cada, ambos, sendos）

3.3.1. todo

(i) 形容詞、代名詞、副詞として働く。形容詞、代名詞の場合は、性、数の変化をし、「すべて（の）」を表す。形容詞として働くときは、「todo ＋（その他の修飾語）＋名詞」の語順になる。副詞の場合は原則として todo の形のみで用いられ、「完全に、すっかり」を表す。

(ii) 形容詞として①：「todo ＋定冠詞単数形＋単数普通名詞」（〈単一の対象を指して〉すべての～）

Paco estuvo en casa **todo** el día. パコは 1 日中家にいた。｜ He mirado por **toda** la casa pero no he encontrado nada raro. 私は家の中をくまなく見たが、何も異常はなかった。

(iii) 形容詞として②：「todo ＋定冠詞複数形＋複数普通名詞」（〈複数の対象を指して〉すべての～）

Paco va al trabajo **todos** los días. パコは毎日仕事に出かける。｜ Miré a través de la ventana **todas** las casas de enfrente. 私は窓から、正面のすべての家々を眺めた。

(iv) 形容詞として③：「todo ＋無冠詞＋単数普通名詞」（どんな～でも）

En ese pueblo a **todo** desconocido se le mira como a un enemigo posible. その村では、よそ者は誰でも、敵になりかねない奴という目で見られる。｜ **Todo** día vemos casos de corrupción en los diarios. 新聞に汚職事件の報道が乗らない日はない。

この形で用いられる慣用句も多い。a **toda** costa どんな犠牲をはらってでも ｜ con **toda** sinceridad 真心をこめて

(v) 形容詞として④：「todo ＋不定冠詞単数形＋単数普通名詞」（まったくの、〜そのもの）
Tu padre era **todo** un caballero. 君のお父さんは紳士そのものだった。｜ Ver en acción a
esta actriz es **toda** una sorpresa. この俳優の演技を見ると、ほんとうにびっくりさせられる。

(vi) 形容詞として⑤：「todo ＋無冠詞＋複数普通名詞」（すべての）主に慣用句で用いる。
De **todos** modos, ya era demasiado tarde. とにかく、もはやあまりにも遅すぎた。｜ Hay
gente buena en **todas** partes del mundo. いい人は世界のどこにでもいる。

(vii) 形容詞として⑥：「todo ＋指示詞、所有詞（＋普通名詞）」「todo ＋固有名詞」「todo
＋人称代名詞」（すべての〜）一般に、冠詞は用いられない。
Tú reúnes **todas** esas condiciones. 君にはそれらすべての条件が備わっている。｜ Te amaré
toda mi vida. 私は一生、君を愛する。｜ **Todos** nosotros estamos contentos. 私たちはみんな
満足している。（nosotros を省略した **Todos** estamos contentos. も可）｜ **Toda** España se
fijó en este suceso. 全スペインがこの事件に注目した。

(viii) 代名詞として①：指す対象を表す単語と性、数を一致させる。
Paco volvió a mirarlas a **todas**. パコは彼女ら全員をまた見た。

(ix) 代名詞として②：男性単数形 todo は「すべての物、事」を表すことができる。
¡Cómo ha cambiado **todo**! 何もかもがなんと変わってしまったことか！
この働きによる慣用句が多い。
ante **todo** 何よりもまず｜ sobre **todo** 特に

(x) 代名詞として③：男性複数形 todos は「すべての人」「全員」を表すことができる。
Todos creen que sí. 誰もがそうだと信じている。

(xi) 副詞として：名詞などの前に置かれて「完全に、すっかり」を表す。性、数の変化が
なく todo の形で使われるので副詞とされるが、口語では、対応する名詞が人の場合、
その性、数に呼応させることがある。
El cielo era **todo** nubes. 空はすっかり雲に覆われていた。｜ Lola, {○ **todo** / △ **toda**} son-
risas, saludó a Paco. ロラは満面に笑みを浮かべてパコにあいさつした。（todo が正しいが、
口語では toda も見られる）

3.3.2. cada

(i) cada は「各〜」「それぞれの〜」を表す。形容詞として名詞を修飾する。性、数の変化
はない。「cada ＋単数名詞」の形が基本である。
Entregaron dos libros a **cada** alumno. それぞれの生徒に 2 冊の本が手渡された。｜ **Cada**
día aprendo algo nuevo. 私は毎日、何か新しいことを学ぶ。
比較 cada día は「同類の出来事が毎日起きる」。todos los días は「同一の出来事が毎
日繰り返される」。→ 3.3.1. (iii)

(ii) 「cada ＋基数詞＋名詞」の形では、複数名詞も可。
Tómese estas pastillas **cada** seis horas. これらの錠剤を 6 時間おきに服用しなさい。｜ Paco
viene **cada** dos días. パコは 2 日ごとに（＝ 1 日おきに）来る。

(iii) 口語では単独で代名詞として用いられ「それぞれ」を表すことがある。
Tenemos tarta de chocolate, de queso, de limón... —Póngame una de **cada**. 当店にござい
ますのはチョコレートケーキ、チーズケーキ、レモンケーキ… ——それぞれ 1 つずつください。

3.3.3. ambos

(i)「2つの対象の両方（の）」を表す。形容詞、または代名詞として働く。性の変化をする。単数形は存在しない。

La anciana tiene dos hijas. **Ambas** son muy trabajadoras. その老女には2人の娘がいる。2人とも大変な働き者だ。

(ii) 形容詞として働く ambos

「ambos ＋複数名詞」の順序で名詞を修飾する。間に他の単語を置くことはできない。

Paco miró a **ambos** lados de la calle. パコは通りの両側を見た。

(iii) 代名詞として働く ambos

Leí dos libros de ese escritor y me gustaron **ambos**. 私はその作家の本を2冊読んだ。どちらも面白かった。

注意 ambos は英語の *both... and*（…も、また～も）のような表現を作ることはできない。
× Ambos Paco y Pepe son de Madrid. （「パコもぺぺもマドリード出身だ」は誤り。
○ Tanto Paco como Pepe son de Madrid. などのように表す）

3.3.4. sendos

「2つ以上の対象のそれぞれの」を表す。形容詞として働き、「sendos ＋複数名詞」の順序で名詞を修飾する。名詞との間に他の単語を置くことはできない。対象を指す単語の性に呼応して sendos, sendas と変化する。単数形は存在しない。

Nos enseñaron tres casas con **sendos** jardines. 私たちは3軒の家を、それぞれの庭も含めて案内してもらった。｜ El libro cita todos los textos originales y **sendas** traducciones. その本はすべての原文と、それぞれの訳文を掲載している。

3.4. 数量、程度を表すもの（mucho, poco, bastante, demasiado, muy, solo, casi）

3.4.1. mucho

(i) mucho は、「量、程度が多い」ことを表す。形容詞および代名詞として働き、性、数の変化をする。また、mucho の形で副詞として働く。

(ii) 形容詞として①：「mucho ＋名詞」の順序で名詞を修飾する。名詞との間に他の単語を置くことはできない。「たくさんの、多くの、非常な」を表す。

Ya te lo he dicho **muchas** veces. このことは君にもう何回も言ったはずだ。｜ Ten **mucho** cuidado. 十分気を付けなさい。｜ Bebimos **mucha** cerveza. 私たちはビールをたくさん飲んだ。

注意 × Bebimos cerveza mucho. は不自然な文である。日本語では「たくさん」「非常に」「ほとんど（～しない）」のように副詞で表す事柄を、スペイン語では形容詞としての mucho, poco で表す場合が多い。

(iii) 形容詞として②：連結動詞の主格補語になる。ただし使用頻度はあまり高くない。

Son **muchos** los factores que contribuyen a este problema. この問題に関与する要因は数多い。（Hay **muchos** factores que contribuyen a este problema. の方が一般的）

(iv) 代名詞として：「たくさんの人、物、事」を表す。

Tengo **mucho** que hacer. 私はしなければならないことがたくさんある。｜ Se han olvidado **muchas** de las costumbres tradicionales. 伝統的な習慣の多くが忘れられてしまった。

(v) 副詞として①：動詞、副詞、前置詞句などを修飾し、「たくさん、大いに」を表す。

{Me gusta / No me gusta} **mucho** este cuadro. 私はこの絵が {非常に好きだ ／あまり好きではない}。 | Eso sucedió **mucho** antes de la guerra. それは戦争よりずっと前に起きたことだ。 | Te echaré **mucho** de menos. 君がいないのをとても寂しく思うことだろう。

(vi) 副詞として②：比較級の強調を表す。時に性、数の変化をすることがある。

Lola es **mucho** más alta que Rita. ロラはリタよりずっと背が高い。 | Esas ideas me parecen **mucho** mejores. 私には、それらの考えのほうがずっと名案であるように思える。 | Los jóvenes se recuperan con {**mucho** / **mucha**} mayor facilidad. 若者はずっと容易に元気になる。（本来は mucho だが、近接した女性名詞 facilidad の影響を受けて mucha が用いられる場合が多い）

3.4.2.　poco

(i) poco は、原則として否定的に「量、程度が少ない」ことを表す。形容詞および代名詞として働き、性、数の変化をする。また、poco の形で副詞として働く。

(ii) 形容詞として①：「poco ＋名詞」の順序で名詞を修飾する。名詞との間に他の単語を置くことはできない。「（否定的に）少しの、わずかの」を表す。否定語とともに用いると、肯定的な意味になる。

Hay **pocas** personas tan amables como usted. あなたのように親切な人はほとんどいない。 | Tienes muy **poca** imaginación. 君は実に想像力が乏しいね。 | No **pocos** economistas creen que está empezando una nueva crisis. 新たな危機が始まっていると考える経済学者は少なくない。

(iii) 形容詞として②：連結動詞の主格補語になる。ただし使用頻度はあまり高くない。

Toda precaución es **poca**. どんなに用心しても用心しすぎることはない。

(iv) 代名詞として：「（否定的に）少しの人、物、事」を表す。

Tengo **poco** que decir en estas circunstancias. この状況で私に言えることはほとんどない。 | **Pocas** de las especies han logrado dejar descendencia. それらの種族のうち、子孫を残すことができたものはほとんどなかった。

(v) 副詞として：「ほとんど～ない」を表す。

Nos trataron de manera **poco** seria. 私たちはあまり誠意ある応対を受けなかった。 | Dormí **poco**. 私はほとんど寝なかった。

(vi) 肯定的①：「un poco」は「少し（～ある）」という肯定的な意味を表す。

Me despertó **un poco** de simpatía. 私にはわずかばかりの同情心が湧いた。 [比較] Me despertó **poca** simpatía. 私には同情心がほとんど起きなかった。 | Lola está **un poco** nerviosa. ロラは少し緊張している。 [比較] Lola está **poco** nerviosa. ロラはほとんど緊張していない。

(vii) 肯定的②：時を表す表現では、poco 単独で肯定的な意味を表すことが多い。

Hace **pocas** semanas se descubrió un tremendo fallo de seguridad en el sistema electrónico. 数週間前、電子システムに大きな欠陥が発見された。 | **poco a poco** 少しずつ | dentro de **poco** 近いうちに

3.4.3.　bastante

(i) bastante は「対象の質や量が、ある基準に十分達している」ことを示す。形容詞として働き、数の変化をする。また、副詞として形容詞や副詞を修飾する。

(ii) 形容詞として：「十分な、かなりの」を表す。「bastante ＋名詞」の語順で名詞を修飾

する。また、連結動詞の主格補語としても働く。

En la biblioteca encontrarás **bastantes** libros sobre el tema. 図書館に行けばそのテーマに関する本をかなりの冊数見つけられるだろう。｜ Tres huevos son **bastantes** para nuestra cena. 私たちの夕食には卵が3つあれば十二分だ（余るほどだ）。

(iii) 副詞として：「かなり、相当」を表す。

La nueva política puede traer beneficios **bastante** grandes. 新しい政策はかなり大きな利益を生むことができるだろう。

3.4.4.　demasiado

(i) demasiado は「対象の質や量が、ある基準を超過している」ことを示す。形容詞として働き、数の変化をする。また、副詞として形容詞や副詞を修飾する。

(ii) 形容詞として：「多すぎる、過度の」を表す。「demasiado + 名詞」の語順で名詞を修飾する。また、連結動詞の主格補語としても働く。

El presidente ha hecho **demasiadas** concesiones a la oposición. 大統領は野党に対してあまりにも譲歩しすぎた。｜ ¿Por qué lo hiciste? ¡Esto es **demasiado**! 君はどうしてあんなことをしたんだ？ あんまりひどいじゃないか！

(iii) 副詞として：「あまりにも」を表す。

Hemos llegado **demasiado** tarde. 私たちは着くのが遅すぎた。

3.4.5.　muy

(i) muy は「程度が大きい」ことを表す。副詞として働き、「muy + 形容詞、副詞」の語順で形容詞、副詞、前置詞句を修飾する。「非常に」「大変」を意味する。

Lola vive en una casa **muy** agradable. ロラはとても快適な家に住んでいる。｜ Pude localizar **muy** fácilmente el documento que necesitaba. 私は必要な書類をごく簡単に見つけることができた。｜ Ya era **muy** de noche. もうすっかり夜になっていた。

(ii) mucho を修飾することができる。

El aprendizaje depende **muy** mucho de nuestra capacidad de concentración. どれだけ学習するかは私たちの集中力に大いに依存している。

(iii) 慣用句では、**muy** señor mío（手紙文で「拝啓」）のように名詞を修飾する場合もある。

(iv) 比較級、最上級の表現とともに用いることはできない。

Paco es {× muy / ○ mucho} mayor que Pepe. パコはペペよりずっと年上だ。→ 3.4.1. (vi)

参考 Mi abuelo es **muy** mayor. 私の祖父は大変年をとっている。（mayor が比較級ではなく「年配の」の意味で用いられているので、muy が使える）｜ Mi casa está {× muy cerquísima. / ○ muy cerca / ○ cerquísima} de aquí. 私の家はここからすぐ近くだ。

3.4.6.　solo

(i) solo は「単独」を表す。形容詞として働き、性、数の変化をする。また、solo の形で副詞として働く。

(ii) 形容詞として①：原則として「solo + 名詞」の語順で名詞を修飾し、「単独の」「ただ～だけの」を表す。

Paco no hizo (ni) una **sola** pregunta. パコは1つの質問さえもしなかった。

ただし「名詞 + solo」の語順で定型化した表現もある。

Me gusta el café **solo**. 私はブラックコーヒーが好きだ。

(iii) 形容詞として②：連結動詞の主格補語として働く。また、叙述補語として働く。→ 第 3 章 6.1.

Paco se quedó **solo** en el cuarto. パコはその部屋の中でただ 1 人になった。｜ Lo haremos nosotros **solos**. 私たちだけでそれをするつもりだ。｜ Lola vive **sola**. ロラは 1 人暮らしだ。

(iv) 副詞として

Paco hizo **solo** una pregunta. パコはただ 1 つだけ質問をした。｜ **Solo** Lola era capaz de hacerlo. ロラだけがそれをすることができた。

(v) 形容詞、副詞のどちらにも解釈できる場合がある。かつては副詞を sólo と表記して区別していたが、現在は区別がつかなくなった。

Paco come **solo** en casa. パコは家で 1 人で食事をとる。(solo ＝形容詞)／パコは家でしか食事しない。(solo ＝副詞)

3.4.7.　casi

(i) casi は「対象が、ある基準にもう少しで達する」ことを表す。副詞として「casi ＋形容詞、副詞、前置詞句、動詞など」の語順で用いられ、「ほとんど」「もう少しで～」を意味する。

Llevo **casi** dos horas esperando. 私は 2 時間近くも待っている。｜ El dueño de la casa **casi** siempre está ausente. その家の主人はたいていいつも留守だ。｜ Los dos se echaron a reír **casi** al mismo tiempo. 2 人はほとんど同時にどっと笑った。｜ **Casi** llegué a creerlo. 私はほとんどそれを信じそうになった。

(ii) 単独で用いられることがある。

Hemos pagado el doble. Bueno, **casi**. 私たちは 2 倍の金額を支払った。まあ、ほぼそのくらい支払った。

3.5. 任意の選択を表すもの（cualquiera, quienquiera, dondequiera, comoquiera）

3.5.1.　cualquiera

(i) cualquiera は「任意の人、物、事」を表す。形容詞、代名詞として働く。cualquiera, cualesquiera と数の変化をするが、複数形の使用頻度は低い。

(ii) 形容詞として：「どんな～でも」を表す。名詞の前に置かれるときは、語尾が脱落して cualquier, cualesquier となる。名詞の後ろに置かれるときは語尾脱落はしない。

Paco era capaz de soportar **cualquier** cosa. パコはどんなことでも我慢できた。｜ El aspirante puede participar en **cualesquier** ejercicios que ofrece el gimnasio. 希望者は体育館が提供するどの体操に参加してもよい。｜ Quiero hacer otra cosa, pero no otra cosa **cualquiera**. 私は別のことをしたいのだが、どんな別のことでもいいという訳ではない。

(iii) 副詞として：「どれでも、誰でも」を表す。人を指す直接目的語として使われる場合は前置詞 a を必要とする。

¿Cuál de estos cuchillos quieres usar? —**Cualquiera** me sirve. この中のどのナイフを使いたいの？ ―どれでもいい。｜ **Cualquiera** lo sabe. そんなことは誰でも知っている。｜ Puedo ganar a **cualquiera** —dijo el campeón. 「私は誰にでも勝てる」とチャンピオンは言った。

3.5.2.　quienquiera, dondequiera, comoquiera

(i) quienquiera は「任意の人」「～する人は誰でも」を表す代名詞である。後に「関係代名詞 que ＋動詞接続法」が続くことが多い。quienquiera, quienesquiera と数の変化を

するが、複数形の使用頻度は低い。

Cobraron a **quienquiera** que pasase el puente. その橋を渡る誰もが料金を徴収された。

(ii) dondequiera は「任意の場所」「どこでも」を表す副詞である。

Vivíamos en una casa vieja. El aire entraba por **dondequiera**. 私たちは古い家に住んでいた。すきま風がいたるところから入ってきた。| **Dondequiera** que uno {mire / mira}, siempre hay alguien utilizando un teléfono móvil. どこを見渡しても、必ず誰か携帯電話を使っている人がいる。（mire は「どこに目をやろうとも」という仮定的意味合いが強い）

(iii) comoquiera は「任意の方法」「どのように〜しても」を表す副詞である。

Quienquiera que seas, **comoquiera** que te llames, te quiero. 君が誰であろうと、君の名前がなんであろうと、私は君を愛している。

3.6. ある対象との異同を表すもの（mismo, otro, demás, tan, tal, tanto, también, tampoco）

3.6.1. mismo

(i) mismo は「同一」または「同類」を表す。形容詞、代名詞として働き、性、数の変化をする。また、mismo の形で副詞として働く。

(ii) 形容詞として①：「冠詞 + mismo + 名詞」の順序で名詞を修飾し、「同じ」「同一の」「同類の」を表す。

Paco y yo somos de la **misma** provincia. パコと私は同じ州の出身だ。（misma＝同一の）| Tengo el **mismo** reloj que tiene Paco. 私はパコと同じ時計を持っている。（mismo＝同類の。「1 個の時計を 2 人で共有している」のではなく、「2 人がそれぞれ所有しているのは同じ種類の時計」であることを表す）

(iii) 形容詞として②：名詞の前または後ろに置かれて「まさにその〜」という強調を表す。

Lo verás esta **misma** noche. 君はまさに今夜、それを見るだろう。| Incluso Paco **mismo** no lo sabía. パコその人ですら、それを知らなかった。

(iv) 形容詞として③：代名詞の後ろに置かれて「〜自身」という強調を表す。→第 9 章 7.1.3.、第 20 章 5.2.

Lola está satisfecha de sí **misma**. ロラは自分自身に満足している。

(v) 代名詞として：「定冠詞 + mismo」の形で「同じ人、物、事」を表す。

Paco se encerraba a leer libros, siempre los **mismos**. パコは閉じこもって読書にふけったものだった。いつも同じ本だった。（mismos＝同一の本）| A ti te pasará lo **mismo** que a mí. 君にも私と同じことが起きるだろう。（mismo＝同類のこと）

(vi) 副詞として：副詞の後ろに置かれて副詞を修飾し、「まさに〜」を表す。

Ahora **mismo** me explico. 今すぐ事情を説明します。| La vi hace un rato aquí **mismo**. 私はつい先ほど、まさにここで彼女を見た。

3.6.2. otro

(i) otro は、ある対象と「同一でない」または「同類でない」ことを表す。形容詞、代名詞として働き、性、数の変化をする。

(ii) 形容詞として：「otro + 名詞」の順序で名詞を修飾し、「他の、別の」を表す。otro の前に定冠詞、指示詞など、さまざまな限定の単語を付けることができる。ただし数詞は otro の後ろに置かれるのが一般的である。「…より他の」は otro... que または otro...

sino の形で表す。

No había **otro** remedio que aceptarlo. それを認めるより他に方法がなかった。| Debes hacer algún **otro** trabajo. 君は何か別の仕事をすべきだ。 | ¿Qué **otra** cosa puedo hacer? 私に他に何ができると言うのだ？ | Han venido **otros** dos niños. 子どもがもう 2 人やって来た。

(iii) 代名詞として：「他の人、物、事」を表す。

Lola, ¿qué te pasa? Pareces **otra**. ロラ、どうしたんだ？　まるで別人のようだ。| Estas toallas están sucias. Dame **otras**. これらのタオルは汚れている。別のをくれ。

(iv) 冠詞の有無①：「定冠詞 + otro」と「無冠詞 + otro」とで大きく意味が異なることがある。

El **otro** día vino Pepe. 先日ペペが来た。(過去) | Pepe, no vengas hoy sino **otro** día. ペペ、今日ではなく、また別の日に来てくれ。(未来)

(v) 冠詞の有無②：意味的に、定冠詞や所有詞が必要な場合がある。

Lola me dio la **otra** mitad de la naranja. ロラは私にオレンジの残り半分をくれた。(「残り半分」は単一で特定できるので、定冠詞が必要)

不定冠詞は付けられない。英語の *another* は「無冠詞 + otro」で表す。

Dame {○ **otra** / × una otra} taza de té. 紅茶をもう 1 杯ください。

(vi) 冠詞の有無③：慣用句では無冠詞で用いられることが多い。

en **otras** palabras 言い換えると | por **otra** parte 一方では

(vii)「uno... otro」の対で作る表現については → 3.2.1. (iv)

3.6.3.　demás

demás は、「集合からある事柄を除いた、その残り」を表す。形容詞、代名詞として働く。性、数の変化はない。原則として定冠詞とともに用いられるが、集合の他の事柄と列挙する場合は無冠詞になる。

Esperemos aquí hasta que lleguen los **demás** miembros. 他のメンバーたちが着くまでここで待とう。(demás は形容詞) | Solo quiero saber la verdad. Lo **demás** no me importa. 私は真実が知りたいだけだ。それ以外のことはどうでもいい。(demás は代名詞) | Mis padres, hermanos y **demás** familiares viven contentos en ese pueblo. 私の両親、兄弟やその他の親族はその村で幸せに暮らしている。

3.6.4.　tal

tal は、ある対象を受けて、「それと同様の（人、物、事)」を表す。形容詞として「そのような、そんな」を表し、名詞の前に置かれて名詞を修飾する。また、代名詞として「そのような人、物、事」を表す。単数形 tal と複数形 tales がある。

No conozco a **tales** personas. 私はそんな人たちは知らない。(tales ＝形容詞） | **Tal** fue la alegría de la niña. その少女の喜びはそれほどのものであった。(tal ＝代名詞)

3.6.5.　tan

(i) tan は、tanto の語尾が消失して生まれた形である。ある対象を受けて、「（人、物、事が）それと同様に」「そのように、そんなに」を表す。副詞として働き、形容詞、副詞、前置詞句などの前に置かれてこれらを修飾する。

¿Te parece **tan** extraño lo que digo? 私が言うことが君にはそんなに奇妙に聞こえるのですか？ | Lola se marchó **tan** de repente que no pude decirle adiós. ロラがあまりにも急に立ち去ったので、私は彼女にさよならも言えなかった。

[注意] 対象についての前提がない場合は tan ではなく muy を使う。

Paco vive **muy** lejos. パコは非常に遠くに住んでいる。｜ Paco vive **tan** lejos. パコはそれほど遠くに住んでいる。（「パコの家はここから非常に遠い」という前提を聞き手が知らなければ成り立たない）

(ii) 同等比較表現、原因結果表現、感嘆文などを作る。→第 4 章 3.4.2.、第 6 章 5.、第 21 章 5.1.、同 6.3.1. (iii)

3.6.6. tanto

(i) tanto は、ある対象を受けて、「それと同じ数量の（人、物、事）」、つまり「tan + mucho」を 1 語で表す働きをする。形容詞、代名詞のときは、性、数の変化をする。形容詞としては「tanto ＋名詞」の語順で名詞を修飾する。副詞のときは tanto の形で働く。

¿Hay **tantas** diferencias entre el norte y el sur? 北部と南部では、それほど多くの違いがあるのか？（tantas ＝形容詞）｜ Parece increíble que puedan caber **tantos** en esta sala. この部屋にこんなに多くの人が入れるなんて信じられない。（tantos ＝代名詞）｜ ¿No ves que te quiero **tanto**? 私がこれほど君を愛しているのが分からないのか？（tanto ＝副詞）

(ii) 同等比較表現、原因結果表現、感嘆文などを作る。→ 第 6 章 5.、第 21 章 5.1.

(iii) さまざまな慣用句を作る。

por (lo) **tanto** 従って｜ mientras **tanto** 一方では

3.6.7. también, tampoco

(i) también と tampoco は対になった副詞で、también は肯定的な意味を、tampoco は否定的な意味を表す。

(ii) también は、ある出来事の成立を取り上げて、「それと同様の出来事が成立すること」、つまり「〜もまた…である」を表す。

Me gusta esta canción. —A mí **también** me encanta. 私はこの歌が好きです。——私も大好きです。

(iii) tampoco は、ある出来事の不成立を受けて、「それと同様に、別の出来事が成立しないこと」、つまり「〜もまた…でない」を表す。tampoco を用いた文は、「tampoco ... 動詞」または「no ＋動詞 ... tampoco」という形式になる。

Si tú no me cuentas tu secreto, {yo **tampoco** te cuento el mío / yo no te cuento el mío **tampoco**}. 君が君の秘密を教えてくれないのなら、私も私の秘密を教えてあげない。

4. 否定語

4.1. no

4.1.1. no は代表的な否定語で、副詞として働き、①全体疑問文に対する否定の返答や、付加疑問文を作るのに用いられる。また、②文や、文内部の要素を否定する。

4.1.2. 全体疑問文に対する否定の返答

返答が否定文の場合、no を用いる。否定疑問文の返答では、日本語の「はい」に相当するので注意すること。→ 第 4 章 3.2.2.

¿Está Paco? —**No**, no está. パコはいますか？ ——いいえ、いません。｜ ¿No está Paco? —**No**, no está. パコはいないのですか？ ——はい、いません。

4.1.3. 付加疑問文

　　文末に ¿no? を付加することで付加疑問文が作られる。肯定文が多いが、否定文も可能である。→ 第4章 3.2.4.

　　Lola viene, ¿**no**? ロラは来ますよね？｜ Lola no viene, ¿{**no** / verdad}? ロラは来ませんよね？（no が続くのを避けるため verdad など別の単語がしばしば用いられる）

4.1.4. 文、節、句の否定

(i) 動詞の前に no を置いて否定文などを作る。

　　No fingí entenderlo. 私はそれが分かるふりをしなかった。（文を否定）｜ Fingí que **no** lo entendía. 私はそれが分からないふりをした。（従属節を否定）｜ Fingí **no** entenderlo. 私はそれが分からないふりをした。（不定詞句を否定。直前の例文と同義）

(ii) 動詞の前に無強勢代名詞が付くときは、no はさらにその前に置かれる。

　　Yo **no** te lo voy a explicar. 私は君にそれを説明するつもりはない。｜ A mí **no** se me ocurre una buena idea. 私にはいい考えが浮かばない。

(iii) no を残して、否定文などのその他の部分を省略できる。→ 第14章 3.1.8. (i)

　　¿Viene Lola? —Creo que **no**. (= Creo que Lola no viene.) ロラは来るかな？　——来ないと思う。　[参考] sí にも同様の働きがある。Creo que **sí**. 来ると思う。

4.1.5. 名詞、形容詞、過去分詞、副詞、前置詞句の否定

　　否定の対象となる語句の直前に no を付ける。

(i) 名詞の否定：Día Internacional de la **No** Violencia 国際非暴力の日

(ii) 形容詞の否定：organización **no** gubernamental 非政府組織、NGO

(iii) 形容詞的に働く過去分詞の否定：Encontraron unos trabajos **no** publicados del autor. その作家の未発表の作品がいくつか発見された。

(iv) 副詞の否定：¿Lola es artista? —Bueno, **no** precisamente. ロラは芸術家ですか？　——いや、正確にはそうではない。

(v) 前置詞句の否定：Voy a llevar a mi abuela al hospital, pero **no** en mi coche. 私は祖母を病院に連れて行くが、私の車では行かない。

4.2. 不定語でもある否定語

4.2.1. nada（何も～でない）、nadie（誰も～でない）、ninguno（どれも～でない）は、不定語であり、かつ否定語でもある。→ 2、5.1.

4.2.2. (i) この類の否定語は、次の2つの型の否定文を作る。

① 「no ＋動詞＋ {nada / nadie / ninguno}」という形式の否定文（no が必要）。

② 「{nada / nadie / ninguno} ＋動詞」という形式の否定文（no は不要）。

　　No me interesa **nada**. / **Nada** me interesa. 私は何にも興味が湧かない。｜ No lo sabe **nadie**. / **Nadie** lo sabe. 誰もそれを知らない。｜ No hay **ningún** problema. / **Ningún** problema hay. 何の問題もない。

(ii) ①型と②型はほぼ同じ意味を表すが、②型のほうがやや文語的である。

(iii) 疑問文への返答に②型を用いるのは不自然である。→第14章 3.1.8. (i)

　　¿Qué dijo Lola? —{○ No dijo **nada**. / ✕ Nada dijo}. ロラは何と言いましたか？　——何も言いませんでした。

4.3. 副詞として働く否定語

4.3.1. 副詞 nunca, jamás, apenas, tampoco は、2 つの型の否定文を作る。

①「no ＋動詞＋否定語」という形式の否定文（no が必要）。

②「否定語＋動詞」という形式の否定文（no は不要）。

4.3.2. nunca, jamás

(i) nunca および jamás は「決して〜ない」「一度も〜ない」を表す。

①型：No lo he visto **nunca**. / ②型：**Nunca** lo he visto. 私は一度もそれを見たことがない。

①型：No te olvidaré **jamás**. / ②型：**Jamás** te olvidaré. 私は君を決して忘れないだろう。

(ii) ①型と②型はほぼ同じ意味を表す。ただし nunca では、②型のほうが否定が強調される。また jamás では、②型のほうがよく用いられる。

(iii) ②型は動詞が不定詞の場合でも用いることができる。

El joven se fue para {**nunca** / **jamás**} volver. その若者は立ち去って二度と戻らなかった。

(iv) nunca と jamás はほぼ同じ意味を表す。ただし más（もっと〜）などによる比較表現には nunca しか用いられない。

Hoy más que {○ **nunca** / × jamás} la comunidad internacional procura la paz. いつにも増して今日、国際社会は平和を希求している。

(v) nunca jamás と重複させて否定を強調することができる。× jamás nunca という語順は不可。

Y después {no volvimos a hablar **nunca jamás** / **nunca jamás** volvimos a hablar} del asunto. その後、私たちは二度と再びそれを話題にしなかった。

4.3.3. apenas

(i) apenas は「ほとんど〜ない」を表す。①型、②型の否定文を作ることができるが、実際には②型で用いられることが多い。

①型：A esta hora no hay **apenas** tráfico. / ②型：A esta hora **apenas** hay tráfico. この時間帯には通行する車も人もほとんどない。

(ii) apenas は、数量表現の前では「わずか」「かろうじて」の意味を表す。

Apenas dos técnicos hacían el mantenimiento de la máquina. わずか 2 人の技術者がその機械のメンテナンスをしていた。

(iii) apenas は接続詞として働き、「〜するや否や」を表すことができる。

Apenas llegaron cuando empezó a llover. 彼らが着くや否や雨が降り始めた。

4.3.4. tampoco

tampoco は「〜もまたない」を表す。①型、②型、どちらの否定文も作ることができる。→ 3.6.7.

4.4. 前置詞、接続詞として働く否定語

4.4.1. sin

(i) 前置詞 sin は「〜なしで」を表す。→ 第 13 章 3.2.

Lola vive tranquila, libre y **sin** preocupaciones. ロラは穏やかで自由に憂いなく暮らしている。

(ii) sin は no と同じように、「sin ＋動詞＋否定語」の型をとることができる。

Me ayudaron **sin** esperar **nada** a cambio. 彼らは何の見返りも期待せずに私を援助してくれた。

173

4.4.2.　ni

(i) 等位接続詞 ni は、単独で、または「ni... ni... ni...」と反復して、「…も…も…も〜ない」を表す。→ 第 14 章 2.2.

La Cenicienta no tenía (**ni**) vestido **ni** zapatos para salir. シンデレラは出かけるためのドレスも靴も持っていなかった。｜ No quiero beber **ni** vino **ni** cerveza **ni** sake **ni** nada. 私はワインもビールも日本酒も何も飲みたくない。

(ii) 「(ni)... ni...」が主語のとき、それを 1 つのまとまりとして、動詞の人称、数の呼応がおこなわれる。

Ni Paco **ni** yo nos hemos preocupado del problema. パコも私もその問題のことを気にしなかった。

4.4.3.　副詞として働く ni

(i) ni は副詞として「〜さえ…ない」を表す。程度の軽い事柄を例にあげて、より程度の重い事柄の否定を類推させる働きをする。

¡No lo digas **ni** en broma! 冗談でもそんなことを言うな！（→ まして、本気でそんなことを言うのは許せない）

(ii) ni は 2 つの型の否定文を作る。

①「no ＋動詞＋否定語」という形式の否定文（no が必要）。

②「否定語＋動詞」という形式の否定文（no は不要）。

①型：Paco no dijo **ni** una sola palabra. / ②型：**Ni** una sola palabra dijo Paco. パコは一言も言わなかった。

5. 否定文

5.1. 基本的な否定文

5.1.1.　no 単独型

「no ＋（無強勢人称代名詞）＋定形動詞（句）」の形で否定文を作る。→ 4.1.4.

Paco **no** se lo dijo a Lola. パコはロラにそれを言わなかった。

5.1.2.　「no... 否定語など」型

「no ＋（無強勢人称代名詞）＋定形動詞（句）... no 以外の否定語など」の形で否定文を作る。1 つの動詞が 2 つの否定語を伴うが、二重否定（→ 5.3.）にはならない。

この種の否定文には、否定語（nada, nadie, ninguno, nunca, jamás, apenas, tampoco, ni）以外に、否定極性辞（→ 5.6.）も用いられる。

No me atreví a decirte **nada**. 私は君に敢えて何も言う気になれなかった。｜ El Gobierno **no** movió **un dedo** para la solución del problema. 政府は問題解決に向けて何もしようとしなかった。

5.1.3.　否定語単独型

「否定語＋（無強勢人称代名詞）＋定形動詞（句）」の形で否定文を作る。

Nada me atreví a decirte. 私は君に敢えて何も言う気になれなかった。

5.2. 部分否定

todo（すべて）、siempre（いつも）、totalmente（完全に）のように、ある事柄の全体を表す語句が否定語の後に用いられるときは、事柄の一部のみの否定を表す。これを部分否定という。

No todos tienen tanta paciencia como usted. 誰もがあなたのような辛抱強さを持っているわけではない。（部分否定）　比較 Nadie tiene tanta paciencia como usted. あなたのような辛抱強さを持つ人は誰もいない。（全体の否定）　｜ **No** siempre gana el más fuerte. 強者が必ず勝つとは限らない。｜ Esta información **no** es totalmente correcta. この情報は完全に正しいとは言えない。

5.3. 二重否定、連続否定

5.3.1. 2つの否定語が共に用いられることで、否定が打ち消しあって肯定の意味になることがある。これを二重否定という。no, nunca などと sin をともに用いた場合に見られる。

No hay atajo **sin** trabajo.（ことわざ）苦労のない近道はない。｜ Paco, **no sin** temor, abrió la caja. パコは幾分びくびくしながら、その箱を開けた。（「恐れがないわけではない状態で」、つまり「幾分恐れながら」の意）

5.3.2. dejar de（〜するのをやめる）、faltar（欠乏する）など、否定的な意味を持つ表現が否定されるときも、二重否定になる。

Lola **nunca** dejó de mirarme. ロラは決して私から視線を外そうとはしなかった。｜ Estamos todos. **No** falta **nadie**. 私たちはみんな集まっている。いない者は誰もいない。

5.3.3. 2つ以上の否定語がともに用いられ、かつそれぞれの否定の意味が維持されることがある。これを連続否定という。nada, nadie, ninguno, nunca などを共に用いた場合に見られる。

Nunca nadie lo ha visto. これまで誰もそれを見たことがない。｜ **Nadie** ni **ninguna** causa puede interrumpir este proyecto. 誰も、またどんな原因もこの企画を阻止することはできない。

5.4. 否定語を用いない否定

5.4.1. 修辞疑問文（→第4章 3.2.5.）によって、肯定の形式を用いて強い否定を表すことができる。

¿¡Quién sabe!? 誰が知っているだろうか!?→ 誰も知らない。｜ ¿Qué culpa tengo yo? 私にどんな罪があると言うのだ？ → 私はちっとも悪くない。

5.4.2. en la vida（人生で）、en toda la noche（一晩中）などは、動詞の前に置かれると、「決して〜ない」を表す。no を付けることもできる。

En mi vida (no) he probado el alcohol. 私はこれまで1度も酒を飲んだことがない。　比較 No he probado el alcohol en mi vida.（動詞の後に置かれるときは、否定語が必要）｜ **En toda la noche** (no) han podido dormir. 彼らは一晩中、一睡もできなかった。

5.5. 否定の領域

5.5.1. 否定文においては、どの部分が否定の領域となっているのかが問題になる。次の

文では①〜⑤が否定の領域となり得る。どれが否定の領域なのかは文脈などで判断する。

Lola **no** le dio el libro a Paco ayer. ロラはパコに昨日、本をあげたのではない。
　①　　　④′ ②　　 ③　　　　④　　　⑤

①否定の領域＝主語 Lola：「ロラ以外の誰かがパコに昨日、本をあげた」
②動詞 dio：「ロラはパコに本を昨日、あげたのではない（貸したのだ）」
③直接目的語 el libro：「ロラはパコに本以外の何かを昨日あげた」
④④′ 間接目的語 le... a Paco：「ロラはパコ以外の誰かに本を昨日あげた」
⑤状況補語 ayer：「ロラがパコに本をあげたのは、昨日ではない」

5.5.2. 否定の領域が法の違いなどに影響する場合がある。→ 第 18 章 3.5.4.、同 5.1.4. (iii)
No lo digo porque tengo miedo. 私は怖いから、そんなことは言わない。（否定の領域＝ lo digo。従属節の動詞は直説法）｜ **No** lo digo porque tenga miedo. 私がそう言うのは、怖いからではない。（否定の領域＝ porque tenga miedo。従属節の動詞は接続法）

5.5.3. 否定の領域の外に否定が影響を与えることがある。
Niños, **no** me gusta que comáis nada antes de la comida. 坊やたち、食事の前には君たちには何も食べてほしくない。（否定の領域は me gusta だが、従属節の内部に否定の影響が及んで、否定語 nada が用いられている）

5.6. 否定極性辞、否定導入辞

5.6.1. 否定極性辞（término de polaridad negativa）
　原則として否定語の後にのみ用いられる語句を「否定極性辞」という。en absoluto（全然）、gota de（一滴も〜ない）など。no pegar ojo（一睡もしない）のように、動詞も含めて慣用句になっている場合も多い。
No me molesta **en absoluto** que lo hagas. 君がそれをしても私には全く迷惑ではない。｜ ¿Te molesto? —**En absoluto**. 君には迷惑ですか？ ——全然。（受け答えの場合は、このように否定語なしでも可）｜ Últimamente **no** cae **ni una gota de lluvia**. 最近、雨が一滴も降らない。｜ **No** pude **pegar ojo**. 私は一睡もできなかった。｜ En la calle **no** se veía **ni un alma**. 通りには人っ子一人見当たらなかった。

5.6.2. 否定導入辞（inductor negativo）
　否定語を導く語句や文形式を「否定導入辞」という。contrario（反対の）、tarde（遅い）や、比較級、最上級、疑問文など。
El abuelo era absolutamente contrario a realizar **ningún** cambio. 祖父はどんな変革をすることにも絶対反対の立場だった。｜ Es demasiado tarde para cambiar **nada**. 何かを変えるには遅すぎる。｜ Paco corre más rápido que **nadie**. パコは誰よりも速く走る。｜ Este es el mejor libro que he leído **nunca**. これは私が読んだ中で最良の本だ。｜ ¿Qué mansión esperas dar a tu hijo **ni** qué felicidad **ni** qué fortuna? 君は君の息子にどんな邸宅を、どんな幸せを、どんな財産を与えるつもりなんだ？

5.7. 虚辞の否定（negación expletiva）

　no が否定の意味を表さないことがある。これを「虚辞の否定」という。論理的には肯定的な内容であっても、気持ちとしては否定に傾く事柄を述べるときに見られる。

hasta que（〜するまでは）、antes de que（〜の前に）、evitar（〜しないようにする）、temer（恐れる）、比較級などの文で用いられる。

Hasta que el recuento de los votos **no** sea definitivo, todo es posible. 投票の集計が完全に終わるまでは、何が起こってもおかしくない。｜ Hay que evitar que **no** te eches a perder. 君が堕落するのを防がなければならない。｜ Tememos **no** le haya pasado algo a Paco. 私たちはパコに何かがあったのではないかと恐れている。（no が接続詞 que のような働きをしている）｜ Más vale que vengas conmigo que **no** que te quedes aquí. 君はここに残るより、私と来たほうがいい。（no は「君はここに残らないほうがいい」という否定の気持ちを反映するとともに、比較の que と接続詞の que の連続を防ぐ働きをしている）

第 **12** 章　疑問詞、関係詞

1. 総論

1.1. 疑問詞

1.1.1.　「何、誰、どこ、いつ」など、文を構成する情報の一部についての疑問を表す単語を「疑問詞」(interrogativo) と言う。疑問詞は、部分疑問文（→ 第 4 章 3.2.3、同 3.2.6 . (ii)）で用いられる。また、感嘆文（→ 第 4 章 3.4.）や願望文（→第 18 章 3.1.3.）で用いられる疑問詞もある。

1.1.2.　疑問詞には、①単独で名詞に代わる働きをするもの（疑問代名詞 pronombre interrogativo）、②名詞を修飾するもの（疑問形容詞 adjetivo interrogativo）、③副詞の働きをするもの（疑問副詞 adverbio interrogativo）がある。また por qué（なぜ）のように、他の単語と疑問詞との組み合わせで、単一の疑問詞に相当する場合もある。

1.1.3.　疑問詞は、原則として文または節の最初に置く。疑問詞が前置詞の目的語となっている場合は「前置詞＋疑問詞」を最初に置く。

¿**Qué** estás diciendo? 君は何を言っているの？｜ ¿**De qué** estás hablando? 君は何について話しているの？（英語のように前置詞だけ文末に置いて × ¿Qué estás hablando de? とするのは誤り）

1.2. 関係詞

1.2.1.　(i)「パコが昨日見た映画」のように、名詞を形容詞的に修飾する要素が「主語＋述語」の形を成すとき、この要素を「関係節」(oración relativa) と言う。日本語では、修飾される名詞（先の例では「映画」）と関係節（「パコが昨日見た」）とは、直接につながっているが、スペイン語では、両者をつなぐ単語や語句を関係節の先頭に置き、la película **que** Paco vio ayer のように表す。この que のような単語、語句を「関係詞」(relativo) と言う。また、修飾される名詞、名詞句を「先行詞」(antecedente) と言う。

la película	que	Paco vio ayer
先行詞	関係詞	

関係節

(ii)「関係詞＋不定詞句」が関係節に相当する働きをすることがある。→第 19 章 4.2.4.

No tengo nada **que** decir. 私は言うべきことが何もない。

1.2.2.　関係詞には、①単独で名詞に代わる働きをするもの（関係代名詞 pronombre relativo）、②名詞を修飾するもの（関係形容詞 adjetivo relativo）、③副詞の働きをするもの（関係副詞 adverbio relativo）がある。また、el que, las cuales のように、定冠詞を伴うものもある。

1.2.3.　関係詞自体が先行詞の意味を含む場合がある。この場合は先行詞がない。これを「関係詞の独立用法」と言う。

Quien mucho abarca poco aprieta. たくさん抱く人は少ししかつかめない。（ことわざ「二兎

を追う者は一兎をも得ず」）（quien の中に先行詞「人」の意味が含まれている）

1.2.4. 先行詞が表す意味を関係節が制限する用法を「制限用法」と言う。また、先行詞が表す意味に追加の説明をする用法を「非制限用法」と言う。

La chica **que** no sabía ni palabra de español entendió que yo quería un café. スペイン語が一言も分からないその女性は、私がコーヒーを欲しがっていることを理解した。（制限用法） ｜ La chica, **que** no sabía ni palabra de español, entendió que yo quería un café. その女性は、スペイン語が一言も分からなかったのだが、私がコーヒーを欲しがっていることを理解した。（非制限用法）

1.2.5. 関係詞は省略することができない。la película que Paco vio ayer（パコが昨日見た映画）を、英語の *the film Paco saw yesterday* のように、✕ la película Paco vio ayer とするのは誤りである。

1.2.6. 関係詞は、原則として関係節の最初に置く。関係詞が前置詞の目的語となっている場合は「前置詞＋関係詞」を最初に置く。

Esta es la casa **que** he comprado hace poco. これは私が最近購入した家だ。｜ Esta es la casa en **la que** vivía hace tiempo. これは私がかつて住んでいた家だ。（英語の *the house he lived in* のように前置詞だけ動詞の直後に置いて ✕ Esta es la casa la que vivía en hace tiempo. とするのは誤り）

1.2.7. 関係節の中に、先行詞と同一対象を指す代名詞が用いられることがある。この重複は間接目的語に見られる。→第 9 章 9.4.3.

Hay españoles a los que no **les** gusta el fútbol. サッカーが嫌いなスペイン人もいる。（先行詞 los que と les は同一対象を指すが、les は省略できない）

1.2.8. 「（先行詞＋）関係詞」の主節における働きと、関係節における働きが異なるとき、表現の上で後者を優先することがある。

No entiendo a **lo que** se refiere usted. あなたが言おうとしていることが私には分からない。（① lo que 以下は主節では entender の直接目的語だから前置詞は不要。②しかし lo que は関係節では referirse a の目的語だから a を前置する必要がある。この場合は②を優先して a を維持する）

1.2.9. 関係節中の動詞が直説法をとるか、接続法をとるかについては →第 18 章 3.4.

1.2.10. 独立用法を持つ関係詞（el que, quien, cuanto, donde, cuando, como）は、強調文を作ることができる。→第 21 章 5.4.

Fuiste tú **quien** me lo enseñó. それを私に教えてくれたのは君だ。（← Tú me lo enseñaste. 君が私にそれを教えてくれた）｜ Por eso es por **lo que** hay que estudiar español. それこそがスペイン語を学ばなければならない理由なのだ。（← Por eso hay que estudiar español. だからスペイン語を学ばなければならない）｜ Es aquí **donde** se encontraron Romeo y Julieta. ロミオとジュリエットが出会ったのは、ここだ。（← Romeo y Julieta se encontraron aquí. ロミオとジュリエットはここで出会った）

1.2.11. 原則として、関係節の内部の要素はその外に出ることができないが、話し言葉ではその逸脱が見られる。

Yo **lo que** creo es que este es un problema muy importante. 私が思うに、これは非常に大切な問題だ。（関係節 lo que creo yo〈私が思うこと〉の内部の yo が文頭に飛び出して、

主題のような役割をしている）

1.3. 疑問詞と関係詞

1.3.1.　疑問詞と関係詞は同形で関連した意味を表すものが多い。音声上は、疑問詞は強勢語、関係詞は無強勢語として区別される。文字表記上は、疑問詞には強勢母音にアクセント記号を付けて、関係詞と区別する。

Mira a **quién** tenemos invitado aquí. ここに誰をお招きしているか、ごらんなさい。（quién は疑問詞「誰」）｜ Mira a **quien** tenemos invitado aquí. ここにお招きしている人をごらんなさい。（quien は関係詞「～である人」）｜ No sé a **dónde** ir. 私はどこへ行っていいか分からない。（dónde は疑問詞「どこ」）｜ No tengo a **donde** ir. 私は行くべき場所がない。（donde は関係詞「～する場所」）

1.3.2.　疑問詞と関係詞の形と働き

疑問詞			関係詞		
形	品詞	意味	形	品詞	先行詞
qué	代名詞 形容詞 副詞 名詞	何 何の なんて 何	que	代名詞	人・物
			el que, la que, los que, las que, lo que	代名詞	人・物
quién, quiénes	代名詞	誰	quien, quienes	代名詞	人
cuál, cuáles	代名詞	どれ	el cual, la cual, los cuales, las cuales, lo cual	代名詞	人・物・事
cuánto, cuánta, cuántos, cuántas	代名詞 形容詞 副詞	どれだけ どれだけの どれだけ	cuanto, cuanta, cuantos, cuantas	代名詞 形容詞 副詞	人・物・事 人・物 数量
—			cuyo, cuya, cuyos, cuyas	形容詞	人・物
dónde	副詞	どこ	donde	副詞	場所
cuándo	副詞	いつ	cuando	副詞	時
cómo	副詞	どのように	como	副詞	様態
por qué	副詞句	なぜ	—		

　かつては、関係詞 cuyo に対応する疑問詞 cúyo（誰の）が存在したが、今では消失し、de quién で代替されている。

Me preguntaron **cúya** era aquella casa. 私は、あの家は誰のものかと尋ねられた。（現代語では Me preguntaron de quién era aquella casa.）

2. 疑問詞

2.1. qué

2.1.1. 疑問代名詞 qué

qué は、物、事柄の名前、定義、説明を問うときに用いる。性、数の変化はない。

¿En **qué** trabajas? 君の仕事は何？ 　 比較 ¿Dónde trabajas? 君の職場はどこにあるの？ │
¿**Qué** son los virus? ウイルスとは何か？ │ ¿**Qué** ha pasado? 何が起きたんだ？

2.1.2. 疑問形容詞 qué

(i)「qué ＋名詞」の順序で名詞を修飾する。

¿**Qué** día es hoy? 今日は何曜日？ │ ¿De **qué** país es usted? あなたのお国はどちらですか？

(ii) 感嘆文にも用いられる。

¡**Qué** alegría verte! 君に会えてなんてうれしいことか！

2.1.3. 疑問副詞 qué

qué は感嘆文で形容詞、副詞を修飾する。この働きは、疑問文では見られない。

¡**Qué** bonita es esta melodía! このメロディはなんて美しいんだ！ │ ¡**Qué** lejos está tu casa! 君の家はなんて遠いんだ！

2.1.4. 日本語の「何」が必ずしも qué で表されない場合がある。また、qué が「何」以外の日本語に対応する場合がある。→ 2.3.1.、2.7.1.

¿Cuál es tu número de teléfono? 君の電話番号は何番？（qué を用いると「君の電話番号とは、いったい何のことか？」のような不自然な文意になる） │ ¿**Qué** piensas? 君はどう思う？（cómo を用いると「君はどのような方法で思考するのか？」という不自然な文意になる）

2.1.5. 男性名詞 qué

qué は名詞として働き、「el qué」の形で用いられることがある。問い返すときなどに見られる。

—¿Has visto? —El **qué**? 見たかい？ ──何を？（何を見たと尋ねているのか？）（¿Qué? は、相手の言葉が聞き取れず、「えっ、何だって？」の意） │ Me gustaría hacer algo más, pero no sé el **qué**. 私は何かもっとしたいのだが、何をしていいか分からない。

2.1.6. qué tal

qué tal という形で「どのような」「どのように」を表す。

¿**Qué** tal persona es Paco? パコはどんな人物ですか？ │ Hola, ¿**qué** tal estáis? やあ、君たち、元気かい？

2.2. quién

2.2.1. 疑問代名詞 quién

quién は、人について問うときに用いる。数の区別がある。直接目的語となるときは前置詞 a を伴う。

¿**Quién** es ese señor con bigote? あの口ひげを生やした男性は誰ですか？ │ ¿A **quiénes** has invitado? 君は誰と誰を招待したの？

2.2.2. quién は願望文にも用いられる。→ 第 18 章 3.1.3.

2.3. cuál

2.3.1.　疑問代名詞 cuál, cuáles

(i) cuál は、限定された集合の中から、ある対象を選択するときに用いる。数の区別がある。対象は、主に物、事である。

¿**Cuál** de estos libros te gusta más, este o ese? 君はどちらの本が好きですか、これ、それともそれ？ | ¿**Cuáles** de estas propuestas podrán entrar en vigor? これらの提案のうち、どれとどれが実行に移され得るだろうか？

(ii) 対象が人である場合や、出来事、状態を表す場合、cuál を用いないことが多い。

¿{○ Qué / × Cuál} te gusta más, ir al cine o jugar al fútbol? 君は映画を見に行くのと、サッカーをするのでは、どちらが好き？（事の比較） | ¿{○ Quién / × Cuál} corre más rápido, Paco o Lola? パコとロラとではどちらが足が速い？（人の比較）

　　ただし、話者によっては、この区別にあまりこだわらず、次のような文を認める場合もある。

¿**Cuál** de estas personas crees que es más optimista? これらの人々のうち、誰が最も楽天家だと君は思う？

(iii)「限定された集合の中から、ある対象を選択する」点で cuál は日本語の「どれ」と共通しているが、「どれ」よりも、集合の幅がかなり広い。

¿**Cuál** es su nombre? あなたのお名前は何ですか？（「さまざまな人名の集合」の中の「どれ」があなたの名前なのか、という発想） | ¿**Cuál** es la capital de España? スペインの首都はどこですか？（「首都となり得るすべての都市の集合」の中の「どれ」が首都なのか、という発想）

2.3.2.　疑問形容詞としての用法

　　原則として「どの」は cuál ではなく qué で表す。ただしラテンアメリカでは cuál が「どの」の意味で用いられる。

Dejé unos libros a mi amigo. —¿A **cuál** amigo? ¿**Cuáles** libros? 私は友人に本を何冊か貸しました。──友人って誰？　どの本を貸したの？（スペインのスペイン語では ¿A qué amigos? ¿Qué libros?）

2.4. cuánto

2.4.1.　疑問代名詞 cuánto, -a, -os, -as

(i) cuánto は、数、量について尋ねる疑問文で用いられる。性、数の区別がある。

Hay dos latas de cerveza en la mesa. ¿**Cuántas** hay en la nevera? テーブルの上に缶ビールが 2 本ある。冷蔵庫には何本ある？ | Tengo fiebre. —¿**Cuánta**? 私、熱があります。──どのくらい？

(ii) 数、量の大きさについて述べる感嘆文で用いられる。

¡**Cuántos** se han arrepentido de la guerra! いかに多くの人々がその戦争を悔いたことか！

2.4.2.　疑問形容詞 cuánto, -a, -os, -as

(i) 疑問文で「いくつの〜」「いくらの〜」を表す。

¿**Cuántos** idiomas habla usted? あなたは言語をいくつ話せますか？ | ¿**Cuánta** audiencia tiene este programa? この番組の視聴率はどのくらいですか？

(ii) 感嘆文で程度の大きさを表す。

¡**Cuánta** gente hay en la plaza! 広場にはなんと大勢の人々がいることか！

2.4.3. 疑問副詞 cuánto

(i) 疑問文で「いくら」「どのくらい」を表す。副詞なので不変化。

¿**Cuánto** cuestan estos libros en total? これらの本の値段は全部でいくらですか？

(ii) 感嘆文で程度の大きさを表す。

¡**Cuánto** lo siento! 本当にすみません。（← 私はなんと遺憾に思っていることか！）

2.5. dónde

2.5.1. 疑問副詞 dónde

(i)「どこにおいて」「どこで」という疑問を表す。「en ＋場所」という返答に対応する。

¿**Dónde** vives? —En la calle Mayor. 君はどこに住んでいるの？ ──マヨール通りだよ。｜ Quiero saber **dónde** venden este pastel. 私はこのケーキをどこで売っているのか知りたい。

(ii) dónde は副詞であるから、日本語の「どこ」のように主語や目的語などになることは できない。

En Barcelona, ¿{× dónde / ○ qué sitio} deben visitar los turistas? 旅行者はバルセロナ ではどこを訪れるべきだろうか？（この文では「どこ」は visitar の直接目的語なので、 dónde は不可）

(iii) dónde は、身体などの「部分」や、抽象的な「場所」を表すことができる。

¿**Dónde** te duele? ¿En el pecho? —No, aquí, en la tripa. どこが痛いの？ 胸？ ──いいえ、 ここです。おなかです。｜ No veo **dónde** está el problema. 私は問題がどこにあるのか分から ない。

2.5.2. 「前置詞 ＋ dónde」

(i) 前項以外の場合は「前置詞 ＋ dónde」で表す。

¿De **dónde** has venido? 君はどこから来たの？｜ ¿Por **dónde** se puede salir? 外に出るには どこを通ればいい？

(ii)「a ＋ dónde」（どこへ向かって）は adónde とも a dónde とも表記される。

¿{**Adónde** / **A dónde**} vas? 君はどこへ行くの？

(iii) 主に口語で、dónde 単独で a dónde の意味を表すことがある。

¿**Dónde** vas con ese vestido tan elegante? 君はそんなにおしゃれなドレスを着てどこへ行くの？

(iv) 主にラテンアメリカの口語で、en dónde という形で dónde の意味を表すことがある。

¿En **dónde** naciste? 君はどこで生まれたの？

2.6. cuándo

2.6.1. 疑問副詞 cuándo

「いつの時点において」という疑問を表す。不変化である。

¿**Cuándo** empieza el partido? 試合はいつ始まりますか？｜ Nos conocimos una noche, ya no recuerdo **cuándo**. 私たちは、もういつだったか覚えていない或る夜、知り合った。

2.6.2. 前項以外の場合は「前置詞 ＋ cuándo」で表す。

¿Hasta **cuándo** tenemos que aguantar este problema? 私たちはいつまでこの問題を耐え忍

ばねばならないのだろうか？｜ Le pregunté desde **cuándo** se dedicaba a su trabajo. 私は彼
（女）に、いつからその仕事に従事しているのかと尋ねた。

2.7. cómo

2.7.1.　疑問副詞 cómo

(i)「どう」「どのように」という疑問を表す。不変化である。

　¿Cómo se va a la estación? 駅まではどう行けばいいですか？｜ ¿Sabes **cómo** manejarlo?
君はどうやってそれを操作するか知っていますか？｜ **¿Cómo**? なんだって？（←いま、何と
言いましたか？）

(ii) cómo が日本語の「どう」に対応しない場合がある。→ 2.1.4.

(iii)「なぜ」を表す。por qué よりも意外性を強く示し、否定疑問文や修辞疑問文で用いら
れることが多い。cómo no は「どうして否ということがあろうか」から転じて、「もち
ろん」という強い肯定を表す成句となる。

　¿Cómo no me lo avisaste? 君はどうしてそれを私に知らせてくれなかったんだ？｜ **¿Cómo**
podríamos abandonarla? 私たちはどうして彼女を見捨てたりできただろうか？（いや、できな
かった）｜ ¿Me ayudas? —Sí, **cómo** no. 手伝ってくれる？ ——はい、もちろん。

(iv) 口語で「いくら」（= cuánto）を表すことがある。

　¿A **cómo** está un kilo de patatas? ジャガイモ 1 キロの値段はいくらですか？

2.7.2.　感嘆文で程度の大きさを表す。

　¡Cómo llora la niña! その女の子は、なんと泣くことか！

2.8. por qué

2.8.1.　疑問の副詞句 por qué

(i)「なぜ」は por qué という 2 語から成る形式で表す。その返答には porque（なぜならば）
を用いる。

　¿Por qué lo hiciste? —Porque no tenía otro remedio. 君はなぜそんなことをしたんだ？ ——
それより方法がなかったんだ。｜ Adivina **por qué** he venido aquí. 私がなぜここに来たか当
ててごらん。

(ii) por qué no...（なぜ…しないのか）は「…してはどうか」という勧誘、依頼を表すことが
できる。

　¿Por qué no vamos a cenar un día de estos? 近いうちに夕食を一緒にどう？

2.8.2.　名詞 porqué

　por qué は porqué（理由）という 1 語になって男性名詞の働きをする。

Los especialistas trataron de aclarar el **porqué** del enigma. 専門家たちはその謎の原因を解
明しようと試みた。

3. 関係詞

3.1. 関係代名詞 que

3.1.1.　que は、人、物を先行詞にとる、最もよく使用される関係詞である。性、数の変

化はない。制限用法にも非制限用法にも用いられる。

Lola vendió el chalé **que** tenía en Andalucía. ロラはアンダルシアに持っていた別荘を売った。（先行詞は物。制限用法）| Asistimos a la boda de una muchacha, **que** era nuestra vecina. 私たちはある娘の結婚式に出席した。彼女は近所の住人だった。（先行詞は人。非制限用法）

3.1.2. que は、関係節中の主語、直接目的語、間接目的語など、さまざまな文の要素の役割を果たすことができる。また、名詞だけでなく、名詞的な働きをするさまざまな単語が que の先行詞になることができる。

Ella, **que** lo tenía todo previsto, asintió con la cabeza. 彼女はそうなることをちゃんと予見していたので、黙ってうなずいた。（que ＝関係節の主語。先行詞＝主格人称代名詞）| Aquí no hay nadie **que** yo conozca. ここには私が知っている人は誰もいない。（que ＝関係節の直接目的語。先行詞＝否定代名詞）| Los hay **que** les da lo mismo rechazar hechos. 世の中には、事実を受け入れなくても気にならない人がいる。（que ＝関係節の間接目的語。先行詞＝直接目的格人称代名詞）| Necesito tiempo para ser la persona **que** quiero ser. 私は、こうありたいと望む人間になるまで時間が必要だ。（que ＝関係節の主格補語。先行詞＝名詞）

3.1.3. 前置詞を伴う que → 3.2.3. (i)

(i) a, con, de, en は「前置詞＋que」、または「前置詞＋定冠詞＋que」。文脈によっては後者が好まれる。

Me interesaron los hechos {a **que** / a los **que**} aludió el niño. 私は、その少年がほのめかした事実に興味をそそられた。（ともに可）| Este es el libro {de **que** / del **que**} te hablé. これが私が君に話した本だ。（ともに可だが、del que が好ましい）

(ii) その他の前置詞は「前置詞＋定冠詞＋que」のみ可能。

¿Cómo se llama el pueblo {× hacia que / ○ hacia el **que**} nos dirigimos? 私たちが向かっている村は、何という名前ですか？

(iii) 先行詞が人で、かつ que が関係節の直接目的語として働くとき、a は不要。

¿Es este el niño {○ **que** / × a que} buscabas? 君が探していた男の子は、この子かい？

(iv) que が時を表す状況補語として働く場合は、前置詞を省略できる。

No recuerdo el año {**que** / en **que**} mi tío emigró a Estados Unidos. 私のおじがアメリカに移住した年がいつだったか、私は覚えていない。

3.2. 関係代名詞 el que

3.2.1. que に定冠詞が付いた「定冠詞＋que」という形も関係代名詞として働く。定冠詞の存在により、先行詞が明確になる。また、前置詞の目的語のときは、que を接続詞の que と区別することを防ぐ効果もある。

Llamé a uno de los hijos de Lola, **el que** vive en Madrid. 私はロラの子どもたちのうちの1人で、マドリードに住んでいる男の子に電話した。（先行詞＝uno。定冠詞 el によって「マドリードに住んでいる」のがロラではなく、ロラの子どもたち全員でもないことが明らか）| El hecho d**el que** informa el diario ocurrió ayer en el centro de la ciudad. 新聞が報道したその事件は、昨日、都心部で起きた。（hecho は関係節の先行詞。el que は関係代名詞）

比較 El hecho de que no informara el diario del suceso me extrañó. 新聞がその事件を報

道しないことを、私は奇異に思った。(hecho は同格節の先行詞。que は従属節を導く接続詞)

3.2.2. (i) 性、数の変化がある。el que, la que, los que, las que は人、物を先行詞とする。lo que は文、節などを先行詞とする。

Paco es una persona a **la que** no le interesa nada la política. パコは政治に全く興味のない人物だ。(先行詞は人) | Se han descubierto unos manuscritos en **los que** el autor expuso sus ideas vanguardistas. その作家が前衛的な考えを書きとめた草稿が発見された。(先行詞は物) | Nadie me deja hablar del asunto, **lo que** me pone furioso. 誰も私にそれについての話をさせてくれない。そのことに私は腹を立てている。(先行詞は節)

(ii) el que, los que, lo que は独立用法 (→ 1.2.3.) で用いることができる。それぞれ単独で「～する人」「～する人々」「～ということ」を表す。ただし近年では、el que, los que は男性形で人全般を表すのが不平等だとする意見があり、他の表現で代替する傾向が見られる。

Que levante la mano {**el que** / quien} esté de acuerdo con la propuesta. 提案に賛成の人は挙手しなさい。| {Todos **los que** / Todas las personas que} la conocieron, la respetaban. 彼女を知った人は皆、彼女を尊敬した。| No entiendo **lo que** dices. 私は君の言うことが分からない。

3.2.3. 「定冠詞 + que」は、独立用法を除いて、次の場合にのみ用いられる。

(i) 前置詞の目的語として働くとき。→ 3.1.3 . (i) (ii)

El mar sobre **el que** volamos es el Mediterráneo. 私たちがその上を飛んでいる海は地中海だ。 比較 × El mar **el que** vemos es el Mediterráneo. (私たちが見ている海は地中海だ) は、el que の前に前置詞がないので誤り。正しくは○ El mar **que** vemos es el Mediterráneo.

　なお、先行詞が人で、かつ「定冠詞 + que」が関係節の直接目的語として働くとき、a が必要。

¿Es esta la niña {○ a **la que** / × la que} buscabas? 君が探していた女の子は、この子かい？

(ii) 非制限用法のとき。

Quiero curar tus heridas, **las que** llevas en el alma por mi culpa. 私のせいで君が心に負っているいくつもの傷を、私は治したい。

3.3. 関係代名詞 quien

3.3.1. quien は人、または擬人化された物を先行詞にとる。数の変化がある。

En la estación me esperaban Lola y Paco, **quienes** eran alumnos de mi clase. 駅で私を待っていたのは、私の学級の生徒のロラとパコだった。| Fue la propia empresa **quien** decidió publicarlo. それを公表しようと決めたのは、外ならぬ会社だった。

3.3.2. quien は、次の場合にのみ用いられる。

(i) 前置詞の目的語として働くとき。

Estas son las personas por **quienes** tanto hemos luchado. 私たちがあれほど戦ってきたのは、この人たちのためを思ってのことだった。 比較 Estas son las personas {× quienes / ○ que} tanto han luchado. あれほど戦ってきたのは、この人たちだ。(先行詞が関係節の主語であり、前置詞をとらないので、quien は不可。この場合は que を用いる)

先行詞が人で、かつ quien が関係節の直接目的語として働くとき、a が必要である。

¿Es este el chico a **quien** buscabas? 君が探していた若者は、この人かい？

(ii) 非制限用法のとき。

Paco tiene varios amigos íntimos, **quienes** le aprecian de verdad. パコは何人かの親友がいる。彼らはパコを心から敬愛している。

(iii) 独立用法のとき。

No hay **quien** te entienda. 君を理解してくれる人は誰もいないよ。| Con **quien** quiero casarme es contigo. 私が結婚したい相手は君だ。

3.4. 関係代名詞 el cual

3.4.1. 「定冠詞 + cual」という形が関係代名詞として使われる。定冠詞の存在により、先行詞が明確になる。|定冠詞 + que」よりも改まった文体で用いられることが多い。

En la habitación hay una cama y un escritorio, encima d**el cual** hay muchos papeles amontonados. 部屋にはベッドと仕事机がある。その上（＝仕事机の上）には書類が山積みされている。（el cual という形から先行詞は男性単数、すなわち un escritorio であることが分かる）

3.4.2. (i) 性、数の変化がある。el cual, la cual, los cuales, las cuales は人、物を先行詞とする。

Lola dirigió una sonrisa a Paco y Mario, **los cuales** la miraron con asombro. ロラはパコとマリオに微笑みかけた。パコとマリオは驚いて彼女を見た。

(ii) lo cual は文、節などを先行詞とする。

El informe es muy voluminoso, por **lo cual** tomará tiempo su análisis. その報告書は非常に大部だ。それゆえ、その分析には時間を要するだろう。

(iii) lo cual は、先行詞から切り離されて独立した文を作ることがある。

La autoridad niega su relación con el asunto. **Lo cual** es rotundamente falso. 当局はその件への関与を否定している。それは真っ赤なうそだ。

3.4.3. 「定冠詞 + cual」は、次の場合にのみ用いられる。

(i) 前置詞、前置詞句の目的語として働くとき。durante, entre のような語形の長い前置詞や、encima de（〜の上に）、en contra de（〜に反して）のような前置詞句の目的語になる場合は、「定冠詞 + cual」が「定冠詞 + que」よりも好まれる。

En 1993 se creó la Unión Europea, dentro de **la cual** nacería el euro. 1993 年に欧州連合が設立された。その中でユーロが生まれることになる。

(ii) 非制限用法のとき。→ 3.4.2 . (i) (iii)

(iii)「定冠詞 + cual」には独立用法はない。

{× El cual / ○ El que / ○ Quien} es feliz no necesita nada. 幸せな人は何も欲しがらない。

3.4.4. cada cual は「人はそれぞれ…」を表す。

Cada **cual** tiene su modo de expresarse. 自分の気持ちの表し方は人それぞれだ。

3.5. 関係代名詞、関係形容詞、関係副詞 cuanto

3.5.1. cuanto の働き

関係詞 cuanto は「すべて（の）」「可能な限り」を意味し、①代名詞としての働き、

187

②形容詞として名詞を修飾する働き、③副詞としての働きを持つ。意味を明確にするために todo cuanto という形で用いられることが多い。主に書き言葉で用いられる。

3.5.2. 関係代名詞 cuanto

cuanto は「すべての人、物、事」を表す関係代名詞として働く。性、数の変化がある。独立用法のみ、かつ制限用法のみを持つ。

(Todos) **cuantos** han participado en el proyecto están contentos con el resultado. その企画に参加した人は皆、その結果に満足している。(話し言葉では Todos los que han participado... が一般的) | He dicho (todo) **cuanto** sé. 私は知っていることをすべて話した。(話し言葉では He dicho todo lo que sé. が一般的)

3.5.3. 関係形容詞 cuanto

cuanto は「すべての」を表す関係形容詞として働く。修飾する名詞に呼応して性、数の変化をする。

Podemos facilitarle (toda) **cuanta** información desee. 私たちはあなたが望むあらゆる情報を提供することができます。(話し言葉では ...toda la información que desee が一般的)

3.5.4. 関係副詞 cuanto

(i) cuanto は「可能な限り」を表す副詞として用いられる。不変化である。

Traté de resistirme (todo) **cuanto** pude. 私はできる限りの抵抗を試みた。(...todo lo que pude が一般的)

(ii) 形容詞、副詞を修飾するときは、短縮形 cuan が用いられる。

No importa **cuan** grandes sean los obstáculos. 障害がどんなに大きかろうと問題ない。(疑問形容詞 qué を用いて No importa qué grandes... とするのが一般的) | Les demostré **cuan** arduamente había trabajado. 私はそれまでどれほど頑張って働いてきたかを彼らに示した。(...qué arduamente... が一般的)

3.6. 関係形容詞 cuyo

3.6.1. cuyo は「cuyo + 名詞」の語順で名詞を修飾し、その名詞が先行詞の所有対象であることを示す。修飾する名詞に呼応して性、数の変化をする。先行詞は人または物である。非制限用法も可能である。

En la puerta hay un hombre **cuya** profesión es difícil de adivinar. 戸口に 1 人の男性がいる。その職業を言い当てるのは難しい。 | ¿Ves una casa en **cuyo** techo trabajan unos albañiles? Esa es la casa de mis abuelos. 屋根の上で何人かの左官職人が働いている家が見えるかい？　あれが私の祖父母の家だ。 | Paco cogió la mano de Lola, **cuyos** ojos reflejaban el más vivo espanto. パコはロラの手を取った。彼女の目は非常な恐怖を示していた。

3.6.2. cuyo は、書き言葉では用いられるが、話し言葉ではほとんど用いられない。たとえば 3.6.1. の第 1 例は、次のような表現で代替されるのが一般的である。

En la puerta hay un hombre, la profesión del cual es difícil de adivinar. / En la puerta hay un hombre. Su profesión es difícil de adivinar.

3.7. 関係副詞 donde

3.7.1. donde は、関係節の中で場所を表す状況補語として働く。「前置詞 + 関係代名詞」

と代替することができる。

Esa es la casa {**donde** / en la que} nací. あれが私が生まれた家だ。

3.7.2.　前置詞の目的語としても用いられる。非制限用法も可能である。

En el piso superior está la sala {desde **donde** / desde la que} los astrónomos observan el movimiento de las estrellas. 上の階にある部屋では、天文学者たちが星の動きを観測している。｜ Es la dueña de esta casa, {**donde** / en (la) que} estamos pasando unos días. 彼女はこの家の主人だ。私たちは数日ここに逗留しているのだ。

3.7.3.　独立用法が可能である。

El gato salió por **donde** entró. その猫は入った場所から出て行った。

3.7.4.　donde は物理的な場所だけでなく、比喩的な位置も表すことができる。

Analicemos el problema hasta **donde** podamos. 私たちはその問題をできるところまで分析してみよう。

3.7.5.　(i)「a + donde」は adonde とも a donde とも表記される。

Te llevaré {**adonde** / a **donde**} quieras que te lleve. 君が連れて行ってほしいところに、どこへでも連れて行ってあげよう。

(ii) 主に口語で、donde 単独で a donde の意味を表すことがある。

Madrid es un sitio **donde** voy muy a menudo. マドリードは私がよく訪れる場所だ。

3.8. 関係副詞 cuando

3.8.1.　cuando は、関係節の中で時を表す状況補語として働く。ただし同一内容を「前置詞＋関係代名詞」で表すのが一般的。非制限用法が多いが、制限用法も不可能ではない。

Durante el día, {**cuando** / en que} sube la temperatura, los hipopótamos permanecen en el agua. 気温が上昇する日中、カバは水中にいる。（非制限用法）｜ Los niños tienen vivo en su memoria el día {**cuando** / en que} su padre los llevó al parque de atracciones. その子どもたちは父親が遊園地に連れて行ってくれた日のことをはっきりと覚えている。（制限用法）

3.8.2.　前置詞の目的語としても、また独立用法でも用いられる。

Tenemos que estar preparados para **cuando** venga el invierno. 私たちは冬が来るときのために準備をしておかねばならない。

3.8.3.　cuando の主要な働きは、強調構文で用いられることである。→ 1.2.10.

Entonces fue **cuando** decidí estudiar español. 私がスペイン語を勉強しようと決心したのは、その時だった。（← Decidí estudiar español entonces. 私はその時スペイン語を勉強しようと決心した）

3.9. 関係副詞 como

3.9.1.　como は、関係節の中で様態、方法を表す状況補語として働く。「（前置詞）＋関係代名詞」と代替することができる。先行詞をとる場合は制限用法が多いが、非制限用法も不可能ではない。

Me encanta la forma {**como** / en que} lo hicieron. 私は彼らがおこなったやり方が気に入った。｜ Me dediqué al cultivo de flores, igual {**como** / que} lo había hecho mi padre. 私は父がしたのと同じように花の栽培に従事した。

3.9.2. 独立用法も可能である。

Lo terminé **como** pude. 私は自分にできるやり方でそれをし終えた。

コラム④　que のさまざまな働き
. . . .

que は文中でさまざまな異なる働きをするので、注意を要する。

1. 関係代名詞

Me sorprendió el hecho **que** ocurrió ayer en esta calle. 昨日この通りで起きた出来事に私は驚いた。(hecho は関係節の先行詞「出来事」。ocurrió の意味上の主語) → 3.1.

2. 従属節を導く接続詞

Me sorprendió el hecho de **que** ocurriera ayer un accidente de tráfico en esta calle. 私は昨日この通りで交通事故が起きたことに驚いた。(hecho は同格節の先行詞「〜ということ」。de を介して que 以下と同格の関係) → 第 18 章 3.3.

Me sorprendió **que** ocurriera ayer un accidente de tráfico en esta calle. (上の文と同義) (que 以下は名詞節。文の主語として働く) → 第 18 章 3.2.

3. 比較表現を作る接続詞

Este hecho me sorprendió más **que** ninguna otra noticia. この出来事は、どんな知らせよりも私を驚かせた。(que は比較の対象「〜より」を表す接続詞) → 第 14 章 4.8.

コラム⑤　el que の働き
. . . .

1. 関係詞

El que diga eso no está diciendo la verdad. そんなことを言う人は真実を述べてはいない。(el que = el hombre que。「〜する人」を表す独立用法の関係代名詞) → 3.2.2. (ii)

2. 定冠詞＋接続詞

El que digas eso ahora me molesta mucho. 君が今になってそんなことを言うのは、私には大いに迷惑だ。(el que = el hecho de que。「〜ということ」を表す。同格節の先頭部分) → 第 18 章 3.3.4.

第 **13** 章　前置詞

1. 総論

1.1. 前置詞の形と種類

1.1.1.　名詞または名詞に相当する語句の前に置かれ、「〜に」「〜と」「〜から」「〜の」などの関係（格関係）を表す単語を前置詞（preposición）と言う。前置詞は不変化語で、単一の形しか持たない。また según（〜によれば）を除き、無強勢語で、文強勢を持たない。**En** agosto voy **a** mi chalé **con** mis amigos **en** el coche **de** Paco. 8 月に私はパコの車で友人たちと私の別荘に出かける。

1.1.2.　前置詞は次のように分類できる。2. 〜 4. で、それぞれの代表的な働きに限定して説明する。

(i) 基本的な前置詞

場所、時を表すもの：a 〜に ｜ en 〜の中に ｜ ante 〜の前に ｜ tras 〜の後ろに ｜ sobre 〜の上に ｜ bajo 〜の下に ｜ desde 〜から ｜ hasta 〜まで ｜ contra 〜に対して ｜ entre 〜の間に ｜ hacia 〜に向かって

連結、関係を表すもの：de 〜の ｜ con 〜と ｜ sin 〜なしに ｜ para 〜のために ｜ por 〜によって ｜ según 〜によれば

(ii) 副次的前置詞（他品詞からの転用など）

durante 〜の間 ｜ mediante 〜を介して ｜ cuando 〜の時 ｜ donde 〜の所に ｜ como 〜として ｜ excepto, menos, salvo いずれも「〜を除いて」 ｜ versus 〜対 ｜ vía 〜を通って

1.1.3.　2 語以上の単語が集まって前置詞の働きをすることがあり、「複合前置詞」(locución preposicional) と呼ばれる。encima de 〜の上に ｜ después de 〜の後で ｜ acerca de 〜について ｜ a causa de 〜が原因で　など。→ 5.

1.2. 前置詞の働き

1.2.1.　前置詞の後には、次のような語句が続く。

(i) 名詞、代名詞：Hablo **con** {Paco / él}. 私は {パコ／彼} と話している。

(ii) 形容詞：Te lo digo **en** serio. 私は君にこれを本気で言っているんだ。

(iii) 副詞：El perro corría **de** aquí **para** allí. その犬はあちこち走り回っていた。

(iv) 不定詞句、名詞節：Me alegro **de** {verte / que hayas venido}. 私は {君に会えて／君が来てくれて} うれしい。

1.2.2.　前置詞の後に続く単語が人称代名詞、再帰代名詞のときは前置詞格になる。ただし entre（〜の間に）は主格にもなる。según（〜によれば）、excepto, menos, salvo（いずれも「〜を除いて」）は主格になる。→第 9 章 6.4.

　Es un regalo **para** ti. これは君へのプレゼントだ。｜ Todos van **menos** tú. 君以外はみんな行くよ。

1.2.3.　前置詞は、動詞句または名詞句の後に続く。

(i) 動詞句に続いて、その動詞句を修飾する状況補語として働く。多くの前置詞は、この働きを主とする。

Estos asientos han sido concebidos **para** niños. これらの座席は子どもたちのことを考えて設計された。

(ii) 名詞句に続いて、その名詞句を後続の名詞句と連結し、両者を関係づける。de（〜の）は、この働きを持つ前置詞の代表である。

En la Casa **de** la Cultura ponen una película **para** niños. 文化会館で子ども向けの映画を上映している。

1.2.4. 「動詞＋前置詞＋不定詞、名詞」という組み合わせが定型として用いられることがある。→ 第 20 章 3.

(i) 「動詞＋ a ＋不定詞」

開始：empezar a 〜し始める｜ romper a にわかに〜する

El público rompió **a** aplaudir. 観客はどっと拍手した。

方向づけ：ayudar a 〜するのを助ける｜ obligar a 〜を強制する

El enfermero la ayudó **a** levantarse. 看護師は彼女が立ち上がるのを手伝った。

達成：llegar a 〜するようになる｜ atreverse a 敢えて〜する

Por fin el abuelo llegó **a** comprender la realidad. 祖父はようやく実情を理解するようになった。

(ii) 「動詞＋ de ＋不定詞」

原因：arrepentirse de 〜を後悔する｜ cansarse de 〜に飽きる

La niña no se cansó **de** cantar la misma canción. その少女は飽きることなく同じ歌を歌い続けた。

終結：dejar de 〜するのをやめる｜ acabar de 〜したばかりだ

El tambor dejó **de** sonar. 太鼓の音がやんだ。

(iii) 「動詞＋ por ＋不定詞」

目標：esforzarse por 〜しようと努力する｜ luchar por 〜を達成しようと戦う

El pueblo luchó **por** conseguir la independencia. 人々は独立を勝ち取るために戦った。

(iv) 「動詞＋ en ＋名詞」

creer en 〜の存在を信じる：Creo **en** Dios. 私は神（の意思）を信じる。 [比較] No (me) creo esta noticia. 私はこの報道（の内容）を信じない。

pensar en 〜について思いめぐらす：Piensa **en** tu futuro. 君の将来のことを考えなさい。 [比較] ¿Cómo puedes pensar una cosa así? 君はどうしてそんなことを思いつくのか？

1.2.5. ２つの前置詞が連続して用いられることがある。

Bajé al río **a por** agua. 私は水を汲みに川へ降りた。｜ Llevaron la maleta **hasta bajo** la cama. 彼らはスーツケースをベッドの下まで運んだ。

1.2.6. ２つの前置詞が等位形式で用いられることがある。

En esta banda pueden ingresar jóvenes **con** o **sin** conocimientos musicales. この楽団には音楽の知識がある若者も、ない若者も入団できる。｜ Encontramos estos hongos **sobre** y **bajo** el suelo. これらの菌類は地表にも地中にも見られる。

2. 場所、時を表す前置詞

2.1. a
2.1.1. 地点を表す。
(i) 動作の到達点、方向「〜に」「〜へ」: Llegaré **a** Madrid mañana por la tarde. 私は明日の午後マドリードに着く予定だ。
(ii) 所在の地点「〜に」: El pueblo está **a** diez kilómetros de aquí. その村はここから 10 キロの所にある。
2.1.2. 時点「〜に」を表す。
La clase empieza **a** las nueve. 授業は 9 時に始まる。
2.1.3. 目的「〜のために」|〜に」を表す。
Vengo **a** comprar unas naranjas. 私はオレンジを買いに来た。
2.1.4. 間接目的語「〜に」を表す。→第 3 章 5.
El rey dejó mucha riqueza **a** sus hijos. 王は子どもたちに莫大な富を残した。
2.1.5. 人を指す直接目的語「〜を」を表す。→第 3 章 4.
La reina amaba mucho **a** sus hijos. 王妃は子どもたちをとても愛していた。
2.1.6. 「a ＋定冠詞男性単数形 el」は al となる。→第 7 章 2.3.
Paco ha acompañado a la nieta **al** colegio y **al** médico más de mil veces. パコは孫娘を何度も学校や医者に連れて行った。

2.2. en
2.2.1. 場所的な内部、範囲を表す。
(i) 内部「〜の中に」、内部への移動「〜の中へ」: La llave está **en** mi bolsillo. 鍵はポケットの中に入っている。| El arqueólogo entró **en** la cueva solo. 考古学者は 1 人でその洞窟に入った。 [参考] en に代えて a がしばしば用いられる。El arqueólogo entró a la cueva solo.
(ii) 表面「〜の上に」(上部、垂直面、下部など): La llave está **en** la mesa. 鍵はテーブルの上にある。| Cuelga el calendario **en** la pared del comedor. そのカレンダーを食堂の壁にかけなさい。| Hay una telaraña grande **en** el techo. 天井に大きな蜘蛛の巣がかかっている。
2.2.2. 時間的な範囲を表す。
(i) 時間「〜に」: Nací **en** marzo de 2015. 私は 2015 年 3 月に生まれた。
(ii) 期間「〜のうちに」: Lola leyó veinte libros **en** tres días. ロラは 3 日で 20 冊の本を読んだ。
2.2.3. 様態、手段「〜で」を表す。
Vamos **en** mi coche. 私の車で行こう。| En casa hablamos **en** inglés. 私たちは家では英語で話している。

2.3. ante ⇔ tras
2.3.1. ante は主に比喩的な「前」、tras は主に比喩的な「後」を表す。
2.3.2. ante は、場所としての「(主に比喩的な)〜の前」を表す。
Paco gritó **ante** la indiferencia de sus colegas. パコは同僚たちの無関心を前に叫び声を上げた。| Paco se detuvo {**ante** / delante de} la puerta. パコは戸の前で立ち止まった。(具体的

な場所を表すときは、delante de のほうが一般的）

2.3.3.　tras は「〜の後、後ろ」を表す。

(i) 時間：Lola abrió la puerta **tras** un segundo de vacilación. ロラはちょっと迷った後、戸を開けた。

(ii) 場所：Lola escondió el paquete {**tras** / detrás de} la cortina. ロラはその包みをカーテンの後ろに隠した。（detrás de のほうが一般的）

2.4. sobre ⇔ bajo

2.4.1.　sobre は「上」、bajo は「下」を表す。

2.4.2.　sobre は「〜の上」「〜について」を表す。

(i) 対象に接触：La llave está **sobre** la mesa. 鍵はテーブルの上にある。　[参考] en, encima de でも同様の意味が表せる。La llave está {en / encima de} la mesa.

(ii) 対象とは非接触：Nuestro avión está volando **sobre** los Alpes. 私たちの飛行機はアルプス山脈の上を飛んでいる。　[参考] sobre の代わりに encima de も可。

(iii) 話題：Voy a hablar **sobre** la gramática española. 私はスペイン語の文法についてお話しします。

2.4.3.　bajo は、「（主に比喩的な）〜の下」を表す。

Mi abuelo vivió **bajo** la dictadura militar. 私の祖父は軍事独裁政権の下で生きた。｜ El gato está escondido {**bajo** / debajo de} la mesa. 猫はテーブルの下に隠れている。（debajo de のほうが一般的）

2.5. desde ⇔ hasta

2.5.1.　desde は「起点」、hasta は「到達点」、およびそれぞれの経路を表す。desde は de よりも、hasta は a よりも明確に表示する。

2.5.2.　desde は起点と経路「〜から〜を通って」を表す。hasta は到達点と経路「〜を通って〜まで」を表す。

(i) 場所：Paco tuvo que andar {**desde** / de} la estación {**hasta** / a} casa. パコは駅から家まで歩かなければならなかった。（desde, hasta のほうが de, a よりも起点、到達点がどこなのかを強く印象づける）

(ii) 時間：Esta rosa florece **desde** la primavera **hasta** el otoño. このバラは春から秋まで開花する。

(iii) 比喩的に：Hice la lista de los ganadores **desde** el primero **hasta** el último. 私は初代から最新までの優勝者のリストを作った。

2.5.3.　hasta は副詞的に働いて、最低限度「〜さえ」を表す。

Hasta los niños lo saben. 子どもでさえそれを知っている。｜ **Hasta** yo lo tengo. 私でさえそれを持っている。（後に続く人称代名詞は主格になる）　[比較] **Hasta** mí ha llegado la noticia. その知らせは私にまで届いている。（この場合は「到達点」も示すので前置詞格を用いる）

2.6. contra

contra は物理的な「衝突」（〜にぶつかって）、そこから生じる比喩的な「対立」（〜に対して）を表す。

El vaso se hizo añicos **contra** el suelo. グラスは床に当たって砕け散った。 | No quiero actuar **contra** mis convicciones. 私は自分の信念に逆らって行動したくはない。

2.7. entre

2.7.1. entre は 2 つまたはそれ以上の物・事の中間「〜の間に、で」を表す。

(i) 場所：El gato se metió en un callejón **entre** dos casas. その猫は 2 軒の家の間の路地に入って行った。

(ii) 時間：El dentista no recibe visitas **entre** las dos y las cuatro de la tarde. その歯科医院は午後 2 時から 4 時までの間は来院を受け付けない。

(iii) 比喩的に：Es una canción popular **entre** muchos jóvenes. それは多くの若者の間ではやっている歌だ。

2.7.2. entre の後に続く人称代名詞、再帰代名詞は、次のような形をとる。

(i) 原則として前置詞格になる。Lola lo pensaba **entre** sí. ロラは心の中でそう考えていた。

(ii) 1 人称単数形、2 人称単数形は主格になる。Hagámoslo **entre** tú y yo. 君と私とでそれをしよう。

2.8. hacia

2.8.1. 方向「〜の方へ」を表す。

Lola fue **hacia** la casa vecina. ロラは隣の家の方へ行った。（その方向に向かった。隣の家に到達するかどうかは不明）　[比較] Lola fue a la casa vecina. ロラは隣の家に行った。（隣の家に到達した）

2.8.2. 漠然とした時間的広がり「〜ころ」を表す。

Hacia las ocho de la tarde salimos de la oficina. 午後 8 時ごろ、私たちは事務所を出た。

3. 連結、関係を表す前置詞

3.1. de

3.1.1. de は名詞句と名詞句などを連結し、両者を関係づける。

(i) 所有、帰属：Esta es la casa **de** Lola. これがロラの家だ。 | Hay que obedecer la decisión **de** Lola. ロラの決定には従わねばならない。

(ii) 種類、同格：En las vacaciones **de** verano, voy a la sierra **de** Gredos. 私は夏休みにグレドス山脈に行く予定だ。 | El pobre **de** Paco insistió en no poder entender nada. 哀れなパコは何も分からないと言い張った。（特徴を強調し、詠嘆を表す）

(iii) 内容、素材：Hay un vaso **de** leche sobre la mesa **de** madera. ミルクの入ったコップが木製のテーブルの上にある。

(iv) 名詞句と名詞句の連結には de が多用され、その他の前置詞の使用には制約が多い。la casa {○ **de** / × en / × sobre} la colina 丘の上の家　[比較] 英語では *the house on the hill*

(v) 名詞句連結に de が多用されるため、複数の解釈が可能な場合がある。el libro **de** García Márquez ガルシア・マルケスが書いた本／ガルシア・マルケスが所有する本／ガルシア・マルケスについて書かれた本

(vi) 前置詞句が連結されることもある。Vamos a la cafetería **de** al lado. そばにある喫茶店に行こう。

3.1.2.　「de ＋名詞句」が動詞句を修飾する状況補語として働く。

(i) 起点、帰属：Vengo **de** Panamá. 私はパナマから来た。

(ii) 原因：Me muero **de** hambre. 私は空腹で死にそうだ。

(iii) 題材、素材：Estábamos hablando **de** ti. 私たちは君のことを話していた。｜ La casa está hecha **de** ladrillos. その家はれんが造りだ。

3.1.3.　他の語句と不定詞、節を連結する。

(i)「＋不定詞」：Esta teoría es difícil **de** entender. この理論は理解しにくい。｜ **De** haberlo sabido antes, te lo habría avisado. もし私がそれを前もって知っていたら、君に教えたのだが。→第 19 章 4.4.3.

(ii)「＋節」：Me alegro **de** que hayas venido. 君が来てくれてうれしい。

参考 口語で de が省略されることがあるが誤用とされる。× Me alegro que hayas venido. また逆に不要な de が挿入される誤用もあり、「de que 語法」（dequeísmo）と呼ばれる。Creo {○ que / × de que} es verdad. 私はそれが本当だと思う。

3.1.4.　「de ＋定冠詞男性単数形 el」は del となる。→第 7 章 2.3.

Paco es hermano **del** secretario **del** ministro **del** Interior. パコは内務大臣の秘書の兄弟だ。

3.2. con ⇔ sin

3.2.1.　con は「～を伴うこと」を表し、sin は「～を伴わないこと」を表す。café **con** leche カフェオレ｜ café **sin** azúcar 砂糖なしのコーヒー

3.2.2.　con

(i) 同伴、付随：El avión **con** cien pasajeros a bordo llegó **con** una hora de retraso. 100 人の乗客を乗せた飛行機は 1 時間遅れで到着した。

(ii) 原因、手段：La abuela está contenta **con** la mesa adornada **con** flores. 祖母は花で飾られたテーブルに満足している。

(iii)「con ＋ mí（私）→ conmigo」「con ＋ ti（君）→ contigo」「con ＋ sí（彼〈ら〉、彼女〈ら〉、あなた〈方〉自身）→ consigo」となる。→第 9 章 6.1.2.、同 7.2.2.

Paco se llevó **consigo** una maleta grande. パコは大きなスーツケースを持って出かけた。

3.2.3.　sin　→第 11 章 4.4.1.

(i) 欠如：Pude conseguir el trabajo **sin** mucha dificultad. 私は大して苦労もせずにその仕事に就くことができた。｜ Esta máquina casi nunca se equivoca. —**Sin** casi. この機械はほとんどミスをしません。──「ほとんど」じゃなくて「絶対ミスをしない」と言うべきです。（「ほとんど」ではない→「常に」）

(ii)「＋不定詞」「＋節」：Lola se fue **sin** decir nada. ロラは何も言わずに立ち去った。｜ Lola se fue **sin** que la vieran. ロラは誰にも見られずに立ち去った。

3.3. para
3.3.1. 「目的、利益」（～のために）、「目的地」（～をめざして）を表す。

Compré unas flores **para** mi madre. 私は母のために花を買った。｜ Hoy ya no hay tren **para** Barcelona. 今日はもうバルセロナ行きの列車はない。

3.3.2. 「期限」（～までに）を表す。

Solo faltan cinco minutos **para** las siete. 7時まであと5分しかない。

3.4. por
3.4.1. 「原因」（～のせいで）、「動作主」（～によって）を表す。

Muchas vidas cambiaron totalmente **por** la guerra. 多くの人生が戦争のせいで大きく変わってしまった。｜ El director de cine fue premiado **por** la Academia. その映画監督はアカデミーによって表彰された。

3.4.2. 「場所的広がり」（～のあたりに）、「通過点」（～を通って）を表す。

¿Hay una farmacia **por** aquí? このあたりに薬局はありませんか？｜ El tren pasa **por** Zaragoza. その列車はサラゴサを経由する。

3.4.3. 「期間」（～の間）

El futbolista desea alargar el contrato **por** dos años. そのサッカー選手は契約を2年延長することを望んでいる。｜ Conversaron **por** muchas horas. 彼らは何時間も話し続けていた。（期間の長さを特に強調） 比較 Conversaron muchas horas. 彼らは長時間、話をした。（一般的な表現）

3.4.4. para と por の違い

違いが微妙な場合もあるが、原則としては次の2文を参照。

para（目的）：Cerré la ventana **para** dormir bien. 私はぐっすり眠るために窓を閉めた。

por（原因）：Cerré la ventana **por** el ruido. 騒音がするので私は窓を閉めた。

3.5. según
3.5.1. 「準拠」（～によれば、～に従って）を表す。強勢語なので、文強勢をかけて発音する。

Según la policía, el caso ocurrió a eso de las dos de la madrugada. 警察によると、事件は午前2時ごろに起きたという。 比較 次の según は節を導いているので、前置詞ではなく接続詞。**Según** informó la policía, el caso ocurrió a eso de las dos de la madrugada. 警察が発表したところによると、事件は午前2時ごろに起きたという。

3.5.2. 後に続く人称代名詞は主格になる。

¿Cuál es la finalidad de la literatura **según** tú? 君の意見では、文学の目的は何だと思う？

3.5.3. 「場合によって」を表す副詞としても使われる。

—¿Tú vas o te quedas? —No sé. **Según**. 君は行くのか、残るのか？ ——分からない。状況次第だ。

4. 副次的前置詞（他品詞からの転用）の働き

4.1. 動詞より

4.1.1.　durante（〜の間）（← durar 続く）：No pude dormir **durante** toda la noche. 私は一晩中眠れなかった。

4.1.2.　mediante（〜を介して）（← mediar 仲介する）：Se circula el capital **mediante** la compra y venta de acciones. 株の売買を通じて資本が流通する。

4.2. 関係副詞、接続詞より

4.2.1.　cuando（〜のとき）：**Cuando** niño, jugaba todos los días al béisbol. 私は子どものころ、毎日野球をしたものだ。

4.2.2.　donde（〜のいる場所で、に）（主にラテンアメリカで用いる）：Me dirigí a **donde** mi familia. 私は家族のいる所に向かった。

4.2.3.　como（〜として）：Te doy un consejo **como** amigo. 私は友達として、君に 1 つ忠告しよう。

4.3. 動詞、副詞などより

4.3.1.　excepto, menos, salvo はすべて「〜を除いて、〜以外」を表す。salvo は古語的。El programa se emite todas las mañanas {**excepto** / **menos** / **salvo**} los domingos. その番組は日曜を除いて毎朝、放送される。

4.3.2.　後に続く人称代名詞は主格になる。Todo el mundo está de acuerdo {**excepto** / **menos** / **salvo**} tú. 君以外は、みな賛成している。

4.4. その他

4.4.1.　versus（〜対）はラテン語から英語を通じて入った借用語で、2 つの名詞または名詞相当語句を連結する。La conferencia se titula «Lo virtual **versus** lo físico». 講演の題目は「仮想性と実体性」だ。

4.4.2.　vía（〜を通って）は名詞 vía（道）からの派生語。La fotografía se ha recibido **vía** satélite. その写真は衛星を経由して受信された。

5. 複合前置詞

5.1. 複合前置詞の特徴

　1 語から成る前置詞は、形が短く、しかも表す意味の幅が広いため、理解されにくい可能性がある。また、より精密な格関係を表すには不十分な場合がある。それらの問題を回避するために 2 語以上の単語から成る複合前置詞がしばしば用いられる。

Lola ha dejado el pintalabios {en / **encima de**} la coqueta. ロラはドレッサーの上に口紅を置いた。（en は「〜の中に」も表すので、誤解の恐れのない encima de を用いることができる）｜ Regresarán **a mediados de** mayo. 彼らは 5 月の半ばに戻ってくるだろう。（「〜の半ばに」を 1 語で表す前置詞は存在しない）

5.2. 場所を表すもの

encima de（〜の上に〈水平なものの上部表面、または上方に〉）⇔ debajo de（〜の下に〈下部表面、または下方に〉）：Encontraron a dos sobrevivientes **debajo de** los escombros. がれきの下に 2 人の生存者が発見された。

delante de（〜の前に）⇔ detrás de（〜の後ろに）：Los manifestantes se congregaron **delante de**l palacio presidencial. デモ隊が大統領官邸の前に集まった。

fuera de（〜の外に）⇔ dentro de（〜の中に）：La cantante ha cosechado grandes éxitos **dentro y fuera de** su país. その女性歌手は国の内外で大成功をおさめた。（このように 2 つの複合前置詞が等位構造を作ることがよく見られる）

cerca de（〜の近くに）⇔ lejos de（〜の遠くに）：Mi casa está {**cerca de** / **lejos de**} aquí. 私の家はここから {近い／遠い}。

5.3. 時間を表すもの

antes de（〜の前に）⇔ después de（〜の後に）：Mi abuela siempre rezaba **antes de** las comidas. 私の祖母は食事の前にお祈りを欠かさなかった。

dentro de（未来の一時点に）：Nos veremos **dentro de** una semana. 1 週間後に会おう。（「1 週間以内に」ではなく「1 週間が経過した時に」の意味であることに注意）

a principios de（〜の初めごろに）⇔ a fines de（〜の終わりごろに）：Esta torre fue construida **a fines de**l siglo X. この塔は 10 世紀の終わりごろに建てられた。

5.4. 関係を表すものなど

a pesar de（〜にもかかわらず）：Se disputó el partido **a pesar de** la fuerte lluvia. 激しい雨にもかかわらず試合が開催された。

acerca de, en cuanto a（〜に関して）：Los consumidores son exigentes hoy **en cuanto a** la calidad de los alimentos. 今日、消費者は食品の品質について厳しくなっている。

de acuerdo con（〜に従って）：Se castiga a los culpables **de acuerdo con** las leyes. 罪を犯した者は法律に従って処罰される。

en vez de（〜の代わりに）：Yo le respondí al profesor **en vez de** mi amigo. 私は教師に友人に代わって答えた。

en contra de（〜に反して）：¿Alguna vez has hecho algo **en contra de** tu voluntad? 君はこれまで自分の意思に反して何かをしたことがあるか？

コラム⑥　場所、時間を表す前置詞、複合前置詞の図解

1. 場所（位置）

sobre, encima de
上方

en, sobre, encima de
上部

en
表面
（側面、裏面など）

en, dentro de
内部

bajo, debajo de
下方

2. 場所（方向）

de, desde
起点

a
到達点

hacia
おおよその方向

para
方向

hasta
限界点

3. 時間

a
到達点

de, desde
起点

hasta
継続の限界点

por, en, durante
継続

dentro de
未来の到達点

第 **14** 章　接続詞

1. 総論

1.1. 接続詞の形と種類

1.1.1.　(i) 単語、句、節を接続する働きをする単語を接続詞（conjunción）と言う。接続詞は不変化語で、単一の形しか持たない。また、原則として無強勢語で、文強勢を持たない。

(ii) ただし等位接続詞は、強調される場合には強勢語になる。

Paco prometió hacerlo, **y** cumplió la promesa. パコはそれをすると約束し、約束を守った。（y は文強勢なしで発音される）｜ Paco prometió hacerlo. —¿**Y**? パコはそれをすると約束したよ。——で、どうなったの？（y が単独で文として使用され、文強勢を持っている）

(iii) 他品詞が接続詞的な働きをする場合は、強勢語になることがある。

Te perdonaré **a condición de que** cumplas la promesa. 君が約束を守るという条件で、私は君を許そう。（a condición de que〈～という条件で〉は従属接続詞的に働いている。a, de, que は無強勢語、condición は強勢語）

1.1.2.　接続詞は、次の 2 種類に大別できる。

(i) 等位接続詞（conjunción coordinante）：要素を対等な関係で接続する。

(ii) 従属接続詞（conjunción subordinante）：要素を主節と従属節の関係になるように接続する。

1.1.3.　等位接続詞

働き	形
順接	y ～と、そして、(ni...) ni …もまた～ない、tanto... como …も～も、no solamente... sino también …だけでなく～も など
離接	(o...) o ～か、または、ya... ya …かあるいは～か など
逆接	pero しかし、sino ～ではなく…、mas しかし など

＊表中の tanto... como、no solamente... sino también、ya... ya は「分離配置」型の接続詞的形式である。ni, o も分離配置が可能である。→ 1.2.4.、2.2.2.、2.4.1.

＊表中の tanto... como、no solamente... sino también、ya... ya、por eso は他品詞の接続詞的用法である。→ 1.2.5.

1.1.4.　従属接続詞

働き	形
①名詞節、同格節を作る	
平叙、命令 疑問	que ～と、～ということ si ～かどうか

②副詞節を作る	
理由	porque なぜなら、como ～なので など
目的	para que ～のために、a fin de que ～のために など
結果	conque それで、tan... que 非常に～なので など
条件	si もし～なら、a condición de que ～という条件で など
譲歩	aunque ～ではあるが、si bien たとえ～であろうと など
時	cuando ～のとき、antes (de) que ～の前に など
様態	como ～のように、según ～に従って など
比較	que ～より、como ～と同様 など

* para que、a fin de que、a condición de que、si bien は他品詞の接続詞的用法。 → 1.2.5.

1.2. 接続詞の働き

1.2.1. 等位接続詞は、同類の語句を接続する。

(i) 名詞句と名詞句：Lola **y** Paco, ¿cuál os gusta más, este pastel **o** el otro? ロラとパコ、このケーキとこっちのでは、どっちがいい？

(ii) 前置詞句と前置詞句：Pruébalo no con palabras **sino** con hechos. 言葉ではなく事実でもって、それを証明しなさい。

(iii) 形容詞句と形容詞句：Paco es serio **pero** muy amable. パコは厳しいがとても優しい人だ。

(iv) 副詞句と副詞句：Lola trabaja mucho **y** muy bien. ロラはよく働き、仕事がよくできる。

(v) 節と節：Paco dice que **no solo** le gusta tocar el piano **sino también** que quiere ser pianista profesional. パコはピアノを弾くのが好きなだけでなくプロのピアニストになりたいと言っている。

(vi) 形態素と形態素を接続する場合もある：El candidato viajó por todo el país durante la campaña pre **y** poselectoral. その候補者は選挙前と選挙後の運動で、全国を旅して回った。（接頭辞 pre と pos の等位）　|　Paco abrazó a su hijo cariñosa **pero** firmemente. パコは我が子を優しく、しかししっかりと抱きしめた。（mente 副詞の語幹と語幹の等位）

1.2.2. (i) 従属接続詞は従属節を導き、従属節とその他の要素とを区別するのに用いられる。従属接続詞が導く従属節は名詞節、同格節、副詞節である。

(ii) 名詞節：Espero **que** nos veamos pronto. 私たちがすぐ会えることを期待している。（que nos veamos pronto が名詞節）

(iii) 同格節：La necesidad de **que** las Universidades busquen ingresos por su cuenta fue respaldada por los participantes de la reunión. 大学が自力で収入を得る道を探す必要があるという意見は、その会議の参加者によって支持された。（que las Universidades busquen ingresos por su cuenta は necesidad の同格節。この文脈では Universidades は特定の大学を指し、固有名詞化しているので U は大文字）

(iv) 副詞節：Hazlo **como** te guste. 君の好きなようにそれをしなさい。（como te guste が副詞節）

(v) 従属節内の動詞は直説法、または接続法の形をとる。その選択の規則については → 第18 章 2.2.、同 3.2.、同 3.4.

1.2.3. (i)「要素 A ＋接続詞＋要素 B」という 3 つの要素の連続は、「要素 A」と「接続詞＋要素 B」との間で区切られ、音声の休止もここに置かれる。

la profesora **y** sus alumnos 教師とその生徒たち→ [la profesora] [y sus alumnos]

(ii) 等位接続詞は、要素 A と要素 B の間に置かれる。ただし、他の品詞が等位接続詞的に働く場合は、要素 B の内部や末尾に置くこともある。→ 2.8.2. (ii)

Lola no estudió nada, **pero** sacó muy buenas notas. ロラは全然勉強しなかったが、成績はとても良かった。｜ Lola no estudió nada. Sacó, **sin embargo**, muy buenas notas. ロラは全然勉強しなかった。それなのに、成績はとても良かった。

(iii) 従属接続詞の場合は、原則として「接続詞＋要素 B」を「要素 A」より前に置くこともできる。como（〜なので）は常に前に置かれる。一方、porque（なぜなら）は前に置くことができない。→ 4.1.1.

Me gustaba leer **cuando** era niña. / **Cuando** era niña, me gustaba leer. 私は子どものころ、読書が好きだった。

1.2.4. (i) 2 つ以上の単語が分離して配置され、接続詞に相当する働きをすることがある。「分離配置」型の接続詞的形式と呼ぶ。

Me gustan **tanto** los perros **como** los gatos. 私は犬も猫も好きだ。（tanto... como の対が、「…と同様〜も」という順接の等位接続詞として働いている）

(ii) おなじ単語を反復して分離配置する形式もある。ni, o にもこの用法がある。→ 2.2.、2.3.

Ese día **ya** salía el sol, **ya** se escondía. その日は、太陽が出たかと思えば、雲に隠れた。｜ No tengo **ni** dinero **ni** tiempo. 私には金も時間もない。

1.2.5. 他品詞が接続詞的に用いられることがある。この場合、2 語以上の単語が集まった形をとることが多い。

ya... ya（〜かあるいは〜か）← 副詞 ya

por eso（それで）← 前置詞 por ＋指示代名詞 eso

para que（〜のために）← 前置詞 para ＋接続詞 que

a fin de que（〜のために）← 前置詞 a ＋名詞 fin ＋前置詞 de ＋接続詞 que

no solo... sino también ← 副詞 no ＋形容詞・副詞 solo ＋接続詞 sino ＋副詞 también

2. 等位接続詞

2.1. 順接（y）

2.1.1. (i) y（〜と、そして）は肯定的な接続に用いる。対等の要素をつなぐ「順接」が基本的な働きである。

Lola es alta **y** delgada. ロラは背が高くてほっそりしている。

(ii) ただし反復、理由と結果、逆接のような意味を表す場合もある。

El perro ladraba **y** ladraba. その犬はいつまでも吠え続けた。（反復）｜ Paco estudió mucho **y** aprobó los exámenes. パコはしっかり勉強したので試験に合格した。（理由と結果）｜ Les pedí ayuda **y** no me respondieron. 私は彼らに助けを求めたが、返事はなかった。（逆接）

(iii)「命令文＋ y」は「〜しなさい。そうすれば〜」を表す。→ 2.4.1.(iv)

Seguid buscando la solución **y** la encontraréis. 君たち、答えを探し続けなさい。そうすれば

見つかるだろう。（条件と帰結）

2.1.2.　y が 3 つ以上の要素を接続する場合は最後の要素の前にだけ y を用い、他は省略するのが一般的である。

Voy a viajar a Francia, Alemania, Holanda **y** Bélgica. 私はフランス、ドイツ、オランダ、そしてベルギーを旅行する予定だ。

2.1.3.　(i) 直後の単語の語頭が i または hi のとき、原則として y は e という形になる。

Fernando **e** Isabel フェルナンドとイサベル｜madre **e** hija 母と娘

(ii) 直後の単語の語頭が hie のときは、y のままである。

flores **y** hierba 花と草

(iii) 直後の単語の語頭が (h)io, (h)ia のときは、y でも e でもよい。

moléculas {**y** / **e**} iones 分子とイオン

2.1.4.　(i) y の接続する語句が主語のとき、述語動詞は原則として複数形になる。

Paco **y** Lola juegan bien al tenis. パコとロラはテニスが上手だ。

(ii) ただし y の接続する語句が意味的に 1 つのまとまりを成しているときは、述語動詞は単数形になる。

A la gente le encanta comer **y** beber. 人々は食べたり飲んだりするのが大好きだ。｜Para el niño solo existe lo bueno **y** lo malo. 子どもにとっては、世の中にはいいことと悪いことのどちらかしかない。

2.2. 順接（ni）

2.2.1.　(i) ni（〜もまた〜ない）は否定的な接続に用いる。対等の要素をつなぐ「順接」の働きをする。→ 第 11 章 4.4.2.

Lola no es alta **ni** delgada. ロラは背が高くも、ほっそりしてもいない。

(ii) 分離配置型の用法、つまり否定されるすべての要素の前に置く使い方もできる。すべての要素を否定するニュアンスが強調される。

Lola no es **ni** alta **ni** delgada. ロラは背が高くもないし、ほっそりしてもいない。

(iii) 単独で用いられて否定を強調する。

¡**Ni** lo pienses! そんなことを夢にも思ってはいけない！

2.2.2.　ni は 3 つ以上の要素を接続することができる。最後の要素の前にだけ ni を用い、他は省略してもよい。

No voy a viajar (**ni**) a Francia (**ni**) a Alemania (**ni**) a Holanda **ni** a Bélgica. 私はフランスにもドイツにもオランダにもベルギーにも旅する予定はない。

2.2.3.　ni が接続する語句が動詞より前に置かれるとき、動詞にかかる no は不要になる。この場合は、否定されるすべての要素の前に ni を付ける必要がある。

Ni a Italia **ni** a Suiza voy a viajar. 私はイタリアにもスイスにも旅行する予定はない。

2.2.4.　ni が接続する語句が主語のとき、述語動詞は複数形になる。

Ni Paco **ni** Lola juegan bien al tenis. パコもロラもテニスが上手ではない。

2.3. 順接（tanto... como など）

2.3.1.　tanto... como（…も…も）：同等比較級を用いて 2 つの事柄を対等に接続する分離

配置型の形式。tanto は不変化である。

Tanto las mujeres **como** los hombres se reunían en la plaza. 女性も男性も広場に集まった。

2.3.2. así como（〜と同様に〜も）：比較表現の一種を用いて、ある要素に他の要素を付け加える形式。

El Gobierno, **así como** los profesores, deben considerar con seriedad este problema. 政府と同じく教師もこの問題を真剣に受け止めなければならない。

2.3.3. no solo... sino (también)（…だけでなく〜も）：no... sino の形式を用いて、2 つの事柄を対等に接続する形式。否定的な事柄も接続できる。no は solo から離れて動詞にかかる場合もある。también は省略できる。

No solo el jefe **sino también** los demás son responsables de la caótica situación. 上司だけでなく他の人々も、その混沌とした状況についての責任がある。| Su ayuda **no solo** no me sirvió de nada **sino** que me molestó. 彼（女）の助けは私には役に立たなかったばかりか、むしろ邪魔だった。| La doctora López **no** es **solo** una científica **sino** una gran pianista. ロペス博士は科学者であるばかりでなく、偉大なピアニストでもある。

2.4. 離接（o）

2.4.1. (i) o（〜か、または）は肯定的な接続に用いる。選択すべき要素を対等に接続する「離接」が基本的な働きである。

¿Quieres café **o** té? 君はコーヒーか紅茶と、どちらが飲みたい？| Venga a mi oficina a las diez **o** a las once. 私の事務所に 10 時か 11 時に来てください。

(ii) 分離配置型の用法、つまり選択されるすべての要素の前に置く使い方もできる。何が選択の対象となるのかを明確にできる。

Venga a mi oficina **o** a las diez **o** las once. 私の事務所に 10 時に、または 11 時に来てください。

(iii) o は「すなわち」「つまり」の意味でも用いられる。→ 第 1 章 8.1.3、同 8.2.2. (iii)

Lola estudia Cibernética **o** la ciencia de las analogías entre los sistemas de control y comunicación de los seres vivos y los de las máquinas. ロラは人工頭脳学、つまり生物が持つ制御や意思伝達の体系を機械に持たせようとする科学を学んでいる。

(iv)「命令文 + o」は「〜しなさい。そうでないと〜」を表す。→ 2.1.1. (iii)

Date prisa, **o** llegarás tarde. 急ぎなさい。でないと遅刻するよ。

2.4.2. o は 3 つ以上の要素を接続することができる。最後の要素の前にだけ o を用い、他は省略することが多い。

¿Qué prefieres, ir al cine **o** jugar al tenis **o** ver la tele en casa? / ¿Qué prefieres, ir al cine, jugar al tenis **o** ver la tele en casa? 君は映画を見に行くのと、テニスをするのと、家でテレビを見るのとでは、どれがいい？

2.4.3. (i) 直後の単語の語頭が o または ho のとき、接続詞 o は u という形になる。

siete **u** ocho 7 または 8 | Bélgica **u** Holanda ベルギーかオランダ

(ii) 分離配置型の用法の場合も、この規則に従う。

u hombres **o** mujeres 男性か女性

2.4.4. (i) o が接続する語句が主語のとき、原則として述語動詞は複数形になる。論理的には単数形になるように思える場合も、そうはならない。

Tú **o** Paco tenéis que hacerlo. 君かパコかのどちらかが、それをしなくてはいけない。

(ii) ただし o が接続する語句が意味的に 1 つのまとまりを成すときは、述語動詞が単数形になることもある。

El tiempo **o** la muerte lo {resolverá / resolverán}. 時間か死がそれを解決するだろう。

2.4.5. (i) o の「選択」の意味が弱まって、選択すべき事柄どうしが排他的でなくなることがある。

En la mesa nunca faltaban las sopas especiales **o** los suculentos asados. 食卓にはいつも秘伝のスープや、おいしい焼肉が供された。（スープと焼肉がともに供される場合も含意）

(ii) 選択の意味が弱まった o は、y と置き換えられる場合がある。

Se puede entrar por esa puerta {**o** / y} por aquella. そのドアから入ってもいいし、あのドアから入ってもいい。

2.5. 離接（ya... ya など）

2.5.1. ya... ya、bien... (o) bien、sea... sea、ora... ora（すべて「…かあるいは…か」）などの分離配置型の形式である。

Paco es muy educado **ya** en el trabajo, **ya** en el hogar. パコは職場でも、自宅でも非常にきちんとしている。| Rita no comió carne **bien** porque era vegetariana (**o**) **bien** porque estaba a dieta. リタは、菜食主義者だからか、またはダイエット中だったからか、肉を食べなかった。| Lola vendrá, **sea** hoy, **sea** mañana. ロラは今日か明日、来るだろう。| **Ora** hacen este trabajo, **ora** el otro. 彼らはある作業をするかと思えば、また別の作業もする。

2.5.2. unos... otros（あるものは…、またあるものは〜）など

Unos decían que sí, **otros** que no. ある人はそうだと言い、またある人は違うと言った。| **Unas** veces se muestra contento, **otras** se desespera. 彼は機嫌が良いときもあれば、悲しそうにしているときもある。

2.6. 逆接（pero）

2.6.1. pero（だが、しかし）の基本的な働きは、背反する 2 つの要素を接続し、どちらの要素も成り立つことを示す「逆接」である。

No tengo dinero, **pero** soy feliz. 私はお金がないが幸せだ。

2.6.2. (i) 節をつなぐことが多いが、単語や語句、形態素をつなぐこともできる。

Es una melodía muy bonita, **pero** muy complicada. それはとても美しいが、複雑なメロディだ。| Caminaron muy lenta **pero** decididamente hacia la comisaría. 彼らはごくゆっくりと、しかし心に決めた様子で警察署へと歩いて行った。

(ii) 同じ内容の反復や、文頭で用いられて強調を表す。

El bebé se ríe por nada, **pero** de verdad por nada. その赤ん坊は何でもないことで、本当に何でもないことで笑うんです。| ¡**Pero** qué valiente eres! 本当に君は勇敢だね！

2.7. 逆接（sino）

2.7.1. (i) sino（〜ではなく）の基本的な働きは、先行する要素を否定し、後続する要素を肯定する「逆接」である。先行する要素は no などの否定語を伴う。→第 21 章 5.2.

Este vino no es de Francia **sino** de Chile. このワインはフランス産ではなくチリ産だ。

(ii) sino が節をつなぐときは、後続の節の前に que を付ける。

El alcalde nunca cerraba las puertas del diálogo **sino** que siempre buscaba solución a través de debates. 市長は対話の扉を決して閉ざすことなく、常に話し合いを通じて解決策を模索した。

2.7.2. 反語的な疑問文では、否定語なしで用いられる。

¿Dónde, **sino** en la plaza de toros, podrá Pepe triunfar? ペペは闘牛場以外にどこで成功できるだろうか？ | ¿Quién, **sino** vosotros, lo sabe? 君たちでなくては、誰がそれを知っているだろうか？（動詞は vosotros ではなく quién と一致する）

2.8. 逆接（mas、sin embargo など）

2.8.1. mas（しかし）は文語で用いられ、pero と同様の働きをする。

Han querido luchar por los derechos humanos, **mas** les han faltado los fondos. 彼らは人権を守るために闘おうとしたが、資金が足りなかった。

2.8.2. (i) sin embargo、no obstante（ともに「しかしながら」）は pero に似た逆接の意味を表す。節と節、文と文をつなぐ。

Paco quiso animar a Lola. **Sin embargo**, su actitud era de fría indiferencia. パコはロラを元気づけようとした。ところが彼女は冷たく無関心な態度をとった。 | Lola me dijo que no vendría; **no obstante**, la esperaré. ロラは来ないと言った。しかし私は彼女を待つつもりだ。

(ii) これらの語句は文強勢を持ち、文中の位置もかなり自由である。

No parece haber problema a simple vista. En otros casos, **sin embargo**, esto no es tan fácil. / En otros casos esto no es tan fácil, **sin embargo**. 一見、問題はなさそうに見える。しかしながら他の場合には、これは容易ではない。（sin embargo は後続要素の前だけでなく、その中や最後に置くことができる）

2.8.3. (i) antes bien（〜ではなく、むしろ…）、al contrario（逆に）は sino に似た逆接の意味を表す。節と節、文と文をつなぐ。

Paco no es el culpable. **Antes bien**, es la víctima. パコに罪はない。むしろ被害者だ。 | No estoy triste. **Al contrario**, me siento más contenta que nunca. 私は悲しくない。それどころか、いつにまして満ち足りている。

(ii) これらの語句は文強勢を持つ。上記の例のように、先行要素と後続要素は2つの独立した文になることが多い。al contrario は単独で文となり得る。

¿Te molesto? —**Al contrario**. お邪魔かな？　——とんでもない。

3. 従属接続詞（名詞節、同格節を作るもの）

3.1. 平叙、命令、感嘆（que）

3.1.1. (i) que（〜と、〜ということ）は名詞節を導き、その名詞節を主節の述語と接続する。また、que は同格節を導き、その同格節を先行詞と接続する。

(ii) 主節の述語と名詞節を接続する場合、名詞節は、平叙文、命令文と同様の内容を表す。

Parece **que** va a llover. 雨が降りそうだ。（平叙の名詞節） | Te digo **que** no lo hagas. 私

は君にそれをするなと言っているんだ。（命令の名詞節）

(iii) 先行詞と同格節を接続する場合、同格節は平叙文と同様の内容を表す。先行詞と que の間に de などの前置詞を必要とする。

Tengo la esperanza de **que** se realice nuestro sueño. 私は私たちの夢が実現することを期待している。（先行詞 esperanza との同格節）

3.1.2.　que が名詞節を主節の述語と接続するときは、文中で主語、直接目的語、前置詞の目的語などとして働く。→ 第 4 章 1.2.6.

3.1.3.　que が導く名詞節は、主節の述語に後続することが多いが、先行することもある。その場合は que が文頭に立つ形になる。

¡**Que** no lo hagas te he dicho! 私は君にそれをするなと言ったんだ！

3.1.4.　(i) 名詞節、同格節を導く que は、原則として省略できない。

○ Creo **que** es verdad. / × Creo es verdad. 私はそれが本当だと思う。

(ii) 名詞節内の要素について問う部分疑問文においても、que は省略できない。

○ ¿Quién piensas **que** va a ganar? / × ¿Quién piensas va a ganar? 君は誰が勝つと考えているのか？

(iii) ただし、書き言葉では、主節の述語が願望を表し、名詞節の動詞が接続法になる場合、que が省略されることがある。

Le agradecería me enviara el documento. 書類をご送付くだされば幸甚です。

3.1.5.　疑問文と同様の内容を表す名詞節、つまり間接疑問節には、原則として que を必要としないが、話し言葉では que が用いられることがある。

Lola preguntó (**que**) si era verdad. ロラはそれが本当なのかと尋ねた。| Paco me dijo (**que**) qué quería. パコは私に何がほしいのかと言った。

3.1.6.　(i) 名詞節、同格節が 2 つ以上続くときは、原則としてそれぞれの節の先頭に que を付ける。

Se comprobó **que** el motor estaba bien y **que** lo que estaba averiado era el volante. エンジンに異常はなく、壊れていたのはハンドルだったことが確認できた。

(ii) ただし、誤解の恐れのない場合は、最初の que 以外は省略されることがある。特に話し言葉でこの傾向が見られる。

Paco dice **que** está ocupado y (**que**) no puede venir. パコは忙しくて来られないと言っているよ。

3.1.7.　従属接続詞 que の前に定冠詞男性単数形 el が付くことがある。これは el hecho de que（〜ということ）が含意された同格節の一部と見なすことができる。

El **que** me digas eso ahora me molesta mucho. 君が今そんなことを私に言うとは、私には大変迷惑だ。

3.1.8.　(i) que は名詞節に準じる語句を導くことがある。→第 11 章 4.1.4. (iii)

Creo que {sí / no}. 私はそうだ {と思う／とは思わない}。

(ii) que は、主節に準じる語句と名詞節を接続することがある。

Claro **que** lo sé. もちろん私はそれを知っているとも。| Lástima **que** no estés aquí. 君がここにいなくて残念だ。

3.1.9.　que が単文で用いられることがある。主節の述語が含意されていると考えること

ができる。

¿Qué dices? ¿**Que** la has visto? 何だって？ 君は彼女を見たって？（第2の文 = ¿[Dices] que la has visto?）｜ ¡**Que** te mejores pronto! 早く元気になってね！（= ¡Deseo que te mejores pronto!）｜ Ven aquí. **Que** vengas. こっちにおいで。来いってば！（第2の文 = [Te digo] que vengas.）

3.2. 疑問（si）

3.2.1. si（〜かどうか）は名詞節を導き、その名詞節を主節の述語と接続する。また、si は同格節を導き、その同格節を先行詞と接続する。その場合の名詞節、同格節は、全体疑問文と同様の内容を表す。同格節では、先行詞と que の間に de、sobre などの前置詞を必要とする。

Me preguntaron **si** estaba dispuesto a acompañarlos. 彼らは私に、一緒に出かける用意はできているかと尋ねた。｜ No sé **si** Paco va a venir o no. パコが来るかどうか、私は知らない。（si 以下は全体疑問の名詞節）｜ A la pregunta sobre **si** había hecho la película de su vida, el director de cine manifestó que todavía no. ライフワークと言えるような映画を制作したかとの質問に、その映画監督はまだだと答えた。（si había hecho la película de su vida は先行詞 pregunta との同格節。全体疑問を表す）

3.2.2. si が導く名詞節の前に que が用いられる用法については → 3.1.5.

3.2.3. si は不定詞句を導き、「〜すべきかどうか」を表すことができる。

Yo no sabía **si** decir lo que sentía. 私は感じていることを言っていいのか、分からなかった。

4. 従属接続詞（副詞節を作るもの）

4.1. 理由（porque、como など）

4.1.1. (i) 理由を表す接続詞の代表は、porque（なぜなら〜）と como（〜なので）である。原則として、porque が導く節は、主節の述語に後続する。逆に como が導く節は、主節の述語に先行する。

Te lo vuelvo a preguntar **porque** no me contestaste. / **Como** no me contestaste, te lo vuelvo a preguntar. 君が答えてくれなかったので、もう一度君にそれを尋ねるよ。

(ii) ¿Por qué?（なぜ？）という問いに対する答えには porque を用いる。この場合、porque が導く節が単独で文になることが多い。como にはこの働きがない。

¿Por qué lloras? —{○ **Porque** / × Como} estoy triste. 君はなぜ泣くの？ ——悲しいから。

(iii) porque は副詞による修飾を受けることができる。como にはこの働きがない。

Paco lo dijo quizá {○ **porque** / × como} estaba de mal humor. パコがそんなことを言ったのは、恐らく機嫌が悪かったからだろう。

4.1.2. ya que、puesto que、dado que などの句も理由を表す接続詞的な働きをする。これらが導く節は、主節の述語に先行することも、後続することもできる。

Ya que tengo amigos que me ayudan, estoy tranquilo. / Estoy tranquilo, **ya que** tengo amigos que me ayudan. 私を助けてくれる友人たちがいるから、私は安心している。｜ **Puesto que** antes había ocurrido un hecho parecido, el accidente era previsible. / El accidente era previsible, **puesto que** antes había ocurrido un hecho parecido. 以前に似たようなことが起きていたので、その事件は予測可能だった。

4.1.3.　que、pues は、軽く理由のニュアンスを添えることができる。これらが導く節は、主節の述語に後続する。この用法は、特に話し言葉で見られる。

Habla más alto, **que** casi no te oigo. もっと大きな声で話せ。君の声がほとんど聞こえないから。 | Te invitaré a una cerveza, **pues** hoy es tu cumpleaños. 今日は君の誕生日だから、ビールを 1 杯おごるよ。

4.2. 目的（para que、a fin de que など）

4.2.1.　1 語の形で目的を表す接続詞は存在しない。para、a のような目的を表す前置詞と従属接続詞 que を利用して「～のために」を表現する。para que、a que（ともに「～のために」）が導く節は、主節の述語に後続するのが一般的な語順である。

Cerré la ventana **para que** no entrara el aire frío. 私は冷気が入らないようにと窓を閉めた。 | Vengo **a que** me dejes tu bicicleta. 私は君の自転車を貸してもらいに来た。 | **Para que** te enteres, no tengo ganas de hacerlo. 念のために君に言っておくが、私はそれをしたくないんだ。（para que が導く節は前置きの役割をしているので、文頭に置かれている）

4.2.2.　a fin de que、con el objeto de que（ともに「～という目的で」）などの形式が、目的を表す接続詞と同様の働きをする。改まった言葉づかいの中で用いられる。主節の述語に後続するのが一般的な語順である。

La votación se aplazará **a fin de que** se reexamine la cuestión. その問題が再検討されるべく、投票が延期された。 | Los vecinos llamaron a la policía **con el objeto de que** se llevaran presos a esos delincuentes. 地域の住民たちは、その犯罪者たちを逮捕してもらうため、警察に通報した。

4.3. 結果（conque、tan... que など）

4.3.1.　結果を表す節を導く表現は、次のように分けられる。

(i) 結果だけを表すもの：conque、luego（ともに「それで」）の接続詞、así que、de manera que（ともに「それで」）などの接続詞として働く句。por eso、consecuentemente（ともに「それで」）などの前置詞句、副詞。

(ii) 分離配置型の接続詞的形式を用いて、結果とともに理由も表すもの：tan... que、tal... que（ともに「非常に…なので」）などの接続詞。

4.3.2.　結果を表す節は、理由を表す節に後続する。

○ Mañana tengo un examen, **así que** voy a estudiar mucho. / × Así que voy a estudiar mucho, mañana tengo un examen. 私は明日テストがあるので、しっかり勉強しなければいけない。

4.3.3.　1 語の形式で結果を表す接続詞には、conque、luego がある。文語的で、使用頻度はあまり高くない。これらが導く節は独立した文になることができるので、等位接続詞とみなされることもある。

Nunca es tarde para poner las cosas claras. **Conque** si algo tienes que decir, dilo. 物事をはっきりさせるのに遅すぎるということはない。だから、君が言うべきことがあれば言いなさい。

Descartes dijo: «Pienso, **luego** existo». デカルトは「我思う、ゆえに我あり」と言った。

4.3.4.　(i) así que、de forma que、de manera que、de modo que、de suerte que（すべて「それで」）などの句は、結果を表す接続詞に相当する働きをし、多用される。これらが導く節は独立した文になることができるので、等位接続詞の一種とみなすこともできる。
Ya llegaba el tren. **Así que** Paco corrió al andén. 列車が到着しようとしていた。それでパコはプラットホームへ走って行った。 | Tanto el marido como la mujer tienen trabajo, **de modo que** no tienen problemas de dinero. 夫も妻も働いているので、お金には困っていない。

(ii) de ahí que（従って）については → 第 18 章 3.5.6.

[比較] por eso、por (lo) tanto、por consiguiente（すべて「それで」）などの前置詞句、consecuentemente（従って）などの副詞は結果を表す。ただし接続詞ではない。
Este material es de mejor calidad que el otro, y **por lo tanto** cuesta más. この素材はもう 1 つの素材より高品質なので値段が高い。

4.3.5.　tan... que、tal... que（ともに「非常に…なので」）などは、結果とともに理由も表す。que が導く節は副詞節として働く。→第 6 章 5.6.3. ～ 5.6.4.
El joven se fue **tan** deprisa **que** no pude darle las gracias. その若者はあっと言う間に立ち去ったので、私はお礼を言うことができなかった。 | El frío era **tal que** decidimos quedarnos en casa. 寒さがあまりにもひどかったので、私たちは家にいることにした。

4.4. 条件（si、a condición de que など）

4.4.1.　条件を表す節を導く接続詞は次のように分けられる。
(i) 1 語から成るもの：si、como（ともに「もし～なら」）など。
(ii) 接続詞として働く句：a condición de que（～という条件で）、con tal (de) que（もし～なら）、en caso de que（～という場合には）、a no ser que、a menos que（ともに「～でなければ」）などの前置詞句。supuesto que（～と仮定すれば）などの過去分詞句、siempre que（～である限りは）などの副詞句。

4.4.2.　条件を表す節を条件節、その帰結を表す節を帰結節と言う。この 2 つから成る文を条件文と言う。条件節が帰結節に先行する場合と、その逆の順序になる場合とがある。
Si no te das prisa, llegarás tarde. / Llegarás tarde **si** no te das prisa. 君、急がないと遅れるよ。（si no te das prisa が条件節、llegarás tarde が帰結節）

4.4.3.　条件を表す最も基本的な接続詞は si である。動詞の法、時制を利用してさまざまな条件文を作る。→第 18 章 3.5.5 . (i)、第 18 章 5.1.4 . (iv)、第 21 章 6.1.
Si hace buen tiempo mañana, iremos al parque de atracciones. 明日、もし天気が良ければ遊園地に行こう。（現在、未来の単純条件） | **Si** hiciera buen tiempo, iríamos al parque de atracciones. 天気が良ければ、私たちは遊園地に行くのだが。（現在の反事実条件） | **Si** hubiera hecho buen tiempo ayer, habríamos ido al parque de atracciones. 昨日、もし天気が良ければ、私たちは遊園地に行ったのだが。（過去の反事実条件） | **Si** no nos hubiéramos conocido, no estaríamos aquí juntos. もし私たちが知り合っていなかったら、今ここにいっしょにいないだろう。（過去の反事実条件と現在の帰結の組み合わせ）

4.4.4.　si を用いた条件文には、帰結節の中に話し手の判断や願望を表す語句が含意されたものがある。

Si hay luz en el despacho de Lola, todavía está trabajando. ロラのオフィスに明かりがついているとすれば、まだ仕事中だということだ。（帰結節の先頭に deduzco que〈私は～と推測する〉のような語句が含意）｜ **Si** no te veo más, ¡feliz año nuevo! もしもう君に会う機会がなければ、どうぞ良いお年を。（帰結節の先頭に déjame decirte〈～と君に言わせてくれ〉のような語句が含意）

4.4.5. 「como ＋動詞接続法」は条件節を作る。→第 18 章 3.5.5. (iii)

Como te portes así, te voy a castigar. 君がそんな態度なら、おしおきをするよ。

4.4.6. a condición de que、con tal (de) que、en caso de que、a no ser que、a menos que、supuesto que、siempre que などの句も条件節を作る。動詞は接続法になる。

Te perdono **a condición de que** no lo vuelvas a hacer. 君が 2 度とそれをしないなら、許してやろう。｜ Cualquier prenda ya usada me puede valer, **con tal (de) que** sea cómoda y resistente. どんな古着でも、着心地が良くて丈夫なら、私はかまわない。｜ Esta es una tendencia que seguirá en el futuro, **a menos que** se encuentren soluciones. 解決策が見つからないかぎりは、この傾向が今後も続くだろう。｜ Esta herida se curará en una semana, **siempre que** se siga el tratamiento adecuado. この傷は、適切な治療をすれば、1 週間で治るだろう。

4.5. 譲歩（aunque、si bien など）

4.5.1. 譲歩を表す節を導く接続詞は次のように分けられる。

(i) 1 語から成るもの：aunque（～ではあるが、～だとしても）など。

(ii) 接続詞として働く句：si bien（～だとしても）、a pesar de que（～にもかかわらず）、y eso que（～だというのに）など。

(iii) 分離配置型、またはそれに類する接続詞的形式を用いて、最大限の譲歩を表すもの：por (más)... que、por mucho que（ともに「どんなに…しても」）など。

4.5.2. 一般に、譲歩を表す節は、主節の述語に先行することも、後行することもできる。ただし y eso que が導く節は常に後続する。

Aunque insistas, no te compraré el videojuego. / No te compraré el videojuego **aunque** insistas. おまえがどんなにせがんでも、テレビゲームは買ってやらないぞ。

4.5.3. 譲歩を表す最も基本的な接続詞は aunque である。動詞の法、時制を利用してさまざまな条件文を作る。→第 18 章 3.5.3. (i)、同 5.1.4. (i)

Aunque tú no {dices / digas} nada, yo sé bien lo que piensas. 〈dices: 君は何も言わないけれど／digas: たとえ君が何も言わなくても〉、私は君の考えていることがよく分かっている。（事実には直説法を、仮定には接続法を用いる）｜ **Aunque** sea valenciano, no me gusta la paella. 私はバレンシア出身だが、パエリアが好きではない。（前提となる事実には接続法を用いる）

4.5.4. si bien、a pesar de que、y eso que などは、主に直説法を伴って譲歩を表す。y eso que は主に話し言葉で用いられる。

La empresa hizo unas ofertas que podrían dar lugar a la desconvocatoria de la huelga, **si bien** tal cosa no parece probable. 企業側はストを中止させるための提案をいくつかした。もっともストの中止などはありえないが。｜ **A pesar de que** los asaltantes no estaban completamente cubiertos, eran inidentificables. その襲撃犯たちは顔をすっかり隠してはいなかったにもかかわらず、誰だか分からなかった。｜ Las sesiones de cine que coincidieron con ese partido de fútbol perdieron el 80 % de público, **y eso que** era día del espectador. そのサッカーの試合と日が重なった映画の上映は、観客が80%も落ち込んだ。しかもその日は映画割引デーだったというのに。

4.6. 時（cuando、antes (de) que など）

4.6.1. (i) 時を表す節を導く接続詞には、cuando（〜のとき）など、1語から成るものと、antes (de) que（〜の前に）など、接続詞として働く句とがある。→第 18 章 3.5.5. (ii)

(ii) 時を表す節は、主節の述語に先行することも、後続することもできる。

Tan pronto como sepa el resultado, te lo diré. / Te diré el resultado **tan pronto como** lo sepa. 結果が分かり次第、君に知らせるよ。

4.6.2. (i) cuando は、時を表す最も基本的な接続詞である。

Cuando tengo tiempo, leo novelas. 私は時間があるとき、小説を読む。（直説法：現実の時を表す） | **Cuando** tengas tiempo, lee esta novela. 君は時間があれば、この小説を読んでごらん。（接続法：仮定の時を表す）

(ii) cuando が導く副詞節が主節の述語に後続するとき、副詞節があたかも主節のような働きをすることがある。副詞節が意外な出来事を表す場合が多い。

Iba a acostarme **cuando** ocurrió el incendio. （「火事が起きたとき、私は寝ようとしていた」だけでなく、「私が寝ようとしたとき、火事が起きた」とも訳せる）

4.6.3. mientras（〜の間）は単独または mientras que の形をとる。mientras que は、主に2つの事柄を対比するときに用いられる。

Se me ocurren muchas ideas **mientras** doy un paseo. 私は散歩をしている間に、いくつもアイデアが浮かぶ。（直説法：現実の時を表す） | No te olvidaré **mientras** viva. 私は生きている限り君を忘れない。（接続法：仮定の時を表す） | **Mientras que** en algunas zonas se aprecia la reforestación, en otras se pierden enormes superficies de bosque. ある地域では森林の再生が重視されているが、一方、他の地域では広大な面積の森が失われている。

4.6.4. 時を表す接続詞で1語から成るものには、他に apenas（〜するとすぐ）、según（〜するにつれて）などがある。

Paco se quedó dormido **apenas** se fue a la cama. パコはベッドに入るとすぐ眠ってしまった。 | La habilidad de resolver problemas diarios aumenta, **según** se va adquiriendo experiencia. 人は経験を積むにつれて、日常のトラブルを解決する能力が高くなる。

4.6.5. (i) 時を表す接続詞として働く句には、次のようなものがある。a medida que（〜するにつれて）、antes (de) que（〜の前に）、cada vez que（〜するたびに）、desde que（〜以来）、después (de) que（〜の後で）、en cuanto、tan pronto como（ともに「〜するとすぐ」）、hasta que（〜するまで）、siempre que（〜するときはいつも）など。

Los padres dejaron los regalos junto al árbol de Navidad **antes de que** los niños se despertaran. 子どもたちが目を覚ます前に、両親はプレゼントをクリスマスツリーのそばに置いた。 | Ese hecho se produjo poco **después de que** los policías abandonaran el lugar. 警官たちがその場を去ってすぐ、その事件が起きた。 | Los aplausos comenzaron **tan pronto como** la actriz entró en escena. その俳優が舞台に登場するや否や拍手が起こった。 | Este perro comienza a ladrar **siempre que** me ve pasar. この犬は私が通るのを見ると、いつも吠える。

(ii) antes (de) que、hasta que が導く節には、虚辞の否定が現れることがある。→ 第 11 章 5.7.

No pienso decir nada **hasta que** (no) hable con el abogado. 私は弁護士と相談するまでは、何も言うつもりはない。

(iii) ラテンアメリカでは luego (de) que（〜の後で）という形式も用いられる。

El peso ha estado estable frente al dólar, **luego de que** en enero la moneda {registró / registrara} una significativa desvalorización nominal. 1 月にペソは大幅な価値の下落を記録したが、その後ドルに対して安定してきた。

4.7. 様態（como、según など）

4.7.1. 1 語で様態、方法を表す接続詞には、como（〜のように）、según（〜のとおりに）などがある。

Si gastáramos el dinero **como** quiere el abuelo, estaríamos arruinados. 祖父の望むままにそのお金を使えば、私たちは破産してしまう。 | **Según** dice el telediario, mañana va a nevar. テレビのニュースによると、明日は雪が降るそうだ。 | **Conforme** señaló el encargado, Paco debe dirigirse a la ventanilla número 5. 担当者が教えてくれたところでは、パコは 5 番窓口に行かなければいけないとのことだ。

4.7.2. sin que（〜なしで）、excepto que（〜を除いては）などの句も、様態を表す接続詞の一種と見ることができる。

Han pasado muchos años **sin que** nadie se atreviera a tomar la decisión. 誰も決断しようとしない状態のまま、何年も経った。 | Se desconocen los detalles, **excepto que** su coche fue hallado abandonado delante de un parque. 彼（女）の自動車が公園の前に放置されているのが発見されたこと以外には、詳細は分かっていない。

4.8. 比較（que、como など）

4.8.1. 1 語で比較を表す接続詞には、que（〜より）、como（〜と同様）がある。これらが導く副詞節ではしばしば省略がおこなわれる。その場合、表面的には節に見えない。

Ahora hay más gente **que** antes. 今はさっきよりも人出が多い。（= Ahora hay más gente que había antes. 今はさっき人がいた状態よりも、人出が多い） | Paco es robusto **como** un toro. パコは雄牛のように頑健だ。（= Paco es robusto como un toro es robusto. パコは雄牛が頑健なのと同様に頑健だ）

4.8.2. que は más（もっと）、menos（より少なく）などと分離配置される。

Pepe come **menos que** un niño. ペペは子どもより少食だ。

4.8.3. como は単独で、または tan（〜ほど）、tal（そのように）などと分離配置の形式で用いられる。

Lola lo hizo **(tal) como** se esperaba. ロラは期待通りにそれをした。

4.8.4. 分離配置型によって比較を表す形式には、tanto... cuanto（…すればするほど）、como... tal（〜が…なのと同様、〜も）などがある。

Tanto más simple es una regla **cuantas** más personas pueden comprenderla. 規則は単純であればあるだけ、より多くの人がそれを理解できる。 | **Como** es el padre, **tal** es el hijo. 父親も父親なら、息子も息子だ。

第15章 副詞

1. 総論

1.1. 定義

1.1.1. 副詞（adverbio）は、動詞、形容詞、他の副詞、文が表す情報を補足、または限定する単語である。不変化語であり、性、数などの変化をしない。文の中で状況補語、主格補語、目的格補語、及び形容詞、他の副詞、文全体の修飾語として働く。他の品詞や句、節が副詞的に働くこともある。また、副詞が他の品詞のような働きをすることもある。副詞と、副詞的に働く他の品詞や句をあわせて「副詞類」と呼ぶことにする。

1.1.2. 原則として、副詞には冠詞が付かない。最上級表現もこの原則に従って作られる。
→ 5.2. ただし副詞が名詞として用いられる場合は例外である。 → 4.7.1.

[参考] 序数形容詞が叙述補語として用いられるときは、定冠詞を必要とする。これは動詞とともに主語を修飾する形容詞であって、副詞ではない。 → 3.3.4.

Lola y Rita llegaron **las primeras**. ロラとリタが最初に着いた。

1.2. 副詞の種類

1.2.1. 副詞は、形の上から次の4種類に分けられる。

(i) 本来の副詞：bien 良く | aquí ここに | siempre いつも など

(ii) 形容詞に -mente という接尾辞を付けて作る「mente 副詞」：fácilmente 容易に ← fácil 容易な など

(iii) 他品詞にさまざまな接頭辞を付けて作る副詞：adelante 前に向かって | ← a + delante 前に など

(iv) 形容詞単数形（性の区別があるものは男性単数形）をそのまま副詞として使うもの：rápido 速く | fuerte 強く など

1.2.2. 前置詞句などの句が副詞的に働く。sin falta 必ず | boca arriba 仰向けに | más o menos ほど など

1.2.3. 節が副詞的に働く（副詞節）。Abrí la ventana **para que entrara aire fresco**. 私は新鮮な空気が入ってくるようにと窓を開けた。→第4章 1.2.5.

1.2.4. 次の副詞は、修飾する語句の意味を限定する。これらは別の章で、同種の他品詞とともに扱う。

指示副詞：allá あそこへ　など　　→第8章 4.

不定副詞：algo 何か　など　　→第11章 2.2.

否定副詞：nunca 決して～ない　など　　→第11章 4.3.

疑問副詞：dónde どこ　など　　→第12章 2.5.

関係副詞：como ～のように　など　　→第12章 3.9.

2. mente 副詞

2.1. mente 副詞の形
2.1.1.　mente 副詞（adverbio en -*mente*）は、形容詞単数形に -mente という接尾辞を付けて作る。1 語でありながら、形容詞のアクセントと、-mente の [men] のアクセントの 2 つを持つ。amablemente [a.má.βle.mén.te] 優しく。→ 第 1 章 4.2.6.

2.1.2.　性の区別を持つ形容詞の場合は、女性単数形を用いる。correcto 正確な→　correctamente 正確に

2.1.3.　形容詞がアクセント記号を伴う場合は、副詞でも維持される。difícil 難しい→　difícilmente 難しく

2.2. mente 副詞になる形容詞
2.2.1.　mente 副詞になる形容詞は品質形容詞、特に様態を表すものが多い。分類形容詞から作られることはまれである。→ 第 6 章 1.2.

品質形容詞：silencioso 静かな → silenciosamente 静かに
分類形容詞：nacional 国家の → × nacionalmente 国家的に（存在しない語）

2.2.2.　品質形容詞であっても、mente 副詞が作られないものがある。

(i) 外見を表すもの：verde 緑の｜ bonito 美しい｜ bajo 低い など。ただし altamente は「高く」ではなく「非常に」の意味で用いられる。

(ii) 過去分詞から作られたもの：ocupado 忙しい｜ roto 壊れた など。ただし decididamente きっぱりと｜ equivocadamente 誤って などは用いられる。

(iii) その他：lleno 満ちた｜ importante 重要な など。

2.2.3.　(i) recientemente 最近 は、過去分詞を修飾するとき recién という形になる。
una biblioteca **recién** inaugurada 最近開設された図書館

(ii) ラテンアメリカではそれ以外の用法でも recién という形が用いられる。
Recién supimos que ella era de Chile. 私たちは彼女がチリ出身だということを最近知った。

2.3. mente 副詞の連続
　2 つ以上の mente 副詞が等位、比較などの形式で用いられるとき、最後以外は -mente を省略することができる。

Las horas transcurrieron **rápida**, **alegre** y **felizmente**. 時間はたちまち、楽しく幸せのうちに過ぎていった。｜ Tu propuesta no soluciona ni **parcial** ni **definitivamente** el problema. 君の提案はその問題を部分的にも決定的にも解決してくれない。

3. その他の副詞

3.1. 本来の副詞
3.1.1.　場所を表すもの：lejos 遠く｜ cerca 近く｜ fuera 外に｜ dentro 中に｜指示副詞 aquí ここ など｜疑問副詞 dónde どこ｜関係副詞 donde ～するところ など。

3.1.2.　時を表すもの：hoy 今日｜ ayer 昨日｜ mañana 明日｜ antes 以前に｜ ahora 今｜

después 後で｜ siempre いつも｜ temprano 早く｜ tarde 遅く｜ pronto ただちに｜ ya もう｜ todavía まだ｜疑問副詞 cuándo いつ｜関係副詞 cuando 〜するとき など。

3.1.3. 様態を表すもの：bien 良く｜ mal 悪く｜ despacio ゆっくりと｜ gratis 無料で｜ así このように｜疑問副詞 cómo どのように｜関係副詞 como 〜のように など。

3.1.4. 数量を表すもの：mucho たくさん｜ poco ほとんど〜ない｜ demasiado あまりにも｜ muy 非常に｜ solo ただ〜だけ｜ tal そのように｜ también 〜もまた｜ tampoco 〜もまた〜ない などの不定副詞。no 〜ない｜ nunca 決して〜ない｜ apenas ほとんど〜ない などの否定副詞。

3.1.5. 言葉の伝達に関するもの：sí はい｜ quizá 多分｜ acaso ひょっとして など。

3.2.「接頭辞＋他品詞」型の副詞

3.2.1. 場所を表すもの：abajo 下へ｜ arriba 上へ｜ adelante 前へ｜ atrás 後ろへ｜ afuera 外へ｜ adentro 中へ｜ detrás 後ろに｜ debajo 下に｜ encima 上に｜ enfrente 正面に など。

3.2.2. 時を表すもの：anteayer 一昨日｜ enseguida ただちに など。

3.3. 形容詞単数形を転用した副詞

3.3.1. 形容詞単数形をそのまま副詞として使う。→第 6 章 3.2.2.

El boxeador le golpeó **fuerte** al campeón. そのボクサーはチャンピオンを強く殴った。｜ Una niña cantaba y bailaba muy **alegre**. 1 人の少女がとても楽しそうに歌い踊っていた。

3.3.2. 性の区別がある場合は、男性単数形を副詞として用いる。

Lola habla muy **claro**. ロラは非常に明晰に話す。／ロラは非常に率直な物の言い方をする。｜ Las noticias corren **rápido** en este barrio. この地区では変わったことがあると、たちまち広まる。

3.3.3. (i) 対応する mente 副詞が存在する場合は、原則としてどちらも同じ意味で使うことができる。

Lola apretó {**fuerte** / fuertemente} la moneda. ロラはその硬貨をぎゅっと握りしめた。

(ii) mente 副詞とは意味が異なることがある。

Las palomas están volando muy **alto**. ハトたちがとても高く飛んでいる。｜ Es una máquina **altamente** delicada. それはきわめて繊細な機械だ。

3.3.4. この用法は、形容詞が主語と動詞をともに修飾する「叙述補語」の用法とは異なる。→ 1.1.2.、第 3 章 6.3.2. (ii)

Las niñas lloraron **desesperadas**. その少女たちは打ちひしがれて泣いた。（形容詞 desesperado が las niñas と lloraron をともに修飾するので、性数の一致が必要）

3.4. 副詞的に働く句

3.4.1. 前置詞句

(i) 時を表すもの：a continuación 続いて｜ a veces、de vez en cuando ともに「時々」｜ al fin とうとう｜ de ahora en adelante 今後は｜ de una vez 一度に｜ entre tanto そのうちに｜ para siempre いつまでも｜ por último 最後に

(ii) 様態を表すもの：a escondidas こっそりと｜ a la española スペイン風に｜ a lo ancho 横

217

に｜ a primera vista 一見して｜ con ligereza 軽々と、軽率に｜ de mala gana いやいや｜ en serio 真面目に｜ sin querer ふと

(iii) 数量を表すもの：de lo lindo 大いに｜ al máximo 最大限に｜ por lo menos 少なくとも

(iv) 言葉の伝達に関するもの：a lo mejor おそらく｜ desde luego、por supuesto ともに「もちろん」｜ en fin 要するに｜ sin duda きっと｜ sobre todo 特に

3.4.2. 「名詞＋副詞」

cuesta arriba 坂を上って｜ cuesta abajo 坂を下って｜ boca arriba 仰向けに｜ boca abajo うつぶせに

3.4.3. 「名詞＋前置詞＋名詞」

caso por caso ケースバイケースで｜ gota a gota 一滴ずつ｜ uno tras otro 次々に

3.4.4. 名詞、名詞句

(i) 時を表す名詞、名詞句などが前置詞なしに副詞的に用いられる。

Nos casamos **el año pasado**. 私たちは昨年結婚した。｜ La película se estrenará **el 13 de agosto**. その映画は 8 月 13 日に公開される。｜ **Acto seguido**, el bombero sacó a los niños de la casa incendiada. 消防士はただちに子どもたちを燃えさかる家から連れ出した。

(ii) 主に話し言葉で、ある種の名詞、名詞句が強調を表す副詞のような働きをする。

Me costó **horrores** abrir la caja. 私はその箱を開けるのに大変苦労した。｜ Este archivo tarda **una barbaridad** en descargarse. このファイルはダウンロードに非常に時間がかかる。

3.4.5. その他

cuanto antes できるだけ早く｜ más o menos ほぼ｜ ni más ni menos ちょうど｜ pasado mañana 明後日｜ tal vez おそらく など

4. 副詞の働きと位置

4.1. 状況補語

4.1.1. 多くの副詞類は状況補語として、動詞を修飾する。

Lola trabaja **arduamente** *de sol a sol*. ロラは日中ずっと精出して働く。

4.1.2. 様態、数量を表す副詞は、原則として動詞のすぐ後ろに置く。

Estuvieron riendo **animadamente**. 彼らは朗らかに笑っていた。｜ Me gustan **mucho** los animales. 私は動物が大好きだ。(△ Me gustan los animales mucho. は不自然)｜ Hanako habla **perfectamente** español. 花子はスペイン語を完璧に話す。(Hanako habla español perfectamente. も可)

4.1.3. 場所、時を表す副詞の語順は、比較的自由である。基本的には動詞の後ろに置くが、文の主題としたり、強調したりする場合には、動詞より前に置かれることが多い。

Aparcamos **siempre** *aquí*. 私たちはいつもここに駐車する。｜ *Aquí* **siempre** he sido «el forastero». 私はここでは常に「よそ者」だった。

4.1.4. 意味的に同類の副詞が連続する場合は、広い範囲を表すものを前に、狭い範囲を表すものを後ろに置く。

El partido tendrá lugar **mañana** *por la tarde*. その試合は明日の午後おこなわれる。｜ ¿Quieres sentarte **aquí** *a mi lado*? 君、ここに来て私の横に座らないか？

4.2. 形容詞、他の副詞などの修飾語

4.2.1. 多くの副詞類は、形容詞、他の副詞、前置詞句を修飾する。

Este trámite es **excesivamente** complicado. この手続きはあまりにも複雑だ。 | Piénsalo bien antes de que sea **demasiado** tarde. 手遅れにならないうちに、よく考えなさい。 | ¿Quién era ese señor que te visitó **tan** de mañana? あんなに朝早く君に会いに来た、あの男性は誰なんだ？

4.2.2. この場合の副詞類は、修飾を受ける語句の前に置く。4.2.1. の例文を、それぞれ × complicado excesivamente、× tarde demasiado、× de mañana tan という語順にすることはできない。

Lola apareció vestida **elegantemente** de negro. ロラは優美な黒い服を着て現れた。(elegantemente は vestida ではなく de negro を修飾している)

4.3. 主格補語、目的格補語

4.3.1. 副詞類は、主格補語として働くことがある。一般の主格補語と同様の位置に置かれる。→第3章6.

¿Cómo estás? —Estoy **bien**, gracias. 元気？ ——元気だよ、ありがとう。

4.3.2. 副詞類は、目的格補語として働くことがある。一般の目的格補語と同様の位置に置かれる。→第3章7.

Veo muy **estupendamente** a la abuela. 私は祖母がとても調子が良さそうだと思う。(なお、この文は「私には祖母の姿がはっきり見える」の意味にもなる。その場合 estupendamente は動詞 ver を修飾する状況補語として働く)

4.4. 句、節の修飾語

副詞類は、不定詞句、現在分詞句、さまざまな従属節を修飾することがある。不定詞句、節の直前に置かれる。

Paco no deseaba más que dormir, **simplemente** dormir en una cama. パコには、眠りたい、ともかくベッドで眠りたいという望みしかなかった。 | El escritor se rio de buena gana, **quizá** porque el comentario del entrevistador dio en el clavo. 作家はうれしそうに笑った。恐らくインタビュアーのコメントが的をついていたからだろう。

4.5. 文の修飾語

4.5.1. 言葉の伝達に関する副詞類などは、文を修飾することがあり、「文副詞」と呼ばれる。文の内容に関する話し手の評価、判断を表す。afortunadamente 幸運にも | francamente 率直に言って | indudablemente 疑いなく | lamentablemente 残念なことに | naturalmente 当然 | seguramente 多分；きっと など。→第3章8.5.

4.5.2. 文副詞は主に文頭に立つが、前後に休止を置いて文中に、または前に休止を置いて文末に位置することもある。

Afortunadamente pude encontrar un asiento libre. 幸運にも私は空席を見つけることができた。 | Las aventuras de don Quijote son, **indudablemente**, irreales; pero no dejan de atraer a los lectores. ドン・キホーテの冒険は、間違いなく非現実的なものだ。だが読者を惹き

つけずにはおかない。｜ No entiendo por qué te gusta este cuadro, **francamente**. 率直に言って、君がなぜこの絵を好きなのか、私には理解できない。

4.6. 返答
言葉の伝達に関する副詞類は、疑問文への返答に用いられる。

¿Está Lola en casa? —{**Sí** / **No** / **Quizá sí** / **Seguramente**}. ロラは家にいますか？ ──{はい／いいえ／多分います／きっと}。｜ ¿Se refiere usted a la Sagrada Familia? ──**Exacta-mente**. あなたはサグラダ・ファミリア教会のことを言っているのですか？ ──その通りです。｜ ¿Te molesto? —**En absoluto**. ご迷惑ですか？ ──全然。

4.7. その他の働き
4.7.1. 名詞的用法
(i) 時や場所を表す副詞は、名詞のように主語、主格補語、前置詞の目的語などとして働くことができる。副詞の位置は対応する名詞の語順規則に従う。

Hoy es mi cumpleaños. 今日は私の誕生日だ。｜ Se reunieron no solo los habitantes de **aquí** sino también de **allí**. ここの住民だけでなく、あそこの住民も集まった。

(ii) 「〜ということ、もの」の意味で名詞化することがある。名詞として冠詞が付いたり、複数形になったりすることができる。副詞の位置は対応する名詞の語順規則に従う。

Necesitamos convertir los **noes** de los diputados en **síes**. 私たちは議員たちの反対意見を賛成へと変える必要がある。（no〈いいえ〉、sí〈はい〉の複数形を用いた文）｜ Yo no pienso en el **mañana**, pienso en el **hoy**. 私は将来のことは考えず、今のことだけ考えることにしている。

4.7.2. 形容詞的用法
形容詞のように名詞を修飾することがある。así などを除いて名詞の前に置かれる。

Pedro López, el **todavía** ministro, hizo todo lo posible para mejorar el medioambiente. 当時まだ大臣の職にあったペドロ・ロペスは環境改善のためできる限りのことをした。｜ No me parece bien que las personas **así** se dediquen a la educación. あんな人々が教育に携わるのは、私にはいいとは思えない。｜ **Muy** señores míos: （手紙文で、複数の相手にむかって）拝啓

4.7.3. 間投詞的用法など
(i) 感嘆文を作る。副詞の位置は、個々の表現に応じてほぼ決まっている。

¡Arriba España! スペインばんざい！（フランコ時代の表現。現代は ¡Viva España!）

(ii) 命令文を作る。

Adelante, señores. 皆さん、どうぞこちらへ。｜ ¡Manos **arriba**! （降伏を示すために）両手を上げろ！｜ ¡Todos **fuera** de aquí! みんな、ここから出て行け！

5. 副詞の比較級、最上級

5.1. 比較級
5.1.1. 副詞の比較級は、形容詞の比較級と同じ構成を成す。規則形は、副詞の前に más, menos, tan を付けて作る。→ 第 6 章 5.

優等比較級	más... que	Lola habla **más despacio** que Paco. ロラはパコよりゆっくり話す。
劣等比較級	menos... que	Paco habla **menos despacio** que Lola. パコはロラよりゆっくり話す。
同等比較級	tan... como	Rita habla **tan despacio** como Lola. リタはロラと同じくらいゆっくり話す。

5.1.2. 次の副詞は不規則な比較級を持つ。

元の形（原級）	優等比較級	同等比較級
bien 良く	mejor	—
mal 悪く	peor	—
mucho 大いに	más	tanto
poco 少し、ほとんど～ない	menos	—

Paco juega al ajedrez **mejor** que yo. パコは私よりチェスが上手だ。 | Ahora trabajo **menos** y gano **más** que antes. 今、私は以前よりも仕事の量が少ないが収入は増えた。 | Nunca habíamos bebido **tanto** como ese día. それまで私たちは、その日ほど深酒をしたことはなかった。

5.1.3. 比較される第2項が数量を表すとき、「lo + 形容詞」の形をとるとき、または lo que で始まる関係節のときは、「～よりも」には que ではなく de を用いる。→ 第6章 5.3.4.
Los hicieron trabajar **más** de {lo debido / lo que la ley establece como límite}. 彼らは {本来よりも／法で限度と定められているよりも} 長時間働かされた。

5.1.4. 発話の場所と時を基準にして働く副詞（ahora, hoy, mañana, aquí, ahí など）は、比較級、最上級にはならない。

5.2. 相対最上級

5.2.1. 副詞には原則として定冠詞が付かないので、最上級と比較級の区別が難しいため、副詞には単純な相対最上級は存在しないとされる。→ 1.1.2.

5.2.2. 副詞の相対最上級は、次のような形式で表現される。

(i) 関係節を用いる。Paco es el que estudia más **apasionadamente**. パコは最も熱心に勉強する人だ。

(ii)「誰（何、いつ、どこなど）よりも～する」という比較級の形式を使って、結果的に最上級の内容を表す。Paco estudia más **apasionadamente** que nadie. パコは誰よりも熱心に勉強する。

5.2.3. 最上級に準じる「できる限り～」を表すには、「lo más + 副詞 + posible」などの形式が用いられる。この場合は中性冠詞 lo を副詞とともに使うことができる。
El ministro de Defensa afirma que su responsabilidad es atacar a los terroristas lo **más duramente** posible. 国防大臣は、テロリストたちをできるだけ厳しく攻撃するのが自分の責任だと断言している。 | Jugaré al fútbol lo **mejor** que pueda. 私は全力でサッカーをするつもりだ。

5.3. 絶対最上級

5.3.1.　形容詞と同様の方法で、副詞の絶対最上級を作ることができる。→第 6 章 5.5.

mucho たくさん → muchísimo 非常にたくさん｜ lejos 遠くに → lejísimos 非常に遠くに（元の語の語尾 -s が維持される）｜ Mis padres viven **cerquísima** de aquí. 私の両親はこのすぐ近くに住んでいる。

5.3.2.　mente 副詞も絶対最上級になる。rapidísimo 非常に速い → rapidísimamente 非常に速く

第 16章　間投詞、擬音語、談話標識

1. 間投詞

1.1. 総論

　間投詞（interjección）は、感情、感動、または相手への働きかけを表す単語である。文の他の要素から独立していて、「文の間（inter-）の随所に投げ入れ（-jección）られる」ところから、その名がある。話し言葉で用いられることが多く、他の要素よりも誇張したイントネーションで発音される。

1.2. 間投詞の形

1.2.1.　本来の間投詞は1語から成る。感情、感動を表すものは、思わず口から出る叫びやため息などの非言語音が元になっていて、表す意味が十分に限定されておらず、その示す内容は状況やイントネーションに大きく左右される。

oh おお｜ay ああ｜ajá なるほど｜¡caramba! わあ、驚いた｜olé（闘牛、フラメンコの激励）オーレ｜chao バイバイ｜¡**Eh**, tú, ven aquí! おい、君、こっちへ来なさい！（eh は相手を呼び止める働き）｜No pises el césped, ¿**eh**? 芝生を踏んではだめだ。いいね？（eh は念を押す働き）

1.2.2.　他の品詞が間投詞化して用いられることがある。2語以上で間投詞句を構成する場合もある。

(i) 名詞、名詞句から：hombre おやおや｜gracias ありがとう｜silencio 静かにしろ｜lástima 残念｜salud 乾杯／（くしゃみをした人に）お大事に｜buenos días おはよう｜ave María Purísima ああ、驚いた

(ii) 形容詞から：bravo いいぞ｜tranquilo まあ、落ち着いて

(iii) 副詞から：fuera 出て行け｜adelante（動作を促して）さあ、どうぞ

(iv) 動詞、動詞句から：venga さあ、さあ｜vaya おやおや｜ahí va 驚いた｜vale いいよ

1.3. 間投詞の働き

1.3.1.　感情、感動を表す。

Hoy ha sido un desastre. Fiebre, dolor de cabeza, ¡**bah**!, no he podido hacer nada. 今日は本当についていなかった。熱が出て頭痛もあって、いやはや、何もできなかった。｜¡**Dios mío**!, ¿qué es esto? ああ！これは一体なにごとだ？

1.3.2.　あいさつ、呼びかけ、命令など、相手への働きかけを表す。

¡**Hola**, Paco! やあ、パコ！｜¡Lola, **adiós**, **hasta mañana**! ロラ、さようなら、また明日！｜¡**Ojo**! 気を付けて！

1.4. 間投詞の性質

1.4.1.　間投詞は、スペイン語ではあまり一般的でない音節、または文字表記で表される

ことがある。

¡**Uf**, qué cansado estoy! ああ、疲れた！（/f/ で終わる単語は稀）｜ ¡**Oh**, no! ああ、だめだ！（h で終わる文字表記は稀）

1.4.2.　間投詞は、主語、目的語、述語などの役割をになわず、文の他の要素から独立している。

¡**Caray**, qué olfato tienes! うわあ、君は鼻がよくきくねえ！

1.4.3.　間投詞は繰り返して強調を表すことがある。

Anda, anda, de eso no te preocupes. まあまあ、そんなこと、心配しなくていいよ。｜ ¡**Ay, ay, ay**! ¡Que me caigo, que me desmayo! ああ、ああ、立っていられない、目が回る！

1.4.4.　間投詞が前置詞句を従えることがある。

¡**Ay** de mí! かわいそうな、この私！｜ ¡**Adiós** a las vacaciones! バカンスも、もう終わりか！｜ ¡**Caramba** con los muchachos! あの若者たちには参った！

1.4.5.　間投詞が名詞として使われることがある。

Desde el tablao se oían los **olés** del público entusiasta. フラメンコ酒場から、熱狂した観客が合いの手に放つ叫びが聞こえてきた。

2. 擬音語

2.1. 総論

　　人や動物が発する音、物音などを模した発声を擬音と言う。擬音は、発する人によって、また時によって一定しない。擬音が言語の体系の中に取り入れられて安定した形となり、単語や語句の資格を得たものを「擬音語」（onomatopeya）と言う。ただし原則として、擬音語はどの品詞にも属さない。

　　擬音語は、感情、感動や、相手への働きかけを表すのではないから、間投詞ではない。しかし間投詞との共通点も多い。①文の他の要素から独立して用いられることが多い。②非言語音が元になっている。③話し言葉で用いられることが多く、他の要素よりも誇張したイントネーションで発音される。

2.2. 擬音語の形と働き

2.2.1.　人が発する音を表すもの：ja, ja, ja（笑い声）ハハハ｜ achís（くしゃみ）ハクション｜ ejem（咳ばらい）ゴホン／エヘン｜ ñam, ñam（食べる）ムシャムシャ｜ glu, glu（飲む）ゴクゴク｜ puaj（吐き出す）ペッ｜ mua（キス）チュッ｜ plas, plas（拍手）パチパチ｜ gugu tata（乳幼児）バブバブ

2.2.2.　(i) 動物の鳴き声を表すもの：guau（犬）ワン｜ miau（猫）ニャー｜ quiquiriquí（ニワトリ）コケコッコー｜ bee（ヤギ、羊）メー

(ii) 動物の鳴き声を表す動詞が存在する → 2.3.5.、2.3.7.：maullar（猫が）鳴く｜ cacarear（ニワトリが）鳴く｜ croar（カエルが）鳴く｜ balar（ヤギ、羊が）鳴く

2.2.3.　物音を表すもの：tarará（ラッパ）パンパカパン｜ paf（打撃）バーン｜ chu-chú（汽車）シュッシュッポッポ｜ cataplum（衝撃）ドシン／バタン｜ ni-no, ni-no（緊急車両の警告音）ピーポーピーポー｜ clic（スイッチ、キーボードなどの入力）カチッ

2.3. 擬音語の性質

2.3.1. 非言語音を模すため、スペイン語ではあまり一般的ではない発音になることがある。また、しばしば重複や類似語形の重複が用いられる。→ 第 1 章 4.1.7. (iii)

bzzz（蜂の羽音）ブーン│ tantarán（太鼓）ドンドコドン│ ris ras（のこぎり）ギコギコ

2.3.2. 無声子音が、弱く小さな音だけでなく、強く大きな音を表す場合にも用いられる。

¡Poc!（打撃）ポコッ！／ボカン！│ ¡Chap, chap!（人、動物が水に入る）チャプチャプ！／ジャブジャブ！

2.3.3. 主語、目的語などの役割をせず、文の他の要素から独立して用いられる。

Y de pronto, ¡zas!, se fue la luz. するとにわかにパッと明かりが消えた。│ **Bla, bla, bla**... El charlatán seguía hablando. ペチャクチャと、そのおしゃべりな男は話し続けた。

2.3.4. 直接目的語になることができる。文字表記の際は、前後に引用符を付けて直接話法の引用部の形式にすることが多い。

El niño iba en el triciclo haciendo con la boca «¡**bip bip**!». 男の子は三輪車に乗って「ブーブー！」と口真似をした。│ Oí «¡**rin, rin**!» en la puerta. 玄関から「ピンポーン！」という音が聞こえた。│ El perro hizo **guau**. 犬がワンと吠えた。

2.3.5. そのままの形で名詞になることがある。→ 第 5 章 3.2.4. (ii)

No se oía nada sino el monótono **tictac** del reloj. 時計の単調なチクタクという音のほか、何も聞こえなかった。│ Desde el jardín vienen los **cricrís** de los grillos. 庭からコオロギのコロコロという鳴き声が聞こえてくる。

2.3.6. 擬音を元にした単語がある。擬音語と対応している場合もある。

名詞：gárgara うがい│ carcajada 大笑い│ chorro（液体、気体の）噴出│ runrún 騒音、話し声

動詞：hipar しゃっくりをする ［比較］¡Hip! ヒック！│ piar（小鳥、幼鳥が）鳴く ［比較］¡Pío, pío! ピヨピヨ！

間投詞：chinchín（乾杯の発声）［比較］¡Chinchín!（グラスとグラスが当たる音）

2.3.7. 日本語では擬音語を副詞的に用いることが多いが、スペイン語では、それ以外の方法で擬音を表すのが一般的である。

Los perros **ladran**. 犬がワンワン吠える。（動詞単独で）│ La campana da **talán, talán**. 鐘がカランカランと鳴る。（直接目的語として）

2.3.8. 「きらきら」「うろうろ」など、ある対象の様態を擬音語的に表す形式を擬態語と言う。スペイン語には擬態語はほとんど用いられず、他の形式で表現する。

Las estrellas **centellean**. 星がきらきら輝く。（動詞単独で）│ Paco me miró **indiscretamente**. パコは私をじろじろ見た。（「無遠慮に」。具体的な意味を持つ語句で）

3. 談話標識

3.1. 総論

意思伝達の流れを円滑にするために用いる単語、語句を「談話標識」（marcador del discurso）と言う。間投詞、接続詞、前置詞句、副詞、形容詞、名詞、動詞、文など、さまざまな形式がこの役割を果たす。

　　談話標識は、①呼びかけ、聞き手の注意の喚起、聞き手の意思の確認、言い淀み、②話し手の意思の伝達の効率化、強調、和らげなどを表す。①は主に会話など、話し手と聞き手の言葉のやりとりで用いられる。→ 3.3.1. 〜 3.3.4.　②は、話し言葉だけでなく、書き言葉で一方的に情報を発信する場合にも用いられる。→ 3.3.5. 〜 3.3.6.

3.2. 談話標識の形

3.2.1.　間投詞：..., ¿eh? 〜ね？｜ bueno 分かった／えーと

3.2.2.　接続詞、接続詞句：y そして｜ y además その上｜ y por tanto だから｜ pero しかし｜ porque なぜなら｜ pues それなら／つまり／えーと

3.2.3.　前置詞句：sin embargo しかしながら｜ en cambio 一方｜ en primer lugar 第 1 に｜ a continuación 続いて｜ por cierto ところで｜ por ejemplo たとえば

3.2.4.　副詞、副詞句：encima その上｜ francamente 率直に言って｜ más bien むしろ｜ aun así それなのに

3.2.5.　形容詞、形容詞句：..., ¿cierto? 〜ね？｜ total 要するに

3.2.6.　名詞、名詞句、代名詞：..., ¿verdad? 〜ね？｜ señor López ロペスさん｜ hija mía（年下の女性に）ねえ、君｜ esto あのう（ラテンアメリカでは este）

3.2.7.　動詞、動詞句：¿ves? 分かった？｜ oiga もしもし｜ disculpe ちょっとすみません｜ es decir つまり｜ resumiendo 要するに｜ a ver どれどれ：えーと

3.2.8.　節、文：lo que es lo mismo 言い換えると｜ ¿sabes una cosa? あのね｜ pero vamos それはそれとして

3.3. 談話標識の働き

3.3.1.　(i) 聞き手に呼びかける。呼びかけに応答する。

Oiga, por favor. —Sí, **dígame**. もしもし、すみません。——はい、何でしょう？｜ **Damas y caballeros**, bienvenidos a la inauguración de nuestra fábrica. 紳士淑女の皆さん、私どもの工場の開設式にようこそ。

(ii) 会話の文の中に聞き手を表す表現を挿入して、聞き手への敬意、親近感などを表す。

¡A sus órdenes, **mi sargento**! 分かりました、軍曹どの！｜ Creo que no vas bien abrigado, **hijo mío**. Ponte esta bufanda.（息子または年下の男性にむかって）ちょっと薄着のようだね、おまえ。このマフラーをしなさい。

3.3.2.　聞き手の注意の喚起をする。

Mira, te doy un consejo. いいかい、君に 1 つ忠告してあげよう。｜ ¡**Ojo**! Esto no tiene nada que ver con aquel asunto. 断っておくが、これはあの件とは何の関係もない。

3.3.3.　聞き手の意思を確認する。

Lo volveremos a intentar en otra ocasión. **¿De acuerdo?** 機会があればまたやってみよう。それでいいかい？（同意を求める）｜ De modo que vas a la fiesta esta noche, **¿verdad?** つまり君は今夜のパーティーに行くんだろう？（聞き手の考えを確認する）

3.3.4.　言い淀み、聞き返し、相手の発話の中断などを表す。

¿Qué te parece este cuadro? —**Bueno, pues, no sé**... 君はこの絵をどう思う？ ——えーと、そのう、何と言えばよいか…。（言い淀み）｜ **¿Perdón? / ¿Cómo?** 何だって？（聞き返し）｜

Con permiso, interrumpo. Tenemos que salir de aquí dentro de diez minutos. すみません。お話の途中ですが、私たちはあと 10 分でここを出なければいけません。（相手の発話の中断）

3.3.5. 発話の方向性を示すキーワードを用いて、話し手の意思を効率的に伝達する。

(i) 肯定する。または否定する。

Tienes razón. 君の言うとおりだ。（肯定）｜ Me parece buena idea. **Sin embargo**, hay un problema en ella. それはいい考えのように見える。しかし 1 つ問題がある。（否定）

(ii) 発話を順序だてる。

{**En primer lugar / Por último**}, voy a plantearles un problema ecológico. 〔まず最初に／最後に〕皆さんに 1 つ生態系に関する問題を提起します。

(iii) 事情を説明する。

{**Es que / Lo que pasa es que**} no tenemos suficientes fondos. 実は私たちには十分な財源がないんです。

(iv) 別の表現方法を用いる。

{**O sea / Es decir / O mejor dicho / En otras palabras**}, a mí me haces falta. つまり私には君が必要なんだ。

(v) 発話の内容を要約する。

{**En resumidas cuentas / Después de todo**}, creo que mi padre tuvo una vida feliz. 結局のところ、父は幸せな人生を過ごしたと思う。

(vi) 情報を追加する。

Es un hotel de lujo. **Y además** no es muy caro. そこは豪華なホテルだ。おまけに値段もそんなに高くない。

El culpable no soy yo, **para que lo sepas**. 念のために言うが、悪いのは私じゃない。

(vii) 発話の軌道を修正する。

Me causó cierta frustración al oírlo, **pero vamos**, no era para tanto. 私はそれを聞いて多少はむっとしたが、とは言うものの、それほどのことでもなかった。（主張を部分的に修正）｜{**A propósito / Por cierto / Cambiando de tema**}, ¿conoces a Lola? 話は変わるが、君はロラを知っているかい？（話題転換）

3.3.6. 強調する。または語気を和らげる。

Insisto. Si no lo puedes hacer hoy, tampoco podrás hacerlo mañana. 言っておくぞ。君がそれを今日できないのなら、明日になってもできないだろう。（強調）｜ **Si no le importa**, ¿podría hacerle una pregunta? もし差し支えなければ質問をさせていただいていいでしょうか？（和らげ）

第 **17** 章　動詞の形

1. 総論

1.1. 定形と非定形

　動詞には、「定形」（forma personal）と「非定形」（forma no personal）がある。定形は直説法、接続法、命令法という 3 つの法から成り、基本的にそれぞれに時制がある。非定形には、不定詞、現在分詞、過去分詞がある。定形は人称・数を示すが、非定形は示さない。それぞれの働きについては →第 18 章、第 19 章

1.2. 語幹と屈折語尾

　動詞は語幹と屈折語尾から成る。語幹は動詞の語彙的意味を表し、屈折語尾は動詞の文法的な働きを示す。

cantamos 　　＝ cant-（語幹）＋ -amos（屈折語尾）
（私たちは）歌う　　　　歌う　　　　　直説法現在形 1 人称複数形

　動詞は、不定詞の屈折語尾に従って「ar 動詞」「er 動詞」「ir 動詞」に分類される。以下では次の動詞を例として用いる。ar 動詞：cantar 歌う、er 動詞：comer 食べる、ir 動詞：vivir 生きる。

2. 定形

2.1. 定形の時制体系

　定形の時制は次のように分類される。例は cantar（歌う）の 1 人称単数形（命令法のみ 2 人称単数形）である。表中、〈　〉に入れて記した時制は、現代ではあまり使用されれない。

法	時制（単純形）	例	時制（複合形）	例
直説法	現在形 単純過去形 不完了過去形 未来形 過去未来形	canto canté cantaba cantaré cantaría	現在完了形 〈直前過去形〉 過去完了形 未来完了形 過去未来完了形	he cantado 〈hube cantado〉 había cantado habré cantado habría cantado
接続法	現在形 過去形（ra 形） 過去形（se 形） 〈未来形〉	cante cantara cantase 〈cantare〉	現在完了形 過去完了形（ra 形） 過去完了形（se 形） 〈未来完了形〉	haya cantado hubiera cantado hubiese cantado 〈hubiere cantado〉
命令法	—	canta	—	—

2.2. 定形の活用形

　定形は、時制ごとに 1・2・3 人称それぞれの単数形・複数形、すなわち 6 つの活用形を持つ。それぞれ主語および主格人称代名詞と呼応する。→第 3 章 2.、第 9 章 3.

2.3. 規則動詞、不規則動詞など

　規則的な活用をする動詞を規則動詞、それに準じるものを準規則動詞、不規則な活用をする動詞を不規則動詞という。不規則動詞の中には、語幹の母音に強勢がかかるとき変化を起こす「語幹母音変化動詞」など、いろいろな種類がある。また発音上では規則活用であっても、文字表記の際に正書法による変化が生じる「正書法上の不規則動詞」がある。

3. 直説法 （modo indicativo）

3.1. 直説法現在形 （presente de indicativo）
3.1.1. 規則動詞
規則動詞では、語幹に次の太字で示した屈折語尾が付く。

		ar 動詞：cantar 歌う	er 動詞：comer 食べる	ir 動詞：vivir 生きる
1 人称	単数形	cant**o**	com**o**	viv**o**
2 人称		cant**as**	com**es**	viv**es**
3 人称		cant**a**	com**e**	viv**e**
1 人称	複数形	cant**amos**	com**emos**	viv**imos**
2 人称		cant**áis**	com**éis**	viv**ís**
3 人称		cant**an**	com**en**	viv**en**

3.1.2. 正書法上の不規則動詞
　1 人称単数形で子音字が変化する動詞がある。

c → z：vencer 勝つ→ venzo　　　　　　g → j：exigir 要求する→ exijo

gu → g：distinguir 区別する→ distingo　　qu → c：delinquir 罪を犯す→ delinco

3.1.3. 準規則動詞
　-iar, -uar で終わる動詞の中には i, u が強母音になるものがある（1・2 人称複数形を除く）。

enviar 送る：envío, envías, envía, enviamos, enviáis, envían

continuar 続ける：continúo, continúas, continúa, continuamos, continuáis, continúan

3.1.4. 不規則動詞
(i) 語幹母音に強勢がかかるとき、即ち 1・2 人称複数形以外の活用形で、語幹母音が変化する動詞がある（語幹母音変化動詞）。

e → ie：pensar 考える：pienso, piensas, piensa, pensamos, pensáis, piensan

o → ue：dormir 眠る：duermo, duermes, duerme, dormimos, dormís, duermen

e → i：pedir 頼む：pido, pides, pide, pedimos, pedís, piden

u → ue：jugar 遊ぶ：juego, juegas, juega, jugamos, jugáis, juegan （このタイプは jugar のみ）

229

語幹母音の変化によって語頭に二重母音が生じて、正書法上の変化が起きることがある。

o → ue → hue：oler におう：huelo, hueles, huele, olemos, oléis, huelen

-uir で終わる動詞の中には「y ＋活用語尾」となるものがある（1・2 人称複数形を除く）。

huir 逃げる：huyo, huyes, huye, huimos, huis, huyen

(ii) 1 人称単数形が不規則になる動詞がある。

① -go：caer 落ちる→ caigo ｜ poner 置く→ pongo ｜ hacer する、作る→ hago ｜ salir 出る → salgo ｜ traer 持ってくる→ traigo

語幹母音変化もするものもある。

tener 持つ：tengo, tienes, tiene, tenemos, tenéis, tienen

venir 来る：vengo, vienes, viene, venimos, venís, vienen

decir 言う：digo, dices, dice, decimos, decís, dicen

正書法上の不規則活用をするものもある。

oír 聞く：oigo, oyes, oye, oímos, oís, oyen

② -y：dar 与える → doy

1 人称単数形以外も不規則になるものもある。

ser ～である：soy, eres, es, somos, sois, son

estar ～の状態である：～にある：estoy, estás, está, estamos, estáis, están

ir 行く：voy, vas, va, vamos, vais, van

③ -zco：nacer 生まれる→ nazco ｜ producir 生産する→ produzco

④その他

caber 入り得る：quepo, cabes, cabe, cabemos, cabéis, caben

saber 知る：sé, sabes, sabe, sabemos, sabéis, saben

ver 見る：veo, ves, ve, vemos, veis, ven

1 人称単数形以外も不規則になるものもある。

haber (「＋過去分詞」で動詞複合形を作る)：he, has, ha (hay), hemos, habéis, han (hay は 「～がある」を表す。→第 20 章 3.2.)

3.2. 直説法単純過去形（点過去形）(pretérito perfecto simple de indicativo)

3.2.1.　規則動詞

規則動詞では、語幹に次の太字で示した屈折語尾が付く。

		ar 動詞：cantar 歌う	er 動詞：comer 食べる	ir 動詞：vivir 生きる
1 人称	単数形	cant**é**	com**í**	viv**í**
2 人称		cant**aste**	com**iste**	viv**iste**
3 人称		cant**ó**	com**ió**	viv**ió**
1 人称	複数形	cant**amos**	com**imos**	viv**imos**
2 人称		cant**asteis**	com**isteis**	viv**isteis**
3 人称		cant**aron**	com**ieron**	viv**ieron**

3.2.2. 正書法上の不規則動詞

1 人称単数形で子音字・母音字が変化する動詞がある。

c → qu：buscar 探す→ busqué

c → z：cazar 狩りをする→ cacé

g → gu：pagar 支払う→ pagué

gu → gü：menguar 減らす→ mengüé

3 人称単数形・複数形で母音字が子音字に変化する動詞がある。

i → y：leer 読む→ leyó, leyeron

3.2.3. 準規則動詞

-cher, -chir, -ller, -llir, -ñer, -ñir で終わる動詞では、3 人称が -ó, -eron となる。

henchir 膨らます：henchí, henchiste, {hinchió / hinchó} henchimos, henchisteis, {hinchieron / hincheron}（この動詞は語幹母音変化動詞でもある。スペイン王立学士院は hinchió, hinchieron という形を推奨するが、実際には hinchó, hincheron の方が多く使用される）

bullir 沸く：bullí, bulliste, bulló, bullimos, bullisteis, bulleron

tañer 弾く：tañí, tañiste, tañó, tañimos, tañisteis, tañeron

3.2.4. 不規則動詞

(i) ir 動詞の中に、3 人称の語幹母音が変化するものがある。これらは直説法現在形で語幹母音変化動詞に属する動詞である。

e → i：sentir 感じる：sentí, sentiste, sintió, sentimos, sentisteis, sintieron

o → u：dormir 眠る：dormí, dormiste, durmió, dormimos, dormisteis, durmieron

(ii) 語幹母音だけでなく、その他の母音・子音も変化する動詞がある。

a, e → i：hacer する、作る：hice, hiciste, hizo, hicimos, hicisteis, hicieron

venir 来る：vine, viniste, vino, vinimos, vinisteis, vinieron

a, e, o → u：andar 歩く：anduve, anduviste, anduvo, anduvimos, anduvisteis, anduvieron

tener 持つ：tuve, tuviste, tuvo, tuvimos, tuvisteis, tuvieron

poner 置く：puse, pusiste, puso, pusimos, pusisteis, pusieron

e → i：decir 言う：dije, dijiste, dijo, dijimos, dijisteis, dijeron（単純過去形の語幹が -i で終わる場合、3 人称複数形の屈折語尾は -eron となる）

j が現れるだけで、語幹母音の変化がない動詞もある。

traer 持ってくる：traje, trajiste, trajo, trajimos, trajisteis, trajeron

conducir 運転する：conduje, condujiste, condujo, condujimos, condujisteis, condujeron

(iii) その他の不規則動詞

ser 〜である、ir 行く：fui, fuiste, fue, fuimos, fuisteis, fueron

dar 与える：di, diste, dio, dimos, disteis, dieron

3.3. 直説法不完了過去形（線過去形）(pretérito imperfecto de indicativo)

3.3.1. 規則動詞

規則動詞では、語幹に次の太字で示した屈折語尾が付く。

		ar 動詞：cantar 歌う	er 動詞：comer 食べる	ir 動詞：vivir 生きる
1 人称		cantaba	comía	vivía
2 人称	単数形	cantabas	comías	vivías
3 人称		cantaba	comía	vivía
1 人称		cantábamos	comíamos	vivíamos
2 人称	複数形	cantabais	comíais	vivíais
3 人称		cantaban	comían	vivían

3.3.2.　不規則動詞

不規則動詞は次の 3 つと、それに接頭辞が付いた動詞のみである。

ser 〜である：era, eras, era, éramos, erais, eran

ir 行く：iba, ibas, iba, íbamos, ibais, iban

ver 見る：veía, veías, veía, veíamos, veíais, veían

（prever 予知する：preveía, preveías, preveía, preveíamos, preveíais, preveían）

3.4. 直説法未来形（futuro simple de indicativo）
3.4.1.　規則動詞

規則動詞では、不定詞に次の太字で示した屈折語尾が付く。屈折語尾は ar 動詞、er 動詞、ir 動詞のすべてに共通している。

		ar 動詞：cantar 歌う	er 動詞：comer 食べる	ir 動詞：vivir 生きる
1 人称		cantaré	comeré	viviré
2 人称	単数形	cantarás	comerás	vivirás
3 人称		cantará	comerá	vivirá
1 人称		cantaremos	comeremos	viviremos
2 人称	複数形	cantaréis	comeréis	viviréis
3 人称		cantarán	comerán	vivirán

3.4.2.　不規則動詞

直説法未来形と過去未来形の屈折語尾はすべて規則的で、例外はない。不規則性はもととなる不定詞の部分に現れる。不規則動詞には次の型がある。

(i) 不定詞の母音が脱落する型

poder 〜できる：podré, podrás, podrá, podremos, podréis, podrán

haber（「＋過去分詞」で動詞複合形を作る）：habré, habrás, habrá, habremos, habréis, habrán

(ii) 不定詞の母音が脱落し、子音 d が挿入される型

poner 置く：pondré, pondrás, pondrá, pondremos, pondréis, pondrán

venir 来る：vendré, vendrás, vendrá, vendremos, vendréis, vendrán

(iii) 不定詞の子音と母音が脱落する型。これに属するのは hacer（する、作る）とその派生語

hacer する：作る：haré, harás, hará, haremos, haréis, harán

deshacer 壊す：desharé, desharás, deshará, desharemos, desharéis, desharán satisfacer 満足させる：satisfaré, satisfarás, satisfará, satisfaremos, satisfaréis, satisfarán

(iv) 不定詞の母音と子音が脱落する型。これに属するのは decir（言う）とその派生語

decir 言う：diré, dirás, dirá, diremos, diréis, dirán

contradecir 反論する：contradiré, contradirás, contradirá, contradiremos, contradiréis, contradirán（ただし規則活用形も可。contradeciré, contradecirás, contradecirá, contradeciremos, contradeciréis, contradecirán）

なお、bendecir（祝福する）、maldecir（呪う）は規則動詞

bendecir 祝福する：bendeciré, bendecirás, bendecirá, bendeciremos, bendeciréis, bendecirán

3.5. 直説法過去未来形（condicional simple de indicativo）

3.5.1. 規則動詞

規則動詞では、不定詞に次の太字で示した屈折語尾が付く。屈折語尾は ar 動詞、er 動詞、ir 動詞のすべてに共通している。

		ar 動詞：cantar 歌う	er 動詞：comer 食べる	ir 動詞：vivir 生きる
1 人称	単数形	cantar**ía**	comer**ía**	vivir**ía**
2 人称		cantar**ías**	comer**ías**	vivir**ías**
3 人称		cantar**ía**	comer**ía**	vivir**ía**
1 人称	複数形	cantar**íamos**	comer**íamos**	vivir**íamos**
2 人称		cantar**íais**	comer**íais**	vivir**íais**
3 人称		cantar**ían**	comer**ían**	vivir**ían**

3.5.2. 不規則動詞

直説法未来形において不規則活用をする動詞は、過去未来形においても同じ型の不規則活用をする。

(i) 不定詞の母音が脱落する型

saber 知る：sabría, sabrías, sabría, sabríamos, sabríais, sabrían

querer 欲する：querría, querrías, querría, querríamos, querríais, querrían

(ii) 不定詞の母音が脱落し、子音 d が挿入される型

tener 持つ：tendría, tendrías, tendría, tendríamos, tendríais, tendrían

salir 出る：saldría, saldrías, saldría, saldríamos, saldríais, saldrían

(iii) 不定詞の子音と母音が脱落する型。これに属するのは hacer（する、作る）とその派生語

hacer する：作る：haría, harías, haría, haríamos, haríais, harían

deshacer 壊す：desharía, desharías, desharía, desharíamos, desharíais, desharían

(iv) 不定詞の母音と子音が脱落する型。これに属するのは decir（言う）とその派生語

decir 言う：diría, dirías, diría, diríamos, diríais, dirían

predecir 予報する：prediría, predirías, prediría, prediríamos, prediríais, predirían（規則形も可。prediciría, predicirías, prediciría, prediciríamos, prediciríais, predicirían）

なお、bendecir（祝福する）、maldecir（呪う）は規則動詞

maldecir 呪う：maldeciría,　maldecirías,　maldeciría,　maldeciríamos,　maldeciríais,　maldecirían

3.6. 直説法現在完了形（pretérito perfecto compuesto de indicativo）

3.6.1.　規則動詞

「haber の直説法現在形＋過去分詞男性単数形」で作られる。

		ar 動詞：cantar 歌う	er 動詞：comer 食べる	ir 動詞：vivir 生きる
1 人称		he cantado	he comido	he vivido
2 人称	単数形	has cantado	has comido	has vivido
3 人称		ha cantado	ha comido	ha vivido
1 人称		hemos cantado	hemos comido	hemos vivido
2 人称	複数形	habéis cantado	habéis comido	habéis vivido
3 人称		han cantado	han comido	han vivido

3.6.2.　不規則動詞

過去分詞が不規則形になる場合は、その形を用いる。

ver 見る：he visto, has visto, ha visto, hemos visto, habéis visto, han visto

　過去分詞が規則形・不規則形の 2 種ある場合は、どちらを用いてもよい。この原則はすべての動詞複合形に当てはまる。→ 6.4.2.

3.7. 直説法過去完了形（pretérito pluscuamperfecto de indicativo）

「haber の直説法不完了過去形（線過去形）＋過去分詞男性単数形」で作られる。

		ar 動詞：cantar 歌う	er 動詞：comer 食べる	ir 動詞：vivir 生きる
1 人称		había cantado	había comido	había vivido
2 人称	単数形	habías cantado	habías comido	habías vivido
3 人称		había cantado	había comido	había vivido
1 人称		habíamos cantado	habíamos comido	habíamos vivido
2 人称	複数形	habíais cantado	habíais comido	habíais vivido
3 人称		habían cantado	habían comido	habían vivido

3.8. 直説法直前過去形（pretérito anterior de indicativo）

　「haber の直説法単純過去形（点過去形）＋過去分詞男性単数形」で作られる。現代語ではほとんど使用されない。

cantar 歌う：hube cantado, hubiste cantado, hubo cantado, hubimos cantado, hubisteis cantado, hubieron cantado

3.9. 直説法未来完了形（futuro compuesto de indicativo）

「haber の直説法未来形＋過去分詞男性単数形」で作られる。

		ar 動詞：cantar 歌う	er 動詞：comer 食べる	ir 動詞：vivir 生きる
1 人称	単数形	habré cantado	habré comido	habré vivido
2 人称		habrás cantado	habrás comido	habrás vivido
3 人称		habrá cantado	habrá comido	habré vivido
1 人称	複数形	habremos cantado	habremos comido	habremos vivido
2 人称		habréis cantado	habréis comido	habréis vivido
3 人称		habrán cantado	habrán comido	habrán vivido

3.10. 直説法過去未来完了形（condicional compuesto de indicativo）

「haber の直説法過去未来形＋過去分詞男性単数形」で作られる。

		ar 動詞：cantar 歌う	er 動詞：comer 食べる	ir 動詞：vivir 生きる
1 人称	単数形	habría cantado	habría comido	habría vivido
2 人称		habrías cantado	habrías comido	habrías vivido
3 人称		habría cantado	habría comido	habría vivido
1 人称	複数形	habríamos cantado	habríamos comido	habríamos vivido
2 人称		habríais cantado	habríais comido	habríais vivido
3 人称		habrían cantado	habrían comido	habrían vivido

4. 接続法（modo subjuntivo）

4.1. 接続法現在形（presente de subjuntivo）

4.1.1. 規則動詞

規則動詞では、語幹に次の太字で示した屈折語尾が付く。

		ar 動詞：cantar 歌う	er 動詞：comer 食べる	ir 動詞：vivir 生きる
1 人称	単数形	cante	coma	viva
2 人称		cantes	comas	vivas
3 人称		cante	coma	viva
1 人称	複数形	cantemos	comamos	vivamos
2 人称		cantéis	comáis	viváis
3 人称		canten	coman	vivan

4.1.2. 正書法上の不規則動詞

正書法上の変化が生じる動詞がある。

c → z：vencer 勝つ→ venza, venzas, venza, venzamos, venzáis, venzan

g → j：coger 取る→ coja, cojas, coja, cojamos, cojáis, cojan

g → gu：pagar 支払う→ pague, pagues, pague, paguemos, paguéis, paguen

c → qu：sacar 取り出す→ saque, saques, saque, saquemos, saquéis, saquen gu → g：distinguir 区別する→ distinga, distingas, distinga, distingamos, distingáis, distingan

gu → gü：averiguar 調べる→ averigüe, averigües, averigüe, averigüemos, averigüéis, averigüen

e → é：dar 与える→ dé, des, dé, demos, deis, den（1・3 人称単数形は前置詞 de〈〜の〉との区別のためアクセント記号を付ける）

4.1.3.　準規則動詞

-iar, -uar で終わる動詞の中には i, u が強母音になるものがある（1・2 人称複数形を除く）。

enviar 送る：envíe, envíes, envíe, enviemos, enviéis, envíen

continuar 続ける：continúe, continúes, continúe, continuemos, continuéis, continúen

4.1.4.　不規則動詞

(i) 語幹母音に強勢がかかるとき、即ち 1・2 人称複数形以外の活用形で、語幹母音が変化する動詞がある（語幹母音変化動詞）。

e → ie：cerrar 閉める：cierre, cierres, cierre, cerremos, cerréis, cierren

o → ue：volver 戻る：vuelva, vuelvas, vuelva, volvamos, volváis, vuelvan

e → i：servir 仕える：sirva, sirvas, sirva, sirvamos, sirváis, sirvan

u → ue：jugar 遊ぶ：juegue, juegues, juegue, juguemos, juguéis, jueguen（このタイプは jugar のみ。正書法上の変化も生じる）

正書法上の変化が起きることがある。

seguir 続く：siga, sigas, siga, sigamos, sigáis, sigan

elegir 選ぶ：elija, elijas, elija, elijamos, elijáis, elijan

errar 誤る：yerre, yerres, yerre, erremos, erréis, yerren（ただし規則形も可。erre, erres, erre, erremos, erréis, erren）

-uir で終わる動詞の中には「y +屈折語尾」となるものがある。

construir 建設する：construya, construyas, construya, construyamos, construyáis, construyan

(ii) ir 動詞が「e → ie」型、「o → ue」型の語幹母音変化をするときは、1・2 人称複数形で語幹母音がそれぞれ i, u になる。

e → ie（→ i）：sentir 感じる：sienta, sientas, sienta, **sintamos**, **sintáis**, sientan

o → ue（→ u）：dormir 眠る：duerma, duermas, duerma, **durmamos**, **durmáis**, duerman

(iii) 直説法現在形で 1 人称単数形が不規則になる動詞は、そこから -o を除いた形が語幹になる。たとえば tener（持つ）では、直説法現在形 1 人称単数形 tengo から -o を除いた teng- が語幹になる。

① g：tener 持つ：tenga, tengas, tenga, tengamos, tengáis, tengan

decir 言う：diga, digas, diga, digamos, digáis, digan

oír 聞く：oiga, oigas, oiga, oigamos, oigáis, oigan

② z：parecer 思える：parezca, parezcas, parezca, parezcamos, parezcáis, parezcan

producir 生産する：produzca, produzcas, produzca, produzcamos, produzcáis, produzcan

conocer 知る：conozca, conozcas, conozca, conozcamos, conozcáis, conozcan

③ p：caber 入り得る：quepa, quepas, quepa, quepamos, quepáis, quepan（正書法上の変化も生じる）

④その他

ser ～である：sea, seas, sea, seamos, seáis, sean

estar ～の状態である：～にある：esté, estés, esté, estemos, estéis, estén

ir 行く：vaya, vayas, vaya, vayamos, vayáis, vayan

haber（「＋過去分詞」で動詞複合形を作る）：haya, hayas, haya, hayamos, hayáis, hayan

saber 知る：sepa, sepas, sepa, sepamos, sepáis, sepan

ver 見る：vea, veas, vea, veamos, veáis, vean

4.2. 接続法過去形（ra 形）（pretérito imperfecto de subjuntivo）

4.2.1. 規則動詞

規則動詞では、語幹に次の太字で示した屈折語尾が付く。直説法単純過去形（点過去形）3 人称複数形から -ron を除いた形に、-ra, -ras, -ra, -ramos, -rais, -ran を付けると見なすこともできる（-ramos ではその直前の音節に強勢がある）。

		ar 動詞：cantar 歌う	er 動詞：comer 食べる	ir 動詞：vivir 生きる
1 人称	単数形	cant**ara**	com**iera**	viv**iera**
2 人称		cant**aras**	com**ieras**	viv**ieras**
3 人称		cant**ara**	com**iera**	viv**iera**
1 人称	複数形	cant**áramos**	com**iéramos**	viv**iéramos**
2 人称		cant**arais**	com**ierais**	viv**ierais**
3 人称		cant**aran**	com**ieran**	viv**ieran**

4.2.2. 不規則動詞

接続法過去形は、すべて直説法単純過去形（点過去形）3 人称複数形から -ron を除いた形に -ra, -ras, -ra, -ramos, -rais, -ran を付けて作ることができる。従って直説法単純過去形が不規則形の場合は、接続法過去形も不規則形になる。たとえば tener（持つ）の接続法過去形は、直説法単純過去形 3 人称複数形 tuvieron から -ron を除いた tuvie- がもとになる。

tener 持つ：tuviera, tuvieras, tuviera, tuviéramos, tuvierais, tuvieran

leer 読む：leyera, leyeras, leyera, leyéramos, leyerais, leyeran

tañer 鳴らす：tañera, tañeras, tañera, tañéramos, tañerais, tañeran

vestir 着せる：vistiera, vistieras, vistiera, vistiéramos, vistierais, vistieran

ser ～である・ir 行く：fuera, fueras, fuera, fuéramos, fuerais, fueran

caber 入り得る：cupiera, cupieras, cupiera, cupiéramos, cupierais, cupieran

4.3. 接続法過去形（se 形）（pretérito imperfecto de subjuntivo）

語幹に次の太字で示した屈折語尾が付く。直説法単純過去形（点過去形）3 人称複数形から -ron を除いた形に、-se, -ses, -se, -semos, -seis, -sen を付けると見なすこともできる（-semos ではその直前の音節に強勢がある）。

se 形は、不規則動詞も含めて、ra 形の -ra- を -se- に置き換えた形である。

		ar 動詞：cantar 歌う	er 動詞：comer 食べる	ir 動詞：vivir 生きる
1 人称		cant**ase**	com**iese**	viv**iese**
2 人称	単数形	cant**ases**	com**ieses**	viv**ieses**
3 人称		cant**ase**	com**iese**	viv**iese**
1 人称		cant**ásemos**	com**iésemos**	viv**iésemos**
2 人称	複数形	cant**aseis**	com**ieseis**	viv**ieseis**
3 人称		cant**asen**	com**iesen**	viv**iesen**

4.4. 接続法未来形（futuro simple de subjuntivo）
　　未来形は、不規則動詞も含めて、接続法過去形 ra 形の -ra- を -re- に置き換えた形である。現代語ではほとんど使用されない。
cantar 歌う：cantare, cantares, cantare, cantáremos, cantareis, cantaren
comer 食べる：comiere, comieres, comiere, comiéremos, comiereis, comieren
vivir 生きる：viviere, vivieres, viviere, viviéremos, viviereis, vivieren

4.5. 接続法現在完了形（pretérito perfecto compuesto de subjuntivo）
「haber の接続法現在形 + 過去分詞男性単数形」で作られる。

		ar 動詞：cantar 歌う	er 動詞：comer 食べる	ir 動詞：vivir 生きる
1 人称		haya cantado	haya comido	haya vivido
2 人称	単数形	hayas cantado	hayas comido	hayas vivido
3 人称		haya cantado	haya comido	haya vivido
1 人称		hayamos cantado	hayamos comido	hayamos vivido
2 人称	複数形	hayáis cantado	hayáis comido	hayáis vivido
3 人称		hayan cantado	hayan comido	hayan vivido

4.6. 接続法過去完了形（ra 形）（pretérito pluscuamperfecto de subjuntivo）
「haber の接続法過去形（ra 形）+ 過去分詞男性単数形」で作られる。

		ar 動詞：cantar 歌う	er 動詞：comer 食べる	ir 動詞：vivir 生きる
1 人称		hubiera cantado	hubiera comido	hubiera vivido
2 人称	単数形	hubieras cantado	hubieras comido	hubieras vivido
3 人称		hubiera cantado	hubiera comido	hubiera vivido
1 人称		hubiéramos cantado	hubiéramos comido	hubiéramos vivido
2 人称	複数形	hubierais cantado	hubierais comido	hubierais vivido
3 人称		hubieran cantado	hubieran comido	hubieran vivido

4.7. 接続法過去完了形（se 形）（pretérito pluscuamperfecto de subjuntivo）

「haber の接続法過去形（se 形）＋過去分詞男性単数形」で作られる。

cantar 歌う：hubiese cantado, hubieses cantado, hubiese cantado, hubiésemos cantado, hubieseis cantado, hubiesen cantado

4.8. 接続法未来完了形（futuro compuesto de subjuntivo）

「haber の接続法未来形＋過去分詞男性単数形」で作られる。現代語ではほとんど使用されない。

cantar 歌う：hubiere cantado, hubieres cantado, hubiere cantado, hubiéremos cantado, hubiereis cantado, hubieren cantado

5. 命令法（modo imperativo）

5.1. 規則動詞

命令法は時制の区別がない。また、2 人称単数形、複数形しかない。

規則動詞では、語幹に次の太字で示した屈折語尾が付く。2 人称単数形は、直説法現在形 3 人称単数形と同じ形と見なすこともできる。

		ar 動詞：cantar 歌う	er 動詞：comer 食べる	ir 動詞：vivir 生きる
2 人称	単数形	cant**a**	com**e**	viv**e**
	複数形	cant**ad**	com**ed**	viv**id**

5.2. 不規則動詞など
5.2.1. 2 人称単数形

2 人称単数形が不規則な形や準規則的な形になる動詞がある。直説法現在形 3 人称単数形と同じ形になる場合が多い。

(i) 正書法上の不規則動詞

oír 聞く：oye

(ii) 準規則動詞

enviar 送る：envía　　　　continuar 続ける：continúa

(iii) 不規則動詞

①語幹母音変化動詞

e → ie：pensar 考える：piensa　　　　o → ue：dormir 眠る：duerme

e → i：pedir 頼む：pide　　　　u → ue：jugar 遊ぶ：juega

②その他

ser 〜である：sé　　　estar 〜の状態である；〜にいる：está　　　ir 行く：ve

venir 来る：ven　　　tener 持つ：ten　　　poner 置く：pon

decir 言う：di　　　salir 出る：sal　　　hacer する：haz

これらに接頭辞が付いてできた動詞も同じ型の不規則動詞になる。正書法上、アクセント記号が必要な場合がある。

239

mantener 維持する：mantén　　　　　　composer 構成する：compón

ただし例外がある。「接頭辞 + decir」は語幹母音変化型の不規則活用をする。

bendecir 祝福する：bendice　　　　　　maldecir 呪う：maldice

contradecir 反論する；矛盾する：contradice　　predecir 予言する：predice

不規則形、規則形のどちらも存在する動詞もある。

satisfacer 満足させる：satisfaz または satisface　　yacer 横たわる：yaz または yace

5.2.2. 2 人称複数形

　2 人称複数形はすべて規則的な形をとる。ただし再帰形のとき、語末の d が脱落する。ir はこの規則から除かれる。

Levantaos. 君たち、起きなさい。（× levantados は不可）｜ {**Idos** / **Ir**os} de aquí. 君たち、ここから立ち去りなさい。（× ios は不可。idos が正しいとされてきたが、今では、口語で多用される iros も正しい形とされている）

6. 非定形

6.1. 総論

　非定形には、不定詞、現在分詞、過去分詞がある。非定形は、法・時制・人称・数による形態の変化がない。不定詞と現在分詞は単純形・複合形を持つ。過去分詞は、受動態で、または形容詞的に用いられる場合は、性・数の変化があるが、動詞の複合形の一部として働く場合は男性単数形のみが用いられる。cantar（歌う）を例として示す。

非定形	形態	例
不定詞	単純形	cantar
	複合形	haber cantado
現在分詞	単純形	cantando
	複合形	habiendo cantado
過去分詞	単純形	cantado, cantada, cantados, cantadas

6.2. 不定詞（infinitivo）

　不定詞の単純形は、例外なく -ar, -er, -ir という語尾を持つ。複合形は「haber（haber の不定詞）+ 過去分詞男性単数形」で作られる。

	ar 動詞：cantar 歌う	er 動詞：comer 食べる	ir 動詞：vivir 生きる
単純形	cant**ar**	com**er**	viv**ir**
複合形	haber cantado	haber comido	haber vivido

6.3. 現在分詞（gerundio）

6.3.1.　規則動詞

　現在分詞の単純形は、-ando または -iendo という語尾を持つ。複合形は「habiendo

（haber の現在分詞）+ 過去分詞男性単数形」で作られる。

	ar 動詞：cantar 歌う	er 動詞：comer 食べる	ir 動詞：vivir 生きる
単純形	cant**ando**	com**iendo**	viv**iendo**
複合形	habiendo cantado	habiendo comido	habiendo vivido

6.3.2. 正書法上の不規則動詞

「母音 + -iendo」は「母音 + -yendo」と表記する。

caer 落ちる：cayendo　leer 読む：leyendo　oír 聞く：oyendo　huir 逃げる：huyendo
また、ir（行く）は yendo となる。

6.3.3. 準規則動詞

-cher, -chir, -ller, -llir, -ñer, -ñir で終わる動詞の現在分詞は -endo となる。

bullir 沸く：bullendo　　　tañer 弾く：tañendo

6.3.4. 不規則動詞

(i) er 動詞、ir 動詞の中に語幹母音が変化するものがある。この現在分詞は直説法単純過去形（点過去形）3 人称複数形の -ron を -ndo に換えた形と見ることもできる。かっこ内に直説法単純過去形 3 人称複数形を示す。

poder 〜できる：pudiendo（← pudieron）

venir 来る：viniendo（← vinieron）

convenir 都合がいい：conviniendo（← convinieron）

sentir 感じる：sintiendo（← sintieron）

dormir 眠る：durmiendo（← durmieron）

(ii) その他

decir 言う：diciendo　　　　　　　contradecir 矛盾する：contradiciendo

bendecir 祝福する：bendiciendo　　maldecir 呪う：maldiciendo

6.4. 過去分詞（participio）

6.4.1. 規則動詞

規則動詞では、語幹に次の太字で示した語尾が付く。複合形はない。

	ar 動詞：cantar 歌う	er 動詞：comer 食べる	ir 動詞：vivir 生きる
男性単数形	cant**ado**	com**ido**	viv**ido**
女性複数形	cant**ada**	com**ida**	viv**ida**
男性単数形	cant**ados**	com**idos**	viv**idos**
女性複数形	cant**adas**	com**idas**	viv**idas**

6.4.2. 不規則動詞

過去分詞の不規則形にも性・数の変化があり、-o, -a, -os, -as という語尾になる。以下では男性単数形のみ示す。

(i) -rto： abrir 開ける：abierto　　　cubrir 覆う：cubierto

　-lto： volver 戻る：vuelto　　　　resolver 解く：resuelto

241

-sto:　poner 置く：puesto　　　　　ver 見る：visto

-to：　escribir 書く：escrito　　　romper 壊す：roto

-cho：hacer する：hecho　　　　　decir 言う：dicho

(ii) 過去分詞が不規則形・規則形のどちらも存在する場合がある。不規則形、規則形の順
に示す。→ 3.6.2.

freír 油で揚げる：frito, freído（動詞複合形を作るときは、どちらも使えるが、最近は不
規則形が好まれる。形容詞的働きをするときは不規則形のみ）

imprimir 印刷する：impreso, imprimido（動詞複合形を作るときは、どちらも使えるが、
最近は不規則形が好まれる。形容詞的働きをするときは不規則形のみ）

despertar 起こす：despierto, despertado（動詞複合形を作るときは規則形のみ。形容詞
的として使うときは不規則形のみ）

bendecir 祝福する：bendito, bendecido

maldecir 呪う：maldito, maldecido

　なお、elegir（選ぶ）には electo、elegido という 2 種の過去分詞があるとされてきた
が、現在では、規則形 elegido のみを過去分詞とみなし、不規則形 electo は形容詞とし
て扱うことになっている。従って electo を動詞の複合形に用いることはできない。×
he electo（正しくは○ he elegido）

第18章　動詞の法

1. 総論

1.1. 定形、非定形と法

1.1.1. 動詞には、定形と非定形があり、定形は 3 つの法から成り、基本的にそれぞれに時制がある。その形態については →第 17 章

1.1.2. 定形には、直説法、接続法、命令法がある。

直説法：ある事柄を事実として主観をまじえずに表す。基本的な動詞形式である。特に仮定や非現実を表す意図がない場合は直説法を用いる。

接続法：ある事柄を単に頭の中に思い描いたものとして、願望、疑惑、感情、価値判断などの主観をともなって表す。従属節で用いられることが多いが、単文での用法もある。

命令法：命令を表す。

1.1.3. 非定形には、不定詞、現在分詞、過去分詞がある。法・時制・人称・数の変化がない。その働きは概略、次のとおりである。

不定詞：名詞として働く動詞の形態。

現在分詞：副詞として働く動詞の形態。

過去分詞：形容詞として働く動詞の形態。

1.2. 定形、非定形と時制

1.2.1. 定形には、人称・数の変化がある。直説法と接続法は、これに時制（tiempo）の変化が加わる。時制には、絶対時制と相対時制がある。

絶対時制（tiempo absoluto）：現在を基軸に直接定められる時間に起きる事柄を表す。直説法現在形・単純過去形・未来形・現在完了形。

相対時制（tiempo relativo）：現在を基軸にしてある時間を定め、さらにそれを基軸として定めた時間に起きる事柄を表す。直説法不完了過去形・過去未来形・過去完了形・直前過去形・未来完了形・過去未来完了形。接続法の全時制。

1.2.2. 直説法の時制どうしの関係は、概略次の図のようになる。

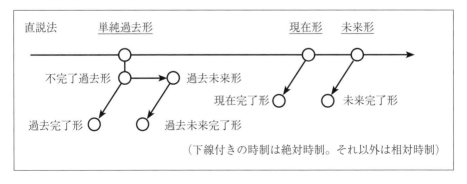

243

1.2.3.　定形および非定形のうち不定詞と現在分詞には、単純形と複合形がある。原則として、単純形は不完了相（不完了アスペクト）を表し、複合形は完了相（完了アスペクト）を表す。

<u>単純形</u>（forma simple）：単一の語からなる形態。直説法現在形・単純過去形・不完了過去形・未来形・過去未来形。接続法現在形・過去形・未来形。命令法。不定詞単純形。現在分詞単純形、過去分詞。直説法単純過去形と過去分詞を除いて、<u>不完了相</u>（aspecto imperfecto）を表す。つまり、事柄の生起が完了するのか、しないのかについて特に言及しない形態である。単純形の中で直説法単純過去形だけは、完了相を表す。また、過去分詞はそれ自体、相の違いには関与しない。

<u>複合形</u>（forma compuesta）：「haber + 過去分詞」からなる形態。直説法現在完了形・過去完了形・直前過去形・未来完了形・過去未来完了形。接続法現在完了形・過去完了形・未来完了形。不定詞複合形、現在分詞複合形。これらはすべて<u>完了相</u>（aspecto perfecto）を表す。つまり、事柄の生起がある時点で完了することを積極的に示す。

2. 直説法の働き

　　ある事柄を事実として主観をまじえずに表す。基本的な動詞形式である。特に仮定や非現実を表す意図がない場合は直説法を用いる。

2.1. 単文中の働き

平叙文、疑問文、感嘆文で用いる。

Tokio **es** la capital de Japón. 東京は日本の首都だ。 ｜ ¿Adónde **va** este tren? この列車はどこ行きですか？ ｜ ¡Qué alto **está** tu hijo! 君の息子さんは背が高くなったね！

2.2. 従属節中の働き

2.2.1.　事実・確信を述べる従属節で用いる。

Entonces me di cuenta de que no **tenía** dinero. そのとき私はお金を持っていないことに気がついた。 ｜ Estoy seguro de que Paco **tendrá** éxito. 私はパコがきっと成功すると思う。 ｜ Los documentos que se **salvaron** del incendio son fundamentales. 火事に遭っても無事だったそれらの書類はとても大切なものだ。

2.2.2.　主節の要素が従属節の動詞の法をほぼ機械的に決定することが多く、断定が弱くても直説法が用いられることがある。また、主節の主語で表される者にとっての「事実・確信」であることに注意が必要である。

Creo que lo **he visto** en algún lugar. 私はそれをどこかで見たように思う。（弱い断定だが直説法） ｜ Todos dicen que **soy** especial, pero soy una persona cualquiera. 誰もが私のことを変わっていると言うが、私はごく平凡な人間だ。（「私は変わった人間だ」という事柄は話し手にとっては事実ではないが、主語「誰もが」にとっては事実なので直説法）

2.2.3.　主節が積極的に虚偽を表す場合、従属動詞は直説法になる。

Paco fingía que no lo **sabía**. パコはそれを知らないふりをした。｜ Lola soñó que un príncipe **iba** a buscarla. ロラは王子さまが迎えに来てくれる夢を見た。

3. 接続法の働き

　ある事柄を単に頭の中に思い描いたものとして、願望、疑惑、感情、価値判断などの主観をともなって表す。従属節で用いられることが多いが、単文での用法もある。

3.1. 単文中の働き

3.1.1.　命令文をつくる。2人称の否定命令および1・3人称の肯定命令、否定命令を表す。2人称の肯定命令には、命令法を用いる。→4.　肯定命令では、命令法と同じく目的格代名詞・再帰代名詞は動詞の後に置かれ、文字表記上は1語扱いになる。否定命令では、目的格代名詞・再帰代名詞は動詞の前に置かれ、文字表記では分離する。

No **comas** tan deprisa. そんなにあわてて食べるな。｜ Ahora **escuchemos** la canción. さあ、その歌を聞いてみよう。｜ **Venga** usted. / No **venga** usted. 来てください。／来ないでください。｜ No se lo **des** a nadie. それを誰にもあげないで。｜ **Sentémo**nos. 座ろう。(sentemos の -s を脱落させる。1語扱いになるので、e にアクセント記号が必要)　｜ **Permíta**me que me presente. 自己紹介させてください。｜ No me **haga** esperar más. 私をこれ以上待たせないでください。

3.1.2.　「que +」で①間接命令、②命令の反復を表す。→第14章 3.1.9.

Que lo **haga** Lola. それはロラにやらせなさい。｜ Ven. ¿Qué pasa? Que **vengas** aquí. おいで。どうした？ ここに来いったら。

3.1.3.　que, ojalá (que), quién などの後で願望を表す。「quién +」は接続法過去 ra 形のみ。

Que te **mejores** pronto. 早く良くなってね。｜ Ojalá (que) **llueva**. 雨が降ればなあ。(「ojalá (que) +接続法」は「実現はあまり期待できないが」というニュアンスを持つ。従って、上の例 Que te mejores pronto. に代えて Ojalá (que) te mejores pronto. と言うと、「治る見込みはあまりないが、もしかして良くなればいいね」という失礼な文になる)　｜ ¡Quién **tuviera** dieciocho años! 私は今18歳だったらなあ！ (ここでは過去形は過去ではなく現在の事柄を表し、実現が全く、またはほとんど期待できないことを強調するのに用いられる)

3.1.4.　quizá(s), tal vez, posiblemente, probablemente など「多分」「恐らく」を表す語句の後で、実現への疑いを強める。直説法との交替については→5.1.1.

Quizá **podamos** ir a la playa este fin de semana. 多分、次の週末は海に行けるんじゃないかな。(あまり自信がない)　｜ Tal vez **tengas** razón. 多分、君の言うとおりかもしれない。

3.1.5.　条件文の帰結節が単独で用いられる文で、事実に反する事柄を表す。接続法過去完了 ra 形を用いる。querer, deber などの助動詞は過去 ra 形も用いられ、直説法過去未来形に相当する意味を表す。→第21章 6.1.

Le **hubiéramos despedido** inmediatamente. 私たちは彼を即座に解雇していたところだった。(実際には解雇しなかった。Si hubiéramos podido〈もしできることなら〉という条件節が含意)　｜ **Debiera** (= Debería) haber un mediador en todas las guerras. 戦いには調停者があるべきなのだが。(実際にはそうでない場合もあることを含意)　｜ **Quisiera** (= Querría) pedirle un favor. お願いがあるのですが。(si pudiera〈もしできることなら〉が含意されて、「無理だろうけれど」という控えめな依頼表現になる)

3.1.6.　間投詞的に用いられることがある。→第16章 1.2.2. (iv)

¡Vaya, esto es difícil! わあ、これは難しいぞ！ | **¡Válga**me Dios!, ¿qué es esto? いやはや、これはどういうことだ？

3.1.7. o sea、o sea que（ともに「つまり」）などの定型表現をつくる。

El esposo de mi hija, o **sea**, mi yerno, es abogado. 私の娘の夫、つまり私の義理の息子は弁護士だ。 | ¿No quieres pensarlo? O **sea**, que también tú tienes miedo. 君はそのことを考えたくないって？つまり君も怖がっているんだね。

3.2. 名詞節中の働き

3.2.1. 主節が願望、命令、要求、必要、許可などを表すとき。不定詞との交替については → 5.2.1.

(i) 主節の動詞が接続法を導く。

Deseo que **seas** muy feliz. 君がうんと幸せになってほしい。 | ¿Quieres que te **eche** una mano? 手伝ってあげようか？（君は私が手伝うことを望むか？） | Espero que usted **esté** bien. あなたがお元気であることを願っています。 | Le dije que **preparara** una taza de té. 私は彼（女）に、紅茶を1杯淹れてくれと頼んだ。 | Te pido que me **hagas** un gran favor. 折り入って君にお願いがある。 | Voy a hacer que alguien los **acompañe**. 誰かにあなた方のおともをさせましょう。 | No permitieron que Pepe **entrara** en la sala. ペペはその部屋に入れてもらえなかった。 | Te prohíbo que **vuelvas** a hablar con Lola. 君は2度とロラと口をきいてはならない。

(ii) 主節の形容詞・名詞などが接続法を導く。

Es necesario que **sepas** la verdad. 君は真実を知っておく必要がある。 | Sería deseable que **pudiéramos** hacerlo de antemano. 私たちが事前にそれをしておければいいのだが。 | Mi esperanza es que esta crítica **sirva** como ejemplo. 私の願いは、この批判が教訓として役立つことだ。

3.2.2. 主節が不確実性、疑い、否定などを表すとき。直説法との交替については → 5.1.2.

(i) 主節の動詞が接続法を導く。

Dudo que **puedan** resolverlo. 彼らがそれを解決できるとは思えない。 | No creo que Lola **esté** en casa. 私はロラが在宅しているとは思わない。 | No estoy diciendo que **haya olvidado** la promesa. 私は約束を忘れたとは言っていない。 | Puede que **sea** cierto. それは本当かもしれない。

(ii) 主節の形容詞・名詞などが接続法を導く。

Es dudoso que esta pregunta **tenga** contestación. この問いに答えがあるとは思えない。 | Es increíble que **hayas sacado** tan buenas notas. 君がそんなにいい成績をとったとは信じられない。 | ¿Cómo es posible que lo **sepas**? どうして君がそれを知っているの？ | La previsión es que el partido **gane** las elecciones. 予測では、その政党は選挙に勝つだろう。

3.2.3. 主節が感情、主観的判断などを表すとき。内容が事実である場合も接続法が用いられる。

(i) 主節の動詞が接続法を導く。

Me alegro de que **hayas venido** a verme. 君が会いに来てくれてうれしい。 | ¿Te importa que **fume**? タバコを吸っても構わない？

(ii) 主節の形容詞・名詞・副詞などが接続法を導く。

No es raro que las víctimas **lancen** reproches. 被害者たちが不平の声を上げるのも無理はない。 | Es mejor que nos **vayamos** ya. 私たちはそろそろ帰ったほうがよさそうだ。 | Era una suerte que los enemigos todavía no **estuvieran** en el supuesto campo de batalla. 戦場予定地に敵がまだ現れていないのは幸運だった。 | Su mayor temor es que **descubran** el secreto. 彼（女）が最も恐れているのは、秘密を暴かれないかということだ。 | Estaría bien que te **mudaras** a vivir con nosotros. 君が引っ越して、私たちと同居してくれるといいのだが。

3.3. 同格節中の働き

3.3.1. 節の内容と同格の関係にあり、節によって修飾される名詞の表す意味に従って、接続法が用いられる。

3.3.2. 節によって修飾される名詞が、願望、不確実性、感情、主観的判断などを表すとき、接続法が用いられる。

El alcalde manifestó su deseo de que el proyecto **contribuyera** al desarrollo regional. 市長はその企画が地域の発展に寄与することへの希望を表明した。 | Rita tenía dudas de que **fuera** así, pero pensó que era mejor no discutir. リタはそうではないのではないかという疑念を持ったが、抗弁しないほうが賢明だと思った。 | Hay peligro de que una borrasca fuerte **azote** la zona. 大きな嵐がその地域を襲う危険がある。

3.3.3. 節によって修飾される名詞が、時、場合などを表すとき、接続法が用いられる。

Ya es hora de que se lo **digas**. そろそろ君は彼（女）にそのことを言うべきときだ。 | En (el) caso de que el vuelo **sea** cancelado, puede tomar el siguiente avión. もし飛行機が欠航になった場合は次の便にご搭乗いただけます。

3.3.4. 節によって修飾される名詞が、「～ということ」を表すとき、内容が事実であっても接続法を用いることがある。「el hecho de que +」「el que +」「esto de que +」などの形をとる。

El hecho de que Argentina **mire** hacia el Atlántico no le resta importancia ante Japón que mira hacia el Pacífico. アルゼンチンが大西洋に面しているからと言って、太平洋に面した日本にとっての重要性が乏しいわけではない。 | Te agradezco el que me **hayas prestado** este libro. この本を貸してくれてありがとう。 | Eso de que los cuervos **paguen** el bien recibido con el mal es mentira. カラスは受けた恩をあだで返すというのは間違いだ。

3.4. 関係節中の働き

3.4.1. 関係節中の接続法は、3.4.5. を除いて、制限用法にのみ用いられる。直説法との交替については → 5.1.3.

3.4.2. 先行詞が不定のもの・ことを表すとき。

Busco una casa que **tenga** tres dormitorios. 私は寝室が3つある家を探している。 | Busqué en vano un coche que me **llevara** a la ciudad. 私は街まで乗せて行ってくれそうな車を探したが、無駄だった。 | ¿Aquí hay alguien que **conozca** a Paco? ここにパコを知っている人はいませんか？ | Quien **esté** de acuerdo, que levante la mano. 賛成の人は手を挙げてください。 | Puedes pedir lo que **quieras**. 君は何でも好きなものを注文していいよ。

247

3.4.3.　先行詞が否定された物・事を表すとき。

No conozco a nadie que **toque** el oboe. 私はオーボエを演奏できる人を誰も知らない。 |
No hay ningún pueblo de España que no **tenga** su propio vino. スペインの村はどこでも特産のワインがある。

3.4.4.　先行詞が最上級または唯一的な物・事を表すとき。

Es el momento más inolvidable que yo **haya experimentado** en mi vida. それは私が人生で経験した中で最も忘れがたい瞬間だ。 | El aire que respiramos en esta montaña es el más limpio y fresco que se **pueda** imaginar. この山の空気は想像できる限り最も清らかで爽やかだ。

3.4.5.　非制限用法で、死者の冥福を祈る定型表現に。

Tu abuelo, que **descanse** en paz, quería que te criaras fuerte. 君のおじいさん——安らかに眠りたまえ——は、君が強い子に育ってほしいと願っていたよ。

3.5. 副詞節中の働き

3.5.1.　目的を表す語句（para que〈〜のために〉、a que〈〜のために〉など）の後で用いる。（主動詞の主語と従属動詞の主語が同一の場合は不定詞。→ 5.2.2.）

Me agaché para que no me **descubrieran**. 私は見つからないように身をかがめた。

3.5.2.　時を表す語句の後で。まだ実現していない事柄を表すとき、接続法。（実現した事柄、実現しつつある事柄を表すときは直説法。→ 5.1.4.）

(i) cuando（〜のとき）、mientras（〜の間）、en cuanto（〜するや否や）、hasta que（〜まで）などの後で。まだ実現していない事柄を表すとき、接続法。

Te lo explicaré cuando **seas** mayor. 君が大きくなったら、それについて説明してあげよう。 |
En cuanto **hayas entrenado** un poco más, vas a ser un buen jugador. 君はあともう少し練習すれば、いい選手になれるだろう。 | Pepe no lo va a creer hasta que Lola le **asegure** que es verdad. ロラがそれは事実だと請け合うまで、ぺぺはそれを信じないだろう。

(ii) antes de que（〜の前に）の後は、常に接続法。

Lola salió corriendo antes de que Pepe **viniera**. ロラはぺぺが来る前に走って立ち去った。

(iii) después de que（〜の後に）の後は直説法。ただし報道文などでは、過去の事柄を表す際に、しばしば接続法過去形が用いられ、現代では一般の文体でもその用法が普通に見られる。después de que の後に接続法を用いる傾向は、接続法現在形および現在完了形にも広がりつつある。→ 第 19 章 2.2.4.

Dos jóvenes fueron rescatados después de que un alud los {sepultó / **sepultara**} bajo la nieve. 2 人の若者が雪崩に巻き込まれた後、救出された。 | Generalmente los pájaros empiezan a cantar después de que {sale / **salga**} el sol. 普通、鳥は日が昇った後で歌いだす。

3.5.3.　譲歩（〜にもかかわらず）を表す語句の後で。仮定や、まだ実現していない事柄を表すとき、接続法。→ 5.1.4. (i)

(i) aunque（〜にもかかわらず）の後で。

Aunque el ministro **dimita**, seguirán los problemas económicos. たとえ大臣が辞任しようとも経済問題はおさまらないだろう。 | Aunque **parezca** mentira, hay momentos en que la mejor música es el silencio. うそのように思えるかもしれないが、ときには無音こそが最良の音楽となり得る。

(ii) por (más) ＋形容詞・副詞＋ que（どんなに〜でも）、por mucho que（どれほどたくさん〜でも）などの後で。事実を表す場合でも接続法が使われることが多い。

Por inteligente que **seas**, tienes que esforzarte. 君がどんなに頭が良くても努力を怠ってはならない。｜ Por más rápido que **corras**, no me alcanzarás. 君はどんなに速く走っても私には追いつけないだろう。｜ Por mucho que te **duela**, tienes que saberlo. 君はどんなにつらかろうと、それを知らなくてはいけない。｜ Por mucho control del balón que **tuviera** nuestro equipo, el contario creó más ocasiones y ganó. 私たちのチームがボールを支配する時間がどんなに多くても、相手チームのほうがより多くのチャンスを作って勝った。

(iii) 先行の語句なしで譲歩の意味を表すとき、接続法。関係節と組み合わせてできた定型表現が多い。

Quieras o no, debes hacerlo. 君は好むと好まざるとにかかわらず、それをしなければならない。｜ Iré a veros, **sea** como **sea**. 私はとにかく君たちに会いに行くよ。｜ **Digan** lo que **digan**, soy tu aliado. 人が何と言おうと私は君の味方だ。

3.5.4. 否定を表す語句の後で接続法。→ 第 11 章 5.5.2.

¿Podemos salir de aquí sin que nos **vea** nadie? 私たちは誰にも見られずにここから出られるだろうか？｜ No lo hago porque tú me lo **prohíbas** sino porque lo creo innecesario. 私がそれをしないのは、君が禁じるからではなく、する必要がないと思うからだ。（「no porque ＋接続法」に対して、肯定の porque の後は直説法）

3.5.5. 条件を表す語句の後で。仮定、まだ実現していない事柄、または事実に反する事柄を表すとき、接続法。→ 第 21 章 6.1.

(i) si（もし〜なら）の後で、事実に反する事柄を表すとき、接続法過去形、過去完了形。「si ＋接続法現在形」は特殊な構文以外では用いられないことに注意。

Si lo **supiera**, te lo diría. もし知っていたら君にそれを教えてあげるのだが。（現在の反事実条件）｜ Iría a buscarle al aeropuerto si **hubiera sabido** que venía. もしあなたが来ると知っていたら空港にお迎えに行っていたでしょうに。（過去の反事実条件）

(ii) como si, igual que si（共に「まるで〜であるかのように」）の後で、接続法過去形、過去完了形。

Aquí hace tanto ruido que parece como si uno **estuviera** cerca de un avión. ここは騒音がひどくて、まるで飛行機の近くにいるかのようだ。｜ Los niños juegan como si nada **hubiera pasado**. 子どもたちは、まるで何事も起きなかったかのように遊んでいる。｜ Todos se comportaban igual que si me **conocieran**. 誰もがまるで私を知っているかのようにふるまっていた。

(iii) a condición de que, con tal (de) que, como（いずれも「もし〜なら」）、siempre que, mientras（いずれも「〜する限りは」）、a menos que（〜でなければ）の後で接続法。si と異なり、現在形も可。

Te ayudaré {a condición de que / con tal (de) que} luego me **ayudes** tú a mí. 君が後で私を手伝ってくれるなら、君を手伝ってあげよう。｜ Como te **oiga** tu madre decir esas cosas, se pondrá furiosa. 君がそんなことを言うのを君のお母さんが聞いたら激怒するだろう。（＝ Si te oye...）｜ No habrá paz en esta zona mientras no **se solucione** el problema de los terroristas. テロリストの問題が解決しない限り、この地域に平和は訪れないだろう。｜ A Rita le gusta decir no cuando otros dicen sí, siempre que no **sea** en cuestiones básicas. リタは、

根本的な問題でない限り、他の人が賛成することには反対するくせがある。│ No te haremos daño, a menos que nos **traiciones**. おまえが私たちを裏切らない限り、危害を加えはしない。

3.5.6.　de ahí que（従って）の後で接続法を用いて、了解済みの事実を表す。

Quizá se han alterado las asociaciones asignadas a esos archivos gráficos, de ahí que tu ordenador no los **reconozca**. 恐らくそれらの画像ファイルに指定された関連付けが変わってしまったのだろう。君のパソコンが画像ファイルを認識しないのはそれが原因だと思われる。

4. 命令法の働き

4.1. 単文中の働き

命令法は 2 人称の肯定命令を表すことに特化した形式である。単文でのみ働き、従属節中に現れることはない。

Ven aquí. ここにおいで。│ **Mirad** lo que habéis hecho. 君たちがしたことを見てごらん。

4.2. 命令法の性質

4.2.1.　目的格代名詞・再帰代名詞は動詞の後に置かれ、文字表記上は 1 語扱いになる。

Hazlo inmediatamente. それをすぐしなさい。│ **Decíd**melo. 君たち、私にそれを言いなさい。

4.2.2.　2 人称複数形は再帰形のとき、語末の d が脱落する。ir はこの規則から除かれる。
→ 第 17 章 5.2.2.

4.2.3.　2 人称の否定命令および 1・3 人称の肯定命令、否定命令には、命令法ではなく接続法現在形を用いる。→ 3.1.1.

5. 直説法、接続法、不定詞の交替

5.1. 直説法と接続法の交替
5.1.1.　単文で

「多分、恐らく」を表す語句の後で。確信の度合いが低いとき接続法。高いとき直説法。

Quizá {**podamos** / **podemos**} ir a la playa este fin de semana. ［接続法］多分、次の週末は海に行けるんじゃないかな。（あまり確信がない）／ ［直説法］ 多分、次の週末は海に行けると思うよ。（多少、自信がある）│ Tal vez {**tengas** / **tienes**} razón. ［接続法］ 多分、君の言うとおりかもしれない。／ ［直説法］ 多分、君の言うとおりだ。│ {× **Tengas** / ○ **Tienes**} razón quizás. 多分、君の言うとおりだ。（「多分」を表す語句を動詞の後ろに置くと、接続法は不可）

5.1.2.　名詞節で

(i) creer（思う）、pensar（考える）、parecer（思える）などに導かれる名詞節で、肯定文では直説法、否定文では接続法。強い疑いを表す疑問文では接続法。修辞疑問文、否定命令文（意味的には肯定を表す）では直説法。

Creo que **han llegado**. 彼らは着いたと思う。│ No creo que **hayan llegado**. 彼らが着いたとは思わない。│ ¿Crees que te {**van** / **vayan**} a pagar? ［直説法］ 君は彼らが金を払うと思うか？（単純な疑問文）／ ［接続法］ 君は彼らが金を払うとでも思っているのか？（強

い疑い）｜ ¿Crees que no lo **sé**? 君は私が知らないとでも思っているのか？（＝ちゃんと知っているぞ）｜ No pienses que **hiciste** algo malo. 君は何か悪いことをしたと考えなくてもいい。（＝君は何も悪いことはしていない）

(ii) dudar（疑う）などに導かれる名詞節で、肯定文では接続法、否定文では直説法・接続法ともに可。

Dudo que lo **vayan** a lograr.［接続法］私は彼らがそれを成し遂げるとは思わない。｜ No dudo que lo {**van** / **vayan**} a lograr.［直説法・接続法］私は彼らがそれを成し遂げることを疑わない。（接続法は、多少ためらいがあることを表すことが多い）

(iii) 通常は接続法をとる形容詞の後でも、「lo ＋形容詞＋ es que」という形式では、直説法・接続法ともに可。

Es importante que todos los alumnos **sepan** leer.［接続法］全生徒が文字を読めるようになることが大切だ。｜ Lo importante es que todos los alumnos {**saben** / **sepan**} leer.［直説法］大切なのは、全生徒が文字を読めるという事実だ。／［接続法］大切なのは、全生徒が文字を読めるようになるべきだということだ。

(iv) 主動詞が sentir（感じる；残念に思う）のような多義性を持つ場合は、直説法・接続法ともに可。

Lola sintió que {se **ruborizaba** / se **ruborizara**}.［直説法］ロラは自分が真っ赤になるのが分かった。／［接続法］ロラは赤面してしまう自分が悔しかった。

5.1.3. 関係節で

(i) 先行詞が実在の物・事を表すときは直説法。不定・架空、または否定された物・事を表すときは接続法。

Conozco a un chico que **sabe** hablar griego.［直説法］私はギリシア語が話せる若者を知っている。（実在）｜ Tengo que encontrar a alguien que **sepa** hablar griego.［接続法］私は誰かギリシア語が話せる人を見つけなければならない。（不定）｜ No conozco a nadie que **sepa** hablar griego.［接続法］私はギリシア語が話せる人を誰も知らない。（否定）

(ii) 先行詞が不定の物・事であっても、ことわざのように一般論を述べる文では直説法。

A quien **madruga**, Dios le ayuda.［直説法］神は早起きする者を助ける。(＝早起きは三文の得)

(iii) 先行詞が最上級の表現のとき、一般的には直説法。文語的、または主観性が強い場合は接続法。

Los dinosaurios llegaron a ser las bestias más grandes que **han vivido** sobre la superficie terrestre.［直説法］恐竜は陸上に生息した中で最大の動物になった。（客観的な最上級）｜ Eres la persona más simpática que **haya conocido** en mi vida.［接続法］君は私がこれまで出会った中でいちばん感じのいい人だ。（主観的な最上級）

5.1.4. 副詞節で

(i) aunque（〜にもかかわらず）など譲歩を表す語句の後で、事実を表すとき直説法。仮定を表すとき接続法。また、事実であっても、他の情報を伝えるための背景的情報であれば接続法。

Aunque {**hace** / **haga**} mal tiempo, iré a pasear.［直説法］天気が悪いけれど、私は散歩に行くつもりだ。／［接続法］たとえ天気が悪くても私は散歩に行くつもりだ。｜ Aunque {**soy** / **sea**} español, no me gustan los toros.［直説法・接続法］私はスペイン人だが、闘牛が好き

ではない。（接続法を使うと「私がスペイン人であることを主張したいのではなく、『闘牛が嫌いだ』という情報を伝えたい」というニュアンスが生まれる）

(ii) cuando（〜のとき）、mientras（〜の間）、en cuanto（〜するや否や）など時を表す語句の後で、実現した、または実現している事柄は直説法、まだ実現していない事柄は接続法。

Cuando **terminé** el trabajo, di un grito de alegría. 私はその仕事を終えたとき、うれしくて叫んだ。｜ Cuando **termine** el trabajo, seguro que voy a dar un grito de alegría. 私はその仕事を終えたら、きっとうれしくて叫ぶだろう。

(iii) porque（なぜなら〜）など理由を表す語句の後で、通常は直説法。否定されているときは接続法。 → 第 11 章 5.5.2.

Tomamos esta medida no porque **sea** fácil sino porque nos **conducirá** al éxito. 私たちがこの手段を選ぶのは、簡単だからではなく、それが成功への道だからだ。｜ No te lo digo porque te {**odio** / **odie**}. ［直説法］私は君が嫌いだ。だから君にはそれを教えてやらない。（porque 以下は no の領域の外）　［接続法］私が君にこんなことを言うのは、君が憎いからではない。（porque 以下は no の領域内）

(iv) si（もし〜なら）の後で、単純な条件は直説法。事実に反する条件は接続法。

Si **ganan** este partido, serán campeones. ［直説法現在形］彼らはこの試合に勝てば優勝できる。（先入観のない、単純な条件）｜ Si **ganaran** este partido, serían campeones. ［接続法過去形］もし彼らがこの試合に勝てば優勝できるのだが。（非現実的な条件）

5.2. 接続法と不定詞の交替

5.2.1. 名詞節で

(i) 願望・感情を表す動詞の後で。主動詞の主語と従属動詞の主語が不一致のとき、「que ＋接続法」。同一のとき、不定詞。

Quiero {que **leas** / **leer**} este libro. ［接続法］私は君にこの本を読んでほしい。／［不定詞］私はこの本を読みたい。｜ Lamento {que lo **digas** / **decir**lo}. ［接続法］君がそう言うとは残念だ。／［不定詞］私はそう言わねばならないのが残念だ。｜ Me alegro de {que **estés** / **estar**} aquí. ［接続法］君がここにいてくれてうれしい。／［不定詞］私はここにいることができてうれしい。

(ii) 命令などを表す動詞の後で、間接・直接目的語と従属動詞の主語が同一のとき、接続法、不定詞ともに可。

Le mandé {que lo **hiciera** / **hacer**lo}. 私は彼（女）にそれをするよう命じた。｜ Le hice {que **fuera** / **ir**} al mercado. 私は彼（女）を市場に行かせた。｜ La dejé {que **durmiera** / **dormir**}. 私は彼女を寝かせておいた。

(iii) pedir（頼む）、rogar（請う）などは、上記 (i) に属するが、近年は (ii) の用法が広がっている。

Le pedí {que **hablara** / **hablar**} con el jefe. ［接続法］私は彼（女）に上司と話すように頼んだ。／［不定詞］私は上司と話がしたいと申し入れた。（(i) 型）｜ Le pedí {que me **dejara** / **dejar**me} solo. 私は 1 人にしてほしいと彼に頼んだ。｜ Se ruega a los presentes {(que) se **pongan** / **poner**se} de pie. 出席者の皆さま、ご起立ください。（以上の 2 つは (ii) 型）

(iv) 従属動詞の主語が不定のとき、不定詞。

Es preciso {que **cuides** / **cuidar**} la piel. ［接続法］君は肌の手入れをしたほうがいいよ。／

［不定詞］（一般に）肌の手入れは大切だ。

5.2.2. 副詞節で

(i) 目的の副詞節で。para（～のために）の後で。主動詞の主語と従属動詞の主語が不一致のとき、「que ＋接続法」。同一のとき、または主語が不定のとき、不定詞。

Lola encendió la luz para {que Pepe **pudiera** / **poder**} ver bien la foto. ロラは {［接続法］ペペが／［不定詞］（自分が）} 写真を見やすくするために、明かりを点けた。｜ Para **pescar** truchas, hay que levantarse temprano. マスを釣るには早起きしなければならない。

(ii) 時の副詞節で。hasta（～まで）、antes de（～の前に）、después de（～の後で）の後で。主動詞の主語と従属動詞の主語が不一致のとき、「que ＋接続法」。同一のとき、または主語が不定のとき、不定詞。無人称動詞のとき、「que ＋接続法」、不定詞のどちらも可。Esperaré hasta que lo **consigas**.［接続法］君がそれを達成するまで私は待っている。｜ Trabajaré duro hasta **conseguir**lo.［不定詞］私はそれを達成するまでがんばる。｜ Le dije gracias a Lola antes de {que **cerrara** / **cerrar**} la puerta.［接続法］ロラがドアを閉める前に、私は彼女にお礼を言った。／［不定詞］私はドアを閉める前にロラにお礼を言った。（ドアを閉めた人＝私）｜ Volvamos antes de {que **oscurezca** / **oscurecer**}.［接続法・不定詞］暗くなる前に戻ろう。

5.3. 直説法と不定詞の交替

5.3.1. creer（思う）

主動詞の主語と従属動詞の主語が不一致の場合は直説法を用いる。同一の場合は、状態動詞や完了形であれば不定詞も使える。不定詞のほうがやや文語的。

Creo que ya **son** las seis. もう6時だと思う。｜ Creo {que lo **he visto** / **haber**lo **visto**} en algún lugar. 私はそれをどこかで見たように思う。｜ Creo {que **estoy** / **estar**} soñando. 私は夢を見ているような気がする。

5.3.2. pensar（考える、思う）

「～しようと考える」を表すとき不定詞。その他は直説法。

Pensé que **era** una broma de Lola. 私はそれがロラの冗談だと思った。｜ Pensé **persuadir**la. 私は彼女を説得しようと思った。

5.3.3. saber（知る）

「知識を持っている」を表すとき直説法。「能力がある」は不定詞。

¿Cómo sabías que el autor del crimen **era** el mayordomo? 君は執事が犯人だと、どうして分かったんだ？｜ ¿Sabes **nadar**? 君は泳げる？

5.3.4. ver（見る）、oír（聞く）など

知覚の意味では直説法、不定詞のどちらも可。「理解する」「耳にしている」という意味では直説法のみ。

Vi que el barco se **alejaba**. / Vi **alejar**se el barco. 私はその船が遠ざかって行くのを見た。｜ Oí que **habías estado** en México. 君がメキシコにいたことがあると聞いた。

第**19**章　動詞の時制、非定形

1. 直説法の時制の働き

1.1. 現在形

　絶対時制・不完了相。現在の事柄、現在を含む幅の広い時間領域の事柄を表す。現在以外の事柄を、今起きているかのように表現することもできる。

1.1.1.　現在の事柄を表す。

En este momento el corredor **llega** a la meta. 今まさに走者がゴールインする。 | **Vivo en Madrid.** 私はマドリードに住んでいる。

1.1.2.　現在の習慣を表す。

Saco de paseo al perro todas las mañanas. 私は毎朝、犬を散歩させる。

1.1.3.　恒常的な事柄、不変の真理を表す。

Rosa **es** peruana. ロサはペルー出身だ。 | La Tierra **gira** alrededor del Sol. 地球は太陽の周りを回る。 | Los perros que **ladran** no **muerden.** ほえる犬は咬まない。

1.1.4.　過去の事柄を表す。

(i) 説明文で（「歴史的現在」）。

Francisco Javier **llega** a Japón en 1549. フランシスコ・ザビエルは 1549 年に日本に到着する。

(ii)（por poco +、casi +）「もう少しで〜するところだった」。

Por poco me **atropella** un coche. 私はもう少しで自動車に轢かれるところだった。

1.1.5.　確定的な未来の事柄を表す。

Un amigo mío **llega** mañana. 私の友人が明日来ることになっている。

1.1.6.　親しい人に対する命令を表す。

Tú te **callas**. 君は黙っていろ。

1.2. 単純過去形（点過去形）

　絶対時制・完了相。過去の事柄を、現在までに完了し、現在とは切り離されたものとして表す。他の事柄に依存することなく、単独で文を作ることができる。

1.2.1.　過去に終結した事柄を表す。

Lola **llegó** a Madrid ayer. ロラは昨日マドリードに着いた。

1.2.2.　長い時間継続した事柄も表すことができる。「点過去形」という通称に惑わされないこと。

El año pasado **trabajé** de taxista. 私は昨年タクシー運転手として働いていた。 | **Viví** cinco años en México. 私はメキシコに 5 年住んでいた。

1.2.3.　ラテンアメリカでは、しばしば現在完了形に代わって用いられる。

Nunca lo **probé** (= he probado). 私はそれを 1 度も食べたことがない。 | Esta mañana me **levanté** (= **he levantado**) a las seis. 私はけさ 6 時に起きた。 | ¿Qué **pasó**? (= ¿Qué **ha pasado**?) どうしたんだ？

1.3. 不完了過去形（線過去形）

相対時制・不完了相。過去のある事柄を基軸に、それと同じころに起きた事柄を表す。他の事柄や、文脈に依存するので、単独で文を作る力は弱い。また、現在の実際の事柄から遊離した内容を表す用法もある。

1.3.1. 過去のある事柄を基軸に、それと同じころに起きた事柄を表す。

De niño, Paco **jugaba** al fútbol. パコは子どものころ、サッカーをしていた。（「子どものころ」が基軸）｜ Cuando fui a Chile, **tenía** veinte años. 私はチリに行ったとき、20歳だった。（「私がチリに行ったとき」が基軸）

1.3.2. 過去の反復的事柄、習慣を表す。

Cuando vivíamos en Valencia, **comíamos** paella todos los días. 私たちはバレンシアに住んでいたころ、毎日パエリアを食べていた。

1.3.3. 瞬時的な事柄を表すこともある。

Eran las cinco en punto de la tarde. きっかり午後5時だった。

1.3.4. 時制の対応によって従属動詞を過去形にする場合は、原則として不完了過去形が用いられる。

Lola dijo: «Estudio Química». （直接話法）ロラは「私は化学を学んでいます」と言った。
→ Lola dijo que **estudiaba** Química. （間接話法）ロラは化学を学んでいると言った。

1.3.5. 現在の実際の事柄から遊離した内容を表すことができる。

(i) 現在の仮定を表す。

Juguemos a los piratas. Yo **era** el capitán. 海賊ごっこをしよう。ぼくが船長だよ。

(ii) desear, querer などの不完了過去形は、婉曲表現、丁寧表現を作る。

¿Qué **deseaba** usted? （店員が客に）何にいたしましょうか？｜ **Quería** pedirte un favor. 君に頼みがあるのだが。｜ ¿Podría usted pasarme la sal? —¡No **faltaba** más! 塩を取っていただけませんか？ ——はい、いいですとも！

(iii) 口語で、反事実条件文の帰結節で、接続法過去形の代わりに用いられる。

Si fuera más alto, **jugaba** (= jugaría) al baloncesto. もし私がもっと背が高ければバスケットボールをするのに。

1.4. 未来形

絶対時制・不完了相。未来の事柄、現在の推量を表す。命令などの用法もある。

1.4.1. (i) 未来の事柄を表す。「ir a + 不定詞」よりも確実性が高い。→ 第20章 3.6.2.

La película se **estrenará** mañana. その映画は明日封切られる。｜ **Terminaré** el trabajo a las cinco. 私は5時にはその仕事を終える予定だ。（確実性が高い） 比較 **Voy a terminar** el trabajo a las cinco. 私は5時にはその仕事を終えるだろう。（確実性が低い）

(ii) ラテンアメリカでは、前項の用法には、未来形に代えて「ir a + 不定詞」を用いることが多い。この場合、確実性の高さの違いは無視される。

Voy a hacerlo (= Lo **haré**) sin falta. 私は必ずそうするつもりだ。

1.4.2. 単純条件を表す条件文の帰結節を作る。

Si mi madre se da cuenta de eso, me **regañará**. もし母がそのことを知ったら、私を叱るだろう。

1.4.3.　現在の推量を表す。

¿Dónde **estará** Paco a estas horas? 今ごろパコはどこにいるのだろうか？

1.4.4.　命令、警告、脅しを表す。

Me **llamarás** cuando llegues. 着いたら必ず電話しなさい。｜ No **pasarán**. 奴らを通すな。(スペイン内戦などで用いられたスローガンの 1 つ)

1.5. 過去未来形

　相対時制・不完了相。過去のある時点を基軸にして、そこから見た未来の事柄を表す。過去のある時点に依存しているので相対時制である。派生的用法として、過去の推量、婉曲表現、丁寧表現を表す働きがある。頻度が高いのは婉曲表現、丁寧表現としての用法である。

1.5.1.　過去から見た未来の事柄を表す。従属節に用いられるのが基本だが、単文中でも可能である。

Lola dijo que se **jubilaría** al año siguiente. ロラは次の年に退職すると言った。｜ Al final el partido **terminaría** 1-0. その後、試合は 1 対 0 という結果になるのである。

1.5.2.　過去の推量を表す。

Mi abuelo **tendría** entonces unos sesenta años. 当時、祖父は 60 歳くらいだっただろう。

1.5.3.　婉曲表現、丁寧表現を作る。

Convendría no tocar ese tema. その話題には触れないほうがいいだろう。｜ Me **gustaría** comprarme un coche. 車を買いたいのだが。｜ ¿**Podría** hacerle una pregunta? 質問させていただいてもいいでしょうか？

1.5.4.　事実に反する内容を表す条件文の帰結節を作る。ときに過去未来形が条件節に用いられることがあるが、標準的な用法ではない。→ 2.2.3. (iii)

Si pudiéramos, **iríamos** enseguida. もしできることなら、私たちはすぐに行くのだが。(× Si **podríamos**... は非標準的)

1.5.5.　過去から見た未来の事柄は、過去未来形の他に「ir 不完了過去形＋ a ＋不定詞」で表されることもある。また、報道文などでは、その事柄が現在から見ても未来ならば、未来形が用いられることもある。

El ministro aseguró que {estudiaría / iba a estudiar} el asunto. 大臣はその件について検討すると確約した。｜ El presidente dijo que **convocará** una reunión mañana. 大統領は明日、会議を開くと言った。(mañana ＝この文の発話時の翌日)

1.6. 現在完了形

　絶対時制・完了相。過去の事柄を、現在までに完了し、現在にその影響が及ぶものとして表す。

1.6.1.　現在までに完了し、その影響が現在に及ぶ事柄を表す。

Lola **ha llegado** a Madrid hoy. ロラは今日マドリードに着いた。(hoy は「現在」に含まれるので、現在完了形が用いられる。単純過去形 llegó は不可)｜ **Ha trabajado** de camarero este año. 彼は今年、ウェイターとして働いた。(este año も「現在」に含まれる。現時点ではもうウェイターではない)

1.6.2. 現在までの経験を表す。

¿**Has probado** este plato? 君はこの料理を食べたことがあるか？｜ **He vivido** dos años en Lima. 私はリマに 2 年暮らしたことがある。（現在はもうリマにはいない。英語の現在完了形とはこの点で異なる）｜ Quien no **ha visto** Granada, no **ha visto** nada. グラナダを見たことがない人は何も見たことがないのも同然だ。（ことわざ）

1.6.3. ラテンアメリカでは、しばしば現在完了形に代わって単純過去形が用いられる。→ 1.2.3.

1.7. 過去完了形

相対時制・完了相。過去のある時点を基軸として、それより以前に完了した事柄を表す。過去のある時点に依存するので相対時制である。従属節で用いるのが基本だが、単文で用いられることもある。

1.7.1. 過去のある時点までに完了した事柄を表す。

Lola dijo que sus padres **habían vendido** el negocio a unos parientes y que se **habían ido** a vivir al campo. ロラが言うには、彼女の両親は店舗を親戚に売って田舎に移り住んだということだ。｜ Nos despertó el conductor del autobús. **Habíamos llegado** a la parada final. 私たちはバスの運転手に起こされた。終点まで行ってしまっていたのだ。

1.7.2. 単文で現在完了形の代わりに用いられ、「すでに完了した」ことを強調する。

Ya te **había hablado** de mi amigo Paco, ¿verdad? 私の友人のパコのことは、もう君に話したね。

1.8. 直前過去形

相対時制・完了相。過去のある時点を基軸として、その直前に完了した事柄を表す。tan pronto como, en cuanto, apenas など「～するや否や」を意味する語句とともに用いられる。ただし、現代語ではほとんど使用されず、代わりに単純過去形が用いられることが多い。

En cuanto lo **hubo dicho** (= dijo), desapareció el hada. 妖精はそう言い終わるとたちまち姿を消した。

1.9. 未来完了形

相対時制・完了相。未来のある時点を基軸として、その時点に完了しているであろう事柄を表す。推量用法もある。

1.9.1. 未来のある時点に完了しているであろう事柄を表す。

A finales de este mes **habrán terminado** las obras. 今月末にはその工事は終わっているだろう。

1.9.2. 現在完了の推量を表す。

Ustedes ya **habrán advertido** el final de la historia. 皆さんはもうこの物語の結末がどうなるか気づいたことだろう。

1.10. 過去未来完了形

相対時制・完了相。過去から見た未来のある時点までに完了した事柄を表す。

1.10.1. 基本的用法。

Lola dijo que, cuando llegara, ya **habrían salido**. ロラは、自分が着くころには彼らはもう出発してしまっているだろうと言った。

1.10.2. 過去の反事実条件を表す条件文の帰結節を作る。

Si yo hubiera tenido dinero entonces, me lo **habría comprado**. もしそのとき私が金を持っていたら、それを買っていただろうに。

コラム⑦ 単純過去形と不完了過去形の違い

1. 単純過去形は絶対時制・完了相。不完了過去形は相対時制・不完了相。

Lola **jugó** en la playa. ロラは浜辺で遊んだ。(現在に視点を置いて、過去の事柄を述べる。「遊んだ」事柄は過去に終結している)

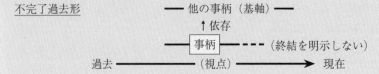

De niña, Lola **jugaba** en la playa. ロラは子どものころ、浜辺で遊んだものだ。(「子どものころ」を基軸とし、そこに視点を置いて過去の事柄を述べる。「遊んだ」行為が終結したかどうかは明示しない)

2. 単純過去形は絶対時制なので、単独で文を作ることができる。不完了過去形は相対時制なので、原則として別の事柄や文脈に依存する。

Me **gustaron** los peces dorados. 私はそれらの金魚が気に入った。 | De niña, me **gustaban** los peces dorados. 私は子どものころ、金魚が好きだった。(de niña を略すと、いつの事柄を述べているのか分からず不安定な文になる)

3. 発話の状況に支えられる場合は、不完了過去形を単独で用いることができる。

Era la una. 1時だった。(「ある出来事が起きたのは」が含意されている) | ¿Qué **deseaba** el señor? なんのご用でしょうか？(客への応対という状況に依存して丁寧用法と解釈される)

4. 単純過去形は完了相の時制なので、事柄が過去に終結したことを示す。不完了過去形は不完了相の時制なので、事柄が終結したかどうかを積極的に表しはしない。

Conocí a Lola en la fiesta. 私はそのパーティーでロラに出会った。(「出会い」という出来事は終結した) | **Conocía** ya a Lola. 私は以前からロラを知っていた。(「ロラを知っていること」が終結したとは言っていない) | **Tuve** que ir al dentista. 私は歯医者に行かねばならなかった。(そして実際に行った) | Entonces **tenía** que ir al dentista porque me dolía una muela. そのとき私は歯が痛かったので、歯医者に行く必要があった。（実際に行ったかどうかは不明）

5. 単純過去形である話題を切り出し、時間設定ができたところで不完了過去形を用いる事例がよく見られる。

En su currículum usted dice que **estuvo** dos años en un banco. ¿Qué **hacía** allí? 履歴書によると、あなたは銀行に 2 年勤めていたとありますが、どんな仕事をしていたのですか？

6. 単純過去形は出来事の生起を物語り、不完了過去形は出来事の背景となる事態を描写する。

Los dos **bajaron** la cuesta. **Era** sábado y los bares **estaban** llenos de gente. Se **asomaron** a dos o tres desde la puerta y **eligieron** uno de ellos. **Había** muchos turistas tomando tapas. 2 人は坂を下った（単純過去形）。土曜日だった（不完了過去形）ので居酒屋はどこも満員だった（不完了過去形）。2 人は 2、3 軒戸口からのぞいてみて（単純過去形）、そのうちの 1 軒に入ることに決めた（単純過去形）。おつまみを食べる観光客が大勢いた（不完了過去形）。

7. 単純過去形は日本語の「～した」に対応することが多く、不完了過去形は「～していた」に対応することが多い。それぞれ「点過去形」「線過去形」と通称されるゆえんである。しかしこれらの名称は、両者の本質をとらえたものではないので注意を要する。

El día que **llegué** a la isla, **llovía** mucho. 私が島に着いた日は雨が激しく降っていた。（「着いた」は短時間の動作、「降っていた」は長時間の状態なので、この文は「点」と「線」という理解も可能である。しかし llegué は過去に終結した事柄（出来事の生起）、llovía は終結したかどうかが積極的に表されていない事柄（出来事の背景描写）と理解する方が正しい）

2. 接続法の時制の働き

2.1. 現在形

相対時制・不完了相。他の語句、文脈に依存して、現在または未来の事柄を表す。

2.1.1. 主節の表す時点、または発話時点を基軸として、現在の事柄を表す。

No creo que Paco **esté** contento. 私はパコが満足しているとは思わない。（従属節「パコが満足している」は主節「私は思わない」の時点から見て現在の事柄） | Ojalá Lola **esté** aquí ahora mismo. ロラが今ここにいてくれたらなあ。（現在）

2.2.2. 主節の表す時点、または発話時点を基軸として、未来の事柄を表す。

Quiero que Paco me **llame** más tarde. 私はパコに後ほど電話してほしい。（従属節「パコが私に後ほど電話する」は主節「私は望む」時点から見て未来の事柄） | Que lo **pases** bien en la fiesta. パーティーでは楽しんでおいで。（未来）

2.1.3. 単文で命令を表す。1・3 人称の肯定命令、否定命令、および 2 人称の否定命令に用いられる。2 人称の肯定命令には命令法を用いる。→第 18 章 3.1.1.、4.

Volvamos en ese taxi. あのタクシーで帰ろう。 | No me **asustes**. 私を脅かさないでくれ。 | ¡**Deténgan**se! 皆さん、止まってください。

2.2. 過去形

　　相対時制・不完了相。他の語句、文脈に依存して、過去または過去から見た未来の事柄を表す。また、現在の実際の事柄から非常に遊離した内容を表すことができる。「ra 形」と「se 形」と呼ばれる 2 つの形がある。この 2 つは一部の用法を除いて、どちらを使うこともできる。

2.2.1.　他の語句、文脈に依存して、過去または過去から見た未来の事柄を表す。

　　No creí que Paco {**estuviera** / **estuviese**} contento. 私はパコが満足しているとは思わなかった。（従属節「パコが満足している」は主節「私は思わなかった」の時点から見て同じこと、即ち過去の事柄）｜ Quería que Paco me {**llamara** / **llamase**} más tarde. 私はパコに後で電話してほしいと思った。（従属節「パコが私に後で電話する」は主節「私は望んだ」時点よりも後の事柄、即ち過去から見た未来）

2.2.2.　ときに、他の要素に依存せず、過去形自体が過去の事柄を表すことがある。

　　No creo que Paco lo {**dijera** / **dijese**}. 私はパコがそう言ったとは思わない。（dijera 自体の力で「パコがそう言った」という事柄は過去のことであることを示している）

2.2.3.　現在の実際の事柄から非常に遊離した内容を表すことができる。

(i) 確実性が低いことを表す。

　　¡Ojalá {**lloviera** / **lloviese**}! 雨が降ればいいのだがなあ！（雨が降る見込みがほとんどない状況での願望）　比較 ¡Ojalá **llueva**! 雨が降ればなあ！（単純な願望）

(ii) querer, poder の ra 形は、直説法過去未来形に代わって婉曲表現、丁寧表現、推量表現を作ることができる。

　　Quisiera (= Querría) hablar con el director. 所長さんとお話ししたいのですが。｜ **Pudiera** (= Podría) ser como dices. 君の言うとおりかもしれない。

(iii) 現在の事実に反する内容を表す条件文の条件節を作る。ときに過去未来形が条件節に用いられることがあるが、標準的な用法ではない。→ 1.5.4.

　　Si {**pudiéramos** / **pudiésemos**}, te **ayudaríamos** con mucho gusto. もしできることなら、私たちは喜んで君を助けるのだが。（× si podríamos は非標準的）

2.2.4.　報道文などでは、従属節中で ra 形が直説法単純過去形・過去完了形の代わりに用いられることがある。→第 18 章 3.5.2. (iii)

　　Después de que la república **perdiera** (= perdió / había perdido) medio millón de soldados, concluyó la guerra. その共和国が 50 万の兵士を失った後、戦争は終結した。

2.3. 未来形

　　相対時制・不完了相。他の語句、文脈に依存して、未来の事柄を表す。接続法現在形と働きが重複しているので、現代語ではほとんど使用されない。

　　使用は条件節、時を表す副詞節、関係節などの形式をとる定型表現や法律の文中に残っている。

Sea como **fuere**, llegamos al destino. とにかく私たちは目的地に着いた。｜ Adonde **fueres**, haz lo que **vieres**. 行く場所で見ることをおこなえ。（ことわざ「郷に入っては郷に従え」）｜ El que **matare** al rey será duramente castigado. 王の命を奪う者は厳罰に処せられる。

2.4. 現在完了形

　　相対時制・完了相。他の語句、文脈に依存して、現在または未来のある時点までに完了している事柄を表す。

2.4.1.　現在までに完了している事柄を表す。

Me alegro de que **hayas venido** a verme. 君が会いに来てくれてうれしい。

2.4.2.　未来のある時点までに完了している事柄を表す。

Podrás ver a tu tío cuando **haya vuelto** del viaje. おじさんが旅行から帰ってきたら、君はおじさんに会えるよ。

2.5. 過去完了形

　　相対時制・完了相。他の語句、文脈に依存して、過去または過去から見た未来のある時点までに完了した事柄を表す。また、過去の実際の事柄から非常に遊離した内容を表すことができる。接続法過去形と同じく「ra 形」と「se 形」と呼ばれる 2 つの形がある。この 2 つは一部の用法を除いて、どちらを使うこともできる。

2.5.1.　他の語句、文脈に依存して、過去または過去から見た未来のある時点までに完了した事柄を表す。

¿Temías que Paco te {**hubiera dejado** / **hubiese dejado**}? 君はパコに捨てられたのではないかと心配していたのか？｜ Lola los esperaba hasta que lo {**hubieran terminado** / **hubiesen terminado**} por completo. ロラは彼らがそれをやり遂げてしまうまで待っていた。

2.5.2.　ときに、他の要素に依存せず、過去完了形自体が過去のある時点までに完了した事柄を表すこともある。

Parece extraño que tu abuelo no te {**hubiera dicho** / **hubiese dicho**} nada. 君のおじいさんが一言も君に言い残さなかったのは奇妙だ。（過去完了形自体の力で「一言も言い残さなかった」のが過去に完了した事柄であることを示している）

2.5.3.　過去の実際の事柄から非常に遊離した内容を表すことができる。

(i) 過去の事実に反する内容を表す条件文の条件節を作る。ra 形は帰結節を作ることもできる。

Si {**hubiéramos podido** / **hubiésemos podido**}, te {**hubiéramos ayudado** / habríamos ayudado} con mucho gusto. もしできることなら、私たちは喜んで君を助けたかったのだが。

(ii) ra 形は単独で過去の事実に反する事柄を表すことができる。2.5.3. (i) の条件文の帰結節だけで構成された文とみなすことができる。

¿Cuál {**hubiera sido** / × **hubiese sido**} la suerte de esta novela con un desenlace diferente? 結末が違っていたら、この小説はどんな運命をたどっていただろうか？（con un desenlace diferente〈異なる結末をもって〉が条件節に準じる働きをしている）

2.6. 未来完了形

　　相対時制・完了相。他の語句、文脈に依存して、未来のある時点までに完了している事柄を表す。接続法現在完了形の働きと重複しているので、現代ではほとんど用いられない。法律の文などに用いられる。

No será eximido de responsabilidad criminal el militar que **hubiere cometido** un delito en

cumplimiento de una orden emitida por una autoridad o un superior. 軍人が上層部または
上官から命じられておこなった行為が罪にあたるとき、その犯罪に関する責任を免れることはない。

コラム⑧　ra 形と se 形の違い

1. ほとんどの場合、どちらを用いても意味は変わらない。文中に接続法過去形を連続
して用いるとき、変化を持たせるために ra 形と se 形を併用する場合がある。

Allí caminaban los tres todas las mañanas, aunque **hiciera** frío, **lloviera** o **tronase**. 3 人
は寒くても、雨が降っても、雷が鳴ろうとも、毎朝そこを歩いたものだった。｜ En la oficina
me dijeron que **echara** la solicitud y **esperase** unas semanas. 事務所で、私は請求用紙
を提出して何週間か待つようにと言われた。

2. しかし母語話者の中には、「ra 形のほうが se 形よりも現実性がやや高い事柄を表す」
と感じる者もいる。

Vamos a suponer que usted {**fuera / fuese**} ese criminal. 仮にあなたがその犯罪者だとし
よう。(ra 形：「あなたが犯罪者である」ことが現実味を帯び、相手に対して失礼な表
現になる。se 形：単なる仮定で、相手に失礼にはあたらない)

3. se 形はラテン語の接続法大過去形から生じた。一方、ra 形はラテン語の直説法大過
去形から生じ、接続法へと移行した。現代では、使用頻度は ra 形のほうが優勢である。
特にラテンアメリカでこの傾向が著しい。ra 形しか使わない話者もいる。

4. ra 形のみ可能な用法がある。一方、se 形のみ可能な用法はない。

(i) （＝接続法過去形 2.2.3.(ii)）querer, poder の ra 形は、直説法過去未来形に代わって
婉曲表現、丁寧表現、推量表現を作ることができる。

(ii) （＝接続法過去形 2.2.4）報道文などでは、従属節中で ra 形が直説法単純過去形・過
去完了形の代わりに用いられることがある。

(iii) （＝接続法過去完了形 2.5.3.(i)）過去の事実に関する事柄を表す条件文の帰結節、お
よびその独立用法に、接続法過去完了形 ra 形を用いることができる。se 形はできない。

---

3. 時制の対応

3.1. 時制の対応の一覧

複文（主節と従属節から成る文）では、従属節の動詞は主節の動詞の時制に対応した
形が用いられる。主節と従属節の時制の対応は、基本的に次のようになる。

主節		従属節		
法・時制	従属節の時	直説法		接続法
直説法現在形 　現在完了形 未来形 未来完了形 命令法	主節と同時	1. 現在形		7. 現在形
	主節より後	2. 未来形、未来完了形		
	主節より前	3. 現在完了形、単純過去形、 　不完了過去形、過去未来形、 　過去未来完了形		8. 現在完了形、 過去形、 過去完了形

直説法単純過去形	主節と同時	4. 不完了過去形	9. 過去形、
不完了過去形	主節より後	5. 過去未来形、過去未来完了形	過去完了形
過去完了形 過去未来形 過去未来完了形	主節より前	6. 過去完了形	10. 過去完了形

3.2. 時制の対応の原則

　従属節が表す事柄が、①節の事柄と同時に起きるのか、②主節の事柄より後に起きるのか、③主節の事柄より前に起きるのかが、時制の対応の基準となる。

3.2.1.　主節と従属節の事柄が同時に起きるとき。同一の時間帯を表す時制が両者に用いられる。

Creo que ya **son** las seis. もう 6 時だと思う。（主節、従属節、ともに現在形）｜ Creí que ya eran las seis. もう 6 時だと思った。（主節は単純過去形、従属節は不完了過去形）

3.2.2.　従属節の事柄が主節の事柄より後に起きるとき、従属節には主節より後の時間帯、または同じ時間帯を表す時制が用いられる。

Paco **dice** que **vendrá** a vernos mañana. パコは私たちに明日会いに来ると言っている。（主節は現在形、従属節は未来形）｜ Paco **dijo** que {**vendría** / iba a venir} a vernos al día siguiente. パコは私たちに翌日会いに来ると言った。（主節は単純過去形、従属節は過去未来形。ただし過去未来形は「過去の推量」と解釈される可能性があるので、しばしば「ir a ＋不定詞」の不完了過去形が代用される）

3.2.3.　従属節の事柄が主節の事柄より前に起きるとき、従属節には主節より前の時間帯、または同じ時間帯を表す時制が用いられる。

Me **doy** cuenta de que **ha pasado** algo raro. 何か変なことが起きたような気がする。（主節は現在形、従属節は現在完了形）｜ Me di cuenta de que {**había pasado** / **pasó**} algo raro. 私は何か変なことが起きたのに気づいた。（主節は単純過去形。従属節は規範的には過去完了形が好ましいが、「従属節の事柄のほうが前に起きている」ことが文脈から明らかな場合は単純過去形も可）

4. 不定詞

4.1. 総論

　不定詞は、時制、人称、数はそれ自体では表さず、他の語句に依存する。ただし単純形・複合形の使い分けによって、相の違いを表すことができる。単純形は不完了相を表し、主動詞と同時、またはそれ以降の事柄を指す。複合形は完了相を表し、主動詞の表す事柄が起きる時点ではすでに完了している事柄を指す。

　また、不定詞は、後ろに目的語代名詞、再帰代名詞を従えることができる。書記法上は 1 語扱いする。

Debo **confesar** que no me gustó esta novela.（単純形:不完了相）｜ Debo **confesarte** esto. 私は君にこれを白状しておかねばならない。（単純形:不完了相）｜ Debo **haberte confesado** esto. 私は君にこれを白状しておくべきだった。（複合形：完了相）

4.2. 名詞的な働き

不定詞は基本的に、文中で名詞や名詞節と同じような働きをする。

4.2.1. 主語、主格補語として働く。

Es necesario **hablar** contigo. 君と話す必要がある。│ **Ver es creer**. 見ることは信じることだ。（ことわざ「百聞は一見にしかず」）

4.2.2. 動詞、助動詞の直接目的語として働く。動詞、助動詞とともに動詞句をつくる。後者の場合、前置詞、接続詞をとることがある。

Necesito **hablar** contigo. 私は君と話す必要がある。│ Desearíamos **saber** la razón. 私たちはその理由を知りたいのだが。│ Voy a **leer** este libro. 私はこの本を読むつもりだ。│ Deja de **bromear**, Paco. パコ、冗談はよしなさい。│ Hay que **tener** caridad. 人は思いやりを持たなければならない。

4.2.3. 前置詞の目的語として働く。

No hay necesidad de **hablar** contigo. 君と話す必要はない。│ El cámara se acercó al animal sin **ser visto**. そのカメラマンは姿を見られることなく動物に近づいた。（受動態の不定詞）│ Aún queda un largo camino por **recorrer**. まだ歩むべき道のりは長い。│ Este libro es fácil de **leer**. この本は読みやすい。（難易文 → 第 21 章 5.3.1.）

4.2.4. 関係詞、疑問詞とともに働く。→ 第 12 章 1.2.1. (ii)

Lola buscaba a alguien con quien **hablar**. ロラは話し相手を探していた。│ No sé cómo **abrir** este archivo. 私はこのファイルの開け方が分からない。

4.2.5. 命令表現を作る。

¡Niños, a **comer**! 子どもたち、ごはんですよ！│ No **pisar** el césped. 芝生に立ち入るべからず。（掲示、立て札）

4.2.6. 感嘆表現を作る。

¡**Esperar** todo el día para esto! こんなことのために１日中待つなんて！

4.3. 不定詞の意味上の主語

4.3.1. 不定詞を支配する要素がないときは、不定詞の意味上の主語は不定の人、または無人称である。支配する要素があるときは、主動詞の主語、直接目的語、間接目的語などが不定詞の意味上の主語になる。

Caminar y **respirar** aire fresco mejora la salud. 散歩して新鮮な空気を吸うことは健康に良い。（caminar, respirar の意味上の主語＝不定・一般の人々）│ Nunca hemos visto **nevar** en esta zona. 私たちはこの地方に雪が降るのを見たことがない。（nevar の主語＝無人称）│ Lola lamentó no **haber**lo **dicho**. ロラはそう言わなかったことを後悔した。（no haber dicho の意味上の主語＝主動詞の主語「ロラ」）│ Me prohibieron **fumar**. 私は煙草を吸うことを禁じられた。（fumar の意味上の主語＝間接目的語「私」）│ La vi **llorar**. 私は彼女が泣くのを見た。（llorar の意味上の主語＝直接目的語「彼女」）

4.3.2. 副詞句の中などで、主語が名詞、主格人称代名詞で表されることがある。通例、「動詞＋主語」の語順になる。

Después de **irse** Paco, sucedió todo. すべてはパコが立ち去った後で起きた。 | En el momento de **salir** nosotros, llovía. 私たちが出かけるときには雨が降っていた。

4.4. 不定詞を用いた成句

「前置詞＋不定詞」で成句を作る。

4.4.1. a ＋不定詞：条件または命令。

A **decir** verdad, no me gusta este vestido. 本当のことを言うと、私はこのドレスは好きではない。（条件） | ¡A **callar**! 黙りなさい！（命令）

4.4.2. al ＋不定詞：時。

Empecemos al **salir** el sol. 日が出たときに始めよう。

4.4.3. de ＋不定詞：条件。

De no **haber cumplido** el trámite, habríamos tenido que esperar un mes más. 私たちはもしその手続きをしていなければ、もう 1 か月待たねばならないところだった。

4.5. 修飾語句を伴う用法

不定詞は冠詞、指示詞、その他の修飾語句を伴い、名詞化する場合がある。

El **haber acudido** ahí no me sirvió de nada. そこへ出向いたことは私にとって全くの無駄足だった。 | Me encanta aquel continuo **trinar** de los pájaros. 私はあの絶え間ない鳥のさえずりが大好きだ。

5. 現在分詞

5.1. 総論

現在分詞は、不定詞と同じく、時制、人称、数はそれ自体では表さず、他の語句に依存するが、単純形・複合形の使い分けによって、相の違いを表すことができる。単純形は不完了相を表し、主動詞と同時に起きる事柄を指す。複合形は完了相を表し、主動詞の表す事柄が起きる時点ではすでに完了している事柄を指す。

Se puede ser igual de feliz **teniendo** hijos que no **teniendo** hijos. 子どもがあってもなくても、人は幸せになれる。（単純形：不完了相。主動詞と同時） | No **habiendo tenido** hijos, jamás podría comprender lo que dices. もし私に子どもがなかったら、君の言うことは絶対理解できないだろう。（複合形：完了相） | × El criminal huyó **volviendo** más tarde. その犯罪者は逃げたが、後で戻ってきた。（「戻ってくる」が「逃げる」と同時ではなく、後に起きたことなので誤り。 [比較] ○ El criminal huyó pero volvió más tarde.）

現在分詞は、後ろに目的格人称代名詞、再帰代名詞を従えることができる。書記法上は 1 語扱いする。

Estoy **enviándo**te este correo electrónico desde París. 私は今パリから君にこのメールを送っている。

5.2. 副詞的な働き

現在分詞は副詞として働く動詞の形態である。つまり、他の動詞を修飾するのが基本

的な働きである。

El anciano se fue **gritando**. その老人は叫び声をあげながら立ち去った。｜ Lola trabaja **escuchando** música. ロラは音楽を聞きながら仕事をしている。

5.3. 進行形

5.3.1.　現在分詞は進行形を作り、事柄の進行を表す。基本形は「estar ＋現在分詞」である。日本語の「〜ている」と常に対応するとは限らない。→ 第 20 章 2.3.3.

¡Silencio! Paco está **estudiando** Matemáticas. 静かにして！パコが数学の勉強をしているから。(「estar ＋」：進行中の動作)｜{○ Vivo / × Estoy viviendo} en Granada. 私はグラナダに住んでいる。(状態を表す動詞は原則として進行形不可)

5.3.2.　acabar, andar, continuar, ir, llevar, quedarse, seguir, venir なども進行形を作る。進行を示すだけでなく、それぞれの動詞の固有の意味 (andar「〜し回る」、ir「〜していく」など) が加わる。→ 第 20 章 3.6. 〜 3.7.

Acabarás **obedeciéndo**la. 君は結局、彼女の言いなりになるだろう。(「acabar ＋」：結果的に生じる事柄)｜Siempre andas **buscando** las gafas. 君はいつも眼鏡を探し回っているね。(「andar ＋」：多方向への移動を伴う動作)｜{Continuó / Siguió} **lloviendo** todo el día. 一日中、雨が降り続いた。(「continuar, seguir ＋」：「継続」を強調)｜Iba **oscureciendo** poco a poco. 少しずつ暗くなっていった。(「ir ＋」：事態の変化を伴う進行)｜Llevo **trabajando** dos años en esta empresa. 私はこの会社で 2 年働いている。(「llevar ＋」：継続し、今後も続くことが含意された事柄)｜La niña se quedó **mirándo**lo por un buen rato. 少女はしばらくそれをじっと見つめていた。(「quedarse ＋」：静止状態)｜Hace tiempo que vengo **diciendo** que en este país no hay democracia. 私は以前から、この国には民主主義が存在しないと言い続けてきている。(「venir ＋」：ある時点まで継続してきた事柄)

5.4. 分詞文

　　現在分詞は分詞文 (分詞構文) を作り、様態、理由、条件、時、譲歩などを表す。分詞文は「現在分詞句 ＋ 主節」または「主節 ＋ 現在分詞句」の形をとる。意味を明らかにするために現在分詞の前に語句を補うことがある。→第 21 章 5.3.

5.4.1.　現在分詞の意味上の主語は、主動詞の主語と一致する。主動詞が不定人称文、無人称文のときは、現在分詞の主語も不定の人または無人称である。

Subiéndome a la grada, pude ver el desfile. 私は段の上に登ってパレードを見物することができた。(様態)｜**Estando** enferma, Lola no puede asistir a clase. ロラは病気なので授業に出席できない。(理由)｜**Preguntando**, se llega a Roma. 尋ねながら行けば、誰でもローマにたどり着ける。(ことわざ「聞くは一時の恥」) (条件。主動詞の主語および現在分詞の意味上の主語は不定の人)｜Aun **hablando**, no se entendieron. 彼らは話し合ってもなお、分かり合えなかった。(譲歩)｜**Habiendo llegado** al final de la vida, me dispongo a hacer testamento. 寿命も尽きようとしている今、私は遺言書をしたためることにする。(時)

5.4.2.　現在分詞と主節とで主語が異なる場合は、現在分詞の主語が名詞、主格人称代名詞で表される。通例、「動詞 ＋ 主語」の語順になる。

Esto solo se soluciona **hablando** usted con ella. これはあなたが彼女と話し合うことでしか

解決しない。

5.4.3. 分詞文が発話の方法を表す定型表現を作ることがある。この場合は、現在分詞の意味上の主語と主動詞の主語が異なっても、現在分詞の主語は表現しない。

Resumiendo, creo que es una buena idea. 要するに私はそれは名案だと思う。｜ **Hablando de Lola**, ¿cómo está su familia? ロラと言えば、彼女の家族は元気かい？｜ **Cambiando** de tema, ¿qué te parece el nuevo jefe? 話は変わるが、あの新しい上司をどう思う？

5.5. 知覚文、描写文

現在分詞は知覚文、描写文などに用いられる。→第 21 章 3.2. 〜 3.3.

5.5.1. ver（見る）、oír（聞く）などの知覚動詞とともに用いられる。

Entonces vi a Paco **tomando** café en una cafetería. そのとき私はパコが喫茶店でコーヒーを飲んでいるのを見た。｜ La oímos **llorando** amargamente. 私たちは彼女がさめざめと泣いているのが聞こえた。｜ Lo hemos encontrado **durmiendo**. 私たちは彼が眠っている姿を見た。

5.5.2. mostrar（示す）、recordar（思い出す）、pillar（捕まえる）のように、ある出来事の一場面を描写する表現にも用いられる。

La televisión mostró a los dos dirigentes políticos **conversando** sobre el intercambio cultural de ambas naciones. テレビは 2 人の政治指導者が両国の文化交流について対話している様子を放映した。｜ La recuerdo **mirándo**me. 私は彼女が私を見つめる姿を思い出す。｜ El policía lo pilló **robando**. 警官は彼が盗みを働くところを捕まえた。

5.6. 形容詞的な働き

5.6.1. スペイン語の現在分詞は英語とは異なり、原則として形容詞的な働きを持たない。

× Se decreta una nueva ley **reformando** las tarifas aduaneras. 関税を改定する新しい法律が公布される。（誤り。正しくは Se decreta una nueva ley que reforma las tarifas aduaneras. または Se decreta una nueva ley para reformar las tarifas aduaneras.）

5.6.2. 例外的に形容詞的に働く場合がある。

(i)「haber（〜がある）＋名詞・代名詞＋現在分詞」の形で。

En todas las ramas había pajaritos **cantando** alegremente. どのこずえにも、楽しげにさえずる小鳥がいた。｜ Fuera hay alguien **esperándo**te. 外に誰だか君を待っている人がいるよ。

(ii)「con ＋名詞・代名詞＋現在分詞」の形で。

Pepe llegó a casa con el brazo **sangrando**. ペペは腕から血を流しながら帰宅した。｜ Lola abrió la carta con la mano **temblando**. ロラは震える手でその手紙を開いた。

(iii)絵画の題名、写真のキャプションなど、出来事の一場面を名詞句で表すときに形容詞的に用いられる。

"Cabeza de mujer **llorando** con pañuelo" de Pablo Picasso パブロ・ピカソの「ハンカチを手に泣く女の頭部」｜ Dos aviones de combate **siendo** preparados para el despegue 離陸準備の整った 2 機の戦闘機（写真のキャプション）｜ la foto de Rosa **jugando** al tenis テニスをするロサの写真

(iv) hervir（沸騰する）、arder（燃える）の現在分詞は形容詞的に用いられる。

Echa agua **hirviendo** a los fideos. 麺に沸騰した湯をかけなさい。｜ Sentí el olor tiznado de algo **ardiendo**. 何かが燃える焦げくさいにおいがした。

5.7. その他の働き

5.7.1. 命令表現を作る。有無を言わせないニュアンスを出す。進行形の形で使われることもある。

¡**Andando**! さあ、歩け！ | ¡Ya estás **limpiando** los platos! さっさと皿を洗いなさい！

5.7.2. 感嘆表現を作る。「主語＋動詞」の語順をとる。

¡Tú siempre **metiendo** las narices en lo que no te importa! 君はいつもよけいなことにかかわろうとするんだから！

5.7.3. 「en ＋現在分詞」で「〜するや否や」を表す。ただしこの用法は最近はあまり使われなくなっている。

En **regresando** del trabajo, me encerré en mi habitación. 私は職場から戻るや否や自室に引きこもった。

6. 過去分詞

6.1. 総論

6.1.1. 過去分詞は、不定詞、現在分詞と同じく、時制、人称はそれ自体では表さず、他の語句に依存する。

　単純形で完了相を表し、主動詞の表す事柄が起きる時点ではすでに完了している事柄を指すので、複合形は存在しない。また、複合時制を作るときを除き、性・数の変化があり、関係する名詞、代名詞の性・数と一致する。

Transcurridas dos semanas, la situación sigue siendo igual. 2 週間経ったが状況に変化はない。（transcurrir〈経過する〉は dos semanas〈2 週間〉に一致して女性複数形になっている。× habido transcurrido や× habidas transcurridas は不可）

6.1.2. 過去分詞は、不定詞、現在分詞とは異なり、それ自体が目的語代名詞、再帰代名詞を従えることはない。再帰動詞の場合、再帰代名詞は省略される。

Le han **entregado** el premio al novelista. その小説家に賞が贈られた。（× Han **entregádo**le el premio al novelista. は誤り） | ¿Quién es la chica **sentada** en el sofá? ソファーに座っている女性は誰ですか？（× ¿Quién es la chica sentádase en el sofá? は誤り）

6.2. 形容詞的な働き

6.2.1. 過去分詞は形容詞として働く動詞の形態である。つまり、名詞、代名詞を修飾したり、名詞、代名詞の主格補語になったりするのが基本的な働きである。

6.2.2. 名詞、代名詞を修飾する。普通、過去分詞は後置される。ただし呼びかけなどでは前置される。

Me da miedo pasar delante de aquella mansión **abandonada**. 私はあの放置された屋敷の前を通るのが怖い。 | No deje pasar la oportunidad de amar a alguien **necesitado** de ayuda. 助けを必要としている誰かに愛の手を差しのべる機会を逸してはならない。 | ¡Qué gusto estar junto con una persona **querida**! 大好きな人と一緒にいられるなんて最高だ！ | **Querido**

Paco, ¿cómo estás? 親愛なるパコ、元気かい？

6.2.3. 名詞、代名詞の主格補語として働く。

La niña está **dormida**. その少女は眠っている。 | Los cambios siempre van **acompañados** de protestas. 変革は常に抗議を伴うものだ。 | Señores pasajeros, lleven bien **abrochado** el cinturón de seguridad. 乗客の皆さま、安全ベルトをしっかりとお締めください。

6.2.4. 形容詞と同じく名詞化できる。

Compartí esa alegría con mis **conocidos**. 私は知人たちとその喜びを分かち合った。 | Mira cómo llora este recién **nacido**. この生まれたばかりの子がなんと泣くことか見てごらん。

6.3. 受動、能動

過去分詞は受動的な意味を表す場合と、能動的な意味を表す場合がある。

6.3.1. 他動詞の過去分詞は受動的な意味を表す。

Me entristece ver la imagen de la ciudad **bombardeada**. 私はその爆撃を受けた都市の映像を見ると悲しくなる。 | En boca **cerrada** no entran moscas. 閉じられた口にはハエは入らない。（ことわざ「口は災いの元」） | No te preocupes. El asunto está **resuelto**. 心配するな。その件は解決済みだ。

6.3.2. 自動詞、再帰動詞の過去分詞は能動的な意味を表す。

Paco tiene dos hermanos **nacidos** en México. パコにはメキシコ生まれの 2 人の兄弟がいる。 | Estoy **arrepentido** de haberlo hecho. 私はそれをしたことを後悔している。（arrepentido は再帰動詞 arrepentirse〈後悔する〉の過去分詞）

6.3.3. 受動・能動の両方の意味を表す場合がある。

Recordé un libro **leído** hace mucho tiempo. 私はずっと前に読んだ或る本のことを思い出した。（受動） | Mi padre era una persona **leída**. 私の父は博学な人だった。（能動）

6.4. 形容詞との違い

6.4.1. 過去分詞は形容詞と区別ができない場合と、区別できる場合とがある。多くの場合、過去分詞だとも、過去分詞から派生した形容詞だとも見ることができる。

Lola, ¿estás **cansada**? ロラ、疲れているの？ （cansar の過去分詞、また cansado という形容詞）

6.4.2. 過去分詞は動詞的な働きをする点で、形容詞と異なる。

(i) 意味上の主語や主格補語をとることができる。

Es un hombre **considerado** culpable por el juez. 彼は裁判官によって有罪とされた男だ。

(ii) mucho, poco, bastante など、程度を表す副詞がつくとき、「過去分詞＋程度副詞」の語順になる。形容詞の場合は、程度副詞が前置される。

La ventana fue **abierta** demasiado. その窓はあまりにも大きく開けられすぎた。 〔比較〕 La actitud de Rita fue demasiado **abierta**. リタの態度はあまりにも率直すぎた。（abierto は形容詞）

6.5. 「tener ＋他動詞の過去分詞」

「tener ＋他動詞の過去分詞」の形で「～してある」「～してしまっている」を表す。

Aquí tengo **escritas** mis preguntas. 私の質問はここに書き出してある。（結果状態）　比較
Aquí he **escrito** mis preguntas. 私はここに私の質問を書き出した。（「haber ＋過去分詞（不変化）」による直説法現在完了形。完了）　｜　Tendré la labor **acabada** dentro de un mes. 私は 1 か月後にはその仕事を終えてしまっているはずだ。

6.6. 使役文、知覚文

過去分詞は使役文、知覚文などに用いられる。→ 第 21 章 3.

Los dejé **entristecidos**. 私は彼らを寂しくさせてしまった。（使役文）｜ ¿Ves a Lola **sentada** en aquella silla? ロラがあの椅子に座っているのが見えるかい？（知覚文）

6.7. 分詞文

過去分詞は分詞文（分詞構文）を作り、時、様態、譲歩などを表す。分詞文は「過去分詞句＋主節」または「主節＋過去分詞句」の形をとる。意味を明らかにするために過去分詞の前に語句を補うことがある。

6.7.1.　過去分詞の意味上の主語は、主動詞の主語と一致する。

Llegados a Barcelona, se alojaron en un hotel de lujo. 彼らはバルセロナに着くと、ある高級ホテルに泊まった。（時）｜ Rita pasó una semana **tumbada** en la cama de un hospital. リタは病院のベッドに寝た状態で 1 週間過ごした。（様態）｜ Aun **resuelto** el problema, Paco no se quedó satisfecho. パコは問題を解いてもまだ満足しなかった。（譲歩）

6.7.2.　過去分詞と主節とで主語が異なる場合は、過去分詞の主語が名詞、主格人称代名詞で表される。通例、「動詞＋主語」の語順になる。

(Después de) **terminada** la representación, salimos del teatro. 上演が終わった後、私たちは劇場を出た。（時）

6.8. 受動態

「連結動詞（ser, estar など）＋過去分詞」の形で受動態を作る。→ 第 20 章 6.

6.9. 動詞複合形

「haber ＋過去分詞」の形で動詞の複合形を作る。このとき、過去分詞は常に男性単数形である。→ 1.6. 〜 1.8.、2.4. 〜 2.6.

第20章　動詞の用法

1. 総論

1.1. 動詞の種類

1.1.1. 連結動詞、助動詞、助動詞類、形式動詞

　動詞は、一般的には、hablar（話す）、poseer（所有する）のように、具体的な動作、状態などを表す。しかし中には、そのような具体的な意味内容が希薄で、要素の連結をしたり、他の動詞に補足的な情報を伝えたり、あるいは名詞が文中で機能するのを支えたりする動詞もある。この章では、まず第1〜3節で、このような「連結動詞」、「助動詞、助動詞類」、「形式動詞」について説明する。また、「〜になる」「行く・来る」など、基本的な動詞の用法について、類義語と対比しながら説明する。

1.1.2. 自動詞、他動詞、再帰動詞、能動態と受動態

　動詞は、直接目的語をとらないものと、とるものとに分類できる。前者を自動詞と呼び、後者を他動詞と呼ぶ。また、再帰代名詞をともなう動詞を再帰動詞と呼ぶ。第4〜5節では、これらについて説明する。最後に第6節で動詞の能動態と受動態について説明する。

1.2. 連結動詞

　「連結動詞」（verbo copulativo）とは、「AはBである」の「〜である」のように2つの要素を結びつける働きをする動詞を指す。「繋辞動詞」「コピュラ」などともいう。スペイン語の連結動詞が結びつける要素は、主語と主格補語である。

<u>Rita</u> **es** <u>estudiante</u>. リタは学生だ。　　　<u>Paco</u> **está** <u>enfermo</u>. パコは病気だ。
主語　　主格補語　　　　　　　　　　主語　　　主格補語

　上記の例のとおり、代表的な連結動詞は ser と estar である。それ以外にも、連結動詞的な働きをする動詞がある。andar, encontrarse, hallarse, parecer, permanecer, quedar, resultar, salir, seguir など。連結の働きの上に、それぞれの動詞の固有の意味（parecer「〜のように思われる」、seguir「〜し続ける」など）が加わる。

José **anda** enamorado. ホセは恋をしている。 | **Me encuentro** mejor. 私は体調が良くなっている。 | La señora **se hallaba** indispuesta. その女性は気分がすぐれないようだった。 | Lola **parece** muy segura de sí misma. ロラはずいぶん自信があるようだ。 | Los soldados **permanecieron** fieles. その兵士たちはずっと忠実だった。 | Afortunadamente el jugador **quedó** ileso. 幸運にもその選手は怪我をせずにすんだ。 | La sospecha **resultó** falsa. その疑惑はまちがいだと分かった。

1.3. 助動詞、助動詞類の動詞

　「助動詞」（verbo auxiliar）とは、他の動詞の不定詞、現在分詞、過去分詞を従えて、「義務、必然、可能性、意志、時、相、態」などの意味を表す動詞を指す。助動詞としての機能を持つ動詞には、ser, estar, haber, tener, deber, poder, ir などがある。

271

La puerta **fue abierta** bruscamente. ドアが乱暴に開けられた。（受動態）｜ **Debemos hacer**lo. 私たちはそれをしなければならない。（義務）｜ ¿**Has leído** ya el libro? 君はもうその本を読みましたか？（完了相）

　また、それ以外にも、助動詞に近い働きをする動詞がある。以下では、これらを「助動詞類」と呼ぶ。acabar, comenzar, continuar, dejar, empezar, hacer, llevar, parecer, poner, quedar, resultar, seguir, soler, venir, volver などである。

Acabo de hablar con ella por teléfono. 私は彼女と電話で話したところだ。（完了相）｜ No **dejes** a los niños **jugar** en el aparcamiento. 子どもたちを駐車場で遊ばせないようにしなさい。（放任使役）｜ **Seguid averiguándo**lo. 君たちはそれを探求し続けなさい。（継続相）

　助動詞、助動詞類と不定詞、現在分詞、過去分詞の結合は「動詞迂言形式」と呼ばれる。上記例文の太字部分がそれに当たる。

1.4. 形式動詞

　動詞の本来の意味が希薄になり、主に動詞句を成立させるための役割をになう動詞がある。これを「形式動詞（軽動詞、補助動詞）」（verbo de apoyo）といい、「形式動詞＋名詞」の形で用いられる。hacer un trabajo（= trabajar 働く）の hacer や、dar un paseo（= pasear 散歩する）の dar がその例である。

2. ser と estar

　スペイン語には、英語の *be* に相当する動詞が 2 つ存在する。ser と estar である。これらの働きは、①「連結動詞」用法、②自動詞用法、③助動詞用法の 3 つに大別できる。

2.1. 連結動詞としての ser と estar

2.1.1.　連結動詞としての ser

　ser と estar の大きな役割は、連結動詞として働くことである。ser は連結動詞として、職業、出身、性格など、永続的な性質を表す。主格補語には、主に名詞、形容詞、前置詞句をとる。次の例文の ser を estar で置き換えることはできない。

Lina **es** abogada. リナは弁護士だ。｜ **Somos** universitarios. 私たちは大学生だ。｜ **Soy** de Guatemala. 私はグアテマラ出身だ。｜ ¿**Eres** colombiano? 君はコロンビア人ですか？｜ **Es** zurdo. 彼は左利きだ。｜ Los gatos **son** caprichosos. 猫は気まぐれな性質だ。｜ La Tierra **es** redonda. 地球は丸い。｜ El hierro **es** un metal básico. 鉄は卑金属だ。

2.1.2.　連結動詞としての estar

　estar は、体調、様子など、一時的な状態を表す。主格補語には、主に形容詞、前置詞句、副詞をとる。次の例文の estar を ser で置き換えることはできない。

Está ocupada. 彼女は忙しい。｜ ¿Cómo **estás**? —**Estoy** bien, gracias. 元気？──元気だよ。ありがとう。｜ La abuela **está** perfectamente. 祖母は健康そのものだ。｜ El bebé **está** de mal humor. その赤ん坊は機嫌が悪い。｜ **Están** de viaje. 彼らは旅行に出かけている。｜ La secretaria **está** de baja hoy. 今日、秘書は休みをとっている。｜ Rosa **estaba** con una blusa muy bonita. ロサはとてもきれいなブラウスを着ていた。｜ El hierro **está** oxidado. その鉄は錆びている。

2.1.3. ser と estar のどちらも用いることができ、「永続的性質」と「一時的状態」の違いが区別される場合がある。

Lina **es** nerviosa. リナは神経質な性質だ。[永続的性質] | Lina **está** nerviosa. リナは今、緊張している。| ¡Qué alto **eres**! 君はなんて背が高いんだ！| ¡Qué alto **estás**! 君は背が高くなったねえ！| **Es** muy guapo. 彼はとてもハンサムだ。| **Está** muy guapo. 彼は非常におめかししている。| José, ¿**eres** soltero? ホセ、君は独身ですか？ | José, ¿todavía **estás** soltero? ホセ、君はまだ独身でいるの？ | El agua **es** transparente. 水は透明だ（透明なものだ）。| Esta agua no **está** transparente. この水は透明ではない。| Esta película **es** aburrida. この映画は退屈だ（人を退屈させる）。| Lola **está** aburrida. ロラは退屈している。| ¿Cuánto **es** el melón? そのメロンの値段はいくらですか？ | ¿A cuánto **están** los melones? メロンは今いくらで売られていますか？

2.1.4. ser と estar のどちらも用いることができ、意味に大きな違いがない場合もある。

La fiesta {**era** / **estaba**} muy divertida. そのパーティーはとても楽しかった。| La situación {**es** / **está**} caótica. 状況は混とんとしている。

2.1.5. ser と estar は、さまざまな無人称文や、不定詞・名詞節を主語とする文を作る。

(i) ser を用いた時を表す文

¿Qué hora **es**? —**Son** las dos. 何時ですか？ ——2 時です。| Ya **es** muy tarde. もう遅い。| Hoy **es** viernes, seis de marzo. 今日は 3 月 6 日、金曜日だ。

(ii) ser + 名詞、形容詞

Es una lástima. 残念だ。| **Es** una maravilla. 素晴らしい。| **Es** muy razonable. 実にもっともだ。| ¡No **es** posible! そんなはずはない！

(iii) ser を用い、不定詞・名詞節を主語とする文

Es necesario estudiarlo. それを調べてみることが必要だ。| ¿**Es** cierto que han venido? 彼らが来たというのは本当か？ | **Es** una locura que lo hagas. 君がそんなことをするなんて愚かしい。| No **es** evidente por qué ese sistema funciona mal. その制度がうまく機能しないのがなぜかは明らかではない。

(iv) 説明を表す「ser + que」

¿Por qué no lo hiciste? —**Es** que no tenía tiempo. なぜそれをしなかったの？ ——時間がなかったんです。| No **es** que no lo pudieran hacer sino que no querían hacerlo. 彼らはそれをできなかったのではなく、望まなかったのだ。

(v) estar を用いた天候を表す文

El sol nunca salió en la isla. Siempre **estaba** nublado o llovía. その島では日が照ることは決してなかった。いつも曇っているか雨が降っていた。| **Estaba** todavía oscuro cuando nos despertamos. 私たちが目を覚ましたとき、まだ暗かった。

(vi) estar + 形容詞、副詞

　主格補語は、bien, mal, claro など、少数の形容詞、副詞に限られる。次の (vii) についても同様である。claro については → 2.1.6. (iii)

No me dispares. Escúchame. ¿**Está** claro? 撃つな。私の話を聞け。分かったか？ | ¿No confías en mí? ¡Pues **está** bien! 私を信じてくれないのか？ それならもういい！

(vii) estar を用い、不定詞・名詞節を主語とする文

No **está** claro cuándo nació el hombre. その男がいつ生まれたかははっきりしない。 | Este sofá será tu cama. Realmente, no **está** mal que sirva para algo. このソファが君のベッド代わりだ。正直、これが何かの役に立ってよかった。

2.1.6. ser と estar の使い分けに地域差が見られることがある。

(i) スペインでは、ser rico は「裕福である」、estar rico は「（飲食物が）美味である」のように区別される。ラテンアメリカでは estar rico が「裕福である」を表すこともできる。 El papá de Julio **está** riquísimo. フリオの父親は大金持ちだ。（ラテンアメリカ）　比較 El padre de Julio **es** riquísimo.（スペイン）

(ii) スペインでは feliz（幸せな）を従える連結動詞は従来 ser であった。しかしラテンアメリカでは estar の使用が優勢である。スペインでも最近は estar feliz という表現が広まりつつある。

¡Qué feliz {**soy** / **estoy**}! 私はなんて幸せなんだ！（soy はスペインの従来の語法。estoy はラテンアメリカ及び最近のスペインの語法）

(iii) claro（明らかな）を従える連結動詞は、スペインでは estar だが、ラテンアメリカでは ser claro が広く用いられる。

2.2. 自動詞としての ser と estar

2.2.1. ser

(i)「存在する」を表す。古くからの成句、金言などに用いられる。

Y dijo Dios: «**Sea** la luz»; y **fue** la luz. 神が言われた、「光あれ」と。すると光が生まれた。（聖書）| Pienso, luego **soy**. 我思う、ゆえに我あり。（デカルトの言葉。= Pienso, luego existo.）

(ii)「（行事が）おこなわれる、（出来事が）起こる」を表す。

La fiesta **es** a las ocho. パーティーは 8 時から始まる。| ¿Dónde **fue** el incendio? その火事はどこでありましたか？

2.2.2. estar

(i)「（特定の人・物がある場所に）位置する、いる、ある」を表す。

Pepe **está** en la biblioteca. ペペは図書館にいる。| La librería **está** en la calle Goya. その書店はゴヤ通りにある。| San Sebastián **está** en el norte de España. サンセバスチャン市はスペイン北部にある。

(ii) 上記の用法では、主語が永続的な所在対象を指す場合、口語で estar に代えて ser を用いることがある。次の例文では estar を用いるのが標準的だが、ser の使用も見られる。

¿Dónde {**está** / **es**} la casa de tu amigo? 君の友達の家はどこにあるんだ？| Aquí {**estaba** / **era**} la plaza de Velázquez. 以前はここにベラスケス広場があった。

比較「〜がいる、ある」を表す estar と haber の違い → 3.9.2.

2.3. 助動詞としての ser と estar

2.3.1. 受動態を作る ser

「ser ＋過去分詞」で受動態を作る。動作、出来事の生起、または事態を表す。 → 6.

El autor del crimen **fue** detenido por la policía ayer por la tarde. その犯人は昨日午後、警

察によって逮捕された。| La ciudad **fue** nombrada sede de la próxima Olimpiada. その都市は次のオリンピック開催地に指名された。

2.3.2. 受動態を作る estar

「estar ＋過去分詞」で受動態を作る。動作、出来事の結果として生じた状態を表す。→ 6.

Ya **está** solucionado el problema. その問題はもう解決された。| Ese acto **está** prohibido por la ley. その行為は法律で禁じられている。

2.3.3. 進行形を作る estar → 第 19 章 5.3.

(i)「estar ＋現在分詞」で進行形を作る。動作が進行しつつあることを表す。現在分詞が hablar（話す）、correr（走る）のように継続的な動作を表す動詞のときは、その動作が継続することを示す。

Mi madre **está** hablando por teléfono. 母は電話で話しているところだ。| Los atletas **están** corriendo a toda velocidad. 運動選手たちは全速力で走っている。

(ii) 現在分詞が brincar（跳ぶ）、disparar（発砲する）のように瞬間的な動作を表す動詞の場合は、その動作が反復されることを示す。

Los cachorros **estaban** brincando de alegría. 子犬たちはうれしくて跳ね回っていた。| Oí varios ruidos en el bosque. Pensé que un cazador **estaba** disparando la escopeta. 私は森でいくつもの物音を聞いた。狩人が猟銃で撃っているのだと思った。

(iii) saber（知っている）、amar（愛する）のように動きのない事柄を表す動詞は進行形を作らない。

○ Lo sé. / × Lo estoy sabiendo. 私はそれを知っている。

(iv) estar 以外にも進行形を作ることのできる動詞がある。andar, continuar, ir, quedarse, seguir, venir など。

3. 助動詞、形式動詞的な機能を持つ動詞

3.1. 総論

助動詞には、ser, estar 以外に、haber, tener, deber, poder, ir などがある。

助動詞に近い働きをする動詞（助動詞類）には、acabar, comenzar, continuar, dejar, empezar, hacer, llevar, parecer, poner, quedar, resultar, seguir, soler, venir, volver などがある。

形式動詞として働く動詞には、dar, echar, hacer, tener, tomar などがある。

3.2. haber

3.2.1. 存在を表す haber

(i) haber の 3 人称単数形は「（不特定の人・物が）いる、ある」ことを表す無人称文を作る。直説法現在形では hay という形を用いる。この用法では haber は他動詞として働き、「いる、ある」対象は、文法上は直接目的語となる。基本語順は「haber ＋『いる、ある』対象」である。

{**Hay** / **Había**} una manzana en la cesta, ¿no? —Sí, la {**hay** / **había**}. 籠の中にリンゴが

1 個 {あります／ありました} よね？ ——はい、{あります／ありました}。(la は manzana を指す直接目的格人称代名詞)

(ii) 「いる、ある」対象は、不定冠詞、不定語、否定語、数詞などを伴う名詞句、または無冠詞名詞句の形をとる。

Dentro del sobre **había** {una moneda / seis monedas / monedas} de oro. 封筒の中には {1枚の金貨／6 枚の金貨／何枚かの金貨} が入っていた。| No **hay** nadie que sepa hacerlo. それができる者は誰もいない。| No **hay** ningún plato ovalado, pero los **hay** redondos. 楕円形の皿はないが、丸い皿はいくつかある。(los は platos を受ける直接目的格人称代名詞)

3.2.2. (i) 存在を表す haber（～がある）は原則として定冠詞の付いた名詞類をとらない。

× Aquí **hay** la farmacia. / ○ Aquí está la farmacia. ここにその薬局がある。　(比較) Aquí **hay** una farmacia. ここに 1 軒の薬局がある。

(ii) ただし関係節の先行詞であるときなどでは、定冠詞の付いた名詞類が用いられることがある。また、存在する対象が抽象名詞であるときには、好ましくないとされているが、この事例がしばしば見られる。

¿Conoces la iglesia que **hay** en las afueras del pueblo? 君は村はずれにある教会を知っているかい？（= ...la iglesia que está...）| △ Todavía **hay** la esperanza de que se cure la enfermedad. その病気が治る希望はまだある。(...hay esperanza... または ...queda la esperanza... が好ましい)

3.2.3. 義務を表す haber

(i) 「haber の 3 人称単数形 + que + 不定詞」という形式は、「（一般に）～しなければならない」という義務を表す無人称文を作る。直説法現在形では **hay** という形を用いる。義務を負う者は特定されず、「一般に誰もが～すべきである」という表現形式だが、ある程度特定される場合にも用いられる。

{**Hay** / **Había**} que guardar silencio en la iglesia. 教会の中では静かにしなければ {ならない／ならなかった}。| Lola, **hay** que tomar una decisión ya. ロラ、そろそろ心を決めるべきだ。(＝一般的に見て「心を決める」時期であり、ロラ、君もそうすべきだ)

(比較) 「**hay** que ＋不定詞」、「tener que ＋不定詞」、「deber ＋不定詞」の違い → 3.9.4.

(ii) 前記の形式の否定形は、①「～しなくてもよい」という義務の免除と、②「～してはならない」という否定的な義務のどちらも表す。どちらの意味で用いられているのかは文脈で判断するが、あいまいな場合もある。

No **hay** que ser pesimista. ¡Todo se arreglará! 悲観的にならなくてもいい。きっと何もかもうまくいくだろう。(義務の免除) | No **hay** que engañar a las personas. Pídeles perdón a tus amigos. 人をだましてはいけない。君は友達に謝りなさい。(否定的な義務) | No **hay** que hablar más sobre eso. それについては、これ以上 {話す必要はない／話題にしてはならない}。(どちらにも解釈できる)

(iii) 「haber de ＋不定詞」という形式は、①「～しなければならない」、②「～にちがいない」などを表す。スペインでは古風な語法だが、ラテンアメリカ、特にメキシコ、中米では広く用いられる。

He de hacerlo cuanto antes. 私はできるだけ早くそれをしなければならない。(スペインでは Tengo que hacerlo cuanto antes. が一般的) | El anciano **ha** de haberse quejado de su soledad. その老人は寂しくてならないと不平を言ったにちがいない。（スペインでは El anciano debió de haberse quejado de su soledad. が一般的）

3.2.4. 動詞複合形を作る haber

「haber ＋過去分詞」という形式で、現在完了形、過去完了形、未来完了形など、動詞複合形を作る。この用法では haber は助動詞として働く。→ 3.9.3. (i)

Todo esto me lo **ha contado** Juan. このことすべてはフアンが私に語ってくれた。（直説法現在完了形） | Creí que te **habrías figurado** que sucedió así. てっきり、君がそういう顛末だと信じ込んでいるのかと思っていた。（直説法過去未来完了形） | ¡Si **hubieras visto** la escena! 君があの情景を見ていればなあ！（接続法過去完了形）

3.3. tener

3.3.1. 所有を表す tener

tener は基本的には「持つ」を表す他動詞である。

Rita y Paco **tienen** un chalé elegante en la playa. リタとパコは浜辺にすてきな別荘を所有している。 | La niña **tiene** un helado de vainilla en la mano. その少女は手にバニラアイスを持っている。

3.3.2. 形式動詞としての tener

tener は、「持つ」という基本的な意味が薄れて動詞句を支える形式動詞として働くことができる。

Tengo {calor / frío / sueño / hambre / miedo / dolor / prisa}. 私は {暑い／寒い／眠い／空腹だ／怖い／痛い／急いでいる}。 | **Ten** {cuidado / paciencia}. 注意しなさい。／我慢しなさい。 | **Tienes** razón. 君の言うとおりだ。 | La torre **tiene** trescientos metros de alto. その塔は高さが300m ある。 | ¿Cuántos años **tienes**? 君は何歳ですか？ | Rita **tiene** los ojos azules. リタは青い目をしている。

3.3.3. 義務を表す tener que

(i)「tener que ＋不定詞」という形式は「（特定の～が）～しなければならない」という意味を表す。

Te guste o no, **tienes** que confesarlo. 望もうと望むまいと、君はそれを白状しなければならない。 比較「tener que ＋不定詞」「haber que ＋不定詞」「deber ＋不定詞」の違い → 3.9.4. (i)

(ii) tener が直説法単純過去形か不完了過去形かで意味が異なることがある。

Tuvieron que comprar un nuevo televisor. 彼らは新しいテレビを買わなければならなかった。（そして実際に買った）（単純過去形：義務の遂行を含意） | **Tenían** que comprar un nuevo televisor. 彼らは新しいテレビを買わなければならなかった。（実際に買ったかどうかは不明）（不完了過去形：義務の遂行には言及しない）

(iii)「tener que ＋不定詞」の否定形は、「～しなくてもよい」という義務の免除を表す。

No **tienes** que preocuparte. 心配する必要はない。 | No **tienes** que hablar más sobre eso. 君はそれについてこれ以上話す必要はない。

比較「tener que ＋不定詞」「haber que ＋不定詞」「deber ＋不定詞」の違い → 3.9.4. (ii)

(iv)「tener ＋直接目的語＋ que ＋不定詞」は「～すべき～がある」を表す。

Tengo muchas cosas que contarte. 君に話すべきことがたくさんある。 | No **tenemos** nada que ocultar. 私たちには隠し立てするようなことは何もない。

3.3.4.「tener ＋過去分詞＋直接目的語」

(i)「tener ＋過去分詞＋直接目的語」は「～された状態に保っている」という、一種の受動・完了を表す。過去分詞は直接目的語に性数一致する。詳しくは → 3.9.3.

Te **tengo** dicho mil veces que no lo hagas. 私は君に、それをするなと何度も言っておいたはずだ。

(ii) この形式では、過去分詞が修飾語を伴うことができる。

¿Lo **tienes** muy bien pensado? 君はそれについて十分考えてあるのか？　 比較 ¿Lo {○ has pensado muy bien / × has muy bien pensado}? 君はそれについて十分考えたのか？（「haber ＋過去分詞」では、過去分詞そのものが修飾語を伴うことができない）

3.3.5.　使役または進行を表す tener

(i)「tener ＋現在分詞」は「～の状態にさせてある」を表す。

Tengo un taxi esperando afuera. 外にタクシーを待たせてある。

(ii)「tener ＋期間を表す語＋現在分詞」は「～の期間、～している」を表す。主にラテンアメリカで用いられる形式である。

Tengo una semana intentando localizarlo, pero no hay manera. 私はこの 1 週間、彼のいどころをつきとめようとしているが、まだ分からない。

3.4. deber

3.4.1.「負う」を表す deber

deber は、一般の動詞としては「～を負う、～という負債がある」を表す。

Me **debes** mil euros. 君は私に 1000 ユーロの借金がある。｜ ¿Qué **debo** en total?（商店などで）全部でいくらですか？｜ Lo que a ti te **debo** es enorme. 君には本当に世話になった。←私が君に負っているものは巨大だ。｜ Parece que me **debes** una explicación. どうやら君の事情を聞かせてもらう必要がありそうだ。

3.4.2.　助動詞としての deber

deber は助動詞として、①「～しなければならない」という義務と、②「～に違いない」という確信度の強い推量を表す。

3.4.3.「～しなければならない」を表す deber

(i)「deber ＋不定詞」は「tener que ＋不定詞」と同じく「（特定の～が）～しなければならない」を表す。両者のさまざまな違いについては → 3.9.4.

¡Pero no tengo tiempo! **Debéis** comprenderlo. だが私には時間がないのだ！ 君たちにはそのことを分かってほしい。｜ **Debes** volver a casa inmediatamente. 君はすぐに家に帰ったほうがいい。

(ii) deber が直説法単純過去形か不完了過去形かで意味が異なることがある。

Debimos pagar la multa. 私たちは罰金を払うべきだった。（しかし払わなかった）（単純過去形：義務の不履行を含意）｜ **Debíamos** pagar la multa. 私たちは罰金を払わなければならなかった。（払ったかどうかは不明）（不完了過去形：義務の遂行には言及しない）

(iii)「deber ＋不定詞」の否定形は、「～すべきではない」という否定的な義務を表す。

No **debéis** hablar así de vuestro amigo. 君たちは友達のことをそんなふうに言ってはいけな

い。 ｜ No **he debido** recordar esas cosas. 私はそんなことを思い出すべきではなかったのだ。

3.4.4. 「～に違いない」を表す deber (de)

(i) 「deber de ＋不定詞」は「～に違いない」という確信度の高い推量を表す。

Han llamado. **Debe** de ser Lola. ノックがあった。ロラに違いない。｜ Me voy ya. Mis hijos **deben** de estar esperándome. もう帰ります。きっと子どもたちが待っているので。

(ii) de を省略した「deber ＋不定詞」を用いることもできる。形の上では義務を表す用法との区別がつかなくなるが、最近は de を省略するほうが優勢である。

La máquina **debe** (de) estar estropeada. その機械は壊れているらしい。｜ No se oye nada de ruido en la casa. La familia **debe** (de) haber salido. 家の中は物音1つしない。家族は出かけたようだ。

比較「tener que ＋不定詞」「haber que ＋不定詞」「deber ＋不定詞」の違い → 3.9.4.

3.5. poder

3.5.1. 「能力を持つ」を表す poder

poder は助動詞としての働きが大きく、一般の動詞としての働きは限られるが、「～に勝る」「～を我慢する」「可能である」などの意味がある。

El tenista no **pudo** con su rival. そのテニス選手はライバルにはかなわなかった。｜ ¿**Has podido** con sus impertinencias? 君は彼（女）の礼を失した態度に我慢できましたか？｜ ¿**Se puede**?（入室しても）いいですか？

3.5.2. 助動詞としての poder

poder は助動詞として、①「～することができる」という能力、②「～かもしれない」という可能性を表す。

3.5.3. 「～できる」を表す poder

「poder ＋不定詞」は「～することができる」「～してもかまわない」を表す。

Creo que **podré** conseguir su apoyo. 私は彼（女）の助力を得ることができそうな気がする。｜ No **puedo** aguantar más. もう我慢できない。｜ ¿**Puedo** hacerle una pregunta? あなたに1つ質問してもいいですか？｜ Ya **podéis** retiraros. お前たちはもう下がってよろしい。

比較「poder ＋不定詞」と「saber ＋不定詞」の違い → 3.9.5.

3.5.4. 「～かもしれない」を表す poder

(i) 「poder ＋不定詞」は「～かもしれない」を表す。

Aquella chica **puede** ser japonesa, **puede** no serlo. あの女性は日本人かもしれないし、そうでないかもしれない。｜ ¿Qué **puede** haber ocurrido para que suene la campana de la torre a estas horas? こんな時刻に塔の鐘が鳴るとは、何があったのだろう？｜ ¿Todavía no llega el huésped? **Podría** haberse perdido en el camino. お客はまだ来ないって？ 途中で道に迷ったのかもしれない。

(ii) 「poder (ser) que ＋接続法」は「～かもしれない」という意味の無人称文を作る。

Puede (ser) que me equivoque y que tengas razón. ひょっとしたら私が間違っていて、君が正しいのかもしれない。｜ **Puede** (ser) que José no les haya dicho nada. もしかするとホセは彼らに何も言わなかったのかもしれない。

279

3.6. ir

3.6.1. 「行く」を表す ir

ir は基本的には「行く」を表す自動詞である。

¿Adónde **vais**? —**Vamos** al cine. 君たち、どこに行くの？ ——映画を見に行くんだ。｜ El tío Paco se **fue** a México antes de que yo naciera. パコおじさんは私が生まれる前にメキシコに行ってしまった。

3.6.2. 「～するだろう、～するつもりだ」を表す ir

(i) ir は助動詞的に働いて、未来、意志、進行などを表すことができる。まず、未来、意志を表す用法について述べる。→ 第 19 章 1.4.1.

(ii)「ir a ＋不定詞」は「～するだろう」「～するつもりだ」のような未来の出来事、意志を表す。Cada vez hace más frío. Parece que **va** a nevar. ますます寒くなってきた。どうやら雪になりそうだ。｜ Te **voy** a dar un consejo. 君に1つ忠告しておこう。｜ ¿**Vas** a salir con esta lluvia? 君はこんな雨の中、出かけるつもりなのか？｜ Les **voy** a ir preparando un cóctel. あなた方にカクテルをお作りしましょう。

(iii)「vamos a ＋不定詞」は上記の用法の他に「～しよう」という勧誘を表す。

¿Sabes? El adivino asegura que tú y yo **vamos** a ser muy felices. 知ってる？ 占い師によると、君と私はとても幸せになるんだって。（未来）｜ ¿Hoy cumples años? Pues **vamos** a celebrarlo. 今日は君の誕生日だって？ じゃあお祝いしよう。（勧誘）｜ **Vamos** a intentarlo. それをやってみよう。｜ **Vamos** a no darle importancia a ese asunto. その件は気にしないことにしよう。

3.6.3. 進行を表す ir

「ir ＋現在分詞」という形式は「～しつつある」「～していく」という進行中の動作を表す。「estar ＋現在分詞」よりも「進行によって何らかの変化が生じる」という意味合いが強い。Con este ejercicio, nos **vamos** poniendo más sanos. この運動を続ければ、だんだん健康になる。｜ Ya puedes **ir** preparando la comida para cuando lleguen los invitados. そろそろお客さんたちが来られたときのために料理の支度にかかってくれるかな。

3.6.4. 状態を表す ir

ir は「ir ＋過去分詞」という形で連結動詞的に働いて、「～の状態である」を表す。状態に動きや進行のニュアンスが加わる。Ese reloj **va** adelantado. その時計は進んでいる。｜ Parece que la atleta **va** sobrada de fuerzas. その女性運動選手は元気があり余っているようだ。

3.7. 助動詞類の動詞

3.7.1. acabar 完了する

(i) acabar ＋現在分詞：「結局～ということになる」

Un día **acabarás** enamorándote de ella. 君はいつか彼女に恋をしてしまうだろう。

(ii) acabar de ＋不定詞：「～したばかりだ」

Acabo de enterarme del asunto. 私は今その件を知ったところだ。

3.7.2. andar 歩く

andar ＋現在分詞：「～し回る」

La policía lo **anda** buscando. 警察は彼を探し回っている。 | Paco **anda** pidiendo dinero a sus amigos. パコは友人たちに金を貸してくれと頼み回っている。

3.7.3. comenzar 始まる；始める

(i) comenzar a ＋不定詞：「～し始める」

Comenzaron a oírse cantos de los pajaritos. 小鳥たちの鳴き声が聞こえだした。 | Paco abrió un libro y **comenzó** a leerlo. パコは本を開いて読み始めた。

(ii) comenzar por ＋不定詞：「～することから始める」

Si los terroristas quieren negociar, deben **comenzar** por liberar a los rehenes. もしテロリストたちが交渉を望むのなら、まず人質を解放するところから始めるべきだ。

比較 「empezar {a / por} ＋不定詞」と「comenzar {a / por} ＋不定詞」の違い → 3.9.7.

3.7.4. continuar 続く；続ける

continuar ＋現在分詞：「～し続ける」

El teléfono **continúa** sonando. 電話が鳴り続けている。 | El perro **continuó** esperando a su amo en la estación. その犬は駅で主人をずっと待ち続けた。

比較 「seguir ＋現在分詞」と「continuar ＋現在分詞」の違い → 3.9.8.

3.7.5. dejar 放置する

(i) dejar ＋不定詞：「～するがままにさせる」（放任使役） → 4.3.4. (iii)、第 21 章 3.1.

Lola insistió tanto que la **dejé** tocar el piano. ロラがせがんだので、私は彼女にピアノを弾かせてやった。 | El padre las **dejó** ir a la fiesta. 父親は彼女らがパーティーに行くのを許した。

(ii) dejar de ＋不定詞：「～し終える；～し終わる」

Deja de mirarme con esa cara. そんな顔で私を見るのはやめなさい。| Por fin **dejó** de tronar. やっと雷が静まった。

3.7.6. echar 投げる

echar(se) a ＋不定詞：「突然～し始める」

Los niños **echaron** a correr hacia la pastelería. 子どもたちはケーキ屋に向かって走り出した。 | Al oírlo, el hombre se **echó** a temblar. それを聞くと、男はにわかに震え始めた。

3.7.7. empezar 始める；始まる

(i) empezar a ＋不定詞：「～し始める」

Lola **empezó** a bajar la escalera cuando se apagó la luz. ロラが階段を降り始めたとき、明かりが消えた。 | Ya **empieza** a ponerse el sol. もう日が沈み始めている。

(ii) empezar por ＋不定詞：「～することから始める」

Empecemos por batir las claras, y a continuación añadamos las yemas. まず白身を泡立てることから始め、次に黄身を加えましょう。

比較 「empezar {a / por} ＋不定詞」と「comenzar {a / por} ＋不定詞」の違い → 3.9.7.

3.7.8. hacer する；作る → 4.3.4. (iii)

hacer ＋不定詞：「～させる」（強制使役） → 第 21 章 3.1.

A Lola la **hice** cantar en voz alta. 私はロラを大きな声で歌わせた。（被使役者「ロラ」は直接目的語） | A Lola le **hice** cumplir la promesa. 私はロラにその約束を守らせた。（被使役者は間接目的語）

3.7.9. llevar 持っていく

(i) llevar ＋現在分詞：「～し続けている」

Llevo viviendo treinta años en este pueblo. 私はこの村に 30 年住んでいる。｜ Paco **lleva** estudiando desde las ocho de la mañana. パコは朝 8 時から勉強し続けている。

(ii) llevar ＋過去分詞：「～の状態でいる」

Los estudiantes **llevaban** puestos los abrigos. その学生たちはコートを着ていた。｜ ¿Cuánto me **llevas** jurado que nunca volverías a hacer tal cosa? 二度とそんなことはしないと、君は私に何回誓ったかい？｜ **Llevo** tomadas tres pastillas. 私は薬を 3 錠飲んできている。

3.7.10.　necesitar 必要とする

necesitar ＋不定詞：「～する必要がある」

Necesito hablar con usted inmediatamente. 私は今すぐあなたと話をしなければいけません。｜ No **necesitas** explicarnos nada. 君は私たちに何も説明しなくてもよい。

3.7.11.　pensar 考える

(i) pensar ＋不定詞：「～しようと思う」

¿Acaso **piensas** recibirle en tu casa? ひょっとして君は彼を家に迎え入れようと思っているのかい？｜ **Pienso** no quedarme aquí más. 私はもうこれ以上はここにとどまらないつもりだ。

(ii) pensar en ＋不定詞：「～のことを考える；～しようと思う」

Solo **piensas** en escaparte de las dificultades. 君は困難から逃げることしか考えていない。｜ A veces **pienso** en terminar todo esto. 時に私はこの件一切をおしまいにしようかと思うことがある。

3.7.12.　poner 置く

ponerse a ＋不定詞：「～し始める、～に着手する」

La pobre niña se **puso** a llorar. そのかわいそうな少女はわっと泣き出した。｜ **Pon**te a preparar los documentos necesarios. 必要書類の準備にとりかかりなさい。

3.7.13.　querer 欲する

querer ＋不定詞：「～したい」

Quiero ver el programa. 私はその番組を見たい。｜ ¿**Quieres** ayudarme? 私を手伝ってくれないか？

3.7.14.　romper 壊す

romper a ＋不定詞：「どっと～し始める」（不定詞は llorar, reír, gritar, hablar などに限られる）

Al verme, Lola **rompió** a llorar. ロラは私を見ると、わっと泣き出した。｜ De repente todos **rompieron** a reír a carcajadas. 誰もがにわかにげらげらと笑い始めた。

3.7.15.　saber 知っている

saber ＋不定詞：「～できる」（訓練によって身につけた技能）

No **sé** tocar el piano. 私はピアノが弾けない。｜ ¿**Sabes** conducir? 君は運転ができますか？
比較 「poder ＋不定詞」と「saber ＋不定詞」の違い → 3.9.5.

3.7.16.　seguir 続ける；続く

seguir ＋現在分詞：「～し続ける」

Voy a **seguir** estudiando español. 私はスペイン語の勉強を続けるつもりだ。｜ **Siguieron** sonando las campanas de la iglesia. 教会の鐘が鳴り続けていた。

[比較]「seguir ＋現在分詞」と「continuar ＋現在分詞」の違い → 3.9.8.

3.7.17. soler ～するのを常とする

soler ＋不定詞：～するのを常とする

Suelo desayunar a eso de las siete. 私はいつも 7 時ごろに朝食をとる。 | De pequeña, Lola **solía** pasar las vacaciones de verano en casa de los abuelos. ロラは幼いころ、夏休みは祖父母の家で過ごしたものだった。 | En esta región **suele** soplar el viento del norte en invierno. この地方は冬はきまって北風が吹く。

3.7.18. venir 来る

(i) venir a ＋不定詞：「～しに来る；～するようになる」

Vengo a hablar con usted. あなたに話があって、やって来ました。| El viaje, gastos incluidos, **viene** a costar unos mil euros. その旅行は雑費も含めて 1000 ユーロほどになる。

(ii) venir de ＋不定詞：「～してくる；～した」

¿Te he hecho esperar? **Vengo** de hacer un poco de ejercicio. 君を待たせてしまったかな？ 私はちょっと運動してきたんだ。| El Barcelona **viene** de ganar en el campo del Real Madrid. F.C. バルセロナはレアル・マドリードのグラウンドで勝利をおさめたところだ。（venir の本来の「来る」の意味が薄れて完了のみを表す用法。好ましくないとされているが、報道文などで定着しつつある）

(iii) venir ＋現在分詞：「ずっと～してきた」

Lola nos **viene** ocultando sus sentimientos. ロラは自分の気持ちを私たちに隠し続けてきた。 | Lo **venía** diciendo yo desde hace muchos años. 私は何年も前からそう言い続けてきた。

3.7.19. volver 戻す；戻る

volver a ＋不定詞：「再び～する」

Este mes **he vuelto** a engordar. 今月、私はまた太った。 | No **volveré** a mentir. 私は二度とうそはつかないつもりだ。

3.7.20. その他

他に「acostumbrar (a) ＋不定詞」（～するのを常とする）、「{cesar / parar / terminar} de ＋不定詞」（～し終える；～し終わる）、「{intentar / tratar de} ＋不定詞」（～しようとする）などの組み合わせ（動詞迂言形式）がある。

3.8. 形式動詞

3.8.1. dar 与える

Dimos un paseo por el parque. 私たちは公園を散歩した。 | Paco **dio** la vuelta al papel. パコはその紙を裏返した。 | Lola **dio** media vuelta y salió corriendo. ロラは振り向いて、走り去った。 | El muchacho **dio** grandes voces. その若者は大声をあげた。

3.8.2. echar 投げる

Voy a **echar** una siesta. 昼寝をしてこよう。 | Quiero **echar** un trago. ちょっと一杯飲みたいなあ。 | **Éche**le un vistazo a este documento. この書類に目を通してください。

3.8.3. hacer する

No sé si él **hace** el trabajo o no lo **hace**. 彼が働いているのか、そうでないのか、私は知らない。 | El economista **hizo** previsión de esta tendencia mundial. その経済学者は、この世界

的傾向についての予測をした。｜ **Hicimos** un viaje a París. 私たちはパリに旅行した。｜ ¿No **has hecho** tus deberes todavía? 君はまだ宿題をしていないのかい？

3.8.4.　poner 置く

El sindicato **puso** objeciones a la medida que propuso la empresa. 組合は企業が出した調停案に反対した。｜ Paco **puso** cara de lástima. パコは残念そうな顔をした。

3.8.5.　tener 持つ → 3.3.2.

3.8.6.　tomar 取る

Vamos a **tomar** un descanso. 休憩しよう。｜ Es hora de que **tomemos** decisiones. 今こそ私たちが決心すべきときだ。｜ El Banco Central trata de **tomar** el control del mercado. 中央銀行は市場を制御しようとしている。

3.9. 助動詞と基本動詞の対比

3.9.1.　ser と estar 以外にも、意味のよく似た、あるいは使い分けに注意を要する助動詞、助動詞類、動詞が存在する。この項では、その違いを対比して説明する。

3.9.2.　estar と haber

estar:「特定の人・物が～にいる、ある」（所在対象は主語。所在対象は定冠詞、指示詞など限定を表す語句を伴う名詞句、または固有名詞）→ 2.2.2.

haber:「不特定の人・物が存在する」（所在対象は文法的には haber の直接目的語。不定冠詞、不定語、否定語、数詞などを伴う名詞句、または無冠詞名詞句）→ 3.2.1.

{El niño / Aquel niño / Paco / Él} **está** en su cuarto. {例の男の子／あの男の子／パコ／彼}は自分の部屋にいる。｜ La farmacia **está** cerca de aquí. その薬局はこの近くにある。｜ **Hay** {una niña / tres niñas / niñas} en la sala. 居間に{女の子が1人／女の子が3人／女の子たち}がいる。｜ ¿**Hay** {una farmacia / alguna farmacia} por aquí? このあたりに薬局はありませんか？

3.9.3.　haber と tener

haber ＋過去分詞:「～した、～してしまった、～したことがある」動詞の複合形（完了形）。ある事柄が完了し、現在にその影響が及ぶものとして表す。過去分詞は常に男性単数形。→ 3.2.5.

tener ＋過去分詞＋直接目的語:「～された状態に保っている」ある事柄が完了し、その状態が保たれていることを示す。過去分詞は直接目的語と性数一致する。過去分詞になる動詞は他動詞に限られる。→ 3.3.4.

He reservado dos mesas para nuestro grupo. 私は私たちの一行のためにテーブルを2つ予約した。（「予約を完了した」ことに主眼）｜ **Tengo** reservadas dos mesas para nuestro grupo. 私たちの一行のためにテーブルを2つ予約してある。（「予約した結果の状態が保たれている」ことに主眼）

3.9.4.　haber que, tener que と deber

(i) 肯定形の場合

haber que ＋不定詞:「（一般に誰もが）～すべきである」義務を負う者が特定されない不定人称表現。

tener que ＋不定詞:「（特定の者が）～しなければならない」主語に当たる者が軽い義務を負う。

deber ＋不定詞：「(特定の者が)〜しなければならない」主語に当たる者が軽い義務を負う。
　「deber ＋不定詞」は、「tener que ＋不定詞」よりも軽い義務を表すと言われる。ただしどちらを用いても意味に大差がない場合も多い。

Hay que guardar silencio en la iglesia. 教会の中では静かにしなければならない。｜Paco, no interrumpas. **Tienes** que guardar silencio cuando alguien está hablando. パコ、口をはさまないで。誰かが話しているときは、君は静かにしていようね。｜{**Tienes** que / **Debes**} trabajar más si no quieres suspender. 君は落第したくなければ、もっと勉強しなければならない。

(ii) 否定形の場合

no haber que ＋不定詞：「〜する必要はない」(義務の免除) と「〜すべきではない」(否定的な義務) のどちらの意味にもなる。

No **hay** que hablar más sobre eso. それについては、これ以上 {話す必要はない／話題にしてはならない}。(どちらにも解釈できる)

no tener que ＋不定詞：「〜する必要はない」義務の免除。

no deber ＋不定詞：「〜すべきではない」否定的な義務。

No **tienes** que hacerlo. 君はそれをしなくてもよい。｜No **debes** hacerlo. 君はそれをすべきではない。

3.9.5. poder と saber

poder ＋不定詞：「〜できる」一定の状況における能力。

saber ＋不定詞：「〜できる」訓練によって身につけた技能。

Sé nadar, pero no **puedo** nadar en esta agua tan sucia. 私は金づちではないが、こんなに汚れた水の中では泳げない。

3.9.6. saber と conocer

saber：「知っている」知識や情報を持っている。

conocer：「知っている」体験的に知っている；(人を) 知っている。

Sé las calles de Madrid. 私はマドリードの通りを知っている。(通りの名前を列挙することができるほど、知識がある)｜**Conozco** las calles de Madrid. 私はマドリードの通りを知っている。(何度も行ったことがあり、いろいろな通りの雰囲気を覚えている)｜{× **Sé** / ○ **Conozco**} a Lola. 私はロラを知っている。(saber は人を直接目的語にとることができない)

3.9.7. empezar と comenzar

{empezar / comenzar} a ＋不定詞：「〜し始める」

{empezar / comenzar} por ＋不定詞：「〜することから始める」

　empezar と comenzar はほぼ同義。comenzar のほうがやや改まった感じがすると感じる母語話者もいる。

{**Empezaron** / **Comenzaron**} a trabajar. 彼らは働き始めた。｜{**Empezaron** / **Comenzaron**} por corregir los errores. 彼らはまずミスの修正から始めた。

3.9.8. seguir と continuar

　「seguir ＋現在分詞」と「continuar ＋現在分詞」は「〜し続ける」で、ほぼ同義。continuar のほうがやや改まった表現と感じる母語話者もいる。

{**Sigue** / **Continúa**} lloviendo. 雨が降り続いている。

3.9.9. entender と comprender

ほぼ同義で用いられることが多いが、厳密には次のような違いがある。

<u>entender</u>：「分かる、理解する」理解して得た知識に焦点がある。

<u>comprender</u>：「理解する、納得する」理解するまでの心の中での過程に焦点がある。

　　No **entiendo** lo que dices. 君の言うことが分からない。（相手が伝えようとする内容が把握できない）｜ No **comprendo** lo que dices. 君の言い分には納得できない。（相手が伝えようとする内容は把握したが、その意見には賛成できない）

3.9.10.　llevar と traer

<u>llevar</u>：「持っていく」何かを携えて基点から遠ざかる。

<u>traer</u>：「持ってくる」何かを携えて基点に向かう。

　　Lola, **lleva** estas zapatillas allí. ロラ、このスリッパをあそこに持っていきなさい。｜ Lola, **trae** esas zapatillas aquí. ロラ、そのスリッパをここに持ってきなさい。

3.9.11.　ir と venir

<u>ir</u>：「行く」基点から遠ざかる。基点は自由に設定できる。

<u>venir</u>：「来る」基点に向かう。基点は主として発話の場所。

　　　日本語の「来る」では、発話している場所だけでなく、話し手が心理的に自分の領域と感じられる場所を「基点」に選ぶ自由度が高い。しかしスペイン語では、venir の基点は原則として発話の場所に限られる。従って日本語では「来る」に当たる文で ir が用いられる場合がある。

　　Papá, ahora voy a salir del colegio. **Ve** a buscarme a la estación, por favor.（娘が父親に電話で）お父さん、私、今から学校を出るわ。駅に迎えに来てね。（発話の場所は娘の学校であって、駅ではないので ir が用いられる）｜ Paco no **fue** a mi clase ayer.（教師が職員室で同僚にむかって）パコは昨日、私の授業には来ませんでしたよ。（発話の場所は職員室であって、教室ではないので ir が用いられる）｜{**Vaya / Venga**} a mi oficina mañana.（市中での会話）明日、私のオフィスにお越しください。（発話の場所は街の中であって、話し手のオフィスではないので、ir を用いるのが原則。venir も可能だが「私のオフィスは私のテリトリーである」というニュアンスが強くなる）｜ ¡Hola!, ¿adónde vais? —Al cine. ¿Por qué no {**vas / vienes**} con nosotros? やあ、君たち、どこに行くの？ ——映画を見に行くんだ。君も一緒に{行かない／来ないか}？（ir は、聞き手が発話の場所から映画館へ向かうことを示す。venir は聞き手がいったん話し手のグループに合流してから、映画館に向かうニュアンスを表す）

　　　なお、英語では、*Come!*（おいで！）と言われたときの返答「はい、行きます」は、*I'm coming.* のような表現を用いるが、スペイン語では ir を用いる。聞き手の領域を基点とすることはない。

　　Paco, ¡ven a comer! —¡Ahora **voy**! パコ、ごはんよ。いらっしゃい。——すぐ行くよ！

3.9.12.　ver と mirar

<u>ver</u>：「（漠然と）見る、見える、視覚でとらえる」

<u>mirar</u>：「（注意して）見る」

　　Trato de **mirar** lo que dices, pero no **veo** nada. 私は君が言うものを見つけようとしているが、何も見えない。｜ Estoy {○ **viendo** / × **mirando**} la televisión. 私は今、テレビを見ている。（mirar は「テレビ受像機本体に注目している」の意。通常の「テレビを見る」は「テレ

ビの画面に映る映像を眺める」ことなので ver が用いられる）

3.10.「〜になる」を表す動詞

　日本語の「〜になる」に相当する形式は、表す変化の性質によってさまざまである。以下、アルファベット順に記す。

3.10.1.　convertirse en：「全く別の状態になる」。

El joven desconocido **se convirtió** en el novelista más leído. その無名の若者は一番売れっ子の小説家になった。｜ Raúl **se ha convertido** en el máximo goleador de esta temporada. ラウルは今期の得点王になった。

3.10.2.　hacerse：人間が主語の場合、「努力して達成する」ことを表す。自然現象を表す場合は単なる変化を示す。

Pepe **se hizo** {rico / médico / famoso}. ペペは {金持ち／医者／有名} になった。｜ Pepe está **haciéndose** el tonto. ペペは愚か者のふりをしている。（「愚かになった」のではなく、「故意にそのふりをしている」ことを表す。tonto の前に定冠詞が必要）｜ El calor **se hizo** insoportable en la sala cerrada. その締め切った部屋の中で、耐え難い暑さになった。｜ **Me estoy haciendo** viejo. 私も歳をとったものだ。（人間が主語だが、老化という自然現象を表すので hacerse が用いられる）

3.10.3.　llegar a：「長い時間の末、到達する」。llegar a ser：「長い時間と努力の末、達成する」。

Este año **he llegado** a los sesenta. 私は今年で 60 歳になった。｜ Si yo no **llegara** a ser torero, ahora mismo sería portero de fútbol. もし私が闘牛士になっていなかったら、今ごろはサッカーのゴールキーパーになっているだろう。｜ La ciudad de Soria **llegó** a ser un importante centro agrícola. ソリア市は重要な農業の中心地となった。

3.10.4.　ponerse：「表面的に変化する」。

Al oírlo, Lola **se puso** {pálida / colorada}. それを聞くとロラは {真っさお／真っ赤} になった。｜ El semáforo **se ha puesto** verde. 信号が青になった。

3.10.5.　quedarse：「好ましくない状態に長くとどまることになる」。

Se quedó arruinada para siempre. 彼女は完全に破産してしまった。｜ **Se quedó** solo a los tres años. 彼は 3 歳でひとりぼっちになった。

3.10.6.　ser：文脈に応じて「〜である」だけでなく「〜になる」も表すことができる。

¿Qué quieres **ser** cuando **seas** mayor? 君は大きくなったら何になりたい？｜ Voy a **ser** piloto. ぼくはパイロットになるつもりだ。

3.10.7.　terminar {de / en / ＋現在分詞}：「ついに〜になる」「〜になり果てる」。

Después de muchas audiciones el actor **terminó** de protagonista. その俳優はオーディションをいくつも受けた後、ついに主役の座を射止めた。｜ El proyecto **terminó** en un desastre. その計画は大失敗に終わった。｜ **Terminó** siendo un reo. 彼はついに罪人になってしまった。

3.10.8.　transformarse en：「まったく別の外見になる」。

El campo verde **se transformó** en un desierto. その緑の野原は荒れ地になってしまった。｜ El mago **se transformó** en un gato. 魔法使いは猫の姿になった。

3.10.9.　volverse：「突然、元とはまったく別の状態になる」。

El buen comerciante **se volvió** esclavo del dinero. その善良な商人は守銭奴になった。 ｜
Después de un tiempo, la oruga **se volverá** mariposa. やがてイモムシはチョウになるだろ
う。｜ El vino **se volvió** vinagre. ワインが酢になった。

3.11. 助動詞、助動詞類の語順

　複数の助動詞、助動詞類を連続して用いる場合は、語順に一定の規則がある。

① 「義務、必然、可能性、意志」を表す助動詞が先行する。

② 「時、相」の助動詞、助動詞類がそれに続く。

③ 「態」の助動詞は最後になる。

　El problema <u>debe</u> <u>haber</u> <u>sido</u> resuelto antes. その問題は先に解決しておかれるべきだった。
　　　　　　　　義務　完了相　受動態

　La máquina <u>puede</u>　<u>haber</u>　<u>sido</u>　encendida automáticamente.
　　　　　　　　可能性　完了相　　受動態

　その機械は自動的にスイッチが入ったのかもしれない。

　Voy a <u>tener que</u> <u>empezar a</u> trabajar. 私は働き始めなければならないと考えている。
　意志　　義務　　　　開始相

　El edificio <u>tenía que</u>　<u>estar siendo</u>　construido.
　　　　　　　　義務　　　進行相・受動態

　そのビルは建てられつつある（建設中の）状態でなければならなかった。

4. 自動詞と他動詞

4.1. 総論

　動詞は、自動詞（verbo intransitivo）と他動詞（verbo transitivo）に分類できる。自
動詞とは、直接目的語をとらない動詞であり、他動詞とは、直接目的語をとる動詞であ
る。自動詞としてのみ働く動詞、他動詞としてのみ働く動詞、自動詞・他動詞のどちら
の働きも持つ動詞がある。

　自動詞だが他動詞としても働く vivir を例にとって説明する。

① Pepe <u>vive</u>　　　<u>feliz</u>　　　<u>en Madrid</u>　<u>desde hace un año</u>.
　　　自動詞　様態の補語　　場所の補語　　時の補語

② Pepe <u>vive</u>　<u>una vida feliz</u>　<u>en Madrid</u>　<u>desde hace un año</u>.
　　　他動詞　直接目的語　　場所の補語　　時の補語

　ペペは 1 年前からマドリードで {①幸せに暮らしている／②幸福な生活を送っている}。

　　①の vivir は自動詞。直接目的語を欠いている。さまざまな補語を伴っているが、こ
れらは文を成り立たせる必須要素でなく、Pepe vive.（ペペは暮らしている）だけでも文
が成立する。

　　②は①とほぼ同じ内容を表す文だが、この文中の vivir は他動詞である。una vida feliz
（幸福な生活を）という直接目的語を伴っている。なお、このような場合の vida は vivir
の「同族目的語」と呼ばれる。→ 4.4.2.

4.2. 自動詞

4.2.1. 自動詞には、①主語以外の必須要素を必要としないもの（llorar 泣く など）、②主語と間接目的語を必須要素としてとるもの（gustar 好かれる など）、③必須要素をとらないもの（nevar 雪が降る など）がある。また、連結動詞（→ 1.2.）を ④主格補語を必須要素としてとる自動詞とみなすこともできる。

　自動詞はここにあげた要素以外の要素を伴うこともできるが、それらは文にとっての必須要素ではない。

Les **lloró** mucho el bebé. 彼らは赤ん坊にひどく泣かれた。（間接目的語 les、程度を表す補語 mucho を省いて、Lloró el bebé. としても文は成立する） | Paco **llegó** al trabajo a las nueve. パコは9時に職場に着いた。（到達点を表す補語 al trabajo、時を表す補語 a las nueve を省いて、Paco llegó. としても文は成り立つ）

4.2.2. 主語以外の必須要素を必要としない自動詞

　次の自動詞は「主語＋動詞」だけで文を成り立たせることができる。英文法でいう SV（*Subject + Verb*）構文を作る動詞に相当する。

(i) 自然現象・生理現象を表す自動詞：nacer 生まれる | crecer 育つ | morir 死ぬ | brillar 輝く | bullir 沸く | oler 匂う | brotar 芽生える | florecer 咲く | ladrar（犬が）吠える | relinchar（馬が）いななく | llorar 泣く | reír 笑う | estornudar くしゃみをする | respirar 呼吸する

Todo **nace** y **muere**. 万物は生まれ、そして死ぬ。 | Los perros están **ladrando**. 犬たちが吠えている。

(ii) 移動・運動を表す自動詞：ir 行く | venir 来る | salir 出る | entrar 入る | llegar 着く | caer 落ちる | aparecer 現れる | andar 歩く | correr 走る | saltar 跳ぶ | volar 飛ぶ | nadar 泳ぐ | flotar 浮く

El dinero y la fama **van** y **vienen**. お金と名声はうつろいやすい。 | **Apareció** un mensaje raro en la pantalla del ordenador. パソコン画面に奇妙な表示が現れた。

(iii) 存在、出来事の生起を表す自動詞：existir 存在する | yacer 横たわる | ocurrir, pasar, suceder いずれも「（出来事が）起きる」

¿Crees que **existen** los ovnis? 君は UFO が存在すると思う？ | **Ha ocurrido** algo extraordinario. 異常なことが起きた。 | ¿Qué está **sucediendo**? 何が起きているのか？

(iv) 不定詞句、名詞節を主語にとる自動詞。例：convenir 都合がよい | importar 重要である | resultar ～という結果になる →7.3.

Conviene no hacerlo. それをしないほうが都合がいい。 | **Importa** que se sepa todo lo que ocurrió. 起きたことすべてが明るみに出るべきだ。 | **Resulta** que no tenemos derecho a reclamarlo. 私たちにはそれを要求する権利がないことがはっきりした。

4.2.3. 間接目的語を必須要素としてとる自動詞

　次の動詞は、主語の他に間接目的語を必要とする。

gusta 好かれる | apetecer ～したい | doler 痛む | tocar 当たる

Me **gusta** la música latina. 私はラテン音楽が好きだ。（主語は la música latina。この文は間接目的語 me がないと成り立たない） | ¿Te **apetece** tomar algo? 何か飲みたい？（間接目的語 te はこの文の必須要素） | ¿A quién le **toca** el siguiente turno? 次の番には誰が

当たっていますか？（間接目的語 a quién、le はこの文の必須要素）

4.2.4.　必須要素をとらない自動詞

次の動詞は主語をとらず、その他の必須要素もとらない。

(i) 天候、気象を表す自動詞：llover 雨が降る｜ nevar 雪が降る｜ tronar 雷が鳴る｜ amanecer 夜が明ける｜ anochecer 日が暮れる

Está **lloviendo**. 雨が降っている。｜ **Ha amanecido**. 夜が明けた。

(ii) 不定詞句、名詞節を前置詞を介して従える自動詞：bastar con ～するだけで十分である など。→ 7.3.

Basta con que te decidas a actuar de forma diferente que de costumbre. 君がいつもとは違う振る舞いをしさえすればよい。

4.2.5.　主格補語を必須要素としてとる自動詞

連結動詞（→ 1.2.）は直接目的語をとらないので、自動詞の一種とみなすこともできる。主語の他に、主格補語を必要とする。英文法でいう SVC（*Subject + Verb + Complement*）構文を作る動詞に相当する。

ser、 estar 及び連結動詞的な働きを持つ動詞 andar、 encontrarse、 hallarse、 parecer、 permanecer, quedar, resultar, salir など。

Pepe **es** español. ペペはスペイン人だ。（主格補語 español はこの文の必須要素）｜ El salón **resulta** elegantísimo. 居間はとてもすばらしくなった。（主格補語 elegantísimo はこの文の必須要素）

4.3. 他動詞

4.3.1.　他動詞には、①主語と直接目的語を必須要素としてとるもの（romper 壊す など）、②主語、直接目的語、間接目的語を必須要素としてとるもの（dar 与える など）、③主語、直接目的語、目的格補語を必須要素としてとるもの（nombrar 名づける など）がある。

4.3.2.　主語と直接目的語を必須要素とする他動詞

次の動詞は、「主語＋動詞＋直接目的語」の形で文を成り立たせることができる。英文法でいう SVO（*Subject + Verb + Object*）構文を作る動詞に相当する。主語を持たない他動詞 haber（～がある）も便宜上、この項に含める。

(i) 対象に変化を与える動的な活動を示す他動詞：crear 生み出す｜ criar 育てる｜ matar 殺す｜ construir 建てる｜ romper 壊す｜ secar 乾かす｜ mojar 濡らす｜ cocinar 料理する｜ limpiar きれいにする｜ lavar 洗う

Los bomberos **han roto** la ventana para salvar al anciano. 消防士たちは老人を助けるために、窓を割った。｜ Pepe **limpió** su coche. ペペは車を掃除した。

(ii) 思考、知覚、感情など、対象に変化を与えない静的な活動を示す他動詞：notar 気づく｜ entender 分かる｜ creer 思う｜ conocer 知っている｜ ver 見る｜ oír 聞く｜ sentir 感じる｜ amar 愛する｜ temer 恐れる｜ admirar 感嘆する

Pepe no **conoce** a Lola. ペペはロラを知らない。｜ Lola **ama** a sus padres. ロラは両親を愛している。

(iii) 主語と対象との間に何らかの関係があることを示す静的な他動詞：tener 持つ｜ pesar （重さが）～である｜ contener, incluir 共に「含む」｜ merecer 値する

Tengo dos perros. 私は犬を2匹飼っている。｜ Este alimento **contiene** mucha proteína. こ
の食品は蛋白質を多く含んでいる。｜ Paco **pesa** sesenta kilos. パコの体重は60キロだ。｜ Su
conducta **merece** un elogio. 彼（女）の行動は賞賛に値する。

(iv) 対象の存在を表す静的な他動詞：haber ～がある

¿**Hay** naranjas? —No, no las **hay**. オレンジはありますか？ ——いいえ、ありません。（対象
は文法上、直接目的語として働く。haber は明示的な主語を持たない無人称文を作る）
→ 3.2.1., 7.3.3.

4.3.3. 主語、直接目的語、間接目的語を必須要素とする他動詞

次の動詞は、「主語＋動詞＋直接目的語＋間接目的語」の形で文を成り立たせること
ができる。英文法でいう SVOO（*Subject + Verb + Object + Object*）構文を作る動詞
に相当する。

(i) 授受を表す他動詞：dar 与える｜ enviar 送る｜ donar 寄付する｜ regalar 贈る｜ ofrecer
提供する｜ entregar 渡す｜ traer 持ってくる｜ presentar 紹介する｜ devolver 返却する｜
quitar 奪う｜ robar 盗む

El hada le **dio** un hacha de oro al honrado leñador. 妖精は正直な木こりに金の斧を与えた。｜
Paco le **regaló** un ramo de flores a Rita. パコはリタにバラの花束を贈った。｜ Los ladrones
le **robaron** la cartera a Pepe. 泥棒たちはペペから財布を盗んだ。

(ii) 意思伝達を表す他動詞：decir 言う｜ contar 語る｜ enseñar 教える｜ preguntar 尋ねる
｜ responder 答える｜ ordenar 命じる｜ pedir 乞う｜ rogar 懇願する。また、escribir 書
く のように、主語と直接目的語を必須要素とする他動詞（→ 4.3.2.）の中にも、この働
きをするものがある。

Dime con quién andas, y te **diré** quién eres. 君が誰と付き合っているか言いなさい。そうすれ
ば私は君に君が何者か言おう。（ことわざ「類は友を呼ぶ」）｜ Te **pido** que me **digas** la verdad.
私に本当のことを言うよう、君にお願いする。｜ Le **escribí** un mensaje de respuesta. 私は彼
（女）に返事のメールを書いた。

4.3.4. 主語、直接目的語、目的格補語を必須要素とする他動詞

次の動詞は、「主語＋動詞＋直接目的語＋目的格補語」の形で文を成り立たせること
ができる。英文法でいう SVOC（*Subject + Verb + Object + Complement*）構文を作
る動詞に相当する。

(i) 命名、選出などを表す他動詞：nombrar 名づける｜ elegir 選ぶ。また、llamar ～と呼ぶ、
ver ～と見てとる、encontrar ～と見出す、hacer ～にする など、主語と直接目的語を必
須要素とする他動詞（→ 4.3.2.）の中にも、この働きをするものがある。

Te {**nombraré**/**llamaré**} Pedro. 私はお前をペドロと{名付けよう／呼ぶことにしよう}。｜ La
{**eligieron** / **hicieron**} presidenta. 人々は彼女を大統領に{選んだ／した}。｜ Caperucita Roja
encontró muy rara a su abuela. 赤ずきんはおばあさんの様子がとても変なことに気がついた。

(ii) 判定を表す他動詞：considerar みなす｜ juzgar 判断する｜ creer 思う｜ suponer 想像する

Consideramos seguro que las elecciones generales se celebrarán en julio. 私たちは総選挙
が7月に実施されることは確実だと考えている。｜ El director **juzgó** innecesario tanto gasto.
社長はそのような多額の出費は不要だと判断した。｜ Yo te **suponía** dormida, Lola. ロラ、私
は君が眠っているのかと思っていたよ。

(iii) 使役動詞、知覚動詞：dejar ～するがままにさせる｜ ver ～が…するのを見る｜ oír ～が…するのを聞く。不定詞や現在分詞を目的格補語にとる。→ 3.7.5.、3.7.8.

La **dejé** ir a la fiesta. 私は彼女をパーティーに行かせてやった。｜ Las **oímos** cantando. 私たちは彼女らが歌っているのを聞いた。

4.4. 自動詞にも他動詞にもなる動詞

4.4.1. 多くの動詞は自動詞、他動詞、両方の働きを持つ。①基本的には自動詞だが、他動詞としても働くもの、②基本的には他動詞だが、自動詞にもなるもの、③両方の働きをほぼ均等に持つものがある。また、④他動詞に再帰代名詞を付けることで自動詞化することも多い。

4.4.2. 基本的には自動詞だが、他動詞としても働く動詞：dormir 眠る；寝かしつける｜ pasear 散歩する；散歩させる｜ hablar 話す；～語を話す｜ jugar 遊ぶ；（試合を）する｜ trabajar 働く；加工する｜ vivir 生きる；（人生を）生きる｜ morir 死ぬ；（死を）迎える｜ llorar 泣く；（涙を）流す

Vamos a {**pasear** / **pasear** a los perros}. 散歩しよう。(自動詞)／犬たちを散歩させよう。(他動詞)｜ ¿Con quién **hablo**? (電話で) どちらさまですか？(自動詞)｜ **Hablo** español e inglés. 私はスペイン語と英語を話す。(他動詞)｜ Están **jugando** {al fútbol / un partido de fútbol}. 彼らは {サッカーをしている (自動詞)／サッカーの試合をしている (他動詞)}。｜ El general **murió** {en la batalla / una muerte gloriosa}. 将軍は {その戦いで死んだ (自動詞)／栄誉ある死を迎えた (他動詞)}。

　morir una muerte（死を迎える）、vivir una vida（人生を生きる）、llorar lágrimas（涙を流す）、soñar un sueño（夢を見る）、cantar una canción（歌を歌う）のように、他動詞が同義・類義の直接目的語をとる場合、この直接目的語を「同族目的語」と呼ぶ。

4.4.3. 基本的には他動詞だが、自動詞としても働く動詞：comer 食べる；食事をする｜ beber 飲む；飲酒する｜ leer 読む；読書する｜ ganar 得る、勝つ；稼ぐ｜ cantar 歌う；歌を歌う

Los japoneses **comen** pescado. 日本人は魚を食べる。(他動詞)｜ ¡Vamos a **comer**! 食事にしよう！(自動詞)｜ ¿**Has leído** el periódico? 君はもう今日の新聞を読んだか？(他動詞)｜ Me gusta mucho **leer**. 私は読書が大好きだ。(自動詞)

4.4.4. 自動詞、他動詞の働きをほぼ均等に持つ動詞：cambiar 変わる；変える｜ continuar 続く；続ける｜ subir 上がる；上げる｜ bajar 下がる；下げる｜ hervir 沸く；沸かす。

Todo **cambia** con el tiempo. Solo tú no **has cambiado**. 何事も時代とともに変わるものだ。変わらないのは君だけだ。(自動詞)｜ **Cámbia**me tu bola de arroz por esta semilla. 君のおにぎりをこの種と交換してくれ。(他動詞)｜ **Subimos** {al metro / la montaña}. 私たちは {地下鉄に乗った (自動詞)／山に登った (他動詞)}。

4.4.5. 再帰動詞化によって生まれた自動詞

　他動詞に再帰代名詞を付けて再帰動詞にすることによって、自動詞を作ることができる。単一の自動詞で表現できない事柄は、この形式で表すことができる。acercar 近づける→ acercarse 近づく｜ reunir 集める→ reunirse 集まる → 5.3.

5. 再帰動詞

5.1. 総論

　再帰代名詞を伴って構成される動詞を「再帰動詞」（verbo reflexivo）と言う。直接目的格の再帰代名詞を伴う場合を「直接再帰」、間接目的格の再帰代名詞を伴う場合を「間接再帰」と呼ぶ。→第 9 章 2.6.

| Me | lavo. | 私は体を洗う。（直接再帰） |

<u>Me</u>　　　　　　　　<u>lavo</u>.　　　　　　私は体を洗う。（直接再帰）
再帰直接目的格代名詞 動詞

<u>Me</u>　　　　　　　　<u>lavo</u> las manos.　私は手を洗う。（間接再帰）
再帰間接目的格代名詞 動詞 直接目的語

　再帰動詞は、① mirarse en el espejo（鏡の中の自分を見る）のように、再帰代名詞が本来の意味と独立性を維持した用法が本来の働きだが、それ以外に② levantarse（自分を起こす → 起きる）のように、動詞と再帰代名詞が一体化して自動詞的意味を表す用法があり、さらに、③相互用法、④強意用法、⑤受動用法、⑥不定人称用法のような、さまざまな働きが存在する。このように再帰的な意味を持たない用法が多いので、再帰動詞は「代名動詞」と呼ばれることもある。「代名詞を伴って構成される動詞」という意味である。

5.2. 基本用法

5.2.1.　再帰代名詞が「自分を・に」という本来の意味を維持し、動詞から独立して用いられる用法を、再帰動詞の基本用法と言う。他の用法とは異なり、「自分を・に」を強調する a sí mismo のような句を伴うことができる。直接再帰：mirarse 自分の姿を見る ｜ conocerse 自らを知る ｜ arrojarse 身を投げる ｜ matarse 自殺する。間接再帰：decirse 独り言を言う ｜ preguntarse 自問する

Lola **se miró** (a sí misma) en el espejo. ロラは鏡に映った自分の姿を見た。 ｜ **Conócete** bien (a ti mismo). 君は君自身をよく知りなさい。（成句「汝自身を知れ」） ｜ **Se arrojó** (a sí mismo) al mar. 彼は海に身を投げた。 ｜ No debes **matarte** (a ti mismo). 自殺してはならない。 ｜ Paco **se dijo** (a sí mismo): —Hay que tener mucho cuidado. 「相当用心しないといけないぞ」とパコは自分に言い聞かせた。

5.2.2.　自分の身体に対しておこなう動作の多くは、再帰動詞で表す。再帰代名詞の独立性が薄れ、やや動詞と一体化しているように解釈できる場合もある。

(i) 洗顔、入浴、化粧、衣服の着脱など、意図的な動作。直接再帰：afeitarse 髭を剃る ｜ bañarse 入浴する ｜ ducharse シャワーを浴びる ｜ lavarse 体を洗う ｜ maquillarse 化粧する ｜ peinarse 髪をとかす ｜ vestirse 服を着る ｜ calzarse（靴を）履く。間接再帰：cepillarse los dientes 歯を磨く ｜ limpiarse el sudor 汗をぬぐう ｜ enjugarse las lágrimas 涙を拭く ｜ secarse el pelo 髪を乾かす ｜ cortarse las uñas 爪を切る ｜ pintarse los labios 口紅を塗る ｜ darse crema クリームを塗る ｜ ponerse el abrigo コートを着る ｜ quitarse los zapatos 靴を脱ぐ

Me ducho todas las mañanas. 私は毎朝シャワーを浴びる。 ｜ Hay que **lavarse** las manos antes de comer. 食事の前には手を洗わねばならない。 ｜ Deja de llorar y **enjúgate** las lágrimas. 泣くのをやめて、涙を拭きなさい。｜ Lola fue al salón de belleza y **se cortó** el pelo. ロラは美容院に行ってヘアカットしてもらった。（文脈からロラが自分で髪を切ったのではなく、他人に切ってもらったことが分かる）

(ii) 怪我など非意図的な動作。直接再帰：herirse 怪我をする｜ quemarse やけどする。間接再帰：cortarse el dedo 指を切る｜ romperse la pierna 足をくじく

Lola **se hirió** (en) un brazo al caerse. ロラは転んで片腕を怪我した。

(iii) 注意①「顔を洗う」「歯を磨く」などを「他動詞＋所有形容詞＋身体部位」の形で表すのは誤りである。

　　○ **Me lavo** la cara. 私は顔を洗う。｜ × Lavo mi cara.（「顔を体から取り外して洗う」と解釈される）｜ ○ **Me cepillo** los dientes. 私は歯を磨く。｜ × Cepillo mis dientes.（着脱できる入れ歯の場合は可）

　　上記の例では再帰代名詞 me が「私の」という所有を示す働きもしているので、「所有を表す再帰動詞」と言われることがある。

(iv) 注意② 自分の身体を用いておこなう動作であっても、その身体部位だけでおこなう通常の動作には再帰動詞を用いず、「他動詞＋定冠詞＋身体部位」の形で表す。{abrir / cerrar} los ojos 目を {開ける／閉じる}｜ {abrir / cerrar} la boca 口を {開ける／閉じる}｜ {levantar / bajar} la mano 手を {上げる／下す}｜ doblar el dedo 指を曲げる｜ estirar la pierna 足を伸ばす｜ menear la cabeza 頭を振る

　　○ Abro los ojos. 私は目を開ける。（通常の動作）｜ × Me abro los ojos.（「指でまぶたをつまみ、目を無理にこじあける」ことを表す）｜ ○ Levanto la mano. 私は手を上げる。（通常の動作）｜ × Me levanto la mano.（「片手をもう一方の手で支えて持ち上げる」ことを表す）

　　再帰動詞で表現される身体動作は、対象となる身体部位を別の身体部位が補助しておこなうものである。lavarse la cara 顔を（手で）洗う｜ morderse las uñas 爪を嚙む｜ chuparse el dedo 指を吸う｜ rascarse la espalda 背中を掻く。lavarse las manos（手を洗う）の場合は、一方の手がもう一方の手の補助となり、両手をこすり合わせて洗うとみなせば、この部類に入ることが説明できる。

5.2.3.　他動詞に再帰代名詞を付けて、「自分のために〜する」を表すことができる。利害の再帰動詞と呼ばれることがある。buscarse（自分のために）探す｜ comprarse（自分のために）買う｜ construirse（自分のために）建てる｜ hacerse（自分のために）作る

Lola **se compró** una blusa. ロラは（自分が着るための）ブラウスを買った。　比較 Lola compró una blusa. ロラはブラウスを買った。（誰のために買ったのかは表現されていない）｜ Paco **se hizo** un traje. パコは（自分が着るための）スーツを作った。（「パコが縫製した」、または「パコが店に注文して作らせた」）比較 Paco hizo un traje. パコはスーツを作った。（誰が着るのかは表現されていない）｜ Unos gatos silvestres andaban de allá para acá **buscándose** su comida. 野良猫たちが自分の食べ物を探して、あちこち歩きまわっていた。（自分が食べるためであることが明示された表現）

5.2.4.　再帰動詞とともに主格補語を用いて「自分を〜と呼ぶ」「自分を〜とみなす」などを表すことができる。再帰代名詞の独立性が薄れて、動詞と一体化しているように解釈できる場合もある。creerse 自分を〜と思う｜ llamarse 自分を〜と呼ぶ｜ sentirse 自分を

〜と感じる

Lola **se cree** inteligente. ロラは自分が賢いと思っている。｜ **Me llamo** Paco. 私の名前はパコだ。｜ **Me siento** feliz. 私は幸福だ。

5.2.5. 再帰動詞としてのみ用いられる動詞がある。「本来的再帰動詞」と呼ばれる。abstenerse de 慎む｜acurrucarse うずくまる｜arrepentirse de 後悔する｜atreverse a 敢えて〜する｜dignarse 〜してくださる｜jactarse de 自慢する｜portarse ふるまう｜quejarse de 不平を言う

Usted debe **abstenerse** de fumar. あなたは煙草を控えるべきです。｜ **Dígnese** aceptar mi invitación. どうか私の招待をお受けください。｜ Lola **se quejó** de la conducta de su hijo. ロラは息子の素行について不平を言った。

5.3. 自動詞化用法

5.3.1. 他動詞に再帰代名詞を付けて再帰動詞にすることによって、自動詞を作ることができる。この用法は他動詞が元になるので、すべて直接再帰である。→ 4.4.5.

acercar 近づける→ acercarse 近づく｜alegrar 喜ばせる→ alegrarse 喜ぶ｜cansar 疲れさせる→ cansarse 疲れる｜casar 結婚させる→ casarse 結婚する｜disolver 溶かす→ disolverse 溶ける｜enfadar 怒らせる→ enfadarse 怒る｜extender 広げる→ extenderse 広がる｜hacer する→ hacerse なる｜hundir 沈める→ hundirse 沈む｜levantar 起こす→ levantarse 起きる｜meter 入れる→ meterse 入る｜reunir 集める→ reunirse 集まる｜sentar 座らせる→ sentarse 座る

Me levanto muy temprano. 私はとても早く起きる。｜ **Sentaos** en ese sofá. 君たち、そのソファに掛けなさい。｜ Acerca la silla a la mesa. その椅子をテーブルに近づけなさい。（他動詞）／ **Acércate** al fuego, que hace mucho frío. ひどく寒いから、もっと火に近づきなさい。（再帰動詞の自動詞化用法）｜ He podido reunir los utensilios necesarios. 私は必要な道具を集めることができた。（他動詞）／ ¿Podemos **reunirnos** para charlar? おしゃべりをするために集まることはできないだろうか？（再帰動詞の自動詞化用法）

5.3.2. 他動詞、自動詞の両方の働きを持ち、かつ再帰動詞にもなる動詞がある。自動詞化用法の再帰動詞と元の自動詞とは、ほぼ同義の場合と、意味が異なる場合とがある。原則として、再帰動詞は他者の力を借りて実現する動作を表し、元の自動詞は自力でおこなう動作を表す。

abrir 開ける；開く→ abrirse 開く｜callar 黙らせる；黙る→ callarse 黙る｜cerrar 閉める；閉まる→ cerrarse 閉まる｜curar 治す；治る→ curarse 治る｜romper 壊す；（波が）砕ける→ romperse 壊れる｜mejorar 良くする；良くなる→ mejorarse 良くなる｜volver 戻す；戻る→ volverse 戻る

De repente la puerta {○ **se abrió** / × abrió}. にわかにドアが開いた。／ La tienda {× se abre / ○ abre} a las diez. その店は10時に開く。（abrirse：「人力、機械、魔法などによって開けられる」。abrir：「施設、店舗などがその〈運営者の〉意志で活動を開始する」）｜ La música {× se calló / ○ calló} de repente. 音楽が不意に鳴りやんだ。／ El bebé {○ **se calló** / ○ calló} en cuanto le dieron el biberón. 哺乳瓶を与えると、赤ん坊はすぐに静かになった。（callarse, callar：ともに「黙る」ことを表すが、主語が無生物の場合は callar

が用いられる）｜ Quiero {△ mejorarme /○ mejorar} en Matemáticas. 数学の成績を上げたい。／ Deseo que {○ **te mejores** /△ mejores} pronto. 君に早く元気になってほしい。（mejorarse, mejorar：ともに「良くなる」ことを表すが、mejorarse は特に健康の回復の表現に用いられる）

5.4. 強意用法

5.4.1. 再帰代名詞が「自分を・に」という意味を失って、動詞に何らかの意味合いを加える働きをすることがある。もとの動詞との意味の違いが微妙なこともあるが、全般に、動詞の表す意味の一部を強める場合が多いので、これを再帰動詞の「強意用法」と呼ぶ。この用法を持つのは一部の動詞に限られる。

El niño durmió toda la noche. その子は一晩中眠った。（dormir「寝る」）／ El niño **se durmió** enseguida. その子はすぐに寝入った。（dormirse「眠り込む」、「眠る」動作の開始時に焦点を当てた表現）

5.4.2. 移動を表す自動詞を元にした再帰動詞

(i) 移動の起点を基準とする自動詞からは、再帰動詞が生まれやすい。動作の起点に焦点を当てた表現になることが多い。

ir 行く→ irse 立ち去る、行ってしまう｜ caer 落ちる、転ぶ→ caerse 落ちる、転ぶ｜ salir 出る→ salirse 外に出る、漏れる

¿Ya **se va**? —Sí, ya **me voy**. もうお帰りですか？ ——はい、そろそろ失礼します。｜ Tropecé y **me caí**. 私はつまずいて転んだ。（非意図的動作）　比較 Me empujó y caí en la piscina. 彼（女）が押したので、私はプールに落ちた。（他者の意図的動作の結果）｜ **Se cayó** la maceta del balcón. 植木鉢がベランダから落ちた。（非意図的出来事）　比較 La bomba cayó en la ciudad. 爆弾はその都市に落ちた。（他者の意図的動作の結果）｜ El agua **se sale** del grifo. 蛇口から水が漏れる。（不具合）　比較 El agua sale del grifo. 蛇口から水が出る。（正常な状態）｜ Un coche **se salió** del carril. 自動車が車線からはみ出した。

(ii) 比喩的な移動を表す自動詞からも再帰動詞が作られる。同じく動作の起点に焦点を当てた表現になる。

dormir 眠る→ dormirse 寝入る、眠りこむ：しびれる｜ morir 死ぬ→ morirse（老衰、病気などで）死ぬ：死ぬほど〜だ

El anciano {○ **se murió** /○ murió} a los cien años. その老人は 100 歳で亡くなった。（morirse：話し手が主語が表す者に親近感を抱いている〈el anciano が話者の親族、友人など〉ことを示す。morir：客観的な表現〈報道文など〉）｜ El motociclista {× se murió /○ murió} en un accidente. その二輪レーサーは事故で死んだ。(morirse：事故で死亡した場合には避けられる)｜ El gato **se muere** de hambre. その猫は空腹で死にそうだ。（morirse：「死ぬほど〜しそうだ」という比喩的表現に用いられる）

(iii) 停滞を表す自動詞からも再帰動詞が作られる。停滞の意味を強める表現になる。

quedar 残る→ quedarse（その場に）とどまる｜ estar 〜の状態である→ estarse（その場に）じっとしている

Rita **se quedó** en casa todo el día. リタは 1 日中、家にいた。　比較 No queda mucha leche en la nevera. 冷蔵庫に牛乳はあまり残っていない。｜ Pepe {○ **se quedó** /○ quedó} inmóvil.

ペペはじっとしていた。(ほぼ同義だが、quedarse のほうが「その場にとどまる」という意味が強くなる) | **Estate** quieto. 静かにしなさい。

(iv) 動作の着点を基準とする自動詞からも再帰動詞が作られるが、使用頻度は高くない。起点に焦点を当てた表現になる。

venir 来る→ venirse (ある所から) 来る | entrar 入る→ entrarse 入り込む | llegar 着く→ llegarse 近づく

Lola **se ha venido** de la capital porque no aguantaba la contaminación del aire. ロラは大気汚染に耐えられなかったので、首都を出てやって来た。 | Un oso **se entró** en el jardín del chalé. 1匹の熊が別荘の庭に侵入した。 | La joven se hizo paso entre la gente y **se llegó** al príncipe. 娘は人々をかき分けて王子の近くまで進み出た。

(v) どの動詞が強意用法の再帰動詞となるかは、慣習によって決まることがある。fallecer (亡くなる) は morir (死ぬ) の類義語でありながら、× fallecerse という形は存在しない。また morir の対義語 nacer (生まれる) からは× nacerse という形は派生しない。

5.4.3. 飲食を表す自動詞・他動詞を元にした再帰動詞

飲食を表す動詞に再帰代名詞を付けると、動作が完全におこなわれることが強調される。

comer 食べる→ comerse 食べ尽くす、平らげる | beber 飲む→ beberse 飲み干す

Me comí todo el plato. 私はその料理を完食した。 | Pepe **se bebió** toda la botella. ペペはボトル1本飲み干した。

5.4.4. 思考を表す他動詞を元にした再帰動詞

思考を表す動詞に再帰代名詞を付けると、動作が完全におこなわれることが強調される。ただし元の動詞との意味の違いがあまり感じられない場合もある。

creer 思う→ creerse 思い込む | imaginar 想像する；思いつく→ imaginarse 想像する

Pepe {○ **se cree** /○ cree} todo lo que dicen. ペペは人の話をなんでも信じ込む。(creerse のほうが「信じ込む」ニュアンスが強調される) | No {○ **me creo** /× creo} todavía que Pepe no me quiera. ペペが私を愛していないとは、まだ信じられない。(否定文では creerse のほうが「信じられない、納得できない」というニュアンスが強調される) | {○ **Me imagino** /○ Imagino} que fue él quien te dijo que yo estaría aquí, ¿no? 私がここにいることを君に教えたのは彼だと思うんだが、そうだろう？ (imaginarse, imaginar はほぼ同義。imaginarse のほうが口語的) | {× Me imaginé /○ Imaginé} un nuevo modo de hacerlo. 私はその新しいやり方を思いついた。(「思いつく、発明・発見する」は imaginar のみ)

5.4.5. その他にも、強意用法の再帰動詞がいくつかある。中には元の動詞とは意味がかなり違うものもある。

ocurrir (出来事が) 起きる→ ocurrirse 思い浮かぶ | reír 笑う→ reírse 笑う：あざ笑う | olvidar 忘れる→ olvidarse 忘れ去られる | parecer 思える→ parecerse 似ている

Se me ocurrió una buena idea. 私に名案が浮かんだ。 [比較] Ocurrió un accidente. 事故が起きた。 | ¡Cómo {○ **se ríe** /○ ríe} el bebé! 赤ちゃんはなんとよく笑うのだろう！ (reír は文語的。reírse は口語的) | Todos {○ **se ríen** /× ríen} de ti. みんな君のことを笑っているよ。(「あざ笑う」は reírse のみ) | Tengo que {○ olvidarla /○ **olvidarme** de ella}. 私は彼女のことを忘れなければならない。(意図的行為。olvidar は文語的。olvidarse de は口語的) | {○ Olvidé /○ **Me olvidé** de /○ **Se** me **olvidó**} la cartera. 私は財布を忘れた。

（非意図的行為。olvidar は文語的。olvidarse de は口語的。olvidársele は「うっかり忘れた」という非意図性を強調した表現）｜ Mis hijos **se parecen** mucho a mí. 私の子どもたちは私によく似ている。　[比較] Mis hijos parecen estar cansados. 私の子どもたちは疲れているようだ。

5.5. 相互用法

5.5.1.　(i) 主語が複数形または集合名詞の場合、それぞれの行為が互いに影響を与える事態を再帰動詞で表すことができる。これを再帰動詞の「相互用法」という。文法的には、この型の文は再帰動詞の基本用法としても解釈できることがある。あいまいさを避ける必要があるときは、相互用法の文には mutuamente, recíprocamente, el uno al otro（すべて「互いに」）などの語句を付ける。

Nos conocemos bien. 私たちは互いによく知った仲だ。／私たちは自分の身のほどをよく心得ている。｜ **Nos conocemos** bien el uno al otro. 私たちは互いによく知った仲だ。

なお、この用法では el uno al otro は常に男性形で用いられる。

Pepe y Lola **se aman** {○ el uno al otro / × el uno a la otra}. ペペとロラは互いに愛しあっている。

(ii) 集合名詞が主語の場合は、動詞は単数形になる。

La gente bailaba, cantaba y **se abrazaba**. 人々は踊り、歌い、抱擁しあっていた。｜ La pareja **se casa** el 21 de marzo en la iglesia de San Lucas. そのカップルはサンルカス教会で 3 月 21 日に挙式する。

(iii) どの動詞が相互用法の再帰動詞となるかは、慣習によって決まることがある。hablar（話す）は hablarse（互いに口をきく）という形になるが、charlar（おしゃべりする）は相互用法を持たない。

5.5.2.　直接再帰の相互用法

　再帰代名詞が他動詞の直接目的語として働く相互用法は、次のような動詞に見られる。abrazarse 抱きあう｜ amarse 愛しあう｜ ayudarse 助けあう｜ besarse キスする｜ casarse 結婚する｜ conocerse 知りあう｜ odiarse 憎みあう｜ quererse 愛しあう｜ verse 会う｜ respetarse 互いに尊敬する｜ tutearse 相手を tú で呼びあう

Los novios **se abrazaron** y **besaron**. 恋人たちは抱きあって互いにキスをした。（等位構文で目的格代名詞が動詞に前置されたとき、2 つ目以降の動詞の前の代名詞は省略される。→第 9 章 8.2.4.）｜ Aquí en el pueblo **nos conocemos** todos. この村では私たちは全員顔見知りだ。｜ Pepe y yo **nos tuteamos**. ペペと私は互いに tú（君）で呼ぶ間柄だ。

5.5.3.　間接再帰の相互用法

　再帰代名詞が自動詞または他動詞の間接目的語として働く相互用法は、次のような動詞に見られる。darse 与えあう｜ enviarse 互いに送る｜ escribirse 文通する｜ hablarse 話す｜ pelearse けんかする

Los novios **se dieron** besos. 恋人たちは口づけを交わした。｜ Ayer Lola y yo **nos hablamos** por primera vez. 昨日、ロラと私は初めて口をきいた。｜ **Nos enviamos** mensajes todos los días. 私たちは毎日メールを送信しあっている。｜ Los dos héroes **se apretaron** firmemente la mano. 2 人の英雄は手を固く握りあった。

5.5.4. 相互行為者の一方を主語とする再帰動詞

　相互の行為を、両者のうちの一方だけを主語として表現する用法がある。casarse con ～と結婚する｜ cruzarse con ～と行き違いになる｜ encontrarse con ～と出会う

Voy a **casarme** con Pepe el mes próximo. 私は来月ペペと結婚する。　　[比較] Pepe y yo nos vamos a casar el mes próximo. ペペと私は来月結婚する。｜ **Me encontré** con Pepe en la calle. 私はペペと通りでばったり出会った。（偶然性が強調された表現）　[比較] Pepe y yo nos encontramos en la calle. ペペと私は通りで出会った。　　[比較] Encontré a Pepe en la calle. 私はペペを通りで {見かけた／見つけた}。（他動詞 encontrar は偶然の出会い、または意図的な行為のどちらも表せる）

5.6. 受動用法

5.6.1.　再帰動詞は「～される」のような受動の意味を表すことができる。これを再帰動詞の「受動用法」と呼ぶ。また、この用法による受動文を再帰受動文と呼ぶ。再帰受動文の主語は物や事に限られ、従って必ず 3 人称であり、再帰代名詞は se のみが用いられる。se は本来の「あなた（方）・彼（ら）・彼女（ら）自身を・に」という意味を失って、受動の標識として働く。主語は動詞より後に置かれることが多い。他動詞のみ、この用法が可能である。

En España <u>se</u>　<u>hablan</u>　<u>varias lenguas</u>. スペインでは、いくつかの言語が話されている。
　　　　　　　受動　他動詞　　　　主語

<u>Se</u>　<u>prohíbe</u>　<u>fumar</u>. 喫煙は禁じられている。
受動 他動詞　　主語

5.6.2.　受動用法の主語

(i) 受動用法の主語は、活動能力を持たない物や事に限る。人間や動物のように活動能力を持つものが主語になると、他の用法の解釈が優先され、受動の解釈が成り立たないのが普通である。

Pepe **se miró**. ○ペペは自分の姿を見た。（基本用法）／×ペペは見られた。（受動の解釈は不可）｜ **Se ayudaron** Pepe y Lola. ○ペペとロラは助けあった。（相互用法）／×ペペとロラは助けられた。（受動の解釈は不可）

(ii) 人間や動物が主語であっても、個人あるいは生き物というより、その果たす機能、役割が問題になるときは、受動用法が可能である。

Se enviaron soldados y armas al frente de batalla. 兵士と武器が前線に送られた。｜ **Se necesitan** empleados. 従業員が必要とされている。（「従業員募集」の意）｜ Los cangrejos **se cuecen** en vino blanco. カニは白ワインで煮られる。（調理の説明文などで）　[比較] Los cangrejos se esconden entre las rocas. カニは岩陰に身を隠す。（基本用法）

(iii) 再帰受動文の主語は、能動態の文の直接目的語と対応する。間接目的語とは対応しない。
○ A la puerta **se le dieron** fuertes golpes. 何発もの強い衝撃がドアに与えられた。（「衝撃」が主語。正しい文）｜ × La puerta se dio fuertes golpes. ドアは何発もの強い衝撃を与えられた。（「ドア」が主語。文として成立しない）｜ Alguien dio fuertes golpes a la puerta. 誰かがドアに何発もの強い衝撃を与えた。（能動文。「強い衝撃」は直接目的語、「ドア」は間接目的語）

5.6.3.　受動用法の語順

(i)「動詞＋主語」の語順のとき、主語はしばしば無冠詞になる。その場合は、主語は文の主題（→第 3 章 9.）ではなく、出来事を構成する一要素という位置づけになる。この表現は掲示、広告によく用いられる。

Se alquilan pisos. マンションが貸される。（貸家の掲示、広告。「あるマンションについて言えば、それが貸し出されている」というよりも、「賃貸マンションあり」というニュアンスになる）｜ **Se vende** pan. パンが売られている。（商店の掲示。「ある特定のパンについて言えば、そのパンは販売されている」という意味ではなく、「当店ではパンの販売をおこなっている」という意味）｜ **Se reparan** relojes. 時計が修理される。（時計店の掲示。「当店では時計の修理をしています」の意）｜ **Se veían** caras de hombres entre los arbustos. 茂みの中に何人かの人の顔が見えた。

(ii)「主語＋動詞」の語順のとき、主語は一般に定冠詞などを伴い、文の主題としての働きをする。

El sake **se sirvió** en copas de cerámica. その日本酒は陶器のグラスで供された。｜ Esos volcanes **se ven** bien aun desde lejos. それらの火山は遠くからでもよく見える。｜ Cerrando los ojos a la realidad, los problemas no **se arreglan**. 現実を見ようとしなければ、問題は解決しない。

5.6.4.　受動用法の動詞の形

　　動詞は主語の数に呼応する。しかし口語ではしばしば主語が複数形でも動詞が単数形になることがあり、この傾向はラテンアメリカのスペイン語で顕著である。

Se {○ **venden** / △ vende} melones. メロン販売中。（商店の掲示。文法的には venden が正しいが、実際には vende もよく用いられる。この場合は再帰動詞の不定人称用法が拡張されたと考えることもできる。→ 5.7.3.）

5.6.5.　受動用法と動作主を示す語句

(i) 再帰受動文は、動作主（「～によって」）を示す語句を伴うことができない。

　× La decisión se tomó por el alcalde. その決定は市長によって下された。（この文は不可）
比較 ○ La decisión fue tomada por el alcalde.（同義。「ser ＋過去分詞」型の受動文は動作主を示す語句を伴うことができる）

(ii) ただし、時にはこの原則に従わない事例も見られる。法律の文章、報道文などでは、しばしば「por ＋動作主」を伴う再帰受動文が見られる。

La concesión de los títulos nobiliarios a miembros de la familia real **se rige** por un real decreto. 王室の一員に貴族の称号を授与するときの手続きは王室典範によって定められている。｜ Los recursos **se presentaron** por el sector crítico. 反対派によって嘆願書が提出された。（正しいとされる形は ○ Los recursos fueron presentados por el sector crítico.）

(iii) また、典型的な動作主とは言えない「por ＋名詞」は、再帰受動文とともに用いることができる。

Las ventanas {○ **se rompieron** por el viento / × se rompieron por Pepe}. それらの窓は{○風で割れた／×ペペによって割られた}。（「風」は意志的な動作主ではなく、窓が割れる原因に過ぎないから。この場合の romperse は受動用法というより自動詞化用法の再帰動詞とみなすこともできる）｜ La lotería **se vende** por Internet. 宝くじがインターネット

で販売される。(「インターネット」は動作主というより、動作の媒介)

5.6.6. 中動態

再帰受動文の中には、「動作主によって〜される」という受動の意味が薄れて、自動詞化用法に近い意味を表すものがある。能動態と受動態（→ 6.）の中間に位置する表現なので「中動態」「中間構文」などと呼ばれることがある。事物の特徴を述べるときなどに用いられる。

Los libros de este novelista **se venden** estupendamente bien. この小説家の本は非常によく売れる。(「本を売る」と「本が売られる」の中間のような表現) | Esta ropa **se plancha** fácilmente. この衣服はアイロンがかけやすい。

5.6.7. 受動用法の命令文

受動用法の再帰動詞は、定型の命令文を作ることができる。

Véanse las páginas 5 y 6. 第 5, 6 ページが見られなさい。→ 第 5, 6 ページを参照。| **Téngase** en cuenta que hoy es un día importante. 今日が重要な日であることが考慮されなさい。→ 今日が重要な日であることを考慮すべきだ。

5.6.8. 受動用法と他の構文との違い

再帰受動文と「ser, estar ＋過去分詞」型の受動文の違いについては → 6. 再帰受動文と再帰不定人称文の違いについては → 5.7.3.

5.7. 不定人称用法

5.7.1. 「se ＋動詞 3 人称単数形」という形式で「人は一般に〜する」「不特定のある人が〜する」のような不定の人間を動作・状態の主体とする能動態の文を作ることができる。これを再帰動詞の「不定人称用法」と呼ぶ。また、この用法による不定人称文を再帰不定人称文と呼ぶ。再帰不定人称文は、形の上では主語を持たない。se は本来の「あなた（方）・彼（ら）・彼女（ら）自身を・に」という意味を失って、不定人称の標識として働く。自動詞、他動詞ともにこの用法が可能である。

<u>Se</u>　　<u>vive</u>　　bien en esta ciudad.
不定人称　自動詞

人は一般にこの都市で快適に暮らす。→　この都市は暮らしやすい。(「この都市に暮らす人は誰でも快適に暮らす」という意味なので、主語を明示しない)

<u>Se</u>　　<u>detuvo</u>　<u>a los secuestradores</u>.
不定人称　他動詞　　　直接目的語

人が誘拐犯たちを逮捕した。→ 誘拐犯たちが逮捕された。(「誘拐犯たちの逮捕」という情報が主眼であって、誰が逮捕したのかは話者の関心外なので、それを表示しない)

5.7.2. (i) 自動詞の再帰不定人称文：一般の自動詞だけでなく、連結動詞 ser でもこの形式を用いることができる。

Abuelito, ¿en tus tiempos **se vivía** mejor que ahora? おじいちゃんの時代は今より人の暮らし向きは良かった？ | **Se come** bien en este restaurante. このレストランはおいしい料理を出す。| Mucho **se habla** del fin próximo de la dictadura. ちまたでは独裁制がまもなく終わるとの話題で持ちきりだ。| O **se es** funcionario o **se opta** por la empresa privada. 公務員になるか、

民間企業をめざすか、選択肢は 2 つに 1 つだ。｜ Bajo estas circunstancias **se es** inocente poco tiempo. この環境の下では、人が罪を犯さずにいられる期間はほとんどない。

(ii) 他動詞の再帰不定人称文：

Yo creo que hoy día **se mima** demasiado a los niños. 近ごろは子どもを甘やかしすぎだと思う。｜ No **se veía** a nadie tras las ventanas entreabiertas. それらの半開きの窓の向こうには誰の姿も見えなかった。｜ A don José **se le alaba** por sus éxitos jurídicos. ホセさんは法曹界での功績によって称賛を受けている。

5.7.3. 再帰動詞の他の用法との関係

(i)

	受動用法	不定人称用法
主語	ある（物・事）	ない（「不定の人」を含意）
動詞の形	3 人称単数形・複数形	3 人称単数形
動詞の種類	他動詞	自動詞・他動詞
意味	「～される」	「人は～する」
例文	**Se habla** español. スペイン語が話される。 **Se veían** caras. 何人かの顔が見えた。	**Se habla** de Pepe. ペペの話題が出ている。 **Se veía** a Pepe y a Lola. ペペとロラが見えた。

(ii) 受動用法と不定人称用法は「動作・状態の主体をぼかして事柄を述べる」点で非常に近い働きをする。時に両者の区別が難しいことがある。たとえば次の文は、esta casa を主語とする「この家が売られている」という受動用法の文なのか、esta casa を直接目的語とする「人はこの家を売っている」という不定人称用法の文なのか、このままでは分からない。

Se vende esta casa. この家売ります。(不動産の掲示、広告)

　しかし esta casa を estas casas にすると、動詞も呼応して複数形になり、**Se venden** estas casas. という文になるので、estas　casas および esta　casa が主語であることが分かり、これらの文が再帰受動文であることが確認できる。

　ただし実際には、口語でしばしば **Se vende** estas casas. のような形も用いられる。この場合は再帰動詞の不定人称用法が拡張されたと考えることもできる。→ 5.6.4.

(iii) 再帰動詞の不定人称用法に、再帰動詞のその他の用法を重複させて用いることはできない。

　× Se se lava las manos antes de comer. 人は食事の前に手を洗う。(再帰動詞の自動詞化用法との重複。この文は不可)｜× Se se cree fácilmente lo que dicen los especialistas. 人は専門家の言うことをたやすく信じる。(再帰動詞の強意用法との重複。この文は不可)

これらの文意を表現するには、再帰動詞以外の不定人称表現 (→ 7.) を用いる。

○ **Uno** se lava las manos antes de comer. 人は食事の前に手を洗う。｜○ **La gente** se cree fácilmente lo que dicen los especialistas. 人は専門家の言うことをたやすく信じる。

5.8. se le 文

5.8.1. 強意用法または自動詞化用法の再帰動詞が間接目的語を伴う構文がある。Se le cayó la cartera.（彼〈女〉は財布を落としてしまった）のような形になるので、「se le 文」または「se me 文」と呼ばれる。出来事の非意図性を強調し、かつその出来事によって何らかの影響を被る者（関与者）を表示する表現である。主語は動詞より後に置かれることが多い。

Se le cayó la cartera. 彼（女）は財布を落としてしまった。
強意　関与者　自動詞　　主語

Se me rompió el plato. 私は皿を割ってしまった。
自動詞化　関与者　他動詞　　主語

5.8.2. 強意用法の se le 文をとる動詞。移動の起点を基準とする自動詞が多い：caerse 落ちる｜ dormirse しびれる｜ escaparse 逃げる｜ huir 逃げる｜ irse 行ってしまう｜ morir 死んでしまう｜ ocurrirse 思いつく｜ saltarse 飛び出る → 5.4.2. (i)

¡Cuidado! {○ **Se** te va a **caer** / × Te va a caer} el vaso de la mano. 気を付けて！手からグラスが落ちるよ。（この文意を表すには再帰動詞を用いる必要がある。この文の se を省略すると誤りになる。以下の例文でも同様である）｜ **Se** me **durmieron** las piernas. 私は足がしびれた。｜ A Lola **se** le **escaparon** las lágrimas. ロラの目から涙があふれ出た。｜ A Rita **se** le **huyó** el canario. リタはカナリアに逃げられた。｜ A Pepe **se** le **fueron** todos sus amigos. ペペの友人は誰もいなくなった。｜ A Paco **se** le **murió** el gato. パコは猫に死なれた。｜ **Se** te **ha saltado** un botón de la camisa. 君のシャツのボタンが取れたよ。

　例文が示すとおり、この構文は、間接目的語で表される者が意図しない出来事が生起し、それによって何らかの影響を被ることを示す。影響の中には「死なれる」「逃げられる」「落ちる」など、不利益を示すものもあれば、特にそうとは言えないものもある。

5.8.3. 自動詞化の se le 文をとる動詞：abrirse 開く｜ antojarse 〜したくなる｜ apagarse 消える｜ cerrarse 閉まる｜ enfriarse 冷める｜ mejorarse 良くなる｜ olvidarse 忘れ去られる｜ romperse 壊れる

Se me **antoja** probar la especialidad de la casa. 私はこの店のお勧め料理を食べてみたい。｜ Cuando charlaban en la sala, **se** les **apagó** la luz. 彼らが居間でおしゃべりしていると、明かりが消えてしまった。｜ **Se** te va a **enfriar** la sopa. 君のスープが冷めてしまうよ。｜ **Se** le **mejoró** el oído. 彼（女）の耳は良くなった。｜ A Paco **se** le **han roto** las piernas. パコは両脚を骨折した。｜ No rompí el plato, sino que **se** me **rompió**. 私が皿を割ったのではなく、皿が割れてしまったのだ。

　強意用法の場合と同じく、非意図的な出来事の生起と、それによって何らかの影響を被る者が存在することが示されている。

5.8.4. この構文の主語は物や事であることが多く、従って動詞は 3 人称の形がよく用いられる。しかし人間や動物を主語とすることも不可能ではない。

Lola, ¿por qué **te** me **escapaste**? ロラ、君はどうして私のもとから逃げたんだ？

5.8.5. 再帰代名詞が目的格の人称代名詞とともに用いられる場合の語順については → 第 9 章 8.2.2.

6. 能動態と受動態

6.1. 総論

6.1.1.　動作を起こす人・物を主語とするか、動作を受ける人・物を主語とするかの違いを表す動詞の形を「態」（voz）という。原則として、動作の担い手を主語とするときの動詞の形を「能動態」（voz activa）と呼び、動作の受け手を主語とするときの動詞の形を「受動態」（voz pasiva）と呼ぶ。そして能動態の文を「能動文」、受動態の文を「受動文」と呼ぶ。

<u>Los terroristas</u>　　　secuestraron <u>al político</u>.
動作の担い手（主語）　　　　　　　動作の受け手（直接目的語）
テロリストたちはその政治家を誘拐した。　　　……能動態の文（能動文）

<u>El político</u>　　　　fue secuestrado por <u>los terroristas</u>.
動作の受け手（主語）　　　　　　　　動作の担い手（前置詞の目的語）
その政治家はテロリストたちによって誘拐された。　　……受動態の文（受動文）

6.1.2.　ただし、能動文の主語が、意味的には動作の受け手を表すように見える場合もある。たとえば次の文の主語 el reo（囚人）は「宣告を受ける」という受動的立場にある。

El reo recibió la sentencia sin inmutarse. その囚人は宣告を受けても動揺しなかった。

　このような問題は、recibir（受ける）、padecer（罹患する）、sufrir（被る）のような受動的な意味を表す他動詞に生じる。能動態か否かの判定には、動詞の個別の意味よりも、文が「主語＋他動詞＋直接目的語」という形式をとっているか否かという文法的観点が優先される。上の例は la sentencia（宣告）という直接目的語が用いられた他動詞文なので、recibió は能動態である。

　受動態は、動作の担い手ではなく、動作の受け手を軸として、かつ動作の担い手が誰・何であるかには焦点を当てずに、出来事を描写することができる。

6.1.3.　受動態は「連結動詞（ser, estar, その他）＋過去分詞」、または「再帰動詞の受動用法」によって表される。能動態はそれ以外の形によって表される。この節では「連結動詞＋過去分詞」型の受動態について解説する。「再帰動詞の受動用法」については → 5.6.

6.1.4.　能動態と受動態の中間に位置する「中動態」を設けることもある。再帰受動文の用法の 1 つとして見られる。→ 5.6.6.

6.2. 「ser ＋過去分詞」型の受動態

6.2.1.　「ser ＋過去分詞」型の受動態は、人、動物、物、事を主語にとることができる。

El diputado **fue detenido** ayer en el aeropuerto, acusado de estar implicado en tráfico de cocaína. その議員はコカインの取引にかかわった容疑で昨日、空港で逮捕された。 | Hoy una vaca **ha sido vendida** por 7000 euros, el precio récord en lo que va de año. 今日、1 頭の牛が 7000 ユーロで売却された。これは今年の最高価格だ。 | Las bombas **fueron encontradas** en las inmediaciones del Congreso. それらの爆弾は国会のすぐ近くで発見された。 | Una nueva propuesta **será ofrecida** por los máximos responsables del Ministerio del Interior. 新たな提案が内務省の最高責任者筋から出される見込みだ。 | Mi ciudad natal **será declarada** Patrimonio de la Humanidad. 私の生まれた町が世界遺産に登録される見込みだ。

6.2.2. (i) 主語になれるのは、能動文の直接目的語と対応する場合、すなわち動作の直接の受け手を表す場合に限られる。6.2.1. の第 3、第 5 の例文に対応する能動態の文は以下のようになる。

Encontraron las bombas en la inmediaciones del Congreso. それらの爆弾を国会のすぐ近くで発見した。| Declararán mi ciudad natal Patrimonio de la Humanidad. 私の生まれた町を世界遺産に登録する見込みだ。

(ii) ただし、能動文の直接目的語であっても、熟語の一部を成す場合は受動文の主語にすることはできない。

Rita le tomó el pelo a Paco. リタはパコをからかった。(能動文。tomar el pelo は「からかう」を意味する熟語) | × El pelo fue tomado a Paco por Rita. からかいがリタによってパコに対しておこなわれた。(正しくない受動文)

(iii) 英語と異なり、原則として能動文の間接目的語は受動文の主語になることができない。Le enviaron una carta. 彼らは彼に手紙を送った。(能動文。le は間接目的語、una carta は直接目的語) | × Él fue enviado una carta. 彼は手紙を送られた。(正しくない受動文。él を主語にすることはできない) | ○ Una carta le fue enviada. 手紙が彼に送られた。(正しい受動文)

(iv) ただし preguntar（尋ねる）、pagar（支払う）では、能動文の間接目的語を受動文の主語にすることができる。この用法では、能動文の直接目的語に対応する語が受動文の中では直接目的語の形で維持されていないことが多い。

Cuando el espía **fue preguntado** sobre el secreto, guardó silencio. そのスパイは秘密について尋ねられたとき、沈黙を守った。| Usted **será pagado** por la secretaría. あなたは秘書課から謝金を受け取ることになるでしょう。

6.2.3. (i) ser は完了相の時制（→第 18 章 1.2.2.）、または未来形であることが多い。上記の 6.2.1、6.2.2 の例では直説法単純過去形、現在完了形、未来形が用いられている。

(ii) 不完了相の時制である直説法現在形や不完了過去形は、物理的動作を伴わない静的な出来事を表す動詞とともに用いられることが多い。この種の文は、主に主語の性質を描写するのに用いられ、従って動作主は「誰からも」「すべての人によって」のような形で表されるのが常である。

Cada persona **es respetada** por los demás y por la sociedad en general. 人は誰も他人から、そして社会全般から敬意を払われる。| El tío Paco **era amado** por todos, incluso por los animales. パコおじさんは誰からも愛された。動物にまで好かれた。(「パコおじさん」がどれほど好人物であったかを述べる文) 比較 × El tío Paco era amado por Lola. パコおじさんはロラによって愛された。(或る個人によって愛されたという情報は、パコおじさんの性質描写に寄与しないので不可)

(iii) 物理的動作を伴わない静的な出来事を表す動詞を用いた受動文では、過去分詞に muy（とても）、de sobra（あり余るほど）のような修飾語を付けることができる。この場合は、過去分詞は形容詞化していて、受動文というより「主語＋連結動詞＋主格補語」型の文に近いと見ることもできる。

Esta planta **es muy odiada** por los agricultores. この植物は農業従事者からひどく嫌われている。| El valiente matador **es de sobra conocido** por todos los amantes de la fiesta taurina. その勇敢なマタドールは闘牛ファンの誰もがよく知っている。

(iv) 写真のキャプションのように、進行中の動作のある瞬間を描写する場合には、物理的動作を表す動詞を不完了相の時制で用いることができる。

El primogénito de los reyes **es bautizado** por el sacerdote José Gómez. 国王夫妻の長男がホセ・ゴメス司祭により洗礼を受ける。（報道写真に付されたキャプション）

(v) 直説法現在形が歴史的現在を表す用法では、物理的動作を表す動詞を現在形で用いることができる。

En la madrugada del 21 de junio de 1582 Nobunaga Oda **es atacado** por las tropas de Mitsuhide Akechi. 1582 年 6 月 21 日早暁、織田信長は明智光秀軍の攻撃を受ける。

6.2.4.　過去分詞は主語と性数一致する。

Pudimos entrar en la casa sin **ser vistos** por nadie. 私たちは誰にも見られずに家に入ることができた。｜ Las revueltas pueden **ser utilizadas** por los sectores conservadores para frenar las reformas. それらの反乱は、保守派が改革を阻止するのに利用される可能性がある。

6.2.5.　(i) 動作主を表現する場合は「por ＋動作主」の形を用いる。感情など静的な出来事を表す場合は de を用いることもある。

Mi abuela **es amada** {por / de} todos los vecinos. 私の祖母は近所の誰からも愛されている。（祖母が「誰からも愛される」という特徴を持つことを述べる文なので、動作主がないと無内容な文になる）

(ii) 前置詞 de を取り得るのは、静的な出来事を表す動詞である。amar 愛する、querer 愛する、odiar 憎む、respetar 尊敬する、envidiar うらやむ、desear 望む、temer 恐れる、acompañar 伴う、conocer 知る、preceder 先立つ、rodear 囲む、seguir 従う、追い求める El valor nutricional de la leche **es de** todos **conocido**. ミルクの栄養価が高いことはよく知られている。（成句的な語順）｜ El progreso intelectual de la niña **fue seguido** constantemente {por / de} la cámara. 少女の知的発育の様子はカメラで常に観察された。

6.2.6.　「estar ＋ ser の現在分詞＋過去分詞」という形を用いることがある。英語の影響であり、本来のスペイン語らしくないとされるが、報道文では広く見られる。

Una selvática comunidad en Perú **está siendo invadida** por periodistas, científicos y curiosos que tratan de capturar una enorme serpiente. ペルーの密林のある地方が、巨大な蛇をつかまえようとする報道関係者、科学者、やじうまによって侵略されている。

6.2.7.　「主語＋ ser ＋過去分詞（＋ {por / de} ＋動作主)」という語順が基本だが、主語を後ろに置くこともできる。

Al mismo tiempo, **fueron estudiados** algunos ancianos del barrio, entre ellos mi abuelo. それと同時にその地区の老人たちが調査の対象になった。その中には私の祖父も含まれていた。（動詞の前に al mismo tiempo という語句があり、かつ主語が長いので、文のバランスをとるために主語を後ろに置いている）

6.2.8.　「ser ＋過去分詞」型の受動文は報道文では多用されるが、日常会話などでは避けられる傾向がある。動作の受け手を軸として出来事を描写したいときには、「再帰動詞の受動用法」「不定人称文」「重複文」など、別の表現手段が用いられることが多い。たとえば「この自動車が売りに出されている」は、次のように表現される。

× Este coche es vendido. （「ser ＋過去分詞」型受動文。不可）｜ Se vende este coche.

（再帰受動文）｜ Venden este coche.（3 人称複数形による不定人称文）｜ Este coche lo venden.（重複文）

6.2.9. 受動態は、ser のない形でも成り立つことがある。

(i)「名詞句＋過去分詞（＋ {por / de} ＋動作主)」という形で、名詞句を修飾する形容詞的な受動態が用いられる。→ 第 19 章 6.

La policía encontró **las joyas robadas por los bandidos**. 警察は窃盗団によって盗まれた宝石類を発見した。

(ii)「過去分詞（＋ {por / de} ＋動作主)」という形で、述語を修飾する副詞的な受動態が用いられる。分詞文（分詞構文）の一種である。→ 第 19 章 6.7.

Elegido primer ministro de Japón, el líder del partido no perdió ni un momento para formar su gabinete. 日本の首相に選出されて、その党首は間髪を入れず組閣をおこなった。

6.3.「estar ＋過去分詞」型の受動態

6.3.1.「estar ＋過去分詞」型の受動文では、「ser ＋過去分詞」型の受動文と同じく、主語は能動文の直接目的語と対応する。過去分詞は主語と性数一致する。動作主を表示する場合は、por または de に導かれる形で表示する。「主語＋動詞」の語順が基本である。estar のない形の用法もある。

Los derechos humanos fundamentales **están garantizados** por la Constitución. 基本的人権は憲法によって保障されている。｜ La guarida de los narcotraficantes **está rodeada** por la policía. 麻薬運び人の隠れ家は警官隊によって包囲されている。｜ La guarida de los narcotraficantes **está rodeada** {por / de} árboles. 麻薬運び人の隠れ家は木々に囲まれている。（静的なことがらなので、動作主を de で表すこともできる）｜ Los ejecutivos violaron **las normas establecidas por ellos mismos**. それら経営者は自分が設けた規約を破ってしまった。｜ **Cerrada** la puerta, los muchachos tenían que estar sentados en el portal hasta que viniera el dueño de la casa. ドアが閉められていたので、若者たちは玄関に座って家の持ち主が現れるのを待たねばならなかった。

6.3.2. ser とは異なり、estar は不完了相の時制（→ 第 18 章 1.5.）でも制限なく用いられる。

Estas fotos **están tomadas** sobre la una de la madrugada en la plaza de Colón. これらの写真は午前 1 時ごろにコロン広場で撮影されたものだ。｜ La suerte **estaba echada**, y era inútil darle vueltas a lo ocurrido. すでに賽は投げられた。起きてしまったことをやり直すことは無意味だった。

6.3.3.「estar ＋過去分詞」型受動態は結果状態を表す。

El empresario **está secuestrado** por los guerrilleros. Ha pasado un mes sin conocerse su paradero. その実業家はゲリラに誘拐されている。その行方が知れなくなって 1 か月経つ。

比較 El empresario **fue secuestrado** por los guerrilleros hace un mes. その実業家は 1 か月前、ゲリラに誘拐された。（動作）

6.3.4. 過去分詞が形容詞化し、受動文というより「主語＋連結動詞＋主格補語」型の文に近い場合もある。

El supermercado **está abierto** hasta las diez de la noche. そのスーパーは午後 10 時まで開いている。← そのスーパーは午後 10 時まで開けられている。｜ Rita **está** muy **cansada**. リタ

はとても疲れている。← リタはとても疲れさせられた状態である。

6.4. 「その他の連結動詞＋過去分詞」型の受動態

6.4.1. ser, estar 以外にも連結動詞的な働きをする動詞がある。andar, encontrarse, hallarse, parecer, permanecer, quedar, resultar, salir など。→ 第 20 章 1.2.　連結の働きの上に、それぞれの動詞の固有の意味を加えた受動態を作ることができる。

Cuando entré en la sala, los huéspedes **se encontraban sentados** en el sofá. 私が居間に入ったとき、お客たちはソファに座っていた。｜ Lola **pareció sorprendida**. ロラはびっくりしたように見えた。｜ El restaurante **permanece cerrado** durante las vacaciones de Navidad. そのレストランはクリスマス休暇の期間はずっと休業している。｜ Los pasajeros **salieron apretados** del metro. 乗客たちは地下鉄から、ぎゅうぎゅう詰めの状態で出てきた。

6.4.2. 過去分詞が形容詞的に働く場合も多い。

Lola se **quedó** muy **satisfecha**. ロラは非常に満足した。｜ El chófer **resultó** gravemente **herido**. 運転手は重傷を負う結果となった。

6.5. さまざまな受動文の違い

6.5.1. 「連結動詞＋過去分詞」型受動文と再帰受動文

	「連結動詞＋過去分詞」型受動文	再帰受動文
主語	人・動物・物・事	物・事のみ
動詞の形	「連結動詞＋過去分詞」 すべての人称	「se ＋動詞」 3 人称単数形・複数形のみ
動詞の種類	他動詞	他動詞
動作主	「por, de ＋動作主」	動作主を表すことはできない
文体的特徴	改まった表現 報道文などに用いられる	一般的な表現 日常の会話にも広く用いられる
例文	La película **fue filmada** por un famoso director en 20XX. 　その映画は有名な監督によって 20XX 年に制作された。	**Se filmó** la película en 20XX. 　20XX 年にその映画が制作された。

6.5.2. さまざまな「連結動詞＋過去分詞」型受動文

	ser	estar	その他の連結動詞
時制	完了相の時制が多い	完了相・不完了相	完了相・不完了相
意味	出来事	出来事の結果状態	動詞の固有の意味が加味
例文	Fue secuestrado. 彼は誘拐された。	Está secuestrado. 彼は誘拐されている。	Permanece secuestrado. 彼は誘拐されたままだ。

7. 不定人称文と無人称文

7.1. 総論

7.1.1. 主語を特に示す必要がない場合、主語を明らかにせずに文を作ることができる。動作や出来事を起こしたのが誰・何なのかを特定しない表現形式を「不定人称」形式と言い、この形式で成り立つ文を「不定人称文」（oración impersonal）と言う。また、主語を持たない文を作ることができる。自然現象や時間の経過など、動作・出来事の主体が具体的に存在しない場合、これを主語を欠く表現形式、即ち「無人称」形式で表す。この形式で成り立つ文を「無人称文」、または「単人称文」（oración unipersonal）と言う。

<u>不定人称文</u>：Dicen que el tiempo es oro. 時は金なりと言われている。（主語は不定の人。誰が言っているのかを特定せず、「（人々は）〜と言っている」「〜だそうだ」「〜だと言われている」のように言われている内容に意味的重心を置いた表現）

<u>無人称文</u>：Está lloviendo. 雨が降っている。（主語は存在しない。「降雨」という自然現象を描写している）

7.1.2. 不定人称文には、①3人称複数形を用いる、②再帰動詞の不定人称用法を用いる、③ uno を「人というもの一般」の意味で用いる、④1人称複数形を主語とする、⑤2人称単数形を主語とする、などがある。また、⑥ gente（人）を用いて不定人称的な意味を表すことができる。このうち、②再帰動詞の不定人称用法については → 5.7.

7.1.3. 無人称文には、①自然現象を表す、②時間の経過を表す、③その他の事柄を表す、の3種がある。

7.2. 不定人称文

7.2.1. 3人称複数形を用いた不定人称文

(i) 主語は「不定の人」と解釈される。話し手、聞き手はその中から除外される。動物、物・事が含意されることはない。この文形式では、主格人称代名詞 ellos, ellas を表示してはならない。

Aquí **ponen** una película sobre la guerra civil española. ここでスペイン内戦を扱った映画を上映している。　比較 Ellos ponen una película sobre la guerra civil española. ここで彼らはスペイン内戦を扱った映画を上映している。（特定の「彼ら」を主語にした文。不定人称文としての解釈はできない）｜ **Han sembrado** zanahorias en el huerto. その菜園にはニンジンの種蒔きがおこなわれた。

(ii) 含意される主語は単数の場合もある。

Oye, **están llamando** a la puerta. ねえ、誰かがドアをノックしているよ。（「ノックしている人は1人」という状況でも使用可）｜ Seguro que a mí también **van a reñir**me. 私もきっと叱られるだろう。（「叱る人は1人」という状況でも使用可）｜ Me **han robado** la cartera. 私は財布を盗まれた。（犯人が1人という状況でも使用可）

(iii) 話し手自身は主語の中に含意されない。

En esta tienda **venden** todo a un euro. この店では何でも1ユーロで売っている。（話し手は「この店」の部外者）　比較 En esta tienda vendemos todo a un euro. 当店では何でも1ユーロで売っています。（1人称複数形を主語とする文。話し手は「当店」の一員）｜ ¡Calla,

pueden saber qué pasa! 黙れ、何が起きているのかを知られてしまうかもしれないぞ！（話し手は「何が起きているのかを知るかもしれない」人の対象外）　比較 ¿Se puede saber qué pasa? 何が起きているのか説明してもらえますか？（再帰動詞の不定人称用法。「何が起きているかを知ることができる」人は形式上、「不定の人」として表現されているが、実際には話し手自身を指す）

(iv) 再帰動詞の不定人称用法とほぼ同じ意味内容を表す場合がある。ただし、3 人称複数形のほうが口語的だと感じる人もいる。

{**Dicen** / Se dice} que el arándano es bueno para los ojos. ブルーベリーは目に良いそうだ。（ほぼ同義）　｜　{**Envenenaron** / Se envenenó} al conde. 伯爵は毒殺された。（ほぼ同義）

7.2.2.　uno を用いた不定人称文

(i) uno を「人というもの一般」の意味で用いることができる。

Por dinero **uno** es capaz de ponerse delante de un toro. 人はお金のためなら危険なことでも平気でおこなう。｜ La maldad le emborracha a **uno** como el vino. 邪悪な心はまるでワインのように人の感覚を麻痺させてしまうものだ。

(ii) 再帰動詞を用いた表現を不定人称形式にするとき、しばしば uno が用いられる。再帰動詞の不定人称用法を他の用法と重複して用いることができないので、その代用となることが多い。

Uno se acostumbra a todo. 人はどんなことにも慣れてしまうものだ。（× Se se acostumbra a todo. は不可）｜ Se adormece **uno** pensando en lo que no tiene remedio. 人は手立てのない事態について考えようとすると、いい知恵が出てこないものだ。

(iii) 「人というもの一般」について述べる文という形式をとりながら、実際には話し手自身について述べる場合がある。

No te preocupes de mí. **Uno** aún tiene buenos amigos. 私のことなら大丈夫。私にはいい友人たちがついているから。｜ ¿Es que no puede **uno** gastar una broma? 冗談を言ってもいけないのかい？（冗談を言ったのを咎められての発言。一般論のように表現しながら、「私には冗談を言うことも許されないのか」という個別の出来事に言及している）

(iv) 「女性一般」を表す場合、または前項 (iii) において話し手が女性の場合、女性形 una を用いる。ただしラテンアメリカのスペイン語にはこの用法がなく、常に男性形 uno が用いられる。

En esa época, **una** siempre obedecía a su marido. 当時、女性は常に夫に従っていた。｜ **Una** está aquí para servirles. 私は皆さんのお役に立つためにここにいるのです。（話し手は女性）

7.2.3.　1 人称複数形を用いた不定人称文

主語は「複数の不定の人」と解釈され、話し手がその中に含意される。主格人称代名詞 nosotros, nosotras を表示すると、「不定人称」の意味合いが希薄になる。

En Japón **estudiamos** inglés como primera lengua extranjera. 日本では英語を第 1 外国語として学習する。（話し手も「英語を第 1 外国語として学習する人々」に含まれる）｜ Mientras existan armas nucleares, **tendremos** que mantener una fuerza disuasoria. 核兵器が存在する限り、抑止力を維持しなければならないだろう。（tendremos の前に nosotros を付けると、不定人称としての意味合いが薄れる）

7.2.4. 2 人称単数形を用いた不定人称文

　主語は「不定の人」と解釈される。聞き手がその中に含意される。主格人称代名詞 tú を表示してはならない。口語で用いられる。

　Hay gente que se enfada solo porque le **haces** una pregunta de nada. 世の中には、ちょっと質問されただけで腹を立てる人がいる。（haces の前に tú を付けると、「質問をする人」は聞き手 tú に限られ、不定人称の意味は失われる） | Nunca voy allí porque **te** cobran más que en otras tiendas. そこは他の店より高額の料金を請求されるので、私は決して行かない。

[注意] 2 人称単数形を用いた不定人称文は、主体に「聞き手を含んでいる」ニュアンスが感じられなければならない。従って、Al principio se martirizaba a los cristianos.（当初はキリスト教徒は迫害された）を × Al principio martirizabas a los cristianos. と言い換えることはできない。また Llaman a la puerta.（誰かがドアをノックしている）を × Llamas a la puerta. と言い換えることはできない。

7.2.5. gente を用いた不定人称的表現

　名詞 gente（人）を用いて「複数の人が一般に」という意味を表すことができる。

　¡Qué va a decir la **gente** si estás todo el día en casa sin hacer nada! お前が 1 日中何もせず家にいると、人にどううわさされるだろうか！ | Yo creo en la amabilidad de **la gente**. 私は人は優しいものだと信じている。

7.2.6. さまざまな不定人称文のちがい

不定人称文	意味上の主語	話し手	聞き手
3 人称複数形	不定の人（単・複）	含まれない	含まれない
再帰不定人称	不定の人（単・複）	含まれる	―
uno	人というもの一般	含まれる	―
1 人称複数形	不定の人（複）	含まれる	―
2 人称単数形	不定の人（単・複）	含まれない	含まれる
gente	不定の人（複）	含まれない	―

　＊「話し手」「聞き手」の項は、それらが意味上の主語の中に含意されるか否かを示す。「―」は、その選択肢については積極的な含意がないことを示す。

7.3. 無人称文

7.3.1. 自然現象文

(i) 次のような自然現象を表す動詞は、主語を持たず、3 人称単数形にのみ活用する： llover 雨が降る | nevar 雪が降る | tronar 雷が鳴る | relampaguear 稲妻が光る | escampar 雨がやむ | amanecer 夜が明ける | anochecer 日が暮れる

　Aquí **llueve** mucho en junio. ここでは 6 月に雨がよく降る。 | Ayer **nevó** con mucha intensidad. 昨日は雪が激しく降った。 | En invierno **anochece** temprano. 冬は日が暮れるのが早い。

[参考] 上記の動詞が無人称ではなく、一般の動詞と同様に用いられる場合がある。

Por fin escampó la tormenta. ようやく嵐が静まった。 | Tras la publicación de esa novela le llovían los premios. その小説の刊行以来、彼（女）は数々の賞を受けた。 | Buenos días. ¿Cómo amaneciste?（ラテンアメリカ語法）おはよう。よく眠れた？

(ii) 「hacer ＋名詞」の形で気象、気温などに関する自然現象を表す。主語はなく、3 人称単数形でのみ用いられる。

Hace sol. 日が照っている。 | Ese día **hacía** mucho viento y las antenas se movían. その日は風が強く、アンテナが揺れていた。 | **Hace** {calor / frío}. 暑い／寒い。

(iii) 「estar ＋形容詞」の形で気象、湿度などに関する自然現象を表す。主語はなく、3 人称単数形でのみ用いられる。

Está {despejado / nublado}. 晴れている／曇っている。 　⎡比較⎦ El cielo está {despejado / nublado}. 空は{晴れている／曇っている}。（このように el cielo を主語とする表現も可能）

7.3.2.　時間文

(i) 「hacer ＋時＋ que」は時の経過を示す。

Hace dos años que vivo aquí. 私がここに住んで 2 年になる。（現在までの継続：que に後続する動詞は現在形） | **Hacía** dos años que vivía allí. 私がそこに住んで 2 年が経っていた。（過去のある時点までの継続：不完了過去形） | **Hace** dos años que terminé la carrera. 私が大学を卒業して 2 年になる。（過去の出来事以降、現在までの時の経過：que に後続する動詞は単純過去形） | Dentro de poco **hará** dos años que estalló la guerra. その戦争が始まってまもなく 2 年になろうとしている。（過去の出来事以降、未来のある時点までの時の経過：que に後続する動詞は単純過去形）

(ii) 「hace ＋時」は現在を基準にした過去を表す。「hacía ＋時」は過去のある時点を基準にした、さらなる過去を表す。これらの句は副詞的に働いていて、語順の制約も少ない。

Hace dos años vivía allí. / Vivía allí **hace** dos años. 私は 2 年前そこに住んでいた。 | **Hacía** dos años había vivido allí. / Había vivido allí **hacía** dos años. 私はその 2 年前そこに住んでいた。 | Vivo aquí desde **hace** dos años. 私は 2 年前からここに住んでいる。

(iii) ser を用いて、時間などを表す無人称文を作ることができる。

Ya **es** muy tarde. **Es** la hora de ir a la cama. もうずいぶん遅い。寝る時間だ。 | ¡Qué frío! Todavía no **es** primavera. ああ、寒い！まだ春とは言えない。

7.3.3.　存在文

haber の 3 人称単数形を用いて「～がある」などの存在を表す。→ 第 20 章 3.2.

第21章 さまざまな文表現

1. 総論

　この章では、さまざまな品詞が関係する文形式を扱う。その多くが他の章でも説明されているので、この章では、主にそのとりまとめと、補足説明をおこなう。

　「2. 受動文、不定人称文、無人称文」では、動作、状態の主体を主語以外の形式で表す文を扱う。

　「3. 使役文、知覚文、描写文」では、意味上の主語を直接目的語や間接目的語で表し、その動作、状態を不定詞や現在分詞で表す文を扱う。

　「4. 無強勢代名詞重複文、その他の重複文、省略文」では、同じ内容を表す単語、語句を重複させる文、またその逆に、単語、語句を省略する文を扱う。

　「5. 比較級、否定、不定詞、分詞を用いた文、強調文」では、英語の「so... that」構文、「not only... but also」構文、分詞構文、強調構文などに相当する文形式を扱う。

　「6. 対を成す要素で構成される文」では、「条件と帰結」「理由と結果」「出来事と、それが起きる時間」のように、2つの要素の関係を示す文を扱う。

　「7. 話法」では、直接話法、間接話法、その転換などを扱う。

　「8. 丁寧表現」では、日本語の敬語に相当する表現形式を扱う。

2. 受動文、不定人称文、無人称文

2.1. 受動文

　動作の受け手を主語とする文を「受動文」（oración pasiva）と言う。受動文には、次の3種がある。→第20章5.6.、同6.

・「ser + 過去分詞」型：La puerta **fue abierta** por una anciana vestida de negro. その扉は黒い服を着た老女によって開かれた。

・「estar + 過去分詞」型：El portero me contó que la puerta siempre **estaba abierta**. 守衛によると、そのドアはいつでも開けられているとのことだった。

・再帰動詞型：De pronto **se abrió** la puerta del salón. にわかに居間のドアが開けられた。

2.2. 不定人称文

　動作や出来事を起こしたのが誰・何なのかを特定しない文を「不定人称文」（oración impersonal）と言う。次のようなものがある。→第20章5.7.、同7.

・3人称複数形型：**Dicen** que es verdad. それは本当だそうだ。

・再帰動詞型：Aquí **se vive** bien. ここは暮らし向きがいい。

・uno 型：**Uno** es dueño de sus palabras. 人は自分の言葉に責任がある。

・1人称複数形型：No **somos** perfectos. 人は誰も完全無欠ではない。

・2人称単数形型：Nunca **sabes** cuándo te vas a resfriar. 自分がいつ風邪を引くかは誰にも分からない。

2.3. 無人称文

主語を持たない文を「無人称文」または「単人称文」（oración unipersonal）と言う。次のようなものがある。→第 20 章 3.2.、同 7.

・自然現象文：**Está lloviendo** fuerte. 雨が激しく降っている。

・時間文：**Hace** dos años que vivo aquí. 私がここに住んで 2 年経つ。

・存在文：Ya no **hay** otro remedio. もう他に手段がない。

3. 使役文、知覚文、描写文

3.1. 使役文

3.1.1. 誰か・何かに動作をおこなうよう、働きかけることを表す文を「使役文」（oración causativa）と言う。hacer を用いる使役文（強制使役文）では、原則として使役動作をさせられる者は、自動詞の場合は直接目的語で表し、他動詞の場合は間接目的語で表す。dejar を用いる使役文（放任使役文）では、原則として使役動作をおこなう者は、自動詞の場合も他動詞の場合も、直接目的語で表す。→第 3 章 7.3.、第 20 章 3.7.5.、同 3.7.8.

(i) 強制使役文：A Lola la **hice** callar. 私はロラを黙らせた。｜ A Lola le **hice** limpiar su habitación. 私はロラに部屋を掃除させた。

(ii) 放任使役文：A Lola la **dejé** dormir. 私はロラを寝かせておいた。｜ A Lola la **dejé** comer helado. 私はロラにアイスクリームを食べさせてやった。

3.1.2. 使役動作をさせられる者を限定しない場合は省略できる。

La actitud de Paco **hace** sospechar que está ocultando algo. パコの態度から察するに、彼は何かを隠しているようだ。（sospechar の意味上の主語は示されていない）

3.1.3. 日本語の「〜させられる」のような使役と受動を同時に表す形式は好まれない。使役と不定人称を用いて、その意味を表す。

○ Me **hicieron** esperar mucho tiempo. 私は長い間、待たされた。（× Fui hecho esperar mucho tiempo. は誤り）

3.1.4. 「自分を〜されるがままにする」を表す放任使役文では、能動態の形式で受動の意味を表す。

○ Este niño no se **deja** abrazar por sus abuelos. この子はおじいさん、おばあさんに抱っこされるのをいやがる。（× Este niño no se deja ser abrazado por sus abuelos. は誤り）

3.1.5. 過去分詞による使役文については → 第 19 章 6.6.

3.2. 知覚文

3.2.1. ある出来事を視覚、聴覚などでとらえることを表す文を「知覚文」と言う。原則として知覚の対象となる者は、自動詞の場合も、他動詞の場合も、直接目的語で表す。→第 19 章 5.5.

(i)「ver, oír など＋不定詞」型：Las **vi** correr. 私は彼女らが走るのを見た。｜ Las **oí** cantar el himno. 彼女らが讃美歌を歌う声が聞こえてきた。

(ii)「ver, oír など＋現在分詞」型：La **vi** jugando con un gato. 私は彼女が 1 匹の猫と遊んでいるのを見た。｜ La **oí** tocando el piano. 彼女がピアノを弾いている音が聞こえてきた。

3.2.2. 過去分詞による知覚文については → 第 19 章 6.6.

3.3. 描写文

ある出来事の一場面を描写する文を「描写文」と言う。原則として出来事の主体となる者は、自動詞の場合も他動詞の場合も、直接目的語で表す。→第 19 章 5.5.、同 5.6. (iii)

(i)「representar, mostrar など＋現在分詞」型：Este cuadro **representa** a unas ninfas bailando. この絵は妖精たちが踊る様子を描いている。

(ii) 名詞句として：la **foto** de dos perros peleando 2 匹の犬が争うさまを写した写真

4. 無強勢代名詞重複文、その他の重複文、省略文

4.1. 無強勢代名詞の重複文

4.1.1. 無強勢代名詞と、同一の対象を指す語句とが重複して用いられる文を「無強勢代名詞重複文」と言う。次の 5 種がある。→第 9 章 9.

(i)「a ＋前置詞格人称代名詞」を前置、無強勢代名詞を後置：¿**A ti te** da miedo? 君はこわいのか？

(ii)「a ＋前置詞格人称代名詞」を後置、無強勢代名詞を前置：¿**Te** da miedo **a ti**? 君はこわいのか？

(iii) 直接目的語を前置、無強勢代名詞を後置：**El dinero** ya **lo** gasté. そのお金は、私はもう使ってしまった。

(iv) 間接目的語を前置、無強勢代名詞を後置：**A Paco** no **se** lo pedí. パコには、私はそれを頼まなかった。

(v) 間接目的語を後置、無強勢代名詞を前置：No **se** lo pedí **a Paco**. 私はそれをパコに頼まなかった。

4.1.2. 「直接目的語を後置、無強勢代名詞を前置」という形式は、一般的には不可である。また、重複する文と重複をしない文とでは、働きに違いがある。→第 3 章 9.4.2.、第 9 章 3.3. ～ 3.5.

4.2. その他の重複文

4.2.1. 同一の単語、語句を繰り返して、強調を表すことができる。

La gente **reía** y **reía**. 人々は大笑いした。｜ ¡**Qué gracioso**, pero **qué gracioso**! 面白い！それにしても面白い！｜ El consumo de las tierras raras va en aumento **año** tras **año**. レアアースの消費は年々増大している。

4.2.2. 「A は A である」という等価表現（トートロジー）によって、対象の重要性を際立たせることがある。

Gaudí es **Gaudí**. ガウディは、さすがにガウディだけのことはある。｜ Donde **hay**, **hay**. ある所にはあるものだ。

4.2.3. 同族目的語を用いた文では、動詞と目的語が同じ要素を共有する。→第 20 章 4.4.2.

Mi abuelo **vivió** una **vida** feliz. 祖父は幸せな人生を生きた。｜ A Lola le gusta **cantar canciones**. ロラは歌を歌うのが好きだ。

4.2.4.　同一の動詞の不定詞と人称形を用いて、断定しきれない内容を表すことができる。
Entender, sí **entiendo**, pero... 分かることは分かるが、でも……。｜ **Llover**, ha **llovido**; pero llover, llover, no ha llovido. 雨が降ることは降ったが、「雨降り」というほどではなかった。

4.2.5.　「no ＋動詞＋否定語」という形式の否定文では、否定を表す要素が重複して用いられる。→ 第 11 章 4.2.2.、同 4.3.1.
No tienes **nada** que temer. 君には恐れることは何もない。｜ **No** he visto **nunca** a **nadie** tan arrogante. 私はこれほど傲慢な人に会ったことがない。

4.3. 省略文

4.3.1.　一部が省略された文を「省略文」と言う。同じ単語、語句の繰り返しを避けたい場合や、明言を避けたい場合などに用いられる。

4.3.2.　全く同じ単語、語句を省略するもの。
Han aceptado la solicitud de admisión de Lola, pero no la de Rita. ロラの受け入れ申請は受理されたが、リタのは受理されなかった。(..., pero no [han aceptado] la [solicitud de admisión] de Rita. のかっこ内が省略)

4.3.3.　多少の違いのある単語、語句を省略するもの。
¿De dónde eres? —De Madrid. 君はどこの出身？　──マドリードだよ。([Soy] de Madrid. のかっこ内が省略。主語に呼応させて動詞の形を変えている）｜ En cuanto a la cita con el dentista me olvidé por completo. 歯科医院の診療予約については、私はすっかり忘れていた。(... me olvidé [de la cita con el dentista] por completo. のかっこ内が省略。de を補っている）

4.3.4.　先行文脈には現れていない単語、語句を省略するもの。
Camarero, un café, por favor. ウェイターさん、コーヒーを 1 杯お願いします。(Camarero, [póngame] un café, por favor. のかっこ内が省略。状況から、注文をしようとしていることが明瞭）｜ Ya sabes, quien abarca mucho... 君も知っているとおり、「多くつかもうとする者は…」って言うだろう？（poco aprieta〈ほとんど握りしめられない〉が省略。「欲張りはかえって損をする」という意味の、誰もが知っていることわざの後半部分を略している）｜ ¿Por qué lo hiciste? —Mira, es que..., la verdad es que... 君はなぜそんなことをしたんだ？　──それは、実は…、本当のことを言うと…。(明言を避けている）

5. 比較級、否定、不定詞、現在分詞、過去分詞を用いた文、強調文

5.1. 比較級を用いた文
次のような比較級による形式で、文を作ることができる。→第 6 章 5.6.
no... más que …に過ぎない、たった…である｜ cuánto más... (tanto) más …すればするほど～である｜ cada vez {más / menos} ますます…になる｜ (no...) ni más ni menos que ～に他ならない｜ tanto... como …と同様～も｜ lo más... posible、lo más... que + poder の定形 できるだけ｜ tan... que 大変…なので～だ｜ tal... que 大変な…なので～だ｜ no... tan... como ～ほど…ではない

5.2. 否定を用いた文

5.2.1. 「no... sino」は「…ではなく〜」を表す。英語の「*not... but*」に相当する。→第14章2.7.

No somos de España **sino** de Portugal. 私たちはスペインではなくポルトガルの出身だ。(× ... pero de Portugal は不可) | Pepe **no** es estudiante **sino** que trabaja en una fábrica. ペペは学生ではなく、ある工場で働いている。

5.2.2. 「no solo... sino (también)」「no solamente... sino (también)」は「…だけではなく〜も」を表す。英語の「*not only... but (also)*」に相当する。

Me interesa **no solo** la historia, **sino también** la geografía. 私は歴史だけでなく地理にも興味がある。(○ Me interesan... も可) | **No** pensemos **solamente** en el ahora **sino** que tenemos que echar la mirada hacia delante. 私たちは現在のことだけを考えてはならない。将来にも目を向けるべきだ。

5.2.3. 「no sé +疑問詞句」が名詞や形容詞のように働き、「何か（の）」「どこか（の）」などを表すことがある。

He oído que Lola es princesa de **no sé dónde**. 私はロラがどこかの王女だと聞いた。 | Paco me quería decir **no sé qué** cosa. パコは私に何かを言おうとした。

5.3. 不定詞、現在分詞、過去分詞を用いた文

5.3.1. 「形容詞 + de +不定詞」は「〜しにくい」「〜しやすい」などを表す。「難易文」と呼ばれる。→第3章4.6.2.、第6章3.1.2. (iv)、第19章4.2.3.

Este problema es **difícil de resolver**. この問題は解決しにくい。 比較 不定詞句を主語にした Es difícil resolver este problema.（この問題を解決するのは難しい）との違いに注意すること。 | Sus estilos parecen **fáciles de imitar**. その様式は模倣しやすそうに見える。

5.3.2. 現在分詞を用いた分詞文については → 第19章5.4.

5.3.3. 過去分詞を用いた分詞文については → 第19章6.7.

5.4. 強調文

5.4.1. 「ser +関係節」という形式で強調文（強調構文、分裂文）を作ることができる。「関係節 + ser」という語順も可。用いられる関係詞は「定冠詞 + que」、quien、「定冠詞 + cual」、donde、cuando、como である。→第12章1.2.10.、同3.

Lola me regaló este libro ayer.（ロラは昨日、私にこの本をプレゼントしてくれた）から、次のような強調文ができる。

(i) Lola を強調：Fue Lola {la que / quien} me regaló este libro ayer. 昨日、私にこの本をプレゼントしてくれたのはロラだった。

(ii) me を強調：Fue a mí {al que / a la que / a quien} regaló Lola este libro ayer. ロラが昨日この本をプレゼントしたのは私にだった。（「私」が男性なら al que、女性なら a la que）

(iii) regaló を強調：Lo que hizo Lola ayer fue regalarme este libro. ロラが昨日おこなったのは、私にこの本をプレゼントすることだった。

(iv) este libro を強調：Fue este libro {lo que / el que} me regaló Lola ayer. ロラが昨日、私にプレゼントしてくれた{のは／本は}、この本だった。（プレゼントを何かに限定しない場合は lo que、プレゼントが「本」であることが分かっている場合は el que）

(v) ayer を強調：Fue ayer cuando Lola me regaló este libro. ロラが私にこの本をプレゼント
してくれたのは昨日だった。

5.4.2. (i)「ser ＋関係節」型の強調文において、関係詞が主語として働く場合、関係節中
の動詞は関係詞に呼応する。

Soy yo quien {○ ha insistido / × he insistido} en venir aquí. ここに来ようと主張したの
は私だ。(quien に呼応して 3 人称単数形 ha insistido が用いられる。yo に呼応した he
insistido は好ましくない)

(ii) 前置詞句を強調する場合は、前置詞を関係詞の前にも置くことに注意。→第 12 章 1.2.6.
Por eso es **por** lo que Lola cambió de empleo. ロラが転職したのは、そういうわけだ。｜
Es desde esta ventana **desde** donde entró el ladrón. 泥棒が入ったのは、この窓からだ。

5.4.3.「中性冠詞 lo ＋形容詞＋ ser ＋接続詞 que」という形式で、名詞節を強調する文を
作ることができる。

Lo cierto es que no hubo ninguna víctima en el accidente. 確かなのは、その事故で誰も
犠牲者がいなかったということだ。(← Es cierto que no hubo ninguna víctima en el acci-
dente. 〈その事故で誰も犠牲者がいなかったのは確かだ〉の que 以下を強調)｜ Lo malo es
que ahora tengo prisa. 悪いことに、私は今、急いでいるのだ。(← Es malo que ahora tenga
prisa. 〈私が今、急いでいるのは悪いことだ〉の que 以下を強調。動詞は直説法になる)→
第 18 章 5.1.2. (iii)

5.4.4.「si... ser の定形　porque」(…なのは〜だからだ) などの形式で強調文を作ることが
できる。

Si Paco nunca fuma es porque se lo prometió a su mujer. パコが決して煙草を吸わないのは、
妻にそう約束したからだ。(← Paco nunca fuma porque se lo prometió a su mujer. 〈パコは
妻に約束したので決して煙草を吸わない〉の porque 以下を強調)｜ Si Paco trabajaba duro
era para que sus hijos recibieran una buena educación. パコが一生懸命働いたのは、子ど
もたちがいい教育を受けられるようにするためだった。(← Paco trabajaba duro para que sus
hijos recibieran una buena educación. 〈パコは子どもたちがいい教育を受けられるようにと一
生懸命働いた〉の para que 以下を強調)

6. 対を成す要素で構成される文

6.1. 条件文

6.1.1.「A という条件を満たせば、B という帰結が生じる」ことを表す文を「条件文」
(oración condicional) と言う。A を表す節、句をそれぞれ「条件節」「条件句」(prótasis)
と言う。B を表す節を「帰結節」(apódosis) と言う。表面上、A または B だけから成
る条件文もある。語順は「A ＋ B」だけでなく「B ＋ A」になる場合もある。→ 第 14
章 4.4、第 18 章 3.5.5.、同 5.1.4. (iv)

{Si estudias mucho / Estudiando mucho}, podrás pasar el examen.
　　　　A. 条件節　　　　　A. 条件句　　　　　　B. 帰結節
君はしっかり勉強すれば、試験に合格できる。
(Podrás pasar el examen {si estudias mucho / estudiando mucho}. も可)

<u>Si insistes...</u> 君がそんなに言うのなら……
  A. 条件節
（te lo permito.〈君にそれを認めよう〉のような帰結節が含意されている）

<u>Me gustaría hacerlo.</u> 私はそれをしたいのだが。
    B. 帰結節
（si pudiera〈もしできることなら〉のような条件節が含意されている）

6.1.2. si を用いた条件節と帰結節から成る条件文は、次の 3 つの基本型に分類できる。

意味	条件節	帰結節
(i) 現在・未来の単純条件	直説法現在形	直説法未来形
(ii) 現在の事実に反する条件	接続法過去形	直説法過去未来形
(iii) 過去の事実に反する条件	接続法過去完了形	直説法過去未来完了形 または接続法過去完了 ra 形

(i) Si hace buen tiempo mañana, pasearé en bicicleta. もし明日天気が良ければサイクリングに行くつもりだ。

(ii) Si {hiciera / hiciese} buen tiempo hoy, pasearía en bicicleta. もし今日天気が良ければサイクリングに行ったのだが。

(iii) Si {hubiera hecho / hubiese hecho} buen tiempo ayer, {habría paseado / hubiera paseado} en bicicleta. もし昨日天気が良かったらサイクリングに行ったのだが。

6.1.3. 必要に応じて、前の項の基本型の条件節と帰結節の組み合わせを変え、または基本型に含まれていない動詞形を用いることができる。

Si hubiera tenido valor aquel entonces, no estaría aquí solo. もしあの時、私に勇気があれば、今ごろここで 1 人でいたりはしないだろうに。│ Si quieres, ven conmigo. 君がもし良ければ私といっしょにおいで。

6.1.4. 条件節に si 以外の語句を用いた条件文については →第 14 章 4.4.、第 18 章 3.5.5. (iii)

6.1.5. 条件句には、次のようなものがある。

(i) 不定詞：De enterarme de algo, te avisaré. もし何か分かったら君に知らせよう。

(ii) 現在分詞：Siendo así las cosas, no tendremos ningún problema. 事態がそういうことなら、私たちは何の問題もないだろう。

(iii) 動詞を含まない語句：Yo en tu lugar, no cometería tal error. もし私が君だったらそんな間違いは犯さないだろう。

6.2. 譲歩文

6.2.1. 「A という事柄が実現するにもかかわらず、B という事柄が生じる」ことを表す文を「譲歩文」（oración concesiva）と言う。A を表す節、句をそれぞれ「譲歩節」「譲歩句」と言う。B を表す節を「帰結節」と言う。表面上、A だけから成る譲歩文もある。語順は「A + B」だけでなく「B + A」になる場合もある。→第 14 章 4.5.、第 18 章 3.5.5.、同 5.1.4. (i)

{A pesar de que es tan joven / Para ser tan joven}, Lola toca muy bien el piano.
　　　　A. 譲歩節　　　　　　　　A. 譲歩句　　　　　　　　B. 帰結節

そんなに若いにもかかわらず、ロラはピアノを上手に弾く。（Lola toca muy bien el piano {a pesar de que es tan joven / para ser tan joven}. も可）

Creas o no... 君が信じようと信じまいと……
　　譲歩節

（eso es la verdad.〈それが事実なのだ〉のような帰結節が含意されている）

6.2.2. 譲歩節を用いた譲歩文については →第 14 章 4.5、第 18 章 3.5.3.

6.2.3. 譲歩句には、次のようなものがある。

(i) 不定詞：En ese país se sigue usando el DDT a pesar de estar prohibido en los países vecinos. 周囲の国々では禁止されているにもかかわらず、その国では DDT が使われ続けている。

(ii) 現在分詞：Aun siendo Júpiter muy grande, no es ni una milésima parte de la masa del Sol. 木星は非常に大きいが、質量は太陽の 1000 分の 1 にも満たない。

(iii) 動詞を含まない語句：Así y todo, no será fácil derrotarlos. たとえそうであっても彼らを打ち負かすのは難しいだろう。

6.2.4. 「どんなに…であっても」「～であろうが…であろうが」を表す譲歩節がある。

(i) por (más)... que、por mucho que などは、主に接続法を伴って譲歩を表す。→ 第 18 章 3.5.3. (ii)

Este trabajo puede llegar a agotar a cualquier persona, **por más** fuerte **que** sea. この仕事をすると、どんなに丈夫な人でも疲労困憊しかねない。

(ii) sea lo que sea（とにかく）、quieras o no（好むと好まざるとにかかわらず）などの表現も譲歩を表す。→第 18 章 3.5.3. (iii)

¿No estás contento con la decisión? **Sea lo que sea**, tranquilízate. 君は決定に不満なのか？まあ、ともかく落ち着け。

6.3. 理由と結果を表す文、目的と結果を表す文、時間関係を表す文

6.3.1. 「A という理由によって B という結果が生じる」ことを表す文には、次のようなものがある。→ 第 14 章 4.1、同 4.3.

(i) 接続詞 porque, como などを用いて、A を従属節として表現する。

Me voy porque ya es tarde. もう遅いので私は帰る。
　B. 結果　　　　A. 理由

(ii) A を句として表現する。

Este libro, siendo tan grueso, no cabe en el maletín. この本はあまりに分厚いのでカバンに入らない。（A ＝現在分詞句）

Harta de aguantar los malos modos de su jefe, Lola dejó el empleo. ロラは上司のふるまいの悪さに耐えかねて仕事を辞めた。（A ＝形容詞句）

(iii) 接続詞 conque, tan... que などを用いて、B を従属節として表現する。

Ya es tarde, así que me voy. もう遅いので、私は帰る。
　A. 理由　　　　B. 結果

(iv) B を句として表現する。

El río se desbordó, obligando a los habitantes a huir en medio de la noche. 川が氾濫したので、住民は真夜中に避難しなければならなかった。（B＝現在分詞句）

6.3.2. 「A という目的を達成するために B という結果が生じる」ことを表す文には、次のようなものがある。→ 第 14 章 4.2、第 18 章 3.5.1.、同 5.1.4. (iii)、同 5.2.2. (i)

(i) para que, a fin de que などを用いて、A を従属節として表現する。

Abrí la ventana para que entrara el aire fresco. 私は新鮮な空気が入るように窓を開けた。
　　　　B. 結果　　　　　　　　A. 目的

(ii) A を句として表現する。

Abrí la ventana para respirar el aire fresco. 私は新鮮な空気を吸うために窓を開けた。
（A＝前置詞句）

6.3.3. 「A という時間に B という出来事が起きる」ことを表す文には、次のようなものがある。→第 14 章 4.6、第 18 章 3.5.2、同 5.2.2. (ii)

(i) cuando, antes (de) que などを用いて、A を従属節として表現する。

Paco se cambió de ropa en cuanto llegó a casa. パコは帰宅するとすぐ服を着替えた。
　　　　　B. 出来事　　　　　A. 時

(ii) A を句として表現する。

Al llegar a casa, me senté frente al ordenador personal. 私は帰宅するとすぐパソコンの前に座った。（A＝前置詞句）

7. 話法

7.1. 総論

7.1.1. ある人の発言を伝達する文形式を「話法」（narración）と言う。発言者は話し手以外であることが多いが、話し手自身である場合もある。発言だけでなく、心の中で思った思考内容を伝達する場合もある。

Paco dice que va a llegar un poco tarde. パコは到着が少し遅くなると言っている。（他人の発言）｜ Por eso te dije que tenías que hacerlo. だから私は君に、それをしておくべきだと言ったのだ。（話し手自身の発言）｜ A veces pienso que me he equivocado al hacerlo. 私は時々、それをしたのが間違いだったと思うことがある。（思考内容）

7.1.2. 話法の文は原則として、伝達部と引用部（発言内容）から成る。その順序は次の3通りある。①「伝達部＋引用部」。②「引用部＋伝達部」。③「引用部の一部＋伝達部＋引用部の一部」。直接話法ではこれらすべてが用いられる。間接話法では①が用いられる。伝達部の語順については → 第 4 章 5.3.2. (x)

Lola me dijo: —¡Hola! ¿Qué tal? ロラは私に「こんにちは！　元気？」と言った。
　伝達部　　　　　引用部

—¡Hola! ¿Qué tal? —me dijo Lola.
　　引用部　　　　　伝達部

—¡Hola! —me dijo Lola—. ¿Qué tal?
　引用部　　伝達部　　　引用部

7.2. 話法の種類

7.2.1.　<u>直接話法</u>（estilo directo）。発言をそのままの形で伝達する形式。文字表記の上では、引用部の前にダッシュを付ける、または引用部の前後に引用符を付けるなどの手段によって、伝達部と区別する。

Lola me preguntó: «¿Te gusta mi nuevo sombrero?». ロラは私に「私の新しい帽子、気に入った？」と尋ねた。

7.2.2.　<u>間接話法</u>（estilo indirecto）。発言を話し手の立場からとらえ直して伝達する形式。引用部は従属節（名詞節）となり、文全体は複文になる。必要に応じて引用部の中の語句の形の調整をおこなう。→ 7.4.

Lola me preguntó si me gustaba su nuevo sombrero. ロラは私に、彼女の新しい帽子は気に入ったどうかを尋ねた。

7.2.3.　<u>自由間接話法</u>（estilo indirecto libre）。「描出話法」とも言う。話し手が発言者と心理的に同化して、その思考を伝達する。伝達部が存在せず、思考内容だけが示される。小説などで用いられる。次の例の下線部が自由間接話法である。

Paco pensó que su vida estudiantil había terminado. Lo pensó con tristeza, pero con alivio. Era libre. Él, Paco, ya era libre. パコはこれで学生時代が終わったと思った。悲しくもあったが、ほっとした気持ちもあった。自由だ。この私、パコはもう自由だ。

7.3. 直接話法から間接話法への転換

7.3.1.　引用部が平叙文の場合、引用部の直前に接続詞 que を置いて、直接話法を間接話法に転換する。

直接話法：Paco siempre dice: «Me encanta la música clásica». パコは「私はクラシック音楽が大好きだ」といつも言っている。

間接話法：Paco siempre dice **que** le encanta la música clásica. パコはクラシック音楽が大好きだといつも言っている。

7.3.2.　引用部が部分疑問文（→第 4 章 3.2.3.）の場合、引用部の先頭に疑問詞句を置いて、話法を転換する。

直接話法：Lola me preguntó: «¿A quién estás esperando?». ロラは私に「あなたは誰を待っているの？」と尋ねた。

間接話法：Lola me preguntó **a quién** estaba esperando. ロラは私に、誰を待っているのか尋ねた。

7.3.3.　引用部が全体疑問文（→第 4 章 3.2.2.）の場合、引用部の直前に接続詞 si を置いて、話法を転換する。

直接話法：Paco me preguntó: «¿Has leído el *Quijote*?». パコは私に「君は『ドン・キホーテ』を読んだことがある？」と尋ねた。

間接話法：Paco me preguntó **si** había leído el *Quijote*. パコは私に『ドン・キホーテ』を読んだことがあるか尋ねた。

7.3.4.　引用部が命令文の場合、引用部の直前に接続詞 que を置き、引用部の動詞（従属動詞）を接続法にして、話法を転換する。

直接話法：Lola me dijo: «Espérame un poco». ロラは私に「ちょっと待って」と言った。

間接話法：Lola me dijo **que** la esperara un poco. ロラは私に、ちょっと待つように言った。

7.3.5. 引用部が感嘆文の場合、引用部の先頭に疑問詞句を置いて、話法を転換する。ただし感嘆文の間接話法はあまり用いられない。

直接話法：Lola dijo: «¡Qué bonito es este bebé!». ロラは「この赤ちゃんはなんてかわいいのでしょう！」と言った。

間接話法：Lola dijo **qué** bonito era ese bebé. ロラはその赤ちゃんはなんてかわいいことかと言った。

7.3.6. 引用部が等位文、並列文（→第 4 章 2.4.、同 2.5.）や 2 つ以上の文から成る場合、どこまでが引用部なのかを明示しつつ、話法を転換する。

(i) 第 2 以降の節、文の直前にも接続詞 que を付ける。

直接話法：Paco dijo: «Lola va a venir, pero Rita no puede». パコは「ロラは来るが、リタは来られない」と言った。

間接話法：Paco dijo que Lola iba a venir, pero **que** Rita no podía. パコは、ロラは来るが、リタは来られないと言った。

(ii) 第 2 以降の節、文にも伝達部を設ける。

直接話法：Lola me dijo: «Estoy muy ocupada. ¿Puedes llamarme más tarde?». ロラは私に「とても忙しいの。後で電話してくれる？」と言った。

間接話法：Lola me dijo que estaba muy ocupada, **y me preguntó** si podía llamarla más tarde. ロラは私にとても忙しいと言った。そして後で電話することができるか尋ねた。

7.4. 話法の転換に伴う表現の調整

7.4.1. 直接話法を間接話法に転換する際、必要に応じて人称代名詞、所有詞、動詞、場所・時を表す語句の形の調整をおこなう。動詞の時制の調整については →第 19 章 3.2.

Paco dijo: «Mi hermano y yo hemos empezado a trabajar aquí hace una semana». パコは「私の兄（弟）と私は 1 週間前からここで働き始めたんだ」と言った。

⇒ Paco dijo que **su** hermano y **él habían empezado** a trabajar **allí hacía una semana**. パコは、彼の兄（弟）と彼は、その 1 週間前からそこで働き始めたと言った。

7.4.2. 話法の伝達部が過去時制の場合、時、場所を表す語句は、原則として次のような調整を受ける。

直接話法	間接話法
hoy 今日	aquel día その日
ahora 今	entonces その時
ayer 昨日	el día anterior 前日
mañana 明日	al día siguiente 翌日
aquí ここ	allí そこ
este この　など	aquel その　など

7.4.3. 話法の転換の際、語句の調整がおこなわれない場合もある。

El profesor nos dijo: «El monte Fuji mide 3776 metros». 先生は私たちに「富士山の高さは 3,776 メートルです」と言った。

→ El profesor nos dijo que el monte Fuji **mide** 3776 metros. 先生は私たちに、富士山の高さは 3,776 メートルだと言った。（普遍の真理）

El primer ministro japonés dijo: «Mañana tendré una conversación con el presidente español». 日本の首相は「明日、スペインの首相と会談をする予定だ」と述べた。

→ El primer ministro japonés dijo que **mañana tendrá** una conversación con el presidente español. 日本の首相は、明日、スペインの首相と会談をする予定だと述べた。（この文の発話の時点においても、会見が翌日の出来事である場合）

8. 丁寧表現

8.1. 文法的手段による丁寧表現

8.1.1. 人称代名詞などを利用して、聞き手に対する敬意を表すことができる。

(i) usted、ustedes の系列を用いる：Ruego a **usted** hacerme llegar el informe a la mayor brevedad posible. 至急、報告書をご送付くださいますよう、お願いします。 → 第 9 章 3.3.

(ii) 聞き手を el señor, la señora などの 3 人称の語句で表す：¿Les ha gustado nuestro menú **a los señores**? 皆さま、当店の料理はお気に召しましたか？（los señores は聞き手を指している）→ 8.2.1.

8.1.2. 動詞の法、時制を利用して丁寧表現を作ることができる。

(i) 直説法過去未来形：**Desearía** pedirle un favor. あなたにお願いがあるのですが。｜ ¿Le **importaría** dejarme el bolígrafo? そのボールペンを貸していただけないでしょうか？ → 第 19 章 1.5.3.

(ii) 直説法不完了過去形：Buenas tardes. ¿Qué **deseaba**? いらっしゃいませ。何のご用でしょうか？ ｜ ¿Me **llamaba** usted? 私をお呼びでしょうか？ → 第 19 章 1.3.5. (ii)

(iii) 名詞節中の接続法。改まった文体では名詞節を導く接続詞 que がしばしば省略される：Se suplica a todos los presentes **tomen** nota del cambio de fecha y lugar. ご出席の皆さまに、日付と場所の変更についてメモをお取りくださるようお願いします。 ｜ Mucho le agradecería (que) **enviase** a alguien para reemplazarme. 私の代わりにどなたかを派遣していただければ幸甚です。

(iv) 副詞節中の接続法：Puede usted comenzar cuando **quiera**. （司会者が演壇、ステージにいる人に向かって）では、どうぞ始めてください。（「あなたのタイミングのいいときに」という表現で、聞き手の意思を尊重していることを示す）

(v) querer の接続法過去形（ra 形）：**Quisiéramos** expresarle la más sincera enhorabuena. 私たちはあなたに心からの祝福の気持ちをお伝えします。 → 第 18 章 3.1.5.

8.1.3. 疑問文、条件文などを利用して語調を和らげることができる。

(i) 疑問文：¿Me permite hacerle una pregunta? 1 つ質問していいでしょうか？ ｜ ¿Me deja su documento de identidad? 身分証明書を拝見できますか？

(ii) 条件文：Si es tan amable, ¿podría firmar aquí? もしよろしければ、ここにサインをしていただけるでしょうか？ ｜ Si le parece bien, hablemos de nuestro convenio. もしよろしければ私たちの協定についてお話ししましょう。

8.2. 語彙的手段による丁寧表現

8.2.1. 聞き手に対する尊敬を表す語彙を用いる。

(i)「〜さま」「〜先生」などを表す敬称

señor, señora, señorita（主に姓、肩書きなどに付ける）：**señor** Pérez ペレスさん｜ **señora** ministra（女性の）大臣閣下｜¿Me permite, **señor** presidente, que termine mi intervención? 議長、私の発言を最後まで続けさせていただいてもいいでしょうか？

don, doña（洗礼名に付ける）：**doña** María マリアさん

doctor（博士）、profesor（先生）など：**doctora** Gómez ゴメス博士

(ii) 聞き手が持つ高貴な特質を「あなたの〜」という名詞句で表す敬称

Su Majestad（〈王、女王、王妃に対して〉陛下）：**sus majestades** don Felipe VI y doña Letizia フェリペ 6 世国王、レティシア王妃両陛下（後に人名が続くとき、頭文字は小文字）

Su Alteza（〈王子、王女、王配に対して〉殿下）：**sus altezas** doña Leonor y doña Sofía レオノール王女、ソフィア王女両殿下（後に人名が続くとき、頭文字は小文字）

Su Excelencia, Excelentísimo señor など（〈大統領、首相、大臣、大使などに対して〉閣下）

(iii) 聞き手が持つ高貴な特質を形容詞などで表す敬称

estimada amiga 敬愛する友達｜reverendo padre 尊敬する神父さま｜distinguido señor, muy señor mío（手紙文で）拝啓

(iv) 動詞句で聞き手の行為の優しさ、寛大さを表す

dignarse ＋不定詞（尊いおこないをする → 〜してくださる）：Le suplicamos **se digne** contribuir con alguna cantidad para la reparación de la iglesia. 教会の修理のため、いくらかの寄付をしてくださるようお願いします。

tener a bien ＋不定詞（良いように取り計らう）：Le ruego **tenga a bien** pagar la cantidad de mil euros que me adeuda. あなたにお貸ししている 1000 ユーロという金額をお支払いくださいますようお願いします。

tener la bondad de ＋不定詞（〜という親切さを持つ）｜tener la amabilidad de ＋不定詞（〜という優しさを持つ）｜hacer el favor de ＋不定詞（〜という親切な行為をする）｜servirse ＋不定詞（〜という奉仕をする）

8.2.2. 話し手の謙譲を表す語彙を用いる。

(i) 話し手、話し手に所属する事柄

servidor, servidora（奉仕者 → 話し手）：Este libro fue escrito por un **servidor** de ustedes. この本は私が書きました。

pequeño（小さい）、humilde（つつましい）などの形容詞：Tengo un **pequeño** regalo para usted. あなたにささやかな贈り物があります。

(ii) 動詞句

tener el gusto de ＋不定詞（〜という喜びを持つ → 〜させていただく）：¿Con quién **tengo el gusto de** hablar? 失礼ですが、どちらさまでしょうか？

permitirse ＋不定詞（自分に〜することを許す）：**Me permito** plantear esta solicitud. 勝手ながらこの請求をさせていただきます。

tener el honor de ＋不定詞（〜という光栄を持つ）｜complacerse en ＋不定詞（〜することを喜ぶ）｜tomarse la libertad de ＋不定詞（〜する自由を持つ）

文法索引

スペイン語索引

参考文献

　この本を執筆するにあたり、主に以下の文献を参考にしました。記して著者各位に謝意を表します。オンライン資料の最終閲覧はすべて 2021 年 8 月です。

会田由、長南実 (1961). 『テーブル式スペイン語便覧』、評論社。

上田博人 (2011). 『スペイン語文法ハンドブック』、研究社。

上田博人 (2020). 『レクシコ 新標準スペイン語辞典』、研究社。

瓜谷良平、瓜谷望 (2015). 『新版 スペイン語の入門』、白水社。

江藤一郎 (2019). 『基本スペイン語文法 改訂版』、弘学社。

興津憲作 (1972). 『中級イスパニア語文法』、創元社。

小池和良 (2002, 2006). 『スペイン語作文の方法 構文編』『同 表現編』、第三書房。

国立国語研究所 (1994, 1997, 2000). 『日本語とスペイン語』(1) ～ (3)、くろしお出版。

小林一宏・他 (2003). 『詳解スペイン語 改訂・増補版』、上智大学出版会。

清水憲男 (1991). 『スペイン語表現集 落ち穂ひろい』、日本放送出版協会。

清水憲男 (2013). 『新・スペイン語落ち穂ひろい』、白水社。

高垣敏博・監修 (2015). 『スペイン語学概論』、くろしお出版。

高垣敏博・編 (2018). *Exploraciones de la lingüística contrastiva español-japonés*, Madrid: Ediciones Universidad Autónoma de Madrid.

高橋覚二 (1993). 『テーブル式基礎スペイン語便覧』、評論社。

高橋覺二 (1998). 『スペイン語表現ハンドブック』、白水社。

高橋正武 (1967). 『新スペイン広文典』、白水社。

出口厚実 (1997). 『スペイン語学入門』、大学書林。

寺﨑英樹 (1998). 『スペイン語文法の構造』、大学書林。

寺﨑英樹・他・編 (1999). 『スペイン語の世界』、世界思想社。

寺﨑英樹 (2017, 2019). 『スペイン語文法シリーズ 1. 発音・文字』『同 2. 語形変化・語形成』、大学書林。

西川喬 (2010). 『わかるスペイン語文法』、同学社。

西村君代 (2014). 『中級スペイン語読みとく文法』、白水社。

原誠 (1979). 『スペイン語入門』、岩波書店。

廣康好美 (2016). 『これならわかるスペイン語文法』、NHK 出版。

宮城昇 (1953). 『基礎スペイン語文法』、白水社。

宮城昇・他 (1999). 『現代スペイン語辞典 改訂版』、白水社。

三好準之助 (2006). 『概説 アメリカ・スペイン語』、大学書林。

三好準之助 (2016). 『日本語と比べるスペイン語文法』、白水社。

山田善郎 (1967). 『インデックス式スペイン文法表』、白水社。

山田善郎・他 (1995). 『中級スペイン文法』、白水社。

山田善郎・他・監修 (2015). 『スペイン語大辞典』、白水社。

山村ひろみ (2019). 『解説がくわしいスペイン語の作文 改訂版』、白水社。

Alarcos Llorach, Emilio (1994). *Gramática de la lengua española*. Madrid: Espasa Calpe.

Alcina Franch, Juan; J. M. Blecua (1975). *Gramática española*. Barcelona: Ariel.

Borrego Nieto, Julio 編 (2013). *Gramática de referencia para la enseñanza de español*. Salamanca: Universidad de Salamanca.

Bosque, Ignacio; V. Demonte 編 (1999). *Gramática descriptiva de la lengua española*. Madrid: Espasa Calpe.

Bosque, Ignacio 編 (2006). *Diccionario combinatorio práctico del español contemporáneo*. Madrid: Ediciones SM.

Butt, John; C. Benjamin; A. Moreira Rodríguez (2019). *A New Reference Grammar of Modern Spanish*. 第 6 版、London and New York: Routledge.

Coste, Jean; A. Redondo (1965). *Syntaxe de l'espagnol moderne*. Paris: Société d'Édition d'Enseignement Supérieur.

Gili Gaya, Samuel (1961). *Curso superior de sintaxis española*. Barcelona: Biblograf.

Gómez Torrego, Leonardo (1997). *Gramática didáctica del español*. Madrid: Ediciones SM.

Lipki, John M. (1994). *Latin American Spanish*. Harlow and New York: Longman.

Quilis, Antonio (2012). *Principios de fonología y fonética españolas*. 第 11 版、Madrid: Arco Libros.

Real Academia Española（以下 RAE と略）(1973). *Esbozo de una nueva gramática de la lengua española*. Madrid: Espasa-Calpe.

RAE (2014). *Diccionario de la lengua española*. 第 23 版、Barcelona: Espasa Libros.（オンライン版 https://dle.rae.es）

RAE (2018). *Libro de estilo de la lengua española*. Barcelona: Planeta.

RAE (2020). *Crónica de la lengua española 2020*. Barcelona: Planeta.

RAE; Asociación de Academias de la Lengua Española（以下 ASALE と略）(2005). *Diccionario panhispánico de dudas*. Madrid: Santillana.

RAE; ASALE (2009). *Nueva gramática de la lengua española: morfología, sintaxis*. Madrid: Espasa Libros.

RAE; ASALE (2010). *Ortografía de la lengua española*. Madrid: Espasa Libros.

RAE; ASALE (2011). *Nueva gramática de la lengua española: fonética y fonología*. Barcelona: Espasa Libros.

RAE; ASALE (2013). *El buen uso del español*. Barcelona: Espasa Libros.

RAE; ASALE (2019). *Glosario de términos gramaticales*. Salamanca: Universidad de Salamanca.

Rodríguez Ramalle, Teresa María (2005). *Manual de sintaxis del español*. Madrid: Castalia.

Sánchez, Aquilino 他・著、Lobo, Félix 他・日本語版編著 (1998). 『スペイン語基礎文法 規則と用法』、Madrid: Sociedad General Española de Librería.

Corpus de Referencia del Español Actual (CREA): https://corpus.rae.es/creanet.html

Fundación del Español Urgente y Real Academia Española (FundéuRAE): http://fundeu.es/

福嶌　教隆（ふくしま　のりたか）
　神戸市外国語大学名誉教授。スペイン王立学士院外国人会員。言語学博士（マドリード・コンプルテンセ大学）。
　［主な編著書］
　『中級スペイン文法』（共著）、白水社
　『現代スペイン語辞典』（共編）、白水社
　『スペイン語大辞典』（共編）、白水社
　Exploraciones de la lingüística contrastiva español-japonés（共著）、Ediciones Universidad Autónoma de Madrid
　『スペイン語のムードとモダリティ』、くろしお出版
　『ニューエクスプレスプラス　スペイン語』、白水社

Juan Romero Díaz（フアン・ロメロ・ディアス）
　神戸市外国語大学准教授。言語学修士（マドリード・コンプルテンセ大学）。文学博士（神戸市外国語大学）。
　［主な編著書］
　『4コマ・スペイン語 中級』（共著）、朝日出版社
　『日本におけるスペイン語教育 ——日本人を対象とするスペイン語教育の諸相に関する手引き——』（共著）、神戸市外国語大学外国学研究所
　『世界遺産で学ぶスペイン語』（共著）、朝日出版社

詳説スペイン語文法

2021 年 9 月 30 日 第 1 刷発行
2021 年 11 月 30 日 第 2 刷発行

著　者 ©　福　嶌　教　隆
　　　　　　フアン・ロメロ・ディアス
発行者　及　川　直　志
印刷所　株　式　会　社　精　興　社

101-0052 東京都千代田区神田小川町 3 の 24
発行所　電話 03-3291-7811（営業部），7821（編集部）　株式会社　白水社
www.hakusuisha.co.jp
乱丁・落丁本は送料小社負担にてお取り替えいたします。

振替 00190-5-33228　　　Printed in Japan　　　誠製本株式会社

ISBN978-4-560-08883-8

スペイン語の語源

岡本信照 著

rey と dirigir が同じ語源？ 「働く」は「3」と「拷問」に
関連が？ 語彙の間の隠れた関係性を，語源から解き明かす
一冊. 　　　　　　　　　　　　四六判　269 頁

解説がくわしい
スペイン語の作文 ［改訂版］

山村ひろみ 著

作文はいろんな答えが出てくるもの．だからこの本は一問
ごとにくわしく解説し，解答例も複数つけました．これな
らひとりでも書ける！. 　　　　　　　　A5判　159 頁

スペイン語力養成ドリル
2000 題

加藤伸吾 著

語学の基礎体力は豊富な練習量から！　全 2000 題は接
続法過去完了までカバー，基本をみっちり書かせて固め
る問題集です．文法が身体にしみこむまで徹底トレーニ
ングいたします. 　　　　　　　　　　　A5 判　174 頁

例文で覚える スペイン語熟語集

高橋覚二，伊藤ゆかり 著

表現力を効率よく伸ばすには，あなたの知っている単語
を活かしながら熟語を覚えるのが近道です．単語別に整
理した 1500 あまりの全熟語に実用的な例文を添えまし
た．索引付き. 　　　　　　　　　　　四六判　207 頁

極める！
スペイン語の接続法ドリル

菅原昭江 著

まるごと一冊，接続法だけの問題集．活用形の復習から始め，さまざまな用法をムリなくムダなく網羅しました．もう接続法は恐くない！　　　　　　　　　　A5 判　243 頁

極める！
スペイン語の動詞ドリル

菅原昭江 著

まるごと一冊，動詞だけの問題集．複雑な不規則活用も，意外にスッと出てこない規則活用も，あの手この手で網羅的に練習します．　　　　【CD 付】A5 判　251 頁

日本語と比べる スペイン語文法

三好準之助 著

日本文法との類似点や相違点を意識すると，新しいスペイン語の姿が見えてきます．再帰動詞や接続法を中心に，興味深い話題をどうぞ．　　　　　　　四六判　233 頁

中級スペイン文法

山田善郎 監修／中岡省治，出口厚実，伊藤太吾，三好準之助，高垣敏博，西川 喬，福嶌教隆，宮本正美 著

最新の研究に基づいたもっとも詳しい文法解説書．実用性を重視し，さまざまな表現法もまとめたので，会話，解釈，作文にも役立ちます．初級者から利用できる，スペイン語関係者必携の 1 冊．　　　　　　　A5 判　640 頁